国家社会科学基金"十三五"规划
2019 年度教育学一般课题 [BOA190039] 研究成果

温州大学 | 学术精品文库

对接科技发展和劳动力市场需求：

英国职业技术教育变革研究

倪小敏 著

ALIGNING TECHNOLOGICAL DEVELOPMENT
WITH LABOR MARKET NEEDS

RESEARCH ON VOCATIONAL AND TECHNICAL
EDUCATION REFORMS IN THE UK

华东师范大学出版社
·上海·

图书在版编目(CIP)数据

对接科技发展和劳动力市场需求：英国职业技术教育变革研究/倪小敏著. —上海：华东师范大学出版社,2024. —ISBN 978 - 7 - 5760 - 5404 - 0

Ⅰ. G719. 561；F249. 561. 12

中国国家版本馆 CIP 数据核字第 20243GY122 号

对接科技发展和劳动力市场需求：英国职业技术教育变革研究

著　　者　倪小敏
责任编辑　彭呈军
特约审读　陈雅宁
责任校对　樊　慧　时东明
装帧设计　郝　钰

出版发行　华东师范大学出版社
社　　址　上海市中山北路 3663 号　邮编 200062
网　　址　www. ecnupress. com. cn
电　　话　021 - 60821666　行政传真 021 - 62572105
客服电话　021 - 62865537
门市(邮购)电话 021 - 62869887
地　　址　上海市中山北路 3663 号华东师范大学校内先锋路口
网　　店　http://hdsdcbs. tmall. com

印　刷　者　上海展强印刷有限公司
开　　本　787 毫米×1092 毫米　1/16
印　　张　19.25
字　　数　421 千字
版　　次　2024 年 12 月第 1 版
印　　次　2024 年 12 月第 1 次
书　　号　ISBN 978 - 7 - 5760 - 5404 - 0
定　　价　86.00 元

出 版 人　王　焰

(如发现本版图书有印订质量问题,请寄回本社客服中心调换或电话 021 - 62865537 联系)

序

单中惠

《对接科技发展和劳动力市场需求:英国职业技术教育变革研究》一书,即将由华东师范大学出版社出版发行。该书是倪小敏教授主持的国家社会科学基金"十三五"规划2019年度教育学一般课题[BOA190039]的终结性成果,该成果也入选了温州大学"学术精品文库"。

对于任何国家来说,职业教育是其整个教育体系发展中不可或缺的重要组成部分。就我国职业教育而言,其改革与发展不仅在国家政策层面得到了高度重视,而且在理论与实践层面上也受到广泛关注。特别重要的是,习近平总书记制定教育强国战略,在职业教育改革发展上提出了"双对接"(对接科技发展趋势和劳动力市场需求)的前瞻性观点,对我国职业教育改革与发展的深入推进无疑具有巨大的引领作用。诚如著者所言,本书深入研究了英国20世纪80年代以来职业技术教育的变革和发展历程,其经验可为我国职业教育的进一步发展提供有益的借鉴,同时也为解决当前我国深化产教融合改革所面临的困扰提供有价值的启示。

基于学术的视角,《对接科技发展和劳动力市场需求:英国职业技术教育变革研究》一书对英国职业技术教育的变革进行了系统研究,不仅构建了一个合理的逻辑框架,阐述内容丰富、资料详尽,而且凸显纵向和横向、时间和空间、普教和职教三者的结合。这种结合自然成为了本书的一个鲜明特色。著者在收集和分析大量中英文资料的基础上,不仅考察了英国职业技术教育政策的发展以及国家资格制度的形成与演变,还细致考察了英国职业技术教育的治理机制、职业(技术)资格开发机制、职业技术教育组织运行机制以及职业技术教育供需匹配机制的形成与变革。此外,著者还详细分析了英国职教高校考试招生制度的形成与变革,并关注了高中"普职融通"课程结构以及现代学徒制的雇主主导模式。

基于比较的视角,《对接科技发展和劳动力市场需求:英国职业技术教育变革研究》一书为职业技术教育的比较性思考提供了诸多有利条件。书中,著者既对英国"双对接"职业技术教育制度机制形成的经验和影响因素进行了深入分析,又基于我国产教融合政策发展以及温州地区20所中职学校的实证调查,对我国深化产教融合改革的现状和面临的挑战提出了一系列建议。

基于研究的视角,《对接科技发展和劳动力市场需求:英国职业技术教育变革研究》一书注重宏观层面研究和微观层面研究相结合。在宏观层面,该书涵盖了职业技术教育政策与理论发展研究;在微观层面,则深入探讨了国家资格制度、职业(技术)资格开发机制、职业技术教育组织运行机制以及现代学徒制等方面。

在整个课题研究中,著者还注意运用很多图示和数据表,使各部分各层次的"对接"关系具象化和结构化。在运用图示上,呈现了英国职业技术教育治理机制的运行图、职业(技术)资格开发机制的运行图、职业技术教育组织运行机制的模式图、职业资格认证市场的运作模式图、劳动力市场供需信息匹配机制运作图以及现代学徒制的雇主主导模式图等;在运用数据表上,呈现了国家资格框架、课程结构表、现代学徒制等级对应职业资格和教育水平表、各类证书考试评价表、学习项目简介表、考试内容结构表、学术证书与职业(技术)证书高校招生分数兑换表等。

在倪小敏教授于浙江大学教育学院攻读博士学位期间,我在博士学位课程上与她有过接触。在教育公平研究上,我和我的博士生与她有过合作。她在学术上刻苦勤奋,对英国教育政策研究颇有建树。倪小敏教授申报的"对接科技发展和市场需求的英国职业教育变革研究"课题获得国家社科基金立项后,我受邀参加了该项目的开题会,并在该项目研究过程中有过多次讨论,最后又阅看了该项目的终结性成果,从中了解到著者在该项目研究中的辛勤付出以及她所展现出的严谨态度和求实学术精神。因此,在《对接科技发展和劳动力市场需求:英国职业技术教育变革研究》一书出版之际,谨向著者致以真诚的祝贺,并期望著者在今后的学术发展中能够有更多成果的涌现。

是为序。

(作者为华东师范大学教授)

目　录

前　言

科学技术对经济社会的影响随着科技革命的迅猛发展而日益增强。20 世纪 50—60 年代,信息化时代的到来,信息技术对经济结构和增长模式产生重大影响;世纪之交,迅猛发展的互联网技术,催生了诸多新兴的产业和商业模式;进入 21 世纪,随着智能化时代的到来,带动社会生产和消费从工业化向数字化、智能化转变。科学技术正以惊人的速度重构全球政治经济版图,重塑全球经济结构。

科技革命引领产业变革和技术进步,并在强大的经济社会需求的牵引下,迫使传统产业不断升级换代,从而改变劳动力市场需求的结构。作为向产业体系输送高素质技术技能人才的职业教育及其育人模式的变革也备受世界各国政府前所未有的重视。建立职业教育的技能供给与劳动力市场需求和新兴的科技产业相匹配的制度机制成为各国政府的共同追求。2018 年 11 月,在全面深化改革委员会第五次会议上,习近平总书记强调指出:"要把职业教育摆在更加突出的位置,**对接科技发展趋势和劳动力市场需求**……,**深化办学体制改革和育人机制改革**,为促进经济社会发展和提高国家竞争力提供优质人才资源支撑。"国务院 2019 年 1 月颁布的《国家职业教育改革实施方案》也提出:"随着我国进入新的发展阶段,产业升级和经济结构调整不断加快,各行各业对技术技能人才的需求越来越紧迫,职业教育重要地位和作用越来越凸显。……到了必须下大力气抓好的时候。没有职业教育现代化就没有教育现代化。"由此可见,"对接科技发展和劳动力市场需求"(简称"双对接")是我国职业教育变革的方向。这也为本书提供了研究职业教育的新视角。

在我国职业教育的发展变革中,尽管自 20 世纪 80 年代以来,职业教育得到蓬勃发展,为现代产业发展壮大做出了重要贡献。但职业院校和行业企业"渐行渐远",导致了人才培养供给和需求的链条发生断裂。为了克服职业人才培养与产业需求之间"两张皮"问题,2021 年我国政府颁布的《关于推动现代职业教育高质量发展的意见》中提出,积极培育市场导向、供需匹配、服务精准、运作规范的产教融合服务组织。可以说,我国职业教育改革指向非常明确,要在职业教育与企业产业之间建立中介服务组织和市场运作机制。但在我国传统的职业教育领域与企业产业之间发展"双对接"的中介组织和市场运作机制,无论在理论上还是实践上都还处于探索期。在这个意义上,英国作为一个市场经济高度发达的国家,其在21世纪初启动的"市场需求驱动"技能系统改革,在构建职业技术教育"双对接"制度机制的改革中积累了丰富经验,可为我国职业教育改革提供一些有益借鉴。

选择英国职业技术教育变革进行深度研究,还基于以下三方面原因:

一是我国职业教育当前面临困境与英国曾经面临的问题非常相似。世界各国的职业教育受共同规律支配,尽管我国职业教育根植的政治文化环境和体制结构与英国有很大的不同,但是两个国家在发展职业教育上却经历着许多同样的压力。例如,职业教育如何适应科技革命浪潮冲击下劳动力市场需求的快速变化?如何在产业企业领域与职业教育领域之间建立多元主体参与的连接制度机制?如何提升中等职业教育质量以消除人们"重学术轻职业"的偏见?如何使职业教育与普通教育融通,等等,这些共同问题使得我们对英国职业技术教育对接科技发展和劳动力市场需求的制度机制的形成和变革的历程产生了研究兴趣。

二是英国技能供需的"市场"匹配模式可以拓展我国学者视野。20世纪70年代的技能形成理论,把世界各国的经济运行模式划分为以德国、日本为代表的后福特主义和以美国、英国为代表的新福特主义。新福特主义走"低技能、低工资、低福利"的道路,通过降低劳动力成本提高企业竞争力。因此,他们主张减少国家对经济的干预,建立更加灵活的市场,从而建立"自由的市场经济模式",相应地,技能培训的供需也采取"自由的市场"匹配模式。而后福特主义主张"高技能、高工资、高福利"的道路,通过政府、雇主、工会的合作,提高产品和服务质量,从而增强企业的竞争力。因此,他们更加注重发挥政府在市场中的作用,通过行政限制和管制市场力量,从而形成"协调的市场经济运行模式"。多年来,我国职业教育政策大多借鉴德国的"双元制模式",但其结果未能解决我国技术技能人才供需之间的结构性矛盾。在2022年全国教育工作会议上,教育部部长怀进鹏指出:"仅仅靠学习德国的职业教育模式,不能解决产业的提升,无法真正解决我们的职业教育问题。"而英国职业技术教育,经过近40年来变革,技术技能人才供给已从低水平提升到中高级水平,"自由市场"匹配模式已转向"镶嵌型市场"匹配模式,即在政府和社会约束网络中的"市场"匹配模式。因此,对英国职业技术教育的市场机制研究有助于拓宽研究视野。

三是进入21世纪的英国职业技术教育变革带来显著的经济增长。尽管到20世纪80年代末英国的劳动力技能水平低于德国、法国、日本等国家,但进入21世纪后随着互联网时代的到来,英国通过对技能培训的持续投入,不断变革职业技术教育系统,以技能战略对接劳动力市场需求,使失业率降到历史最低水平,并使经济快速复苏,在世界范围内引起强烈反响。2016年英国政府为了应对第四次工业革命的到来,将产业发展战略与职业技术教育变革建立联系,推动"职业教育"向"技术教育"转型,形成了具有本国特色的与产业发展联动的职业技术教育制度机制,值得我们深入探索。我国教育部原副部长、现中国职业技术教育学会会长鲁昕在21世纪初开始关注英国的技能战略,亲自主译《技能促进增长:英国国家技能战略》一书,足见英国的职业技术教育改革经验对我国构建中国特色的职业教育有较高的参考价值。

本书以英国 20 世纪 80 年代以来中等(14—19 岁)职业技术教育政策为研究对象,着重考察英国政府为了使技术技能人才供给对接科技发展和劳动力市场需求在各个层面上建立的连接制度与机制,并且探索随着时代发展这些制度机制的变革又是如何影响职业技术教育的育人模式变化,以及英国经验对于解决现今我国深化产教融合改革面临的困扰又有哪些启示。

在英国,职业技术教育在不同的历史发展阶段有不同的命名。在 20 世纪 80 年代,政策文件称之"技术和职业教育(Technical and Vocational Education)"如 1982 年颁布的《技术和职业教育试点计划》(*Technical and Vocational Education Initiative*,1982);到了 20 世纪 90 年代及之后称之为"职业教育(Vocational Education)",如 2011 年颁布的《职业教育评论——沃尔夫报告》(*Review of Vocational Education — the Wolf Report*);2016 年,英国政府在白皮书《16 岁后技能计划》(Post - 16 Skills Plan)中又将"职业教育"改称为"技术教育(Technical Education)"。本书为了忠于政策原文,在引用政策原文和研究文献时采用文件或文献中的名称,而全书则以"职业技术教育"涵盖英国上述三个阶段的不同名称,以体现"技术"在职业教育变革中愈加重要的趋势。这一名称也与胡森和波斯尔斯韦特主编的《教育大百科全书·职业技术教育》中的名称相一致;本书论及国内部分则沿用我国政策文件使用的"职业教育"名称。无论是英国"职业技术教育"还是我国"职业教育",本质上没有区别,均指"为特定工作或某类工作而设计的教育和培训课程"(OECD,2010)。

自上个世纪 80 年代以来,英国政府颁布的职业技术教育政策文件数量之多,机构变换之快,令人目不暇接。本书采取**政策环境分析法、历史研究法和比较研究法相结合**,力图从时间序列和空间上横向联系两个维度上,呈现英国 40 年来职业技术教育政策变革历程,及其隐含的从宏观到微观各个层面的横向连接制度机制的历史变迁。政策环境分析法是政策分析方法中一种重要的研究方法。一个国家的经济、文化、科技、政治及意识形态、种族等要素构成了教育政策环境。本研究结合英国职业技术教育的特点,选择了政治、经济、科技三大要素作为考察影响英国职业技术教育政策走向的环境因素。将政策环境分析法与历史研究法结合,从宏观的社会时代背景中考察 20 世纪 80 年代以来英国职业技术教育政策的发展。这一过程大致经历了以下三个阶段:一是 20 世纪 80 年代至世纪末,撒切尔-梅杰领导的保守党执政时期,英国政府对信息技术革命做出积极回应,大力发展以扩大教育参与为核心的技术和职业教育,以应对劳动力市场对拥有职业资格劳动力的需求;二是 1997 年至 2010 年,是布莱尔-布朗领导的新工党执政时期,受互联网技术发展影响,布莱尔-布朗政府的职业教育政策聚焦技能,以技能战略对接劳动力市场需求;三是 2010 年至 2022 年,人类也进入智能化时代,卡梅伦—鲍里斯时期英国政府推动"职业教育"向"技术教育"转型,以技术教育对接科技发展和劳动力市场需求。比较研究法,则体现在本书在借鉴英国"双对接"职业技术教育制度机制形成和变革经验的基础上,对解决我国当前职业教育领域深化产教融合改革面临的困境提出了一系列对策建议。

本书框架由六个部分构成:第一部分,英国职业技术教育政策的发展。运用政策环境分析,以执政党更迭为主线,结合科技革命的历史交汇,阐述三个历史时期英国重要职业技术教育政策出台的背景、目标、内容与影响(第一章)。第二部分,英国"双对接"的国家资格制度的形成与变革研究。国家资格制度是英国政府将产业需求和技能供给两大系统连接起来的核心制度,是"双对接"的职业技术教育制度机制的逻辑起点(第二章)。第三部分,英国"双对接"的职业技术教育机制的形成与变革研究。涉及"双对接"的职业技术教育治理机制、职业(技术)资格开发机制、职业技术教育组织运行机制以及职业技术教育供需匹配机制的形成与变革(第三、四、五、六章)。第四部分,英国"双对接"的职业技术教育制度变迁研究。受"双对接"的国家资格制度的变革驱动,引发职业技术教育高校考试招生制度、课程制度以及现代学徒制的变革(第七、八、九章)。第五部分,阐述英国"双对接"的职业技术教育制度机制形成与变革的经验与影响因素(第十章)。第六部分,阐述英国经验对我国深化产教融合改革的启示(第十一章)。

本书有以下三方面创新:

一是研究视角创新。本研究聚焦于英国职业技术教育与科技发展趋势、劳动力市场需求之间对接关系的研究,系统考察"双对接"的制度机制,包括宏观层面的治理机制、中观层面的资格开发机制、微观层面的组织运行机制以及职业技术教育供需匹配机制。这些研究内容之前并未能进入我国职业教育乃至教育学研究范围。由于研究视角新颖,本研究开创性地拓展了国内职业教育研究领域的边界。

二是结构体系创新。本书将英国"双对接"的职业技术教育制度机制发展的逻辑起点放在"国家资格制度"(第二章 英国"双对接"的国家资格制度的形成与变革),即工作世界对人才要求的职业标准体系上,而非从普通教育学演绎出来的教育目的与教育目标;用四章内容(第三、四、五、六章)分析英国职业技术教育从宏观到微观的"双对接"机制,用三章内容(第七、八、九章)分析了英国职业技术教育内部制度的变革,包括高校招生考试制度、普职融通的课程制度和现代学徒制,并系统阐述了英国"双对接"的职业技术教育制度机制形成和变革的经验和影响因素(第十章);最后对我国正在进行的职业教育领域产教融合深化改革提出对策建议(第十一章)。这样的结构体系与现有的从教育学体系中演绎出来的职业教育学的内容体系(职业教育目的、目标、专业设置、课程、教学、师资等)有很大的不同,也与已有对英国职业技术教育历史研究成果大不相同。因此,这是从职业技术教育对接外部工作世界需求变化的制度机制到内部职普融通的育人模式变革的链式关系的系统研究。

三是学术思想创新。在我国职业教育学界,多数学者形成了固化思维,认为德国职业教育是全球"天花板",德国政府主导"双元制"是最好的职业教育模式,导致职业教育理论难以超越"政府协调的市场模式"思维。本书通过对40年来英国职业技术教育对接科技发展和劳动力市场需求的制度机制形成和变革的系统分析,概括其各个层面上连接制度机制的本质特征,总结其形成和变革的经验,特别是挖掘了英国匹配技能供需的"镶嵌型市场"模式,在一定程度上有助于拓展我国职业教育理论研究视野,丰富充实职业教育理论体系。

第一章　英国 20 世纪 80 年代以来职业技术教育政策的发展

为了让读者更好地理解英国现今的职业技术教育系统与产业界之间的连接制度机制是如何建立起来,本章采取政策环境分析法,从宏观的时代背景中考察 20 世纪 80 年代以来英国职业技术教育政策的发展。美国学者安德森从系统论视角出发,认为政策行动的要求产生于政策环境,并从政策环境传到政策系统。同时,政策环境限制和制约决策者的行动。[①] 而经济、文化、科技、政治及意识形态等构成了教育政策环境要求。本研究结合职业技术教育的特点,选择了政治、经济、科技三大要素作为考察英国职业技术教育政策走向的环境因素,在这些因素作用下,英国政府出台了一系列重要职业技术教育政策,对职业技术教育发展目标与策略产生重要影响。具体来说,这一过程大致经历了以下三个阶段:一是扩大教育参与阶段:20 世纪 80 年代至 20 世纪末,撒切尔-梅杰政府执政时期,受信息技术革命影响,英国"技术和职业教育"政策旨在扩大 14—19 岁的教育参与,以应对劳动力市场对拥有职业技能的劳动力的需求;二是推行国家技能战略阶段:世纪之交(1997 年—2010 年),布莱尔-布朗政府时期,受互联网技术影响,英国"职业教育"政策聚焦技能,以国家技能战略应对劳动力市场需求和科技发展;三是向"技术教育"转型阶段,进入 21 世纪第二个十年(2010 年—2022 年),卡梅伦-鲍里斯政府时期,执政权力又回到保守党手中,人类也进入智能化时代,英国政府颁布系列"技术教育"政策主动对接科技发展和劳动力市场需求,推动"职业教育"向"技术教育"转型。

第一节　扩大教育参与:撒切尔-梅杰政府时期英国"技术和职业教育"政策(1979—1997)

英国是一个有着根深蒂固重学术轻技术历史传统的国家。尽管 18 世纪产业革命使其工业飞速发展,建立的部门、采用的技术、实行的经营管理方式都是当时最先进的,并且一度登上了"世界工厂"的宝座。但是,这场革命主要是企业主推动的技术变革,跟学校的技术教育几乎没什么联系。经历两次世界大战之后,随着殖民地的纷纷独立,英国日不落帝国地位陨落。20 世纪 70

---

① 褚宏启. 教育政策学[M]. 北京:北京师范大学出版社,2011:107.

年代中期,石油危机爆发,结束了英国战后凯恩斯福利国家政策带来的 20 年繁荣期,迎来了经济衰退和高失业率。与此同时,第三次工业革命到来,信息技术广泛应用的结果是壮大了失业大军。1979 年在大选中获胜的保守党政府将挽救经济颓势、提升就业率、发展国家经济作为政府首要目标。在此背景下,长期不被重视的职业技术教育被政府提上议事日程。

一、英国 20 世纪 80 年代"技术和职业教育"政策环境分析

英国政府于 20 世纪 80 年代颁布了系列发展"技术和职业教育"的政策,促进了英国职业技术教育大发展,现代职业技术教育体系开始建立。中等教育领域这一变革,深受彼时英国的经济社会发展状况、科技发展、政府的政策理念等政策环境因素影响,特别是信息技术发展和经济结构的调整。

(一)经济社会发展状况

英国在二战结束之后,经济上有过近 20 年的经济繁荣期,但很快进入经济"滞胀"期,综合国力持续衰落。经济学界把这种现象概括性地称为"英国病"。当 20 世纪 70 年代中期国际石油危机爆发时,英国正处于绝对的经济困境之中,制造业的衰退带来大面积的失业。1979 到 1986 年,制造业就业人数减少了 170 万,其他生产和建筑行业又失去了 50 万个工作岗位。这种就业机会的丧失,加上劳动力的净进入,导致了 80 年代失业率全面急剧上升,其特点是长期失业者的比例大幅增加。[①] 1979 年末到 1982 年中期失业率翻了 1.5 倍,在 1979 年 5 月全国有 120 万人没有就业,这个数字在 1980 年年末上升到了 200 万,而在 1982 年失业者的数量飙升到了 300 万,在这之前英国劳动力市场从未有过如此惨淡的景象。至此,英国经济迎来了自 1931 年以来最冷的寒冬,整个英国的经济和工业发展陷入了最低谷,经济产值和工业产值严重缩水。[②] 这时,劳动力市场上已经聚集了太多的低技能失业者。

(二)科技发展对劳动力市场提出新的要求

对比其他发达国家,英国在 20 世纪的科技发展状况并不尽如人意。一方面,英国作为世界上最早进行产业革命的国家,它的工业曾飞速发展,建立的部门、采用的技术、实行的经营管理方式都是当时最先进的。逐渐地,英国人沉溺于自身已有的傲人成绩,开始固步自封,具体表现在两个方面:一是轻视技术教育,满足于通过传统的学徒制培养职业技术人才;二是看低其他国家在技术上的创新成果,不愿吸纳技术创新经验。英国在技术教育上的自得自满最终导致它走向了衰落,国家不再具有傲视全球的工业实力,典型的例子就是英国造船业和飞机制造业在两次世界大战期间渐渐显露出颓势。二次世界大战结束后,席卷全球的信息技术革命再次发端于欧美资

① Keith S. The UK Economy in the Late 1980s: Trends and Prospects [J]. International Review of Applied Economics, 1998,2(1):94—119.

② 毛锐. 撒切尔政府经济与社会政策研究[M]. 济南:山东人民出版社,2014:37.

本主义国家。然而,英国对此是缺乏准备的,它的工业结构由于长期严重失调因此变动缓慢。[①]
对比美国和德国的技术力量的不断发展,英国几乎也一直处于固步自封、停滞不前的状态。

另一方面,"英国病"在科学技术与产业方面有所体现,英国重科学、轻应用,使得科学成果的
转化率低,没能更好地支撑产业进步。20 世纪 70—80 年代,英国国内生产总值被联邦德国、日本
与法国超过,1980 年在欧洲七国中国内生产总值倒数第二。[②] 英国科学政策研究专家基斯·帕维
特(Keith Pavitt)指出,英国科技体制发展不均衡,缺乏与科学能力相匹配的开发应用能力,英国
工业在技术创新方面的表现在整体上是令人失望的,这是导致"英国病"出现的重要原因。[③]

当 20 世纪 70 年代以信息技术与生物技术为核心的新科技革命席卷全球的时候,英国也进入
了信息化时代,青年劳动力市场逐步消失,即对完全靠出卖体力为生或从事低技术含量工作的体
力劳动者的需求越来越少,而对掌握信息技术的人才的需求日益增长。根据统计,以 1881 年、
1911 年、1951 年、1961 年为四个时间点,从事技术职业的人数比重逐年大幅上升,1881 年还是
39.8%,到了 1961 年已经是 53.5%;相反,处于半技术职业领域的人员比重则持续大幅下降,从
1881 年的 30.5% 直接减少到了 1961 年的 13.4%。[④]

(三)撒切尔政府的政策理念与政治改革

在英国经济进入严冬时期,撒切尔夫人领导的保守党在 1979 年的大选中获胜,接替卡拉汉领
导的工党政府,1990 年约翰·梅杰接替撒切尔夫人任首相一职。撒切尔-梅杰政府主政长达
18 年。

撒切尔政府的主要目标是解决长期困扰英国经济发展的病症,实现国民经济复苏。其奉行
的政策理念是哈耶克的新自由主义。新自由主义的核心理念是反对集体主义的计划经济,倡导
自由主义的经济制度,坚持法律面前人人平等,以保障经济领域的自由。[⑤] 因而撒切尔政府的政
治改革目标是为实现经济自由主义的目标而进行的市场化改革扫除障碍。为此,他们进行了两
项重要改革:一是削弱工会力量。撒切尔政府认为,工会是福利国家和企业国有化的最大受益
者……他们利用自己拥有的未加法律限制的无限权力,追求片面的集团利益,是造成"英国病"的
重要因素,也是推行新政的最大障碍。[⑥] 从 1980—1984 年,撒切尔政府制定了两部《就业法》、一
部《工会法》,对工会的权力和责任作出严格的限制,特别是对罢工及与罢工有关的活动作出严格
的规定。[⑦] 二是改革地方政府,以加强中央集权。在英国的中央-地方体制中,中央集权化程度较
欧洲其他国家高。二战以后,在英国创建福利国家的过程中,地方政府的职能迅速扩展,规模不

① 罗志如,厉以宁.二十世纪的英国经济"英国病"研究[M].北京:商务印书馆,2013:118.
② 刘益东,高璐,李斌.科技革命与英国现代化[M].济南:山东教育出版社,2017:190.
③ Pavitt K. Technical Innovation and British Economic Performance [M]. London: Macmillan, 1980:51.
④ Royle E. Modern Britain: A Social History 1750 - 1985[M] (Third Edition). London: Arnold, 1987:88.
⑤ [英]哈耶克.通向奴役之路[M].王明毅,冯兴元,等,译.北京:商务印书馆,1962:44—104.
⑥ 李华锋.英国工党与工会关系研究[M].北京:人民出版社,2009:180.
⑦ 钱乘旦,陈晓律,陈祖洲,等.日落斜阳——20 世纪英国[M].上海:华东师范大学出版社,1999:86.

断扩大,并在政治体制中发挥重要作用。撒切尔政府对地方政府进行了大刀阔斧的改革:一是削减地方政府开支,并进一步控制地方财政;二是将市场机制引入地方服务业,增强地方政府的"问责制(Accountability)";三是"埋葬社会民主主义"。其中,改革力度最大的是公共事业领域引入私营企业和竞争机制。涉及的领域有:建筑物和公路建设、公共卫生、交通服务、教育和医疗保健。① 这些改革举措,强烈影响着教育领域的改革,特别是与劳动力市场密切联系的技术与职业教育政策的发展。

二、英国以扩大教育参与为核心的"技术和职业教育"政策

在撒切尔政府的经济复苏目标的推动下,"技术与职业教育"作为拥有技术和职业素养劳动力供给系统的发展壮大,成为撒切尔政府的重要议题。由于彼时的英国职业技术教育不但规模很小,而且质量低下,根本无法满足劳动力市场对具有技术素养劳动力的需求,特别是具有信息技术劳动力的需求。在撒切尔-梅杰执政时期,英国政府颁布了一系列教育政策文件,大力发展"技术和职业教育"。主要的政策文件有:《技术和职业教育试点计划》(*Technical and Vocational Education Initiative*,1982)、《1988 年教育改革法》(*Education Reform Act* 1988)《21 世纪的教育与培训》(*Education and Training for the 21st Century*,1991)、《选择与多样化:学校的新框架》(*Choice and Diversity*:*A New Framework for Schools*,1992)、《迪林评论(1994)》(*The Dearing Review*,1994)以及《迪林评论(1996)》(*The Dearing Review*,1996)等文件。这一阶段职业技术教育政策的目标主要聚焦以下几个方面:一是"技术与职业教育"的目标是建设一支技术娴熟、积极上进的劳动力队伍,重振英国经济;二是大力发展"技术和职业教育",扩大 16 岁后青年的教育参与,减少辍学率,提高就业能力;三是重建中等教育与工作世界的关系。以下是这一阶段对英国职业技术教育与培训改革走向产生重要影响的教育政策。

(一)现代职业技术教育大发展的开端:1982 年《技术和职业教育试点计划》

撒切尔政府在 1982 年颁布《技术和职业教育试点计划》,在普通中学推广全日制"技术和职业教育"。这份"试点计划"被英国学术界视为英国现代职业技术教育大发展的开端②。"试点计划"于 1983 年在 14 个地方教育当局管辖的普通中学中进行试点。为了实现更好就业的目标,该计划授权人力服务统筹委员会(MSC)管理技术和职业教育,在已有的课程中添加更多技术和职业教育及其相关内容,课程与产业密切联系,能适应技术、经济与社会发展的需要,面向 14—18 岁的青年开放。该计划是英国政府首次在面向 14—18 岁青少年的全日制普通中学课程计划中植入新型的职业和技术方面的课程,促使课程和教学方式的内在结构发生变化,以便更好地为学生进入需

---

① 王皖强. 国家与市场:撒切尔主义研究[M]. 湖南:湖南教育出版社,1999:280.
② [英]麦克. 扬. 未来的课程[M]. 谢维和,王晓阳,等,译. 上海:华东师范大学出版社,2003:62—65.

要较多技术理解、创业技能和个人成长的世界作准备。① 实施结果表明，试点计划大获成功，大大提高了毕业生就业率。

（二）教育法案中的技术教育：《1988 年教育改革法》

1988 年，随着撒切尔夫人第三次当选首相，教育改革逐渐深入。是年，议会通过了《1988 年教育改革法》②。该法案旨在通过全面有效地推行国家课程确保中小学课程质量，使所有公立学校学生具备成人生活和就业所需的知识、技能和理解力。尽管这是针对中小学普通教育课程进行的全面改革方案，但对"技术和职业教育"的改革影响深远。它加强了中央政府对中小学教育课程的管理和控制，主要体现在以下两点：首先，教育和科学部之下设立课程设置与评定委员会、学校考试和评定委员会两个教育管理部门，对中小学课程设置和考试进行统一的中央管理，确保所有学生不会过早地承受学业失败。其次，是在义务教育阶段实行"国家课程"（National Curriculum）和"国家评定"（National Assessment）。义务教育从 5 岁至 16 岁，分为四个关键阶段（Key Stages）：关键阶段 1（5—7 岁）、关键阶段 2（7—11 岁）、关键阶段 3（11—14 岁）、关键阶段 4（14—16 岁）；每个阶段的课程和考试均由国家统一规定。接受关键阶段 4 教育的学生需要学习 10 门课程，包括英语、数学、科学、地理、历史、技术（工艺）、音乐、艺术和体育。其中，前三门是核心课程，后七门是基础科目。这意味着，"技术（工艺）"作为法定课程成为普通中学生（14—16 岁）的必修内容。最后，该法案还授权国务大臣可以与任何人达成协议，开办"市立工艺学院"，向所在地区已满 11—18 岁的学生提供教育，课程重点放在科学和技术以及创造性艺术，国务大臣提供办学经费。这是英国城市技术学院办学的开端。

（三）现代职业技术教育体系的雏形：1991 年《21 世纪的教育与培训》

1990 年约翰·梅杰在撒切尔夫人之后继任英国首相，次年，便颁布白皮书《21 世纪的教育与培训》，该白皮书可以说奠定了英国现代职业技术教育体系的雏形。梅杰首相在白皮书前言部分阐明，英国正在建设技术娴熟、积极上进的劳动力队伍，以便在国际竞争中取胜。而正在推出的新文凭，将结束学历和职业资格之间的人为划分，同时，国家将提升职业资历的水平，提高职业教育的质量，加强教育与就业的联系。③ 该白皮书旨在《1988 年教育改革法》对 16 岁之前教育制度改革的基础上，继续向后延伸至 19 岁，形成一个一体化的教育和训练制度。因此，该白皮书主要针对 16—19 岁的教育和培训体系设计改革计划，改革内容主要涉及发展适应经济需要的《国家职业资格框架》（National Vocational Qualifications，简称 NVQs），建立统一的《国家资格框架》，促进

---

① ［英］普赖克.技术和职业教育试点［G］//瞿葆奎，主编.教育学文集·英国教育改革.吴雪萍，译，王承绪，校.北京：人民教育出版社，1993：584—594.
② ［英］英国教育与科学部.1988 年教育改革法［C］//吕达、周满生主编.当代外国教育改革著名文献（英国卷·第一册）.汪利兵，译，王承绪，校.北京：人民教育出版社，2004：137—317.
③ ［英］教育和科学部.21 世纪的教育与培训［C］//吕达、周满生主编.当代外国教育改革著名文献（英国卷·第二册）.北京：人民教育出版社，2004：31—91.

学术资格和职业资格同等尊重并相互沟通,发展新文凭,通过培训与企业委员会(Training and Enterprise Councils,简称 TECs)扩大雇主在教育系统中的影响力,给予继续教育学院和第六级学院独立运作的自由,以回应市场需求。

(四) 多样化中等学校制度的形成:1992 年《选择与多样化:学校的新框架》

紧随白皮书《21 世纪的教育与培训》之后,1992 年梅杰政府颁布了白皮书《选择与多样化:学校的新框架》。该白皮书奠定英国多样化的现代中等学校体系。主要改革有以下几方面:一是扩展传统的以普通中等学校为主的学校系统,将新型的职业技术学校纳入其中。其中一个重要改革措施就是进一步发展新型的中等职业技术院校,包括城市技术学院(City Technology Colleges,简称 CTCs)、城市工艺技术学院(City Colleges for the Technology of the Arts)。① 城市技术学院的课程设置偏重科学和应用技术学科;城市工艺技术学院则专注于培养能够将技术应用于工艺的职业人才。二是鼓励中等学校发展学科特色,学校可以选择语言、商业、音乐或创造性艺术、工艺学等四个课程领域中的一个,作为学校发展的特色,开发学生的天赋能力。三是鼓励家长择校。家长可以选择适合他们子女特殊兴趣和能力倾向的学校。四是强调不同特色类型的学校具有同等地位。政府承诺对学术性、技术性和创造性的技能同样尊重。白皮书在法律上确立了英国中等职业技术院校与普通中学拥有同等地位,促进了职业技术院校蓬勃发展。

(五) 普职融通的擎端:《迪林评论》(1994、1996)

英国学校课程与评估局先后于 1994 年、1996 年颁布了以迪林命名的两份国家课程审查评论,对英国普职融通改革产生重大影响。

1993 年,英国政府授权时任诺丁汉大学校长的罗恩·迪林(Ron Dearing)爵士对 1988 年推出的"国家课程"进行审查。经过深入调查研究,学校课程与评估局(SCAA)于次年发布了《迪林评论》,又名《国家课程与评价:终期报告》(*The National Curriculum and its Assessment:Final Report*)。② 尽管报告是对关键阶段 1—4 的国家课程实施情况进行了全面审查,但对关键阶段 4 的课程和资格给予了特别的关注。报告建议应考虑关键阶段 4 青少年的多样化需求。首先,课程设置应有更大灵活性。缩小国家课程法定内容,增加非法定课程的范围,纳入具有实质性应用知识和技能要素的课程,即"职业教育课程"。其次,拓宽学业成就概念。报告提出为了达到国家的目标,需要认识到,对于一些学生来说,在职业背景下追求教育目标可能更有效。因此,除了普通中等教育证书(GCSE)之外,应该发展与职业课程配套的资格,并引入国家职业资格供 14—16 岁学生使用。再次,"技术"短课程应纳入法定课程范围。报告认为,英国在科学发现方面有杰出的纪录,在世界诺贝尔奖获得者中也有令人骄傲的纪录,但却无法将科学发现转化为创造财富的工

---

① [英]教育和科学部:选择与多样化——学校的新框架[C]//吕达、周满生主编,当代外国教育改革著名文献(英国卷·第二册).王承绪,译.北京:人民教育出版社,2004:166—235.

② School Curriculum and Assessment Authority. The National Curriculum and Its Assessment:Final Report [R/OL].(2010 - 10 - 01)[2023 - 03 - 14]. http://www.educationengland.org.uk/documents/dearing1994/index.html.

业和商业产品,这削弱了整个经济。

迪林爵士在 1995 年再次被政府邀请对当时 16—19 岁学生的职业资格进行加强、巩固和改善。政府要求在确保普通中等教育证书 A 级水平考试的严格性和标准得到维持的前提下,促进学术和职业资格之间的平等化。次年,学校课程与评估局(SCAA)发布了《迪林评论》,又称《16—19 岁的资格评论》(*Review of Qualifications for 16 - 19 year olds*)。[①] 报告认为,进一步改革 16—19 岁学生的资格证书是合理的,因为学术性教育与职业性教育的鸿沟阻碍了学习者的进步,存在大量未完成学业的情况。该报告的重要主张是:建立一个包含学术和职业资格的国家资格框架;在职业资格与职业性教育之间建立一致性标准,强调学术、应用(Applied)、职业三条路径获得的资格具有同等地位,并且三条路径之间存在可以转换和沟通的路径;改善关键技能资格等。为实现这些设想,报告建议学校课程与评估局与国家职业资格委员会(NCVQ)进行合并。因此,该报告是在 1994 年《迪林评论》的基础上进一步完善了 16—19 岁的课程与资格制度。

综上,对英国 20 世纪 70—80 年代政策环境的分析显示,彼时英国面临"英国病"阴霾笼罩下的经济衰退和高失业率的困境,而在第三次工业革命的影响下,信息化时代到来,劳动力市场对完全靠以体力为生或从事低技术含量工作的体力劳动者的需求越来越少,而对掌握信息技术的劳动力需求日益增长。劳动需求的急剧变化,使得英国学术性中等教育与劳动力市场需求和科技发展趋势极不适应。因此,撒切尔-梅杰政府发布系列"技术和职业教育"政策,将原有零星的职业技术教育发展为一个体系。采取的措施包括中央政府加强对职业技术教育的管理,增加其与工作世界的联系机构,创建职业资格证书制度,加强同劳动力市场的联系。同时,通过扩展中等学校体系,发展中等职业技术学院,增加信息技术等技术教育的内容来满足劳动力市场对拥有职业和技术素养劳动力的需求,提升 16 岁以后青少年的教育参与率,从而达到提升社会整体的就业率、促进经济复苏的目的。

撒切尔-梅杰政府推行的"技术和职业教育"政策取得了不容忽视的成效,自 1982 年以来英国经济保持了 8 年的持续增长,劳动生产率和经济效益有显著提高,商品竞争力增强,持续 18 年的财政赤字从 1987 年度起开始转为盈余。[②] 此时的英国似乎摆脱了"英国病"。

第二节 推行国家技能战略:布莱尔-布朗政府时期英国"职业教育"政策(1997—2010)

20 世纪末,尽管保守党政府采取的紧缩货币政策有效抑制了通胀,有力促进了经济复苏。但是长期片面对经济效率的追求造成社会两极分化严重,失业率依然高居不下。此外,互联网技术

---

① School Curriculum and Assessment Authority. Review of Qualifications for 16 - 19 year olds[R/OL]. (2014 - 03 - 03)
　[2023 - 03 - 14]. http://www.educationengland.org.uk/documents/dearing1996/dearing1996.html#03.
② 王振华."撒切尔主义"的终结[N].人民日报,1991 - 01 - 03(006).

发展,经济全球化进程日益迫近。撒切尔—梅杰政府显得应对乏力。1997年,以托尼·布莱尔为首的工党在大选中获胜,成为执政党,他们以新的姿态步入了英国政治舞台的中央,打出了走"第三条道路"的旗帜,致力于实现社会公正和经济社会发展双重目标。面对互联网技术发展和劳动力市场全球化趋势,新的工党政府在保守党政府取得成就的基础上调整技术与职业教育政策,以国家技能战略应对科技发展和劳动力市场需求的变化。这一时期,英国政策文件中以宽泛的"职业教育"或"技能供给"取代80年代"技术和职业教育",但"技术"要素在职业教育中得到加强,是英国职业技术教育发展的重要阶段。

一、英国世纪之交"职业教育"政策环境分析

世纪之交,布莱尔领导的工党政府接替保守党政府执政,尽管撒切尔-梅杰政府通过发展职业技术教育扩大就业的政策缓解了英国经济颓势,但是随着互联网技术的快速发展,英国经济结构调整加剧,政策环境发生了很大变化。布莱尔政府将教育政策视为解决经济问题和促进社会公平的关键。

(一)社会经济发展状况

20世纪末,英国步入了知识经济时代,科学技术的进步加之福利制度的建设使得产业的发展步入后工业时代,传统的第二产业——制造业没落,服务业作为第三产业迅速崛起。这种产业结构的转变对英国经济的影响尤为严重。在英国,随着制造业的迅速衰落,第二产业的从业者大幅度减少,与之形成鲜明对比的是第三产业从业者群体的快速壮大,服务业人员以及中产阶级的中坚力量包括专业技术人员、管理人员和行政人员迅速增加。1973年英国的钢铁业有工人139 601人,到1990年已经下降到32 799人,下降幅度达到76.51%。[①] 这种产业结构的变化在经济学上叫"去工业化"。

在保守党政府严格的货币政策控制下,英国经济从1981年就开始增长,并几乎贯穿整个20世纪80年代。通货膨胀率由1980年5月的21.9%下降到1986年夏季的2.4%。随着通货膨胀率的降低,英国经济增长率稳步提高:1981—1989年,英国国内生产总值年平均增长率为3.6%,是战后以来最高的,而且还高于欧洲经济共同体的平均数。但是失业率依然高居不下,一方面是因为制造业迅速衰落;另一方面是撒切尔政府没有创造足够的就业(尤其是服务业)来吸纳制造业的失业人口。撒切尔政府认为,市场会解决一个经济领域的问题,是扩张还是收缩由市场来决定,制造业也不例外。因此,撒切尔政府对制造业采取的政策,也叫消极的"去工业化"政策,致使英国制造业快速衰落。[②]

新工党政府执政后,发展经济的重大障碍仍然是高失业率。因此,新工党政府将教育的重要

① [英]唐纳德·萨松. 欧洲社会主义百年史(上)[M]. 姜辉,于海青,庞晓明,译. 北京:社会科学文献出版社,2008:753.
② 王展祥. 发达国家去工业化比较及其对当前中国的启示——以英国和美国为例[J]. 当代财经,2015,(11):3—13.

性提升到了新的高度,认为投资教育就是发展经济,将教育投资纳入经济政策的范畴。在当时,政府发展教育的最终目的还是提高整个社会的就业和就业质量,因此,作为人才培养关键环节的教育愈发受到重视,希望通过改革教育增加就业、促进经济增长。在新工党政府执政期间,预算增加最多的是教育和卫生。到 2008 年,英国经济持续增长,增加了 250 万个就业岗位,失业率降至 20 世纪 70 年代以来的最低水平。[①]

(二)科技发展状况

20 世纪 90 年代互联网技术在美国兴起并迅速遍布全球。互联网技术使人们的生活互通互联,开启了数字经济时代。剑桥大学学者卡洛塔·佩雷兹(Carlota Perez)对于此类现象给出了诠释,她认为,每一次科技革命在带来新技术、产生新行业的同时,都会孕育出新的技术-经济范式(the Techno-economic Paradigm)。每一次技术革命都有两个不同的阶段:第一个阶段是导入期,也就是新兴产业的兴起和新基础设施的广泛安装;第二个阶段是展开期,也就是各行各业应用的蓬勃发展和初有收获的时候。[②] 在前一个时期,新技术对于传统社会经济产生的冲击还只是局部的,而在后一个时期,随着科学技术应用水平的全面覆盖,必将进一步促进各行各业的大发展,真正发挥出新技术对整体社会经济的全面改进和提升作用。

互联网时代正是信息技术革命的第二个阶段,第三产业包括通讯、金融和商业服务迅速崛起,新工党政府顺势而为,不断地在科研和创新方面增加投入,促进了第三产业的发展。一个重要措施是在公共部门和私营部门之间建立起专注科学研究的合作伙伴关系。这加快了科技向生产力转变的周期,使得产品的生产更为高效、更具科技含量,提升了产品的竞争力同时开拓了产品的市场。

进入科学技术迅猛发展的 21 世纪,生物技术和新材料、电脑软件、数字通信等高新技术层出不穷,展现出磅礴的生命力,与此同时新的行业也不断出现。事实上,1997 年至 2010 年间,英国产业结构表现出工业的重要性连续下降,农业缩减至更加微小的比例,服务业的重要性超过工业并在就业和产值方面持续扩大的变化特征。这期间,工业劳动力就业比重从 1997 年的 26.7% 下降到 2009 年的 19.6%,产值则由 30.2% 下降为 22.0%;与此同时,服务业就业比重由 71.4% 上升到 79.3%,产值从 68.4% 上升到 77.1%;本来就已无足轻重的农业则仅余下约 1% 的份额。[③]可以说,带动经济增长的产业部门正在逐渐从制造业转向信息与通讯、金融、商业与科技等这些新兴行业。2005 年,英国《经济展望》的一篇文章就曾经预言:"未来,带动经济增长的部门将是通

---

① Policy Options. Tony Blair's Social Legacy: Transformational leadership [EB/OL]. (2007 - 06 - 01) [2023 - 03 - 14] https://policyoptions. irpp. org/magazines/nicolas-sarkozy-europe-2007/tony-blairs-social-legacy-transformational-leadership/.

② Perez C. Technological Revolutions and Techno-economic Paradigms [J]. Cambridge Journal of Economics, 2010, 34 (1):185—202.

③ 钱乘旦,陈晓律,潘兴明,等. 日落斜阳:20 世纪英国[M]//钱乘旦主编. 英国通史(第 6 卷). 南京:江苏人民出版社,2016.

讯、金融和商业服务。"①

产业转型升级所需的高素质劳动力不仅要拥有过硬的专业技能,而且要具有现代工作场所看重的可转移技能。这里的可转移技能也被称为"21世纪技能"或"非认知技能",包括语言交流、数字素养、解决问题、团队合作及创业等。② 由科技推动的产业升级使得生产方式不断变化,劳动力也需要不断调整技能以适应这种渐进的变化,而可转移技能则十分有利于生产者工作方式的过渡与调整。正如学者史蒂芬·比利特(Stephen Billett)所述,当工作要求、技术和工作组织随着时间的推移而不断变化,职业教育需要提供更多的工作能力,如发展战略思考和行动的能力,职业人才要有效应对非常规或新颖的工作活动,而不仅仅是使用技术。③

(三)布莱尔-布朗政府的政治改革

1997年,布莱尔领导的新工党在大选中获胜,结束了保守党长达18年的执政。布莱尔执政直至2007年辞去首相职位,戈登·布朗继任首相直至2010年工党在大选中落选。布莱尔领导的新工党对政党的意识形态进行了修正,打出走"第三条道路"的旗帜。"第三条道路"诞生于20世纪80年代各种左翼进步运动内部关于凯恩斯主义的重新评估。20世纪90年代末,"第三条道路"的发展很大程度上归功于两部开创性的著作:安东尼·吉登斯的《第三条道路:社会民主的复兴》和托尼·布莱尔的《第三条道路:新世纪的新政治》。从吉登斯和布莱尔那里,可以概括提炼出"第三条道路"的五个核心观点:超越左右之分;推进机会平等;运用相互责任;加强社区;拥抱全球化。

布莱尔声称,"第三条道路"在英国是新颖和独特的,他调和了以前经济效率和社会正义的对立,强调效率和公平的和谐统一。为了实现这一目标并向知识经济过渡,布莱尔政府强调加大对人力资本、教育、研究和基础设施的公共投资。因为在新工党看来,教育投资的目的不仅仅是提高总体水平的经济增长,它还旨在解决社会排斥和不平等问题。一方面,布莱尔政府提出"教育优先"的口号,增加教育方面的公共投资,设立"学习与技能委员会"专门负责拨款的具体事宜,仅继续教育领域,每年可以获得的政府拨款数额就高达80亿英镑;另一方面,推行"从福利到工作"的新政措施,通过向特定的失业群体提供培训、补贴就业和志愿工作来减少失业,还引入了对那些拒绝"真正的"就业机会的人的撤回福利、征收罚款的权力。④

新工党在政策主张上与保守党政府区别在于:保守党政府引进了一套以市场为基础的改革;新工党政府赞同和欢迎市场,但它反对市场产生的不平等,它相信利用国家的力量进行财富再分

① Colquhoun G. The Changing Structure of the UK Economy: Implications for the Current Account [J]. Economic Outlook, 2005,29(2):9—15.

② 联合国教科文组织反思教育:向"全球共同利益"的理念转变?[M].联合国教科文组织中文科,译,熊建辉,校译.北京:教育科学出版社,2017:52.

③ Billett S. Vocational Education: Purposes, Traditions and Prospects [M]. Dordrecht: Springer, 2011:136—137.

④ European Centre for Social Welfare Policy and Research. Welfare-to-Work Programmes in the UK and Lessons for Other Countries [EB/OL]. (2009 - 10 - 18)[2023 - 03 - 14]. https://www.euro. centre. org/downloads/detail/1223.

配,以帮助处于社会边缘的贫穷人口。它仍然相信利用国家力量来分配教育、医疗等领域的机会。① 因此,新工党的政策理念被称为"大政府",意味着政府加强了对市场限制与管制。

二、英国以国家技能战略为核心的"职业教育"政策

面对科技发展对英国经济发展格局产生的巨大影响,工党政府对科学创新政策进行了审查,出台了《力争上游——政府的科学和创新政策评论》(*The Race to the Top*:*A Review of Government's Science and Innovation Policies*)与《创新国家》(*Innovation Nation*)两个科技发展战略。同时,为了在科技和经济不断发展的现代社会背景下让公民取得成功所需的技术技能,出台了一系列发展"职业教育"、提升技能、促进创新的政策文件。主要有《为了每个人的成功:改革继续教育与培训》(*Success for All*:*Reforming Further Education and Training*,2002)、《21世纪的技能——实现我们的潜能》(*21st Century Skills*:*Realising Our Potential*,2004)、《世界一流技能——英格兰实施里奇技能评论》(*World Class Skills*:*Implementing the Leitch Review of Skills in England*,2007)与《技能促进增长——国家技能战略》(*Skills for Growth*:*the National Skills Strategy*,2009)等重要文件。这些政策目标聚焦在以下几个方面:一是以国家技能战略促进经济增长,人民的技能是国家财富,到2020年实现世界一流技能。二是建立需求导向的技能体系。三是优先投资对未来就业和经济增长起关键作用的行业所需技能。四是通过实施国家技能战略提高整个教育体系的平等性和多样性。以下是这一阶段对英国职业技术教育改革走向产生重要影响的教育政策。

(一)行业技能委员会成立:2002年绿皮书《为了每个人的成功:改革继续教育与培训》

英国教育和技能部于2002年6月颁布了绿皮书《为了每个人的成功:改革继续教育与培训》,旨在提高14—19岁青少年的技能水平,建立有效的学习技能模式,关键是成立连接劳动力市场和教育与培训两端的"桥梁"机构——行业技能委员会。报告指出,行业技能委员会(SSCs)是衔接与协调各行业与技能供给侧双方需求的"桥梁"。行业技能委员会将与学习与技能委员会(LSC)合作,在发展区域一级的教育提供者(学校)网络方面发挥关键作用,同时致力于满足各行业的需要,并与这些教育提供者建立长期的合作伙伴关系。行业技能委员会还需要洞悉雇主对培训的需求,通过鼓励雇主与教育提供者合作,提高学习与教学的质量。而创立之初便扎根于学院的"职业卓越中心(CoVEs)"也发挥着类似的桥梁作用。报告指出,教育提供者应当充分利用各自的"职业卓越中心"进一步加强与雇主的联系,以提供卓越的专业培训。

(二)国家技能战略的开启:2003年白皮书《21世纪的技能——实现我们的潜能》

在绿皮书《为了每个人的成功:改革继续教育与培训》中制定的相关改革计划基础上,英国教

---

① 马丁·鲍威尔.新工党,新福利国家? ——英国社会政策中的"第三条道路"[M].林德山,等,译.重庆:重庆出版社,2010:前言.

育和技能部于 2003 年 7 月出台白皮书《21 世纪的技能——实现我们的潜能》。白皮书关注雇主与个人的技能需求和发展空间，指出企业取得成功的前提是获得更高质量的技能，与此同时个人要想得到更好的发展必须掌握足够的技能，而政府所推行的技能战略是同时助力两者走向成功的国家战略。然而，除却高技能的劳动力，要想提升社会生产力，政府还应在改善企业竞争市场、增加资金投入等方面做出更多努力。在这些要素中，技能提高起着关键作用。白皮书提出，英国在基本技能（语言交流技能、计算技能和信息技术技能）、中等技能（准专业人员、学徒、技师或技能熟练的工艺和贸易人员等拥有的技能等）以及领导和管理技能上存在技能短缺。与此同时，技能供给侧和需求侧存在错位的情况，应当改革课程和资格满足雇主及个人的技能需求；很多人没有认识到拥有技能对个人发展的重要性。该技能战略明确，为适应社会和经济转型，英国要发展更高水平的技能，为实现此目标，必须把雇主对技能的需求放在中心地位，整合现有改革计划，使之发挥更大效能。总而言之，该白皮书旨在阐明国家、雇主和个人在发展技能上具有共同的利益，鼓励雇主积极投资并参与发展职业教育。

（三）技能水平全面提升：2007 年《世界一流技能——英格兰实施里奇技能评论》

2006 年桑迪·里奇（Sandy Leitch）爵士向英国政府呈递了英国技能发展报告《全球经济中人人共享繁荣——世界一流技能》（*Prosperity for All in the Global Economy—World Class Skills*），亦称《里奇技能评论》（*Leitch Review of Skills*）。作为回应，次年英国政府发布了白皮书《世界一流技能——英格兰实施里奇技能评论》。这份报告可以说是英国全面提升技能的国家战略。白皮书提出，通过实施技能战略到 2020 年使英国拥有世界一流的技能，即英国劳动力的技能水平达到 OECD 国家前四分之一。其中，一项关键指标是把技能从 2 级提高到 3 级，40% 成年人将拥有 4 级或以上教育资格。为此，英国政府对于职业教育治理体系将做出重大调整，将原先教育和技能部一分为二，成立"儿童、家庭和学校部"和"创新、大学和技能部"两个部门，前者掌管 0—14 岁教育，后者掌管 14—19 岁教育，以便中等职业教育与大学、企业建立更紧密的联系，促进以 2 级证书教育为主的中等职业教育向 3 级证书教育转移；此外，还要增设就业和技能委员会，以加强在国家层面制定技能发展战略；增设国家技能学院，对应每一个行业技能委员会，帮助雇主阐明需求，刺激雇主投资新型技能，推动技能体系创新。因此，这份文件成为布莱尔政府变革职业教育的转折点，从促进职业教育与普通教育融通，转向促进职业教育与大学衔接，同时与企业建立更加紧密联系。

（四）聚焦重点行业技能：2009 年《技能促进增长——国家技能战略》

为了尽快摆脱 2008 年金融危机的影响并重振英国经济，英国政府决定改革技能体系。2009 年 11 月，新成立的英国"商务、创新和技能部"发布白皮书《技能促进增长——国家技能战略》，这表明技能发展成为英国经济复苏计划的核心战略。白皮书指出，在全球化知识经济时代，技能系统只有更侧重于战略性技能，才能培养出能够适应不断变化经济的高质量技能型人才。这种类型的人才生产力更高、更具创新精神，有助于帮助建立更强大的商业企业，从而推动社会经济向好发展。技能战略基于当前英国面临的技能挑战和改进技能系统方面已经取得的进展,分别针对促进经济繁荣、扩大学徒制、回应产业和关键部门的需求、武装成年人、增加商业投资、改善培训这六个关键领域给出了提升技能的新的重点事项或实现途径。第一,扩大当前的教育供给,以组建一个现代化的包含技术人员、专业助理人员和具有较高水平的工艺和贸易技能的人才在内的庞大群体。战略特别指出,英国经济所需的技能随着科技的发展在不断变化,例如生物科学和低碳此类不断增长的市场将需要新的和更高水平的技能。可以说,技能体系将为英国提供一支能够在全球化知识经济条件下开展工作的强有力的劳动力队伍。第二,要大幅度扩大面向年轻人的高级学徒制,以提供经济所需的高级职业技能。这也是战略的核心内容。第三,为了确保技能体系响应企业不断变化的需求,同时更好地支持关键的增长部门和就业部门,需要保障一个由市场需求驱动的体系,同时赋予企业更多的自主权,使得技能预算中的资金更多地集中在未来增长和就业所依赖的行业和市场上。第四,为进一步确保所有成年人都有能力为将来的工作做好准备,需要通过技能账户(Skills Accounts)给学习者真正的作为消费者的选择,并辅之以高质量的关于课程质量和相关性的信息、建议和指导。第五,在提高更多企业对劳动力技能投资价值的认识上,政府作为购买者应当充分利用其影响力,鼓励雇主投资技能。第六,简化技能体系,为教学优秀的学院和培训机构提供更大的自主权,同时削减对低价值课程的资助。

紧随这份白皮书之后,英国政府还出台了《技能投资战略》(*Skills Investment Strategy*,*2010 - 2011*)、《国家技能战略——平等影响评估》(*National Skills Strategy*(2009):*Equality Impact Assessment*)、《国家技能分析报告》(*The National Skills Stratggy Aualytical Paper*)等系列文件,推动技能战略落实并对实施效果进行评估。通过对上述新工党执政时期发布的一系列政策文本的分析,可以看到,这一时期有关"职业教育"的政策都直指技能体系的创新和改进。这些政策对技能与创新的关注很大程度上受到了科技发展的驱动。如果说在 20 世纪 80 年代英国还是通过增加技术教育内容来发展职业技术教育、扩大就业,那么进入 21 世纪以来,英国政府则是利用更加系统性的政策——国家技能战略来发展职业技术教育、培养高技能人才,适应科技发展带来的产业转型升级的需要。

第三节 向"技术教育"转型:卡梅伦-鲍里斯政府时期英国"技术教育"政策(2010—2022)

2010 年至 2022 年是英国政坛动荡不定、领导人更换频繁的时期,主要原因是保守党内部在英国"留欧"还是"脱欧"的问题上出现了严重分歧。"留欧"派代表戴维·卡梅伦竭力主张英国留在欧洲共同体,认为英国脱离欧盟将带来重大经济损失与 300 万就业机会的丧失,通过"公投"脱欧无异于"自取毁灭"。因为英国自 1971 年入欧时身患"英国病",经济增长率在发达国家中倒数第一;入欧之后,英国经济增长率在发达国家雄踞榜首,无疑欧洲市场对英国经济增长至关重要。

但是,随着欧洲一体化进程的推进,英国政府受到欧盟体系政策越来越多的限制,尽管英国政府据理力争,保留了一些特权,但是在监管上,英国市场货物、服务和资本的生产、分配和交换的规则80%由欧盟决定,这些束缚加之欧洲的"难民潮"成为英国"脱欧"情绪不断累积的主要原因。"脱欧派"代表鲍里斯·约翰逊认为,欧洲一体化是对成员国缓慢而隐形的"殖民化";"不退出欧盟相当于给布鲁塞尔亮绿灯,允许其进一步联邦化,进一步侵犯民主"。2016年6月卡梅伦因公投结果"脱欧"而辞去首相职务,特蕾莎·梅开始执政。由于特蕾莎·梅在"脱欧"谈判中无法推动预期进程,2019年约翰·鲍里斯取代特蕾莎·梅成为保守党政府的最新一任领导人。

一、英国21世纪第二个十年"技术教育"政策环境分析

2010—2022年,全球金融危机对英国政治、经济和社会产生深刻影响。同时,人类迎来了智能化时代,这一时期全球金融危机对英国经济生活产生极大冲击,使得英国政府对"职业教育"政策做出大幅调整,结束了工党政府的国家技能战略。智能化时代到来、脱离欧洲共同体等新的环境因素,都迫使英国政府开启"技术教育"的新时代。英国职业技术教育进入新的发展阶段。

(一)社会经济发展状况

在布莱尔领导的工党政府持续投资技能政策的推动下,英国就业率达到历史高位。但2008年金融危机爆发,使得英国经济深受其害。其中,首当其冲的是金融服务业。在金融危机爆发前的十几年,金融服务业已成为英国经济的支柱产业。据2011年的一份统计数据显示,伦敦金融城(相当于纽约华尔街)占据了全球20%的跨境借贷、40%的非英国股票交易、32%的外汇交易、43%的衍生品场外交易以及二级市场70%国际债券交易。这使伦敦成为全球唯一能与纽约比肩的重量级金融中心,金融服务业也成为英国的"纳税"大户,伦敦每年对其他地区的补贴达到150亿英镑①。无疑,金融服务业已然占据英国经济中的支柱地位。

当次贷危机在美国爆发后,很快蔓延到英国,给暴露在国际金融市场下的英国银行业沉重的打击。工党政府为救助银行,2008年前后共向银行注入资金4 000亿英镑。② 但救助银行业的后果就是本应该由银行业自己承担的债务转移到英国的国家资产负债表上,这种私营部门债务的"国家化"导致英国财政状况迅速恶化。全英国民众都需要在金融危机后勒紧裤带过日子,而银行家们由于享受了纳税人的救助后阔绰依旧。这让英国公众非常愤怒,不断质疑英国政府为什么一定要救助银行业,而不让其按市场规律破产。这也为工党政府在2010年大选中的失利埋下了伏笔。

2010年联合政府接替工党政府执政,减少国家财政赤字成为联合政府的政策目标,这意味着

① 张劼. 金融危机以来的英国经济[R]//王展鹏. 英国发展报告(2010—2013)——国际金融危机背景下的英国. 北京:社会科学文献出版社,2013:25.
② 张劼. 金融危机以来的英国经济[R]//王展鹏. 英国发展报告(2010—2013)——国际金融危机背景下的英国. 北京:社会科学文献出版社,2013:26—27.

政府需大幅减少公共领域资金的投入，包括教育、医疗、福利等。在严厉"减赤"计划下，到2012年底英国的赤字已比2011年底减少近1/4，占GDP的比重已经降至8.25%，但英国经济复苏依然疲软。在2011年，英国失业人口从2007年的164万飙升到268万，达到1997年工党政府上台以来最高点。其中16—24岁的年轻人失业人数突破100万，引发英国社会震动。2008年爆发金融危机，工党政府出台了专门针对年轻人就业的"学徒制"政策，鼓励雇主招聘16—24岁的年轻人当学徒，使其有机会在实践中学习工作技能，赚取一份能够养活自己的工资。联合政府上台后延续了这一政策，并推出更为有力的激励措施。中小企业（雇员1000人以下）每招聘一名年轻人当学徒，政府给予1500英镑的补助。因为政府认为最需要学徒工但经济上无法承受的恰恰是广大的中小企业。学徒制大大提升了年轻人就业率。到2011年底，当学徒工的年轻人比前一年增长50%以上。[①] 英国经济逐步走出低谷。

（二）科技发展状况

这一时期，科技发展史上的重大事件是人工智能时代的到来。2013年，在汉诺威工业博览会上，德国联邦教研部和联邦经济技术部提出了"工业4.0"的概念，随后以智能制造为主导的"第四次工业革命"席卷全球，为制造业智能化转型提供了具象的未来，即通过推动"智能工厂"的发展，在全球范围实现虚拟和实体生产体系的灵活协作。[②] 对第四次工业革命到来，英国政府这次采取主动拥抱的态度。2009年，布朗政府发布了《数字英国》（*Digital Britain*）计划，旨在为英国的工业和信息产业发展制定战略目标，力图确保英国在未来相当长时间内保持创新大国地位，抢占未来科技和产业发展的制高点。主要包括七方面内容：（1）提高数字时代的全民参与水平；（2）完善通信基础设施；（3）创意产业的数字化转型；（4）公共服务数字化；（5）整体规划教育领域数字教程，将提升数字能力与英语、数学和个人发展放在同等重要的位置，一起列为核心课程；（6）数字安全；（7）提升电子政务水平。[③]《数字英国》计划为英国应对"第四次工业革命"到来奠定了基础。英国政府已经意识到，技术和创新已经成为这一新科技时代经济发展的主动力。

借助技术发展带来效益，英国政府重点关切中高端产业，促进其平衡发展进而稳步升级，并做出了许多实际的努力。**其一**，加速制造业回流，加大对制造业智能化的投入。2013年英国政府颁布的《制造业的未来：英国面临机遇和挑战的新时代》提出[④]，当今制造业被定义为，在产品、生产流程和相关服务的创造中应用前沿技术知识和专业知识，其活动可能从一端的研发延伸到另一端的回收。英国未来的制造业将成为一个国际的"工业系统"，在充满活力的全球经济中创造

① 张劼.金融危机以来的英国经济[R]//王展鹏.英国发展报告（2010—2013）——国际金融危机背景下的英国.北京：社会科学文献出版社,2013:38.
② ［德］克劳斯·施瓦布.第四次工业革命转型的力量[M].李菁,译.北京：中信出版社,2016.
③ 张浩.英国"数字英国"战略[R]//王展鹏.英国发展报告（2010—2013）——国际金融危机背景下的英国[C].北京：社会科学文献出版社.2013:213—215.
④ Government Office for Science. The Future of Manufacturing: A New Era of Opportunity and Challenge for the UK[R/OL]. (2013-10-30)[2023-03-14]. https://www.gov.uk/government/publications/future-of-manufacturing.

和捕获价值。**其二,**更加重视科技与数字信息技术的开发,努力实现技术与生产网络的融合。2015 年政府发布《数字经济战略 2015—2018》(*Digital economy strategy* 2015—2018)指出①,英国正处于数字创新浪潮的前沿,数字平台、产品和服务的影响将远远超出信息和通信技术(ICT)部门。其中,创意产业引领了数字经济,目前在线商务已与其并驾齐驱。战略承诺将通过长期投资支撑数字化市场的平台建设,帮助企业运用数字化技术进行创新。**其三,**加大新兴产业及"赋能技术"的投入。2016 年 4 月创新英国发布公告《新兴和赋能技术》(*Innovate UK:Emerging and enabling technologies*)表示,新科技涵盖了量子技术、合成生物学、非动物技术、微生物膜、能量采集、石墨烯、新成像技术;赋能技术则包括网络安全、数据、物联网、卫星地球观测、电子学、传感器和光电、机器人和自主系统,采用这些新科技和赋能技术无疑将带动新行业、新产品、新工艺和新服务的涌现。英国政府认为高科技将是英国的一个优势领域,如制药、航空航天、化工和汽车行业等,因此将在这些领域充分投入资金和技能等资源。

(三)卡梅伦-鲍尔斯政府的执政理念

2010 年至 2022 年英国政府先后迎来了保守党的三位领导人。2010 年英国大选产生了"无多数议会",保守党领导人戴维·卡梅伦应女王的邀请组建了一个保守党和自由民主党联合的政府,由于保守党势力远超自由民主党,执政权力又回到保守党手中,保守党提出了"大社会"执政理念。卡梅伦认为,在长达 13 年的工党主政时期,英国民众养成了过度依赖政府解决问题的习惯,因而,"需要我们改变对自己的看法和我们在社会中所起的作用"。英国需要"大社会精神":改变过去工党政府高支出政策,实现从国家权力到民众权力、从"大政府"到"大社会"的转变。这并不意味着政府放弃其作用,而是改变了作用。从中央政府拿走的权力归还人民;给地方议会更多自由;给社区更多权力,让民众有归属感。"大社会精神"强调民众对社会贡献,民众齐心协力使社会变得更加美好。② 这表明新的联合政府执政理念上与工党的差异。

联合政府在卡梅伦领导下平稳运行至 2015 年。继任者特蕾莎·梅和鲍里斯仍秉持"大社会"理念引领各项公共政策,在科技创新与推动经济发展的思路上基本一致。

二、英国以向"技术教育"转型为核心的"技术教育"政策

卡梅伦-鲍尔斯政府执政时期,尽管保守党领导人更换频繁,"职业教育"领域改革步伐有所减缓,技能战略受阻,但智能化时代的到来以及英国发展中高端产业的需要,英国政府还是对原有的"职业教育"做出重大变革,推动"职业教育"向"技术教育"转型。这一时期主要政策文件有:《职业教育评论-沃尔夫报告》(*Review of Vocational Education-the Wolf Report*,2011)、《塞恩斯

<hr />

① Innovate UK. Digital Economy Strategy 2015 - 2018[R/OL]. (2015 - 02 - 16)[2021 - 03 - 27]. https://www.ukri.org/publications/digital-economy-strategy-2015-to-2018/.

② 杨光杰. 2010 年英国大选与政党政治走向[R]//王展鹏. 英国发展报告(2010—2013)——国际金融危机背景下的英国. 北京:社会科学文献出版社. 2013:51—52.

伯里报告：独立小组关于技术教育的报告》(*the Sainsbury Report: Report of the Independent Panel on Technical Education*，2016)①和《16 岁后技能计划》(*Post-16 Skills Plan*，2016)②以及 2017—2020 年四个《T Level 行动计划》(*T Level Action Plan*)。这一系列政策的主要目标是：(1) 推动"职业教育"向"技术教育"转型；(2)构建技术教育选择与学术教育选择并驾齐驱又相互沟通的教育体系；(3)通过推行 T Level 计划，使技术教育满足数字化、建筑、核能、高铁等中高端产业领域对中高级技术人员的需求。以下是这一阶段对英国职业技术教育与培训改革走向产生重要影响的教育政策。

（一）职业教育的全面审查：2011 年《职业教育评论-沃尔夫报告》

2010 年卡梅伦领导的联合政府接替工党政府执政之后，对于高投入又难以为继的国家技能战略按下暂停键。同时，委托国王学院艾莉森·沃尔夫（Alison Wolf）教授对职业教育进行全面审查。2011 年沃尔夫教授领导的专家组发布了《职业教育评论-沃尔夫报告》。该报告回顾了 19 年来的英国职业教育发展状况，期望帮助英国提升职业教育水平，促进经济增长，比肩国际竞争对手。

该报告对英国劳动力市场需求、青年受教育和就业状况、各类资格与技能的雇主认可度、学校的课程设置等做了深入调查，指出随着技术进步和生产率提高，每年都会对特定行业或职业的就业人数产生巨大影响，并且许多熟练的手工工作已经减少，许多中级白领的文书工作已经被新技术挤出。报告揭示了英国职业教育供给与劳动力市场需求不匹配的现状，建议国家必须为 14—19 岁青少年提供有助于他们就业和进入高等教育的真正的、高质量的职业教育，特别是要传授给他们当前劳动力市场真正需要的技能。③ 基于此目的，此次审查提出了 27 条改革建议，主要囊括职业教育的资格认证与课程提供、经费资助、标准设置、劳动力市场信息提供、资格认证市场监管评估等方面制度与运作方式的变革。

（二）技术教育的倡议：2016 年《塞恩斯伯里报告：独立小组关于技术教育的报告》

随着智能化时代到来，英国政府加紧了产业发展战略制定，产业转型升级的重点领域愈加清晰，对英国原有的"职业教育"提出严峻的挑战。英国创新、大学和技能部于 2015 年设立大卫·塞恩斯伯里（David Sainsbury）领导的技术教育独立小组，次年，该独立小组发布《塞恩斯伯里报告：独立小组关于技术教育的报告》（简称《塞恩斯伯里报告》）。该报告开宗明义，要建立一个世界级的技术教育体系，培养国家急需的中高水平技术技能人才，大大提高国家的生产力。基于此，报告建议：开发一个连贯的技术教育选择，以发展技术就业所需的技术知识和技能，从 2/3 级到 4/5 级甚至更高，该技术路径有两种学习模式——以就业为基础（通常是学徒制）和以学院为基础；建

① Sainsbury D. Report of the Independent Panel on Technical Education [R]. London: Department for Business, Innovation and Skills, 2016.
② Department for Business, Innovation and Skills and Department for Education. Post-16 Skills Plan [R]. London: Her Majesty's Stationery Office, 2016.
③ Wolf A. Review of Vocational Education-the Wolf Report [R]. London: DfE, 2011.

立一个包括 15 条路径的共同框架,包括所有以就业为基础和以学院为基础的 2 至 5 级技术教育,为需要大量技术知识和实践技能的熟练职业提供培训;发展和扩大招收学徒学院的职权范围,使之涵盖 2 至 5 级的所有技术教育,与专家合作,就上述每条路径所要获得的技术知识、实践技能和行为达成一致意见,维持一个共同的技术教育标准、资格和质量保证框架;学徒制研究所召集专业小组,在每条路线和适当的评估策略上,就技术教育标准所需的知识、技能和行为提供意见等。这些建议预示英国"职业教育"的治理体系以及教育组织模式需要做出重大变革,以对接科技发展背景下产业升级和发展的近远期需求。

(三)技术教育体系的架构:2016 年《16 岁后技能计划》

英国政府在《塞恩斯伯里报告》的基础上,于 2016 年 7 月颁布了白皮书《16 岁后技能计划》。该白皮书首次在政府报告中将"职业教育"改称为"技术教育",淡化"职业"凸显"技术"的重要性。该白皮书指出,面临激烈的国际竞争和更快的技术变革,英国迫切需要更多高级技术技能人才,有效培训,发展经济和提高生产力。为此,必须创建一个易于理解、高质量、雇主主导、稳定的技术教育选择,并与学术选择一起扩展到最高水平的世界级技能系统。白皮书全面接受了《塞恩斯伯里报告》关于技术教育组织的改革:设立基于学院为基础的学术选择和以就业为基础的技术选择;并将在所有技术教育中引入 15 条路线的共同框架;由教育专家支持的雇主制定技术教育所需的标准,以赋予技术选择真实的地位和可信度;扩大学徒制研究所的职能,以负责 15 条路线的共同框架,它将是唯一负责技术教育的机构,并将有责任制定一个连贯的战略,使雇主在所有技术教育制度(基于学院的技术教育和基于就业的学徒制教育)中设计标准,因此,它将更名为"学徒制和技术教育研究所(Institute for Apprenticeships and Technical Education)";建立国家学院(National Colleges),解决更高层次的技能差距(主要是 4 级和 5 级),以引领重要经济领域的技能,覆盖五个关键领域——核能、数字技能、高速铁路、陆上石油和天然气以及创意和文化产业,该学院颁发的注册资格当中,只有符合国家标准的 4 级和 5 级资格才能进入研究所的技术教育资格认证登记册,才有资格作为技术资格获得公共补贴(通过政府支持的贷款)。可见,白皮书不仅接受了《塞恩斯伯里报告》关于技术教育的组织模式的改革,并确定了技术教育的重点领域,扩展学徒制研究所的职能,对雇主提出的技能需求予以技术上支持。

(四)技术教育的实施:2017—2020 年四个《T Level 行动计划》

为了落实白皮书《16 岁后技能计划》精神,自 2017 年开始至 2020 年四年里英国政府连续颁布四个《T Level 行动计划》,其目的在于建立一个单一的技术教育系统,与学徒制结合运作,提供高质量的学习(T 水平 4—5 级),提高生产力,改善社会流动性,更好地满足雇主的技能需求,并支持年轻学员的职业抱负。

2017 年,英国政府发布《16 岁后技术教育改革:T Level 行动计划》,详细说明了 T Level 课程提供的关键原则,并规定自 2020 年起实施计划以及商界、教育界、各培训机构和颁证机构如何合作参与技术教育的推行。

2018 年，英国政府公布《2018 年 T Level 行动计划》，提供了 T Level 课程的进展细节。制定全面的质量治理体系，并确定分阶段实施这些体系的供应商，以确保提供高质量的课程，以现有管理的方式扩大全国范围的覆盖面。

2019 年，英国政府公布《2019 年 T Level 行动计划》，它介绍了政府与广泛的院校合作，在发展和提供"T 水平"课程方面所取得的进展。

2020 年，英国政府公布《2020 年 T Level 行动计划》，介绍了 2020 年 9 月首批 3 个"T 水平"的课程实施情况，以及政府与一系列院校合作，全面推出"T 水平"资格而继续开展的工作。

"T 水平"是一个针对 16—19 岁学生的技术学习项目，是由学徒制与技术教育研究所与雇主一起设计的为期两年的课程。它不仅仅是一种新的资格类型，还是英国技术教育转型的关键。改革后的 16 岁后技术教育资格体系，是一个"精简、统一、高质量、与劳动力市场沟通、与高等教育衔接"的技术教育体系，最终取代现有的"职业教育"体系。

综合上述分析，随着智能化时代到来，英国政府借助"数字技术"突破领土疆域的限制，助力经济发展，提出"全球英国"的经济目标。为了实现这一目标，英国政府非常重视新技术与产业发展的关联，产业发展战略频出。在产业发展战略驱动下，推动英国"职业教育"向"技术教育"转型。《塞恩斯伯里报告》是具有战略意义的审查报告，它率先将产业发展的重点领域同教育领域供给建立直接关联；《16 岁后技能计划》对技术教育体系进行了整体规划；系列《T Level 行动计划》，将中高端产业所需的技能、知识和行为与学生的学习过程建立关联。随着这一政策的发展，英国职业技术教育与科技发展和劳动力市场需求之间业已建立起对接关系。

第二章　英国"双对接"的国家资格制度的形成与变革

20世纪70年代中期,随着石油危机爆发,英国结束了战后20多年的繁荣期,迎来了经济衰退和裁员。接着失业率上升,建立在传统工业之上的城市,其社会问题和经济问题越来越严重。撒切尔夫人领导的保守党政府于1979年上任执政,将重振英国经济作为政府工作的重心,其中要解决的核心问题就是产业界技术劳动力短缺和青年高失业率之间尖锐矛盾。彼时,英国只有40%的劳动力拥有相关资格,这一比例远远低于英国竞争的其他主要工业国家。英国政府意识到建立职业标准对发展国家劳动力能力的重要性。[①] 1985年法国设立了职业资格和文凭分类方案,将其作为一个积极的教育政策工具,推动法国经济发展。[②] 英国政府紧随其后,将教育改革的重心放在了职业资格制度的建设上,以重塑教育与经济之间的关系。

根据OECD界定[③],资格制度(Qualifications System)是一个国家促成承认学习活动的所有方面。这些制度包括制定和实施资格及其体制安排、质量保证程序、考试和授予程序、技能确认以及将教育和培训与劳动力市场联系起来的其他机制的政策手段。一个国家比较成熟的资格制度,既包括普通学历证书,也包括职业资格证书,且在两者之间建立一定联系。资格制度的核心部分是资格框架(Qualifications Framework),往往是对资格制度与学习者、提供者和招聘人员的联系方式进行明确而简要的说明,它是根据一套学习水平标准开发和分类资格的工具。资格制度对改进一国及国际上资格的质量、可获得性、联系或流通以及劳动力市场认可奠定了基础。因此,资格制度是联系劳动力市场需求和教育系统供给的重要制度,同时也是推动教育系统变革的驱动力。

1979年撒切尔夫人上任到卡梅伦离任近30年间,是英国国家资格制度发展的重要时期。英国政府颁布的有关资格制度改革的政策文件主要有:1991年的白皮书《21世纪的教育和训练》、

---

① Cliffe S. The National Council for Vocational Qualifications [J]. British Journal of Occupational Therapy, 1989,52(4): 145—148.

② Coles M. A Review of International and National Developments in the Use of Qualifications Frameworks [R]. Amsterdam: the European Training Foundation, 2006:20.

③ Coles M. A Review of International and National Developments in the Use of Qualifications Frameworks [R]. Amsterdam: the European Training Foundation, 2006:7.

1997 年的协商文件《追求成功的资格》(*Qualifying for Success*)、《2000 年课程指南》(*The Curriculum guidance for 2000*)以及 2008 年的《资格与学分框架》(*The Qualifications and Credit Framework*，QCF)、2015 年的《规范资格框架》(*The Regulated Qualifications Framework*，RQF)以及 2017 年以来颁布的一系列"技术资格行动计划"。通过对这些文件以及相关研究文献的分析，可以发现英国国家资格制度(包括国家职业资格制度)的发展大致经历了初创、确立与发展以及变革三个阶段，这条发展路线也是英国政府改变传统学术型高中的单一模式，重塑高中教育①结构，加强教育与工作世界联系，促进中等教育现代化的历程。为此，本章主要探讨英国资格框架及其相关制度的发展、迭代及其对重塑中等教育与工作世界关系产生的影响。

第一节　对接市场需求：英国国家职业资格制度的初创

资格是资格框架的基础。OECD 将"资格"(Qualification)界定为："当一个主管机构确定一个人已经掌握了知识和技能并具备更广泛的能力达到规定的标准时，资格应被理解为一个人的财产。这一学习标准通过评估过程或成功完成学习课程得到确认。获得资格证书意味着在劳动力市场和继续教育和培训中正式承认价值。它也可以是一个人从事某一行业的法定权利。"②因此，资格，一方面代表学习成果，包含学习过程和课程；另一方面联系劳动力市场的就业和价值。国际上，许多国家将普通教育的学历文凭和职业技术教育获得资格证书都称之为"资格"。

一、英国职业资格制度发展的历史渊源

英国的职业资格制度发轫于高等教育领域，最早可以追溯到 20 世纪 20 年代国家文凭制度的建立。英国政府于 1921 年确立国家技术文凭制度，规定在技术学院(没有学位授予权的高等教育机构)中修完规定课程，这些课程由教育署和行业协会(机械工程师协会、电气工程师协会等组织)联合审定和监督，通过毕业考试者都可以获得国家级文凭。③ 这是英国颁发职业资格证书的开端。

到 20 世纪 80 年代初，英国约有 300 个颁证组织，职业资格的安排显得复杂且混乱，资格类型

---

① 英国的高中教育比较独特，在英国教育系统中占据两个学段：学段 4(14—16 岁)和学段 5(16—19 岁)，进入 20 世纪 90 年代，英国政府加强了学段 4 和学段 5 的联系，称"14—19 岁教育"，相当于国际上定义的高中阶段教育。学段 4 为高中低段，实施《国家课程》，学生 16 岁学业结束时，要参加普通中等教育证书(GCSE)考试，相当于二级水平资格；而学段 5 为高中高段，也称第六级(the Sixth Form)教育，学生在 18 或 19 岁学业结束时参加 A Level 水平考试，相当于三级水平资格。对学段 5，《国家课程》不做明确的规定，由学校根据大学入学要求开设课程。本研究主要涉及二级和三级水平资格。

② Coles M. A Review of International and National Developments in the Use of Qualifications Frameworks [R]. Amsterdam: the European Training Foundation, 2006:5.

③ 贺国庆，朱文富. 外国职业教育通史[M]. 北京：人民教育出版社，2014:19.

稀少。① 为了重振经济,英国政府着手统一这一混乱局面,于 1986 年颁布白皮书《共同工作——教育和培训》(*Working Together——Education and Training*),宣布成立国家职业资格委员会(the National Council for Vocational Qualifications,NCVQ),其目的是在英格兰、威尔士和北爱尔兰建立一个统一的国家职业资格框架。

首任国家职业资格委员会主席西尔维亚·克里夫(Sylvia Cliffe)专门撰文《国家职业资格委员会》一文,对该机构成立目的、职责与其他部门关系作了说明,并对"职业资格"作了如下界定:与一个人的就业能力直接相关的资格被称为"职业资格"。这些资格和与之相关的标准对国家的经济表现和对个人的工作满意度都是必不可少的。② 这是英国官方首次对职业资格的界定,明确了"获得职业资格(达到相关职业标准)——个人工作满意度——国家经济发展"三者之间关系。国家职业资格委员会(NCVQ)初步制定了四级制全国性的职业资格体系,将当时所有职业资格纳入该资格体系中。但是这些资格绝大部分都是非全日制的,除了每周到学校上课 2 小时之外,其余时间主要在工厂、企业进行。

二、20 世纪 90 年代英国国家职业资格制度的雏形

为了解决青年高失业率问题,撒切尔政府大力推广 1982 年启动的"技术和职业教育试点计划"以及青年培训计划,经过近 10 年努力,中等职业技术教育规模和质量有了长足发展,然而,也出现了新的问题,即职业技术教育与普通教育之间的不平等加剧,这一矛盾抑制了职业技术教育进一步发展。1991 年,英国政府颁布了白皮书《21 世纪的教育和训练》,确立了英国国家职业资格制度的雏形,从而奠定了英国现代职业技术教育体系。

(一)20 世纪 90 年代英国《国家职业资格框架》的构建

1991 年颁布的白皮书《21 世纪的教育和训练》提出职业资格制度建设的三项目标:一是结束学术性资格和职业性资格之间的不平等关系。梅杰首相在该白皮书的前言部分指出:"我们将结束学术性资格和职业性资格之间的人为划分,以便青年人能接受最适合他们的教育。"③白皮书进一步阐明:"我们务必要使职业资格和学术资格在地位上完全平等,我们将改进整个制度,促进对学术资格和职业资格的同等尊重,开辟两种资格之间更为明确和更易沟通的渠道。"④二是提升职业教育质量,将职业教育质量提高到普通教育质量标准水平上。梅杰指出,高级水平仍将是学术

---

① Cliffe S. The National Council for Vocational Qualifications [J]. British Journal of Occupational Therapy, 1989,52(4):145—148.

② Cliffe S. The National Council for Vocational Qualifications[J]. British Journal of Occupational Therapy, 1989,52(4):145—148.

③ 约翰·梅杰. 英国首相梅杰前言[G]//吕达,周满生主编. 当代外国教育改革著名文献(英国卷·第二册). 王承绪,译. 北京:人民教育出版社,2004:34.

④ 教育和科学部. 21 世纪的教育和训练[G]//吕达,周满生主编. 当代外国教育改革著名文献(英国卷·第二册). 王承绪,译. 北京:人民教育出版社,2004:35—36.

上优秀的水准基点,我们将提高职业性资格的标准,改进职业教育的质量,并加强教育和劳动世界的联系。白皮书强调:"我们考虑为更多青年人接受更高水平的职业教育和训练提供机会,完善提供大部分这种教育和训练的学院,改进雇主和教育部门之间联系等问题"。三是通过构建适合经济需要的"国家职业资格框架"加强教育与劳动世界的联系。白皮书提出"我们将建立一个被广泛承认和利用并适合经济需要的职业资格结构"。

为了达成上述目标,白皮书提出的改革措施有:

第一,面向青年和成人,建立一个资格框架,以测量他们在教育和培训中的成就。该资格框架包括同样受重视的现代学术资格和职业资格体系。

第二,责成全国职业资格委员会(NCVQ)负责建立一个国家职业资格体系。该体系具备以下特点:(1)建立在雇主所提出的现代标准基础上,这些标准界定了人们在工作岗位上所需的知识和技能;(2)保证不仅具有理论而且实践上的工作能力,同时保证具有现代劳动所需的技能;(3)在联合王国为全国所承认;(4)具有分级的框架,使人们能计划他们的职业道路,并看到通往高级资格的明确的晋升阶梯;(5)形成标准组件,许多职业所共用的技能和知识,不管用什么方法获得,都可以识别出来,当人们晋升并从一种职业到另一种转移技能时,能逐步建立资格;(6)不受学习速度、地点或方法等人为要求的影响;(7)适合于所有年龄、从学校一直到整个生涯的终结。

第三,推出一种兼顾就业和升学需要的资格——普通国家职业资格(GNVQs)。该资格主要面向全日制学生,与具体职业的国家职业资格有显著的区别;主要培养全日制学生从事某一职业领域的相关知识、一系列技能与应用能力,与相同等级的学术资格具有同等地位。

第四,扩大学术资格的选择。在高级水平(A Level)考试之外,设立高级辅助水平考试(Advanced Subsidiary level qualification, AS level),考试内容相当于高级水平(A Level)考试的一半科目,允许学生分阶段获得高级水平(A Level)证书。

经过上述一系列改革,英国的《国家职业资格框架》基本形成,并且建立普职等值关系(如表2-1所示)。该框架由三类资格证书和五个级别(Levels)构成。三类证书,包括英国传统的"普通教育学历证书"、新的"普通国家职业资格"以及面向成人的"国家职业资格",构成三条相对独立的进阶"轨道";五个级别,从"普通职业教育"轨看,从1级至5级依次包括"职业前证书""基础广阔的工匠基础""与职业联系的国家文凭""与职业联系的学位"和"与职业联系的大学毕业后资格"。在该框架中,三类证书同一级别是等值的。比如,高中低段(14—16岁)结束时,获得2级普通国家职业资格(GNVQs),也称"基础广阔的工艺资格",等同于普通中等教育证书(GCSE);高中高段(16—19岁)结束时获得3级普通国家职业资格(GNVQs),相当于普通教育中高级水平(A level)证书,同时,也等同于技术员、高级工匠、指导员等国家职业资格(NVQs)。

表 2-1 英国 20 世纪 90 年代职业资格与普通学历证书等值关系表

资格等级	普通教育学历证书	普通国家职业资格(GNVQs)	国家职业资格(NVQs)
5		与职业联系的大学毕业后资格	专业资格 中级管理
4	学位	与职业联系的学位/ 高级国家文凭	高级技术员 初级管理
3	高级/高级补充水平 A level/AS level 16—18 岁	与职业联系的国家文凭/ 高级工艺预备	技术员、高级工匠、指导员
2	普通中等教育证书 GCSE 14—16 岁	基础广阔的工匠基础	基础工艺证书
1	国家统一课程	职业前证书	半熟练

资料来源:吕达,周满生.当代外国教育改革著名文献《21世纪的教育和训练》(英国卷·第二册)[M].北京:人民教育出版社,2004:47.

(二) 20 世纪 90 年代英国国家职业资格制度初创的影响

20 世纪 90 年代国家职业资格制度的初创对英国职业技术教育发展产生深远影响。首先,建立了一个以职业标准为基础的基于能力的国家职业资格体系(NVQs),为青少年提供了一个从学校到劳动以及整个劳动生涯的阶梯;二是新型的普通国家职业资格(GNVQs)覆盖广泛的职业领域,为学生接受更高水平的教育或进一步获得特定职业领域内的国家职业资格打下了基础;三是推动英国政府初步在学术证书和职业资格之间建立等值关系,使传统的学术性高中与工作世界有了初步联系;四是为以后英国国家资格制度的发展和完善奠定了一个普职等值的基本理念。

第二节 促进普职融通:英国国家资格制度的确立与发展

尽管英国政府在 1991 年颁布的白皮书《21 世纪的教育和训练》明确强调,普通职业资格与学术资格的地位是等值的,但实际上形成了由学术资格、普通职业资格和国家职业资格构成的三轨制的资格制度(the Triple-track Qualications System)。保持三个轨道之间差异的主要方法是评价方法的不同。普通教育(学术资格)轨道以外部考试为主,普通职业教育(普通国家职业资格)轨道以课程和工作评估为主,职业能力测试(国家职业资格)以观察工作场所掌握的能力为主[①]。因此,普通教育和职业教育之间没有实质性联系,等值关系社会上也不认可。普通职业资格不仅没有提高职业教育和训练的地位,而且还通过在第六学级(16—19 岁)引入全日制的职业资格,使得

---

① Hodgson A, Spours K. Beyond A-levels:Curriculum 2000 and the Reform of 14—19 Qualifications[M]. London: Routledge, 2003:13—14.

普通教育和职业教育的分化更加正规化了。[①] 普通教育和职业教育的分离阻碍了学习者的进步，致使大量学生无法完成学业。另外，资格体系复杂且缺乏明确性。这些弊端导致布莱尔领导的新工党执政之后，将通过资格制度建设促进普通教育和职业教育融通达到实质上平等地位，作为政府教育改革的重心。这一过程又可分为两个阶段：1997—2003 年英国普职融通的国家资格制度确立；2003—2010 年英国国家资格制度发展，实现中、高等资格制度衔接。

一、1997—2003 年英国普职融通的国家资格制度的确立

布莱尔政府于 1997 年执政之前，梅杰政府认识到 1991 年初创的国家职业资格制度，包括《国家职业资格框架》存在诸多问题，于 1995 年，委托罗恩·迪林（Ron Dearing）爵士就"如何加强、巩固和改进 16—19 资格框架"的问题，向英国教育和就业部国务大臣提供咨询意见。国务大臣要求迪林爵士重点关注以下几方面问题："有没有可能采取措施，在不损害标准的情况下，提高 16 岁以后学习的连贯性和广度？如何进一步扩展资格框架？为什么许多学生没有完成他们的课程？能否更好地利用中学和大学的资源，使青年人充分利用与他们的需要和能力相匹配的资格？是否应该确保最有能力的学生得到充分的训练，并为他们的优异表现得到适当的证书？是否应该鼓励关键技能？"[②]概言之，此番资格审查目的：一是在确保学术标准前提下，扩展资格框架，同时增加高水平资格之间的区分度，能够辨识出有能力学生；二是鼓励在学术资格和职业资格之间融通。

（一）16—19 岁资格审查：《迪林评论》（1996）

1996 年英国学校课程与评估管理局（SCAA）颁布由迪林爵士领导的独立审查小组撰写的《16—19 岁的资格评论》（*Review of Qualifications for 16—19 year olds*）即《迪林评论，1996》。该报告针对 16—19 岁（高中高段）资格体系改革提出以下建议：[③]第一，建立一个连贯一致的《国家资格框架》（National Qualifications Framework, NFQ），涵盖青年人在各个能力水平上的所有主要资格和成就，一个包括学术资格和职业资格的《国家资格框架》。第二，拟议的《国家资格框架》是以目前的资格为基础的，为了使学生能够建立一个跨越两种途径的资格组合，使高级水平（A Level）证书和普通国家职业资格证书（GNVQs）的结构紧密一致。同时，为了确保 A 级水平标准的一致性，提议将高级普通国家职业资格证书（Advanced GNVQs）重命名为"应用性 A 级水平"（Applied A level）。第三，更加注重雇主重视的技能，特别是**语言沟通（communication）、数字运用（Application of Number）**和**信息技术应用（Information Technology）**等关键技能，并重视发展青年人更广泛的技能，例如团队合作、解决问题和管理自己学习的能力。第四，改革高级辅助水平资格

① Hayton A. Access, Participationand Higher Education ［M］. London: Routledge, 2002:61.

② Dearing R. Review of Qualifications for 16—19 Year Olds: Summary report［EB/OL］. (1996 − 05 − 30)［2021 − 02 − 27］. https://files.eric.ed.gov/fulltext/ED403388.pdf.

③ Dearing R. Review of Qualifications for 16—19 Year Olds: Summary report［EB/OL］. (1996 − 05 − 30)［2021 − 02 − 27］. https://files.eric.ed.gov/fulltext/ED403388.pdf.

（Advanced Subsidiary level qualification, AS level），重塑高水平的普通国家职业资格，并就青少年必须做出的选择向他们提供高质量的意见，以减少16岁以后教育中未完成学业的情况。第五，对三类资格的培养目标做出明确区分。学术领域的高级水平证书（A Level）和普通中等教育证书（GCSE）的主要目的是发展与某一学科或学科相关的知识、理解和技能；普通国家职业资格证书（GNVQs）的主要目的是通过结合课堂和工作场所的经验，有机会以实际的方式学习、发展与广泛就业领域有关的知识、理解和技能；而国家职业资格证书（NVQs）的主要目的是发展及认可某行业或专业在有关层面的精通程度。第六，要求资格认证机构审查 A level 模块和普通国家职业资格证书（GNVQs）相关学习领域的共同内容的范围和实施共同内容的可行性，但不改变这些资格的独特性和严格性。如果 A level 证书和普通国家职业资格证书（GNVQs）涵盖类似的知识和理解领域，那么在不同途径之间进行一些转移是可行的。由此可见，迪林评论提出的建议逐项回应了教育大臣提出的问题。

（二）资格与课程改革：《国家资格框架》及其修订

1997 年布莱尔领导的工党政府刚刚上台，便匆匆颁布了《追求成功资格》协商文件。该文件基本接受了《迪林评论》建议，提出《国家资格框架》（NQF）构建方案，主要内容包括将学术资格和职业资格纳入《国家资格框架》；将 A Level 分为两个三单元组（AS 和 A2），共同构成 A 级；修改普通职业资格（GNVQs），使其等级和结构更具 A 级水平；引入关键技能资格（Key Skills Qualification）等。其目的是在高级水平资格之间创造更多的共同特征，并将大型的资格分成更小的部分，以便灵活地组合成混合和更广泛的学习方案。[①]

但是这项"零星"的改革很快被《2000 年课程指南》提出的系统性改革方案所取代。该文件也称"课程 2000（Curriculum 2000）"。该文件以"课程"而非"资格"来命名，是由于资格与课程紧密联系，资格体系的改革推动课程结构的改革。该文件提出改革的目标有四方面[②]：（1）提供一系列资格，使学习者能够选择符合其需要的课程，并根据成绩获得学分；（2）确保所提供的资格有价值和受到重视，并确保学员能够适当地将学术课程的学习和职业课程的学习结合起来，连贯起来；（3）提供专业化的空间以支持进阶，同时鼓励更多的学习者拓宽他们的知识、理解和技能；（4）提供进入高等教育、就业和继续培训的明确路径。

"课程 2000"的主要改革举措有[③]：

一是采取由单元构成的模块化课程。将原有课程拆分成数个内容大小相当的"单元模块（unit block）"，将"单元模块"看作可以用来建构课程模式的"建筑模块（buliding blocks）"，以便课

① Hodgson A, Spours K. Beyond A-levels: Curriculum 2000 and the Reform of 14—19 Qualifications ［M］. London: Routledge, 2003:19.
② Qualifications and Curriculum Authority. Curriculum Guidance for 2000［R］. London: Qualifications and Curriculum Authority. 1999:5.
③ Qualifications and Curriculum Authority. Curriculum Guidance for 2000［R］. London: Qualifications and Curriculum Authority. 1999:27—35.

程设计者可以灵活地进行课程组合,特别是可以将学术学习模块与职业学习模块进行组合。

二是重新设计高级水平学习(A Level)。在学术轨道上,将 A 级分为两个三单元模块(three-units block),即 AS 和 A2,它们共同构成 A 级。这样安排下,学生可于第一年修读三个单元模块的高级辅助水平课程(AS level),并于第二年继续修读 A2 课程,获得完整 A Level 证书。这使得学生既可以缩小高级水平证书(A level)学习的科目,也可以在获得 AS level 证书后退出教育系统。相应地,在职业教育轨道,引入职业 A 级或高级职业教育资格(Advanced Vocational Certificates of Education,AVCEs),分别对应学术轨道 A 级和 AS 级内容上相同大小的六个或三个单元模块,三个单元模块的职业资格证书被称为职业资格高级补充水平,等同于 AS(Advanced Subsidiary)。

三是增加 1—3 级的"关键技能资格(Key Skills Qualifications)",并且该资格系列作为一种"桥梁",贯穿于普通教育和职业教育之间。关键技能资格,用以表征雇主和大学所重视的技能,即语言交流、数字运用和信息技术应用方面取得成就,而且这些技能对学习者的终身学习来说也非常重要。

四是通过学术轨"模块"与普通职业轨"模块"混合,来拓宽学生高级水平学习的深度和宽度。该《指南》列出八种组合模式。比如,牛津剑桥和 RSA 颁证组织(Oxford Cambridge and RSA awarding body)的"计算机文化和信息技术"专业 A level 证书,原来 12 个单元的 GNVQ 被 3 个单元 A Level 模块+6 个单元 GNVQs 课程模块替代,拓展职业课程的深度;而学术轨学生,可以在第一年选择 AS Level 三个单元模块(历史、数学、物理和德语)+关键技能课程模块+A2(历史、数学、物理)模块+高级商业课程 3 个单元模块,这样可以大大地拓展学术轨课程的宽度。

五是在高级水平增加顶级资格证书(An overarching certificate at advanced level)。在普通教育轨道引入新的高级扩展证书(Advanced Extension Awards,AEAs),以取代 S(Special)级试卷和各种大学入学考试,并以国际标准为基准,提供 13 个考试科目,以延伸那些最有能力的学习者的才能,为大学提供更好的差异化的"拔尖"人才。在职业教育轨道,为了使其在等级和结构方面与 A level 更加一致,由 12 个单元 GNVQ 模块外加 3 个关键技能单元模块组成,被称为高级职业教育证书双重授予(Double Award)或应用型高级水平(Applied A level)。这样,A level 顶端的高级扩展证书(AEAs)等同于职业教育资格中的双重授予(Double Award)证书。

经过"课程 2000"的改革,英国普职融通的《国家资格框架(NQF)》终于得以建立(见表 2-2)。该框架由四类证书五个级别构成:四类证书包括传统的"普通教育学历证书"、新的"关键技能资格"、"职业教育资格"和"国家职业资格"构成;五个级别分别为:初级、中级、高级和高等教育(跨 4 级和 5 级)。与 90 年代英国的资格证书体系的雏形比较,经 2000 年改革的《国家资格框架(NFQ)》在高级证书层级上(16—19 岁阶段)进行了细分,职业教育资格证书(VCE)与高级水平证书(A level)实现了每一个层次的等值,并且实现了学术资格和职业资格结构上的一致和内容上的融通。

表 2-2 2000 年英国普职融通的《国家资格框架(NQF)》(修订)

证书水平	学历证书（Academic）		关键技能资格	职业教育资格证书（VCE）	国家职业资格证书（NVQ）
5 级	高等教育	学士学位	——	——	NVQ 5 级
4 级		文凭（副学士）			NVQ 4 级
3 级	高级扩展水平证书（Advanced Extension Award，AEA）		关键技能证书 3 级（16—19 岁）	AVCE Double Award（高级职业教育证书双重授予）	NVQ 3 级
	A Level（普通中等教育高级水平证书）	A2		AVCE/Vocational A Level（高级职业教育证书/职业 A Level）	
		AS（高级辅助水平证书）		AS VCE（高级职业教育辅助水平证书）	
2 级	GCSEs A*—C 普通中等教育证书		关键技能证书 2 级	GNVQs 中级（14—16 岁）	NVQ 2 级
1 级	GCSEs D—F 普通中等教育证书		关键技能证书 1 级	GNVQs 初级（14—16 岁）	NVQ 1 级

资料来源：Qualifications and Curriculum Authority. Curriculum guidance for 2000 [R]. London: Qualifications and Curriculum Authority. 1999：27—35.

（三）普职融通的国家资格制度确立的影响

"课程 2000"是英国一场聚焦 16—19 岁教育的改革，也是一场英国全民参与讨论、酝酿了半个世纪的 A Level 考试改革。这场改革在英国中等教育发展史上引发了一场巨变，是传统的精英型的学术性高中向现代化高中转型的历史转折点。其影响主要体现在以下几个方面：第一，拓宽高中高段（16—19 岁）的学习领域，改变英国传统 A Level 狭窄的学习领域。改革方案通过对学术证书和职业资格中高级水平的细分与拓展，并在同一级别、不同路径的资格证书之间建立对应关系，增加关键技能资格系列等举措，拓宽了高中高段（16—19 岁）学习领域。第二，实现学习内容上普通教育和职业教育的融通。通过同级别的共同学习领域的确定，使学生能够将学术领域的学习和职业的学习融通起来，并且具有内在一致性。这一举措也保证了各种资格的等值性，使得职业资格和学术资格都达到较高的水平。第三，降低了 A 水平学习难度。将普通教育方向的 A Level 证书分为 AS 和 A2 两个部分，相应地，在职业教育轨道也设置了高级补充水平（AS VCE）职业教育资格和高级水平（A Level）职业资格（AVCE）。有助于学生根据自身能力，分步达成学习目标。第四，新的资格体系为最有潜力的学生设置了"拔尖"资格。普通教育轨的高级扩展证书（AEA）和普通职业教育轨的双重授予（Double Award）的设置，为有才华的高中学生提供彰显才能的机会。最后，由于以"模块"为单位组织资格，使得资格内部的课程组合更加灵活，学生可以在资格规定范围内自由选择适合自己需要的课程，并且取得成绩证明，这也为学生进入高等教育、继续接受培训或就业提供了更加个性化的路径。

安·霍奇森和肯·斯皮尔斯(Ann Hodgson & Ken Spours)两位学者对这场改革如是评价：这是一场以轨道为基础的现代化改革，使所有高水平资格更容易获得和更平等地受到重视，从而使学习者能够灵活地在资格轨道之间转换，并根据不同类型资格制定学习方案；在标准方面，既保持了A级水平"黄金标准"，又提高职业资格地位。校准，意味着将所有的资格与可信赖的A级水平联系起来，实现了一个有意识的学术"漂移"过程。① 他们还肯定了这场改革在三方面达成了目标：一是学习A级水平的学生大大增加，直接推动学校、学院竞相开设高水平课程；二是为下一步转向新的教育系统做准备；三是成功地引入新的从14岁开始的统一和包容的课程和资格体系。

二、2003—2010年英国普职融通的国家资格制度的发展

经过2000年改革的《国家资格框架》(NQF)，在一定程度上加强了普通教育和职业教育之间的融通，扩大了16—19岁青少年的教育参与率。但是，按照国际比较数据，英国16—19岁青少年的教育参与率仍然偏低。2002年国际经合组织的数据显示，在28个经合组织国家中，英国以76%的参与率排名第24位。② 因此，提高青少年教育参与率，仍然是英国政府面临的紧迫问题。2003年英国政府颁布了白皮书《21世纪的技能——实现我们的潜能》，审视了1997年以来资格制度改革取得的成就，认为尽管六年来改革取得了一些真正的进步，但是技能短缺依然顽固地存在。与竞争对手相比，美国和德国的每小时工作产出比英国高25%左右，法国高30%以上。而且英国有资格达到中等技能水平(学徒、熟练工和技术员水平)的劳动力比例也很低：德国为65%、法国为51%，英国仅为28%。③ 白皮书进一步提出，扩大教育参与仍是下一阶段改革的重要目标，但改革的思路是让已经存在的制度变得更有意义，整合已经存在的制度，更有效地集中注意力，确保每个人都拥有所需要的技能，从而变得更适合雇佣以及拥有更强的适应性。

为此，英国政府要求麦克·汤姆林森(Mike Tomlinson)领导的工作小组对14—19岁课程和资格体系进行评估并提出改革建议，2004年工作组发布《14—19岁课程和资格的改革》(*14—19 Curriculum and Qualifications Reform*)咨询报告，也称《汤姆林森报告》(*Tomlinson Report*)。

(一) 21世纪初的资格制度审查：《汤姆林森报告》(2004)

《汤姆林森报告》首先梳理了英国14—19岁课程和资格制度存在的问题④：目前14—19岁学习支离破碎，各种不同类型和规模的资格证书激增，但是能够使人获得核心技能与专门技能之间取得平衡的资格证书并不多；在基础数学(Functional Maths)、基础语言(Functional Literacy)以及

① Hodgson A, Spours K. Beyond A-levels: Curriculum 2000 and the Reform of 14—19 Qualifications [M]. London: Routledge, 2003:31—35.
② 该数据源于英国国家统计局，参见：http://www.statistics.gov.uk/cci/nugget.asp?id=12.
③ Department of Education and Skills. 21st Century Skills——Realising Our Potential [R]. London: Her Majesty's Stationery Office, 2003:12.
④ Tomlinson M. 14—19 Curriculum and Qualifications Reform [R]. London: Department of Education and Skills, 2004: 17—18.

信息和通信技术方面的技能水平(《迪林评论》称之为关键技能)较差;职业课程和职业资格的地位低下;高水平资格缺乏挑战,尤其是对"优秀学生"而言;学术资格和职业资格体系过于复杂且缺乏透明度。为此,该报告提出以下改革建议:

第一,引入文凭制(Diplomas)。现行的14—19岁学生取得资格的体系应该设置成入门、基础、中级和高级文凭的框架。成功完成一个特定水平的课程应该获得一个文凭,以表征整个课程的成就;学徒制应该与文凭框架相结合。报告认为,文凭本身是必要的粘合剂,可以把这些项目的所有元素凝聚成一个整体。该文凭激励学生追求平衡的学习方案,鼓励他们获得更广泛、更深入的学习经验。如果学习者不能在核心学习方面达到一定水平或者在主要学习中达到一个学科或学习领域,就不能获得文凭,他们就会更有动力坚持学习,以达到要求的水平。

第二,所有14—19岁的课程应包括核心学习及主要学习。核心学习应确保基础数学、基础语言与沟通、信息和通信技术方面达到指定水平;完成适合文凭水平的扩展项目;主要学习,包括发展一系列的常识、技能和品质,例如个人意识、解决问题、创造力、团队合作以及道德和伦理意识。

第三,在文凭框架内涵盖范围广泛的学术和职业科目,在适当情况下将它们结合起来,并允许在个别"行业"内进一步专业化;提供明确的进阶路线,在所有学科和学习领域达到高级水平,并进入高等教育或其他教育、培训和就业领域;在文凭框架内应该有多达20条的"学习路线"。

第四,改善职业教育质量。提供足够数量的更好的职业课程,将核心学习(包括基本和就业能力技能)与专业职业课程、评估和相关工作安排结合起来。职业课程将在雇主的参与下设计,并且只能在有适当设备的机构中提供。

第五,在高级水平方案中引入更多的延伸,实现差异化。

《汤姆林森报告》中关于文凭整合核心学习和专业学习的思维,成为2005年教育白皮书《14—19岁教育与技能》制定未来10年14—19岁教育体系改革方案的基础,并对《资格与学分框架》中文凭框架内的"学习路线"设置以及基本技能核心地位的确立产生深远影响。

(二)普职融通的国家资格制度的发展:《资格与学分框架》(2008)

2007年布朗接替布莱尔担任英国首相,于次年颁布了《资格与学分框架》(QCF)。该框架在2008年8月颁布时,已经试运行了多年,2006年4月至2008年7月期间,英国政府对《资格与学分框架》的可行性进行了测试和试行。在这段时间,《国家资格框架》(NQF)中只有符合《资格与学分框架》(QCF)要求的资格才能被纳入新的框架中,因此,两个框架并行运行。英国政府决定在2011年1月开始,以《资格与学分框架》(QCF)取代《国家资格框架》(NQF)。[①]

《资格与学分框架》的主要改革体现在六个方面[②]:

---

① Ofqual. The 2010 Evaluation of the Qualifications and Credit Framework (QCF) Regulatory Arrangements [R]. London: Office of the Qualifications and Examinations Regulator, 2011:7.

② Qualifications and Curriculum Development Agency. An introduction to the Qualifications and Credit Framework [EB/OL]. (2011 - 02 - 15)[2023 - 03 - 18]. https://www.bolc.co.uk/downloads/QCF-Introduction5711304684993.pdf.

一是,《资格与学分框架》将《国家资格框架》从中等教育拓展到高等教育。普通教育证书从 1 级到最高 8 级(博士学位),加上入门级(14—16 岁学段),总共 9 级,与相应的职业资格对应,形成"1+8"级模式,级别表示难度,与欧盟资格框架(EQF)的级别基本一致。

二是,引入最小的学习"单元"。"单元"成为 QCF 的基石,与之前的"模块"不同,"单元"是更小的学习单位,支持小步骤学习,并且学完一个单元必须参加考核。该框架鼓励颁证组织之间"共享单元",旨在发展数目紧凑的优质资格,而不是大量的类似版本的资格。

三是,引入"学分"值和累积原则。学习者完成一个单元可以获得学分,并且允许学分合并授予资格。1 个学分代表 10 个理论上学习时间(Notional hours of learning),显示在该单元级别的学习者平均花费多少时间来完成该单元或资格。

四是,引入了命名(Titling)规则。在《资格与学分框架》当中的每一种资格包括"证明(Award)""证书(Certificate)"和"文凭(Diploma)"。使用的标题反映了资格证书的范围大小。其中,学习者完成 1—12 个学分可以获得"证明",13—36 个学分可以获得"证书","文凭"需要 37 个学分以上。

五是,设置资格组合原则(the Rules of Combination, RoC)。在《资格与学分框架》中,授予资格是由组合原则确定的。组合原则规定学习者需要获得特定学分才能获得资格证书。组合原则提供结构化的机制,学分可以通过这一机制进行累积,并且在《资格与学分框架》中的资格和颁证机构之间进行转换。

六是,设置了《资格设计规则》和《一般认可条件》(the General Conditions),进入《资格与学分框架》的资格必须符合上述两个条件。前者规定资格设计必须采用单元基础上遵循资格组合原则建立资格等要求;而后者是根据 2009 年《学徒制、技能、儿童和学习法案》对资格的有效性和可靠性做出的具体规定,确保资格符合资格标准,并促进公众对它们的信任。

2008 年颁布的《资格与学分框架》(QCF)确立了普通教育证书和职业教育证书从入门级开始到八级的对应关系(见表 2-3)。这是从中学低段(14—16 岁)直达博士学位的资格框架,尽管英国高等教育资格框架还在独立运行,但是涵盖中、高等教育的资格框架使中等教育与高等教育有了更好的衔接。在资格框架内部,同一级别资格中以"证明""证书"和"文凭"区分资格规模的大小。

表 2-3 2008 年英国《资格与学分框架(QCF)》

QCF 证书等级	学分	普通教育证书	资格类型	职业教育证书
QCF 第 8 级	37 以上	博士学位 Doctorate	文凭	职业资格八级
	13—36		证书	
	1—12		证明	
QCF 第 7 级	37 以上	硕士学位 Master's Degree	文凭	职业资格七级
	13—36		证书	

QCF 证书等级	学分	普通教育证书	资格类型	职业教育证书
	1—12		证明	
QCF 第 6 级	37 以上	学士学位 Bachelor's Degree	文凭	职业资格六级
	13—36		证书	
	1—12		证明	
QCF 第 5 级	37 以上	学士学位 Bachelor's Degree	文凭	职业资格五级
	13—36		证书	
	1—12		证明	
QCF 第 4 级	37 以上	基础学位 Foundation Degree	文凭	职业资格四级
	13—36		证书	
	1—12		证明	
QCF 第 3 级	37 以上	中学高级水平考试 A Level	文凭	职业资格三级
	13—36		证书	
	1—12		证明	
QCF 第 2 级	37 以上	普通中等教育证书 GCSE（A—C 级）	文凭	职业资格二级
	13—36		证书	
	1—12		证明	
QCF 第 1 级	37 以上	普通中等教育证书 GCSE（D—G 级）	文凭	职业资格一级
	13—36		证书	
	1—12		证明	
QCF 入门级	37 以上	第三关键阶段 KS3	文凭	入门级职业资格
	13—36		证书	
	1—12		证明	

资料来源：An introduction to the Qualifications and Credit Framework［EB/OL］. https://webarchive. nationalarchives. gov.uk/20110215111804/http://www.qcda.gov.uk/resources/4374.aspx, 2011 - 02 - 15.

（三）《资格与学分框架》颁布的影响

英国政府 2008 年颁布的《资格与学分框架》(QCF)，是一个雄心勃勃的、变革性的框架，它融合了资格设计规则，并发展了经过改革的职业资格结构。它的目的是使学习单元得到承认，并在英格兰、北爱尔兰和威尔士引入一个以单元为基础的职业资格学分转移制度。① 它对于英国教育体系以及学习者的影响主要表现在以下几个方面：第一，它为学习者提供了从中等教育到高等教育连续进阶的资格框架，特别是职业教育轨道资格直达硕士和博士学位，通向高等教育的通道更

① Ofqual, CCEA & QAA. Referencing the Qualifications Frameworks of England and Northern Ireland to the European Qualifications Framework［R］. Coventry: Ofqual, 2019:25.

加畅通。第二,确立了学习"单元""学分""资格组合原则""证明、证书、文凭"等概念或规则,形成一套学习成果认可的机制,标志着英国的资格体系向更加严谨的方向发展。第三,学分制与单元的资格结构相结合,先前的学习得到认可,从而避免重复学习;系统的灵活性大大增加,允许学习者积累"单元"并努力实现与他们最相关的资格。渐进式学习线路,有助于提高学习的成功率。第四,学习者获得的普通教育与职业教育课程学分可以互认与转换,通过信息平台在满足组合原则的前提下,可以在不同资格轨道和不同类型学校之间转换。这样,普通教育与职业教育之间的转轨更加畅通。第五,《资格与学分框架》是走向国际接轨的框架。《资格与学分框架》的8个级别外加入门级的设计与2008年欧盟成员国商定《欧洲资格框架(EQF)》基本吻合,旨在支持学习者在欧盟劳动力市场的流动和转移。

英国资格与考试管理局(Ofqual)在《资格与学分框架》实施两年之后给出的评估报告中总结到[①]:《资格与学分框架》为发展、评估和授予以单元为基础和以学分为基础的资格提供了一个框架。它提供了一个结构,其中以单元为基础的资格和成就是通过授予学分和资格给予认可。它可以很容易地确定成就水平和规模。它的主要特点是支持资格认证和授予资格的组织之间的学分积累和转移,旨在确保学习者获得最大的灵活性和最广泛的进步机会,并获得对其成就的认可。

第三节　对接科技发展:英国国家资格制度的变革

正当布朗政府高歌猛进推进雄心勃勃的国家技能战略,欲持续对职业教育与培训进行投入时,2010年英国迎来了政府换届选举,卡梅伦领导的联合政府接替布朗政府执政,减少国家财政赤字成为联合政府的政策目标。这意味着政府大幅减少对公共领域资金的投入,对国家技能战略的持续大规模投入持谨慎态度,于是委托英国国王学院沃尔夫教授对英国职业教育进行全面审查。至此,由工党政府领导的商务、创新和技能部于2010年颁布的《技能促进增长——国家技能战略》就此搁浅。2011年3月联合政府颁布了《职业教育评论——沃尔夫报告》(*Review of Vocational Education-The Wolf Report*,2011),简称《沃尔夫报告》,这份报告带来英国职业资格制度乃至职业技术教育的重大变革。

一、21世纪第一个十年英国"职业教育"面临的挑战

工党政府高调推进的国家技能战略,尽管一定程度上扩大了教育参与,提高了青少年就业率,但在财政紧缩的情况下难以为继,加之技术快速发展,英国职业教育面临前所未有的巨大

---

① Ofqual. The 2010 Evaluation of the Qualifications and Credit Framework (QCF) Regulatory Arrangements [R]. London: Office of the Qualifications and Examinations Regulator, 2011:23.

挑战。

1. 职业教育的供给与劳动力市场需求并不匹配

《沃尔夫报告》通过对劳动力市场的深入调查,披露了资格体系中存在的主要问题:[①]第一,许多二级及以下资格没有劳动力市场价值。太多14—16岁的学生迫于学校成绩考核的压力,在学习一些价值不大或没有价值的课程。在16—19岁的年轻人当中,有25%到33.3%的人,要么什么都不学,要么学习一些与升学或者未来就业无关的课程。第二,职业资格学术化。虽然多年以来人们一直呼吁学术资格和职业资格应该受到同样的尊重,这实际上意味着使实践性的东西更为学术化,对两者都不利。第三,英国劳动力市场过度教育和技能短缺并存。第四,职业教育的回报率下降。在过去的25年中,对于那些直接进入劳动力市场的人来说,16岁以后的职业教育的平均回报率明显下降。英国16—17岁的许多人在教育和短期就业之间徘徊,试图找到一种提供真正进步的机会或者永久性工作的课程,但是都没找到。他们中的许多人辍学,而且在辍学的时候他们还没有学到能够让他们在今后取得进步的技能。这说明,英国致力于开发的《资格与学分框架》未能发挥匹配技能体系供给与劳动力市场需求的作用。

2.《资格与学分框架(QCF)》存在诸多缺陷

2014年7月,英国资格与考试管理局(Ofqual)发布了文件《撤回QCF规则的咨询意见》(Consultation on Withdrawing the Regulatory Arrangements for the Qualifications and Credit Framework),对《资格与学分框架(QCF)》在实施过程中遇到的问题进行了分析,主要包括以下几个方面:[②]首先,《资格与学分框架(QCF)》的整体架构旨在支持学分转移。实际上,学分转移的使用率非常低,以学分为本的体系的预期效益亦未能实现。其次,单元共享并没有达到减少职业资格数量的预期效果。事实上,与2008年启动QCF监管安排时相比,现在的资格数量增加了10 000多个。再次,《资格与学分框架(QCF)》的监管安排要求在"单元"一级评估每项学习成果,虽然这有助于承认学生的成绩,但可能导致过度评估,导致评估方法被分解成最小的部分,这使人们更难以评估对不同技能和知识之间的联系和应用的理解,而这些在某些工作角色和部门可能是非常重要的。最后,人们强烈认为,单元共享的规定严重损害了资格创新和发展。学者斯坦·莱斯特(Stan Lester)认为[③],《资格与学分框架(QCF)》提供的资格主要是职业资格,严谨的设计原则将传统的GCSE资格和A Level资格大量地排除在外,与高等教育的专业衔接也不够紧密,最为关键的是,它对资格设计的创新缺乏反应能力。因而,这是一个"脆弱"的框架。

① Wolf A. Review of Vocational Education-The Wolf Report [R]. London: DfE, 2011:9—36.

② Ofqual. Withdrawing the QCF and Introducing the RQF Impact Assessment Summary[EB/OL]. (2016 - 05 - 22) [2023 - 03 - 18]. https://assets. publishing. service. gov. uk/media/5a75c429ed915d6faf2b5841/withdrawing-the-qcf-and-introducing-the-rqf-impact-assessment-summary.pdf.

③ Lester S. The UK Qualifications and Credit Framework: A Critique [J]. Journal of Vocational Education and Training, 2011,63(02):205—216.

二、资格制度的更迭:《规范资格框架(RQF)》(2015)

2015 年 10 月,英国资格与考试管理局在大规模咨询利益相关方意见基础上,颁布了《规范资格框架(RQF)》,取代了《资格与学分框架(QCF)》以及《国家资格框架(NQF)》,并立即付诸实施。RQF 提供了一个简单的系统,用于对英国普通教育和职业教育领域的所有资格进行编目,包括学术资格和职业资格。它就像图书馆里的"书架",资格证书按照"等级(Level)"和"学习量(Size)"进行索引。资格与考试管理局(Ofqual)维护一个登记册,这个登记册提供每个资格的更多细节(register. ofqual. gov. uk)。该框架主要有以下一些特点[①]:

第一,RQF 框架内的所有资格都有其独特的坐标,其中横坐标由大小或学习量(Size)表示,它是指学习和评估资格所需的估计时间总量(Total Qualification Time, TQT)。学习量包括三部分:第一部分用于指导学习时间,称为"指导学习时间(Guided Learning Hours, GLH)";第二部分为学生独立学习时间,称"直接学习时间(Directed Learning Hours, DLH)";第三部分用于考核时间,称"监察评估时间(Invigilated Assessment Hours, IAH)"。该框架纵坐标上的水平或者等级(Level)表示与任意资格相关的知识和技能的难度和复杂性。

第二,RQF 由 3 个入门级(Entry 1~3)和 8 个级别共 11 个等级组成。整个资格框架像一个"书架",每个资格都像一本书,书的厚度从左下角到右上角呈现依次增厚的趋势,最薄的、最容易获得的书置于书柜的最左下角,最厚的、最难获得的书被"束之高阁"于书柜的最右上角,方便学习者检索。

第三,每个等级水平的描述都以原来的 QCF 为基础,对 4~8 级的描述与高等教育资格框架(FHEQ)内的五个层次相一致,确保中等教育资格与高等教育资格的连续性和融通性。

第四,每个资格附有说明(Specifications)。包括"知识理解(Knowledge and Understanding)"与"技能(Skills)"两个维度的清晰描述,第 3 级开始增加"解决问题能力"维度。"资格说明"方便学校、学生、雇主和其他人清晰把握获得每个资格证书的具体要求,正确理解其要求的内涵。

第五,RQF 摒弃了 QCF 严谨的《资格设计规则》,但保留了宽泛的《一般条件》,以确保资格是有效的并适用于目的,是规范的资格。

从表 2-4 可以看出,《规范资格框架》不再区分普通教育和职业教育轨道,两个轨道二合为一,学习者、雇主和学校都可以根据证书级别和大小清楚地了解到资格的难度和学习量大小。

表 2-4　2015 年《规范资格框架(RQF)》

级别	资 格 证 书
8	博士;职业资格 8 级(如,专家证书)
7	硕士学位、研究生证书和文凭;职业资格 7 级(如,翻译文凭 7 级)

---

① Ofqual. After the QCF: A New Qualifications Framework-Decisions on Conditions and Guidance for the Regulated Qualifications Framework (RQF)[EB/OL]. (2015-10-22)[2023-03-18]. https://www.gov.uk/government/consultations/after-the-qcf-a-new-qualifications-framework.

级别	资 格 证 书
6	学士学位,本科资格和文凭;职业资格6级(如,专业制造技能国家文凭6级)
5	高等教育文凭、继续教育基础学位、高等国家文凭;职业资格5级(如,BTEC 3D设计高等国家文凭5级)
4	高等教育证书、高等国家证书;职业资格4级(如,早教4级证书)
3	A level证书;基本技能3级;职业资格3级(如,小动物护理证书3级、NVQ航空工程3级);T Level 3级
2	GCSE成绩为A＊—C(或9—4级);基本技能2级;职业资格2级(如,美容、NVQ农业作物生产2级)
1	GCSE成绩为D—G(或3—1级);基本技能1级;职业资格1级(如,汽车学证书课程、NVQ焙烤1级)
入门级(1—3)	个人和社会发展证书

资料来源：Ofqual. Referencing the Qualifications Frameworks of England and Northern Ireland to the European Qualifications Framework［R］. Coventry: Ofqual, 2015:24.

三、《规范资格框架(RQF)》颁布的影响

《规范资格框架(RQF)》取代《资格与学分框架(QCF)》是英国国家资格制度的重大变革,主要体现在以下几个方面:第一,国家资格制度从对接劳动力市场向对接科技产业和劳动力市场需求"双对接"方向发展。这需要更具包容性资格框架容纳多样的创新的资格。RQF摈弃了《资格与学分框架(QCF)》当中严谨的以单元为基础的资格设计规则和单元共享原则,保留了《一般条件》,没有资格因大小不符合设计要求而遭拒绝进入框架,资格可以由模块(Modules)、组块(Chunks)或者组件(Component parts)构成。所有符合《一般条件》的资格根据"书籍的厚度"(学习时间)和级别来对应资格坐标上学习量的大小和难度。正如学者大卫·拉尔夫(David Raffe)所言,"走向一个更加统一的系统不是为了统一,而是为了发展新的原则来协调日益多样化的资格供给。"[①]2016年英国政府颁布白皮书《16岁后技能计划》,为16至19岁的学生开发一套新的为期两年的技术课程,是包含技术资格(TQs)的技术教育(T level)证书课程方案。技术资格的内容是由雇主设计的,对接15个职业线路。在至少45天的行业实习期间,T Levels将为学生提供课堂学习和"在职"经验的混合体[②]。这种应对智能化时代到来的新型技术资格同样可以纳入RQF中的3级水平,实践上证明了RQF的包容性。第二,国家资格制度更具灵活性。RQF保留了QCF的以学分对学习者进行学习成果认定、先前学习认可、学分累积和学分转移原则,考虑到了

---

① Raffe D. First Count to Five: Some Principles for the Reform of Vocational Qualifications in England ［J］. Journal of Education and Work, 2015,28(2):147—164.

② Department for Education. T Level Action Plan 2020［R］. London: DfE, 2021:21.

资格学习的连续性和衔接性,不仅关注了学生学习基础和水平的不同,而且满足了他们个人的发展需要。第三,它简化了资格框架,把学术教育和职业教育两个轨道合并为一,不仅可以帮助学习者、雇主和学校更好地理解资格之间的对应关系和资格转换方式,进一步增强了普职融通的观念。

第四节　教育与市场的"桥梁":英国国家资格制度的特征

英国国家资格制度从 1991 年建立至今经历了 30 多年的发展,从发展国家职业资格制度对接劳动力市场需求,到如今形成涵盖职业(技术)资格和普通教育资历、衔接高等教育学历,对接科技发展的国家资格制度,在国际上有一定影响力,并推动了欧洲资格框架一体化的进程。英国政府发展国家资格制度承载多重目的和多重诉求,其发展历程,表现出以下几方面特征:

一、英国国家资格制度建立以对接劳动力市场需求为最初出发点

1986 年英国政府成立国家职业资格委员会,并推出一个四级制的国家职业资格体系,由行业领导机构设计职业能力标准,以职业能力标准连接职业技术教育与劳动力市场。彼时的资格证书经过适当的修改与更新,达到职业能力标准后,方可纳入到国家职业资格体系之中,成为国家职业资格(NVQs)。当时英国政府采取"自愿"原则,由颁证组织自愿提供给国家职业资格委员会,得到认可的职业资格可以获得政府的资助。国家职业资格十分强调能力的重要性。这些能力与工作相关,既包括在不可预测的实际情况中应用技能和知识的能力,又包括核心技能:沟通、信息技术、解决问题和个人发展。这些能力有利于塑造适应不断变化的工作世界的灵活劳动力。[1] 但是,此时的职业资格属于非全日制资格,还不能成为申请上大学的依据。1991 年英国政府推出《国家职业资格框架》,并引入全日制的普通国家职业资格证书。1997 年英国政府将《国家职业资格框架》与普通学历资格合并,成为统一的《国家资格框架(NQF)》,但连接劳动力市场需求的功能没有减弱,而是不断增强。21 世纪初,英国政府成立 25 个行业技能委员会,覆盖英国彼时行业主要部门,行业技能委员会与雇主合作制定、维持和更新国家职业标准,保证资格反映劳动力市场的最新技术、创新和工作方法。[2] 目前的国家资格制度是连接劳动力市场和职业技术教育乃至整个教育体系的"桥梁"制度。

二、促进普职融通以提升职业技术教育地位与质量

1997 年统一的《国家资格框架》在普通教育与职业技术教育之间建立等值关系。世纪之交,

---

① Gasskov V. Managing Vocational Training Systems: A Handbook for Senior Administrators [M]. London: International Labour Organization, 2000:119.

② Payne J. Sector Skills Councils and Employer Engagement-delivering the 'Employer-led' Skills Agenda in England [J]. Journal of Education and Work, 2008,21(2):93—113.

工党政府颁布了著名的"课程 2000",对《国家资格框架》进行改革,此次改革一是增加了 1—3 级的关键技能证书,将该证书作为一种"混合路径",贯穿于普通教育和职业技术教育之中;二是修改了普通国家职业资格证书,使其在等级和结构方面与 A Level 更加一致;三是模块化改革,使职业(包括技术)学习和学术学习更容易融合。① 这次改革真正促进了普职融通。2008 年,《资格与学分框架(QCF)》颁布以后,学分制与单元的资格结构相结合,先前的学习成果得到认可,从而避免了重复的学习;系统的灵活性大大增加,允许学习者积累"单元"并努力实现与他们最相关的资格。只要学习者完成某一资格证书所获得的学分是相同的,学习者从学术教育轨转入职业技术教育轨,或职业技术教育轨转入普通教育轨更为方便,②真正实现普职融通。

三、以梯度结构衔接中等职业技术教育与高等教育

英国国家资格框架显示了哪些资格处于同一级别,并指出一个资格与另一个处于同一级别或更高级别资格的联系。它描述了一种连续的学习,保障资格之间的衔接关系。1997 年颁布《国家资格框架》中的 3 级全日制职业资格和学术资格都可以用来申请大学,衔接四级高等教育资格证书。2008 年,英国政府推出以学分为基础的《资格与学分框架》(QCF)取代《国家资格框架》,将原来框架中的第四级细分为四、五、六级标准,原来的第五级细分为七、八级标准,形成了"8+1"模式的九级标准资格框架,与高等教育资格框架保持一致。并且对学分的定义有意与高等教育中使用的定义保持一致,为《资格与学分框架》与高等教育机构之间的学分转移安排奠定了基础。③

四、促进资格更新迭代以对接科技发展

在《资格与学分框架(QCF)》运行数年后,英国政府发现其在应对资格创新方面缺乏灵活性,无法支持所有优质资格的设计。资格框架的创新功能是指其能够促进颁证组织找到新的更好的方法来满足当前或预期的需求。④ 2015 年英国政府推出《规范资格框架(RQF)》取代了《资格与学分框架(QCF)》。《规范资格框架(RQF)》给予颁证组织更大的自由设计高质量资格和评估的空间,并以创新的方法响应雇主的需求,所有受到监管的资格都可以舒适地放在《规范资格框架(RQF)》中。⑤ 进入智能化时代,为应对全球技能挑战,《规范资格框架(RQF)》迎来了新的三级资

① Qualifications and Curriculum Authority. Curriculum Guidance for 2000[R]. London: QCA, 1999:5.

② Ofqual CCEA&QAA. Referencing the Qualifications Frameworks of England and Northern Ireland to the European Qualifications Framework [R]. Coventry: Ofqual, 2019:26.

③ Qualifications and Curriculum Development Agency. The Qualifications and Credit Framework (QCF) and Higher Education [R]. London: QCDA, 2010:4.

④ Frontier Economics. Assessing the Vocational Qualifications Market in England [R]. London: Department for Education, 2017:52.

⑤ Ofqual. Referencing the Qualifications Frameworks of England and Northern Ireland to the European Qualifications Framework [R]. Coventry: Ofqual, 2019:26.

格证书"技术资格 T Level"。技术资格是英国政府推出的全新的"技术教育"学习方案中核心部分,对接产业战略的 15 条职业线路图,旨在引导"职业教育"向"技术教育"转型,与 A Level 并驾齐驱,培养雇主所需的高级技术技能人才。

　　总之,英国国家资格制度是一个庞大而复杂的体系,通过对其发展历史的梳理,可以发现这一制度发展脉络是对接劳动力市场需求,拆除普通教育和职业技术教育之间的藩篱,提高职业技术教育地位,使职业技术教育和普通教育有着同等的地位,同时延伸资格梯度,与高等教育衔接,丰富资格类型,满足青少年与成人的潜能发展需要的过程。进入智能化时代,英国政府又适时地推出技术资格,引导资格制度对接科技发展。在这一发展历程中,连接教育与科技发展和劳动力市场需求的"桥梁"特征是最本质的特征。

第三章 英国"双对接"的职业技术教育治理机制的形成与变革

英国政府在 20 世纪 80—90 年代大力发展职业技术教育,建立国家职业资格制度,迫切需要建立相应的机构,承担起管理、开发、组织、监督等职责,并使这些机构按照政府目标运转起来。国家资格制度建立,成为联系劳动力市场和教育培训的"桥梁",但由于劳动力市场需求是动态变化的,国家资格制度的核心制度——国家资格框架本身需要不断更新和迭代,因此,必须建立一套对接劳动力市场需求和科技发展的运转机制。"机制"一词最早源于古希腊文的"mechane"一词,意指工具、机械,一般解释为机器的构造和动作原理。[①] 在政策学领域"机制"泛指一个工作系统的组织或部分之间互相作用的过程和方式。如:市场机制、竞争机制。孙绵涛教授将教育机制分为层次、形式和功能三种机制,而考察一个事物或现象各部分的关系及运行方式,首先就要从层次上确定其考察的范围,然后才有可能进一步考察事物或现象各部分的关系及具体运行的形式,也才有可能分析这种形式所发挥的作用。[②] 本研究将在第三、四、五章从组织机构建设、组织运行及其特征三个方面剖析英国职业技术教育宏观层面的治理机制、中观层面的资格开发机制以及微观层面的组织运行机制的形成与变革。可以说,英国职业技术教育对接劳动力市场和科技发展的机制从无到有,是一个"流程再造"过程。

第一节 就业导向:英国技术和职业教育治理机制的初建

20 世纪 70 年代末,撒切尔夫人执政之初,英国全日制职业技术教育主要在综合中学实行,职业技术教育不受重视,规模很小。根据《1944 年教育法》规定,地方政府对发展本地区的初等教育、中等教育和继续教育负有责任。因此,地方教育局不仅发展和管理普通中等教育,也兼管普通中等职业技术教育和继续教育。随着信息技术带来第三次工业革命,英国劳动力市场集聚了太多没有任何证书和技能的青年劳动力。为了解决重创经济的高失业率难题,撒切尔政府在全国大力推广"青年培训计划"与"技术和职业教育试点计划",原有的中央-地方两级治理体系显然

---

① 辞海编撰委员会. 辞海(缩印本)[Z]. 上海:上海辞书出版社,2000:1511.
② 孙绵涛,康翠萍. 教育机制理论的新诠释[J]. 教育研究,2006,323(12):22—28.

难以胜任此项重任。于是,英国政府开启了职业技术教育治理体系与运行机制的建设,大致经历了三个阶段:撒切尔-梅杰政府时期"就业导向"的技术和职业教育治理机制,布莱尔-布朗时期"技能导向"的职业教育治理机制以及卡梅伦—鲍尔斯时期的"技术导向"的技术教育治理机制的建设。

一、20 世纪 80 年代至世纪末英国技术和职业教育治理机构的建设

撒切尔-梅杰政府执政时期是英国现代职业技术教育大发展的开端,也是英国职业技术教育体系及其治理机制初建时期。

(一)中央机构改革:重组教育和就业部及其职能

20 世纪 70 年代至 80 年代初,英国的中等教育(普通中等教育和继续教育)治理和发展的重心在地方教育局。中央设立教育和科学部监督学校和继续教育学院提供的普通教育和职业技术教育;就业部主要通过半自治机构开展工作,设置以雇主为基础的培训和对失业人员的培训安排。《1988 年教育改革法》颁布之后,中央政府通过推行"国家课程"加强了对中小学的管理。为了解决青少年失业率飙升问题,1994 年 7 月,梅杰领导的保守党政府改组内阁,将这两个机构合并为教育和就业部,以示政府重塑"教育与工作关系"的决心。①

教育和就业部(Department for Education and Employment)全权负责英国的教育、培训和就业事宜,具体职能:第一,使个人的潜能得到充分发挥;第二,将英国创建为一个以成功企业和公平、高效的劳动力市场为核心的具有国际竞争力的经济体;第三,就个人潜能可以得到充分发挥而言,涉及 16 岁之前及之后两个阶段。对于 16 岁之前的年轻人,教育和就业部主要确保所有年轻人在 16 岁之前能够具备足够的技能以及良好的态度与个人素质;对于 16 岁之后的青年,教育和就业部所要考虑的就是促进终身学习和支持失业人群再就业的问题。从"教育和科学部"到"教育和就业部"转变,说明英国政府从注重"教育和科学"的管理,转变为关注"教育和就业之间"的紧密联系上来。

(二)发展部级层面治理机构与职能

为了加强教育与社会需求的联系,撒切尔政府增设了两个重要的部级机构②:国家职业资格委员会和继续教育拨款委员会,并增加了人力服务委员会管理全日制技术和职业教育的职能。

1. 设立国家职业资格委员会

20 世纪 80 年代,英国政府意识到职业标准对发展国家劳动力能力的重要性,于 1986 年颁布

---

① David A. The Financing of Vocational Education and Training in the United Kingdom — Financing Portrait. [R]. Thessaloniki: European Centre for the Development of Vocational Training, 1999:17.
② 在英国教育管理体系中,中央与地方管理机构之间一直存在部级机构,但由于职业技术教育不受重视,直至 20 世纪 80 年代大力发展职业技术教育的背景下,开始增设相应的部级机构。但这些机构分为政府财政支持的部级机构以及非政府财政支持的部级公共机构,后者往往成为联系政府和社会组织的半官方性质的机构。本研究中将这些机构统称为部级层面机构。

了白皮书《共同工作——教育和培训》，宣告设立了国家职业资格委员会（the National Council for Vocational Qualifications，简称 NCVQ）。目的是在英格兰、威尔士和北爱尔兰建立一个统一的职业资格的国家框架，结束彼时资格证书供给混乱的局面，创建全国认可的职业标准。白皮书指出，职业资格与一个人的就业能力直接相关，与之相关的职业标准对国家的经济表现和对个人的工作满意度来说也都是必不可少的。

国家职业资格委员会承担九大职责：①确保职业标准，并确保职业资格以这些标准为基础；②设计和实施一个新的国家职业资格框架；③批准可颁发获认可资格的机构；④全面覆盖某一职业领域；⑤确保质量保障方面的相应安排；⑥与颁发职业资格的团体建立有效的联系；⑦建立国家职业资格数据库；⑧为了更好地履行其职能开展研究和制定发展规划；⑨推进职业教育、职业培训和职业资格的发展。[①] 此外，白皮书要求委员会在履行职能时与颁证组织建立密切的合作关系，与代表行业、就业、工会和雇主利益的机构进行了广泛的磋商。另外，为了确保能够建立作为所有类别职业资格基础的国家职业标准（NOS），委员会还与培训机构（原人力服务委员会）以及工业和教育领域的利益相关者进行了紧密的合作。

国家职业资格委员会的设立在英国职业技术教育发展史上具有里程碑意义，委员会及其为之努力建构的统一的国家职业资格框架及其相关制度成为联系工作世界和职业技术教育领域的重要"桥梁"部门。

2. 增设继续教育拨款委员会

为了让技术和职业教育获得更大发展空间，梅杰政府考虑到继续教育学院由于缺乏充分自由而难以回应学生和雇主对高质量继续教育的需求，计划通过立法使继续教育学院和第六学级学院摆脱地方当局的控制。[②]《1992 年继续教育和高等教育法》规定，成立继续教育拨款委员会（the Further Education Funding Council，简称 FEFC），专门负责对普通技术和职业教育和成人继续教育进行财政拨款。

根据《1992 年继续教育和高等教育法》的规定，继续教育拨款委员会具有十项职能：①为继续教育学院提供日常经费；②为继续教育学院提供基建经费、设备和适当的公共资金，保证继续教育学院稳定发展；③建立需求评估系统，保证学习困难和有残疾的学生接受继续教育；④建立继续教育学院监督系统，通过评估帮助学院提高水平；⑤决定继续教育的合并及再调整；⑥建立目标计划框架；⑦与培训和企业委员会、地方教育当局、国家职业资格委员会、政府部门进行联系；⑧通过审计程序，保证经费的有效使用；⑨发展信息系统，对继续教育学院的成绩进行评定；⑩鼓

---

① Cliffe S. The National Council for Vocational Qualifications [J]. British Journal of Occupational Therapy, 1989,52(4)：145—147.

② Department of Education and Science. Education and Training for the 21st Century (1991) [R]. London: Her Majesty's Stationery Office, 1991:58—59.

励继续教育学院与中小学、高等学校及外国高等学校建立联系。①

3. 授权人力服务委员会管理全日制技术和职业教育

撒切尔政府为解决青年失业率飙升问题，于 1981 年启动"青年培训计划"（youth training scheme），并在 1983 年开展"技术和职业教育试点计划"，尽管推广计划对象是 14—19 岁全日制学生，但是政府将这项重任交给了当时掌管成人职业培训的人力服务委员会。人力服务委员会（Manpower Services Commission，简称 MSC）诞生于撒切尔夫人进入内阁之前，但在撒切尔夫人执政的整个时期，它依然持续发挥了开发国家人力资源的重要作用。就组织目标而言，人力服务委员会职责是制定国家人力战略，同时就就业问题向国务大臣提供建议，确保从业者都能获得他们需要的工作机会和提升自我的服务。②

撒切尔政府将发展全日制技术和职业教育的职能落实到人力服务委员会而非教育和科学部，说明两方面事实：一是 20 世纪 80 年代英国政府治理职业技术教育的职能缺失，二是彼时发展职业技术教育目的是提升就业率，扭转经济发展颓势。这与人力服务委员会的目标更贴近。

为了发展中等技术和职业教育，扩大教育参与率，提升青年就业率，撒切尔政府逐步建立了中央、部级和地方三级技术和职业教育治理体系：中央一级——教育和就业部掌管英国普通教育和职业技术教育；在中央和地方之间分别由三个部级机构治理全国技术和职业教育，其中，人力服务委员会负责技术和职业教育项目实施，继续教育拨款委员会负责技术和职业教育项目的资金分配，全国职业资格委员会负责统一的职业资格框架开发；地方教育局负责发展本地区技术和职业教育，初步形成中央、地方畅通的技术和职业教育治理体系。同时，与工业界建立了一定联系。从整个中等教育治理体系来看，这一职教治理体系与原有的普通教育治理体系并不沟通，而是并驾齐驱。

二、英国"就业导向"的技术和职业教育治理机制的运行

英国政府在现代职教体系建立之初，政府主要考虑在不影响原有的普通教育治理体系运转的情况下建立一个职业技术教育治理体系（见图 3-1），该体系的创新部分在第二层（部级）层面，国家职业资格委员会、继续教育拨款委员会和人力资源服务委员会三者共同合作、紧密联系、发挥作用。具体来说，**其一**，人力服务委员会隶属于教育和就业部，接受教育和就业部的监督和经费支持，制定人力资源开发政策。在落实人力资源政策时，人力服务委员会主要通过就业服务处和培训服务处这两个机构实施一系列的就业和培训计划或项目，以达到最终能够促进就业的目的。值得一提的是，人力服务委员会（后改称"培训与企业委员会"）承担了当时撒切尔政府推出的"技术和职业教育试点计划"和"青年培训项目"。**其二**，国家职业资格委员会由教育和就业部

---

① HM Government. Further and Higher Education Act 1992 [EB/OL]. (2020-08-22)[2023-03-18]. http://www. educationengland.org.uk/documents/acts/1992-further-higher-education-act.html♯02.

② O'Brien R. The Rise and Fall of the Manpower Services Commission [J]. Policy Studies, 1988,9(2):3—8.

提供经费,在该部门的政策指导下运营,成为联系工作世界和职业技术教育领域的政府"桥梁"部门。首先,国家职业资格委员会的重要职能是建立全国统一的资格框架,发展职业标准,因此,它必须与企业界重要组织——工业联合会①保持联系,收集企业界的需求信息,并将企业需求整合到资格框架中,为利益相关者提供劳动力需求信息。其次,它与颁证组织(Awarding Organizations)合作,在资格框架内引入经过认可的资格证书,交由颁证组织开发课程大纲等资料,并向职业技术教育机构推送。**其三**,继续教育拨款委员会是教育和就业部辖下的组织。二者的关系是:教育和就业部提供经费,制定政策;继续教育拨款委员会负责执行,并向政府提供有关继续教育需求的建议以及合理的资金分配原则。继续教育拨款委员会为职业技术教育机构,如继续教育学院提供公共资金的支持,同时定期审查评估职业技术教育机构的绩效表现。

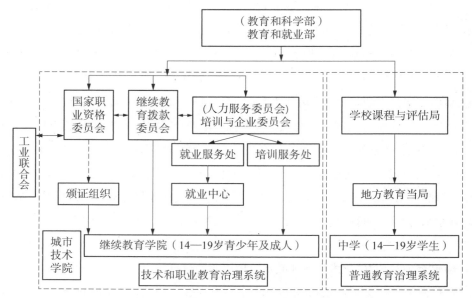

图 3-1 英国"就业导向"的技术和职业教育治理机制的运行图

三、英国"就业导向"的技术和职业教育治理机制的特征

20 世纪 80 年代至 90 年代末,英国"技术和职业教育试点计划"的推广初见成效,这与技术和职业教育治理体系有效运转有一定联系,该系统表现出以下特征:

1. 加强中央对技术和职业教育的管理与支持

这一时期,政府加强了对技术和职业教育的中央管理,这主要表现在从中央到部级到地方三

---

① 英国工业联合会(the Confederation of British Industry, CBI)是一个非营利性的会员组织,由英国雇主联合会、英国工业联盟和英国全国制造商协会于 1965 年 7 月 30 日由皇家宪章联合成立,是英国最有效率和影响力的商业组织,它代表数量庞大的不同规模、不同行业、不同地区的企业行使话语权。

级职业技术教育体系的建立。首先,中央整合了教育和科学部与就业部两个部门的职能,成立"教育和就业部",加强教育与就业的联系,突出政府通过教育提高青年就业机会和就业能力方面的责任,强调教育部门为企业和雇主的需求服务,促进青年就业。其次,在部级层面上,人力服务委员会、国家职业资格委员会以及继续教育拨款委员会等治理机构的设置,加强了中央对技术和职业教育发展的引导、经费支持和质量保障。人力服务委员会通过"技术和职业教育试点计划",出台一系列产业界急需的"14—19 岁"职业技术教育项目,通过自愿申请的方式引导职业技术教育机构参与政府设立的技术和职业技术教育项目;继续教育拨款委员会则负责为项目实施向继续教育学院提供资金;国家职业资格委员会则承担起技术和职业教育质量保障的职能。英国学者沃尔夫(Alison Wolf)教授曾指出,1980 年代中期至 1990 年代中期,中央政府以劝说、财政激励和强制相结合的方式,对全国的职业资格制度进行了全面的重组和改革。同一时期,政府还采用了认可颁证组织的方式,将符合国家职业标准的资格引入资格框架当中,如商业与技术员教育委员会(the Business and Technician Education Council,简称 BTEC)颁发的职业资格证书。而就在之前,由于这些颁证组织之前还是独立的非营利性机构,因此对于它们提供的职业资格,政府无权进行授予和审查。[①] 改革之后,继续教育学院从地方教育当局的控制中剥离了出来,继续教育拨款委员会根据学校的绩效拨款,即根据学校授予学生的资格数量以及就业情况进行拨款,通过这种方式,政府试图给予继续教育学院更多的动力去培养劳动力市场需要的就业者。

2. 在技术和职业教育体系与工作世界之间建立联系

国家职业资格委员会成立,对英国技术和职业教育治理体系建立有着多重意义。不仅在纵向上担负起中央政府对技术和职业教育质量的关切。同时,在横向上,加强了技术和职业教育与工作世界的联系。通过国家职业资格委员会与工业联合会、颁证组织以及继续教育学院的联系,将技术和职业教育与工作世界建立联系。英国学者哈格里斯夫(George Hargraves)指出,英国国家职业资格委员会(NCVQ)的成立标志能力运动已经出现。[②] 委员会管理的国家职业资格(NVQs)十分强调能力的重要性。这些能力与工作相关,既包括在不可预测的实际情况中应用技能和知识的能力,又包括核心技能:沟通、信息技术、解决问题和个人发展。[③] 这些能力有利于塑造适应不断变化的工作世界的灵活劳动力。国家职业资格委员会规定了发展能力的标准(即国家职业标准)。委员会通过与工业联合会等代表行业和雇主利益的机构了解工作场所的真实需求,再根据这些需求制定国家职业标准。颁证组织作为资格开发机构根据国家职业标准开发国

① Wolf A. Portfolio Assessment as National Policy: the National Council for Vocational Qualifications and Its Quest for a Pedagogical Revolution [J]. Assessment in Education: Principles, Policy & Practice, 1998,5(3):413—445.

② Hargraves G. The Review of Vocational Qualifications, 1985 to 1986: An Analysis of its Role in the Development of Competence-based Vocational Qualifications in England and Wales [J]. British Journal of Educational Studies, 2000,48(3):285—308.

③ Gasskov V. Managing Vocational Training Systems: A Handbook for Senior Administrators [M]. London: International Labour Organization, 2000:119.

家职业资格,并将这些资格推送给继续教育学院。至此,工作世界的需求传送给职业技术教育供给方的通道已经建立。不过,这种联系还是比较微弱。

3. 技术和职业教育与普通教育治理体系双轨运行

英国在20世纪80年代迅速建立的现代职业技术教育治理体系,并未对传统的普通教育治理体系造成影响,这与英国教育改革"渐进主义"的传统有很大关系①。英国素有重学术轻职业的文化传统,且普通高中教育有着悠久的历史传统,A Level考试和GCSE考试的"黄金标准"深入人心,不容动摇,发展技术和职业教育只能另辟蹊径。英国政府在学术系统之外,在成人教育系统中发展普通职业技术教育,使普通职业技术教育得到蓬勃发展,同时也历史地形成了普通职业技术教育与成人职业教育紧密结合,均属于"继续教育"并在"继续教育学院"和"第六级学院"实施普通职业技术教育,后来尽管开办了各种类型的职业技术学院,继续教育学院一直保留实施普通职业技术教育的职能。在当时,技术和职业教育与普通教育治理体系双轨运行体系促进了普通职业技术教育大发展,但是也强化了两者之间的不平等,在民众心目中,普通教育要高于职业技术教育,职业技术教育是A Level学业失败的替代选择。

第二节 技能导向:英国职业教育治理机制的形成

在英国,1997年至2010年是布莱尔-布朗领导新工党执政,科技发展对于行业产业和社会经济发展的推动作用愈加明显。两任首相在教育上有着一定延续性和共识,都以技能战略应对科技发展带来产业发展对人才的需求。布莱尔领导新工党政府更是提出了"教育是最好的经济政策"这一口号。这一时期,英国政府在治理机制改革上分两步走:第一阶段1997—2003年,布莱尔政府旨在消除撒切尔政府教育市场化改革带来两极分化,促进机会平等,在职业教育政策上致力于"普职融通",试图将技能战略涵盖整个高中教育,而不只是中等职业教育。第二个阶段2003—2010年英国政府旨在追求教育卓越,将技能战略从中等教育延伸至高等教育,实现中、高等教育衔接,培养高技能人才,为低碳经济提供人才支撑。

英国政府在《技能投资战略(2010—2011)》中阐明,"在全球化的知识型经济时代,政府在推动未来高新技能和低碳经济发展方面实施积极有效的投资是至关重要的。技能是一种终身成功的个人能力投资,也是推动企业经济发展的生产力投资。我们需要对适当的技能进行正确投资,同时鼓励更多的雇主和个人进行技能投入,并且确保这些技能在国家经济发展中得到更有效的运用。"②技能,对于英国经济复苏和长期繁荣如此重要,两任政府不遗余力地推动治理机构改革。

---

① 倪小敏. 向有差异的平等迈进——英国基础教育公平政策发展研究[M]. 北京:中国社会科学出版社,2015:219.
② 商务,创新和技能部. 技能投资战略(2010—2011)[G]//鲁昕主编. 技能促进增长——英国国家技能战略. 鲁昕,译. 北京:高等教育出版社,2010:262.

一、1997—2003 年英国职业教育治理机构改革及其运行机制

工党政府在第一届任期内，为了在整个中等教育阶段推进国家技能战略，在推出普职融通的国家资格制度之后，进行职业教育治理机构改革，拆除普通教育和职业教育治理上的"壁垒"，形成普职一体化的运行机制，为推行普职融通的国家资格制度铺平道路。

（一）1997—2003 年英国职业教育治理机构改革

工党政府为建立普职一体化的治理机制，同时加强技能供给与劳动力市场需求对接，将国家技能战略从中央贯穿到部级层面，第一轮机构改革涉及中央机构和部级层面机构联动改革。

1. 中央机构改革：以教育和技能部取代教育和就业部

2001 年，新工党政府解散了教育和就业部，同时成立教育和技能部（Department for Education and Skills，简称 DfES），与其推行 21 世纪"技能战略"目标相一致，体现出教育治理部门从"就业导向"的治理职能向"技能提升"的治理职能的转变。教育和技能部主要负责英格兰的儿童服务、教育和终身学习。它不仅主管儿童和青年的教育工作，而且还负责有关技能、继续教育和高等教育的安排。教育和技能部有关技能工作的具体目标：一是帮助所有 19 岁以上的年轻人都做好技能就业或进入高等教育学习的准备，二是解决成人的技能差距。[①] 长远来看，教育和技能部旨在支持发展更具竞争力的经济和建设更加包容的社会。为实现这一长远目标，教育和技能部需要为每个个体拓宽通过学习取得进步的道路，充分释放个人的潜能，在提高教育标准和技能水平方面取得卓越成就。

2. 部级层面的机构改革与增设

第一轮部级层面的机构改革成立了资格与课程管理局，即合并国家职业资格委员会与学校课程评审局的职能，形成普职"一体化"的治理体系。同时，还增设表达行业需求的行业技能委员会以及负责对行业所需技能拨款的学习与技能学习委员会，加强技能供给与行业需求的对接。

（1）资格与课程管理局合并国家职业资格委员会与学校课程评审局的职能

依据《1997 年教育法》（1997 Education Act），英国政府解散了国家职业资格委员会与学校课程评审局，设立资格与课程管理局（Qualifications and Curriculum Authority，QCA）接管英格兰地区的资格与课程管理事务。资格与课程管理局的作用是促进英国的教育和培训包括普通教育和职业教育的发展，特别是提升两者的质量和一致性，旨在确保职业资格符合特定的标准，且可以准确地体现出资格持有者本身的水平。资格与课程管理局的职能分两部分：一是在课程、学校考试及评估方面的职能：①随时审查课程、学校考试及评估方面的情况，并向国务大臣提出建议；②就研究和发展向国务大臣提供建议；③发布信息；④审核评估的质量；⑤认证五岁儿童基线评估计划；⑥建议国务大臣批准学校使用的资格。二是管理资格的职能：①对所有职业资格进行审

---

① Department for Education and Skills, et al. Department for Education and Skills Departmental Report 2005 [R]. Norwich: Her Majestys Stationery Office, 2005：11.

查,并就商务、创新和技能等问题向国务大臣提出建议;②为国务大臣提供研究和发展方面的建议;③发布信息,并为那些提供此类资格课程的机构提供支持和建议;④制定并发布资格认证的标准;⑤认证资格,并就其批准向国务大臣提供建议。① 这意味着 20 世纪 80 年代建立的职业技术教育和普通教育双轨运行机制的终结。

(2) 成立学习与技能委员会

根据 2000 年《学习和技能法》,英国政府成立"学习与技能委员会(Learning and Skills Council,简称 LSC)"接管培训和企业委员会和继续教育拨款委员的职能,兼管普通教育和职业教育的拨款。具体而言,主要负责 16 岁后教育及培训(高等教育除外)的策略发展、规划、拨款、治理及质量保障。② 学习与技能委员会资助所有政府支持的职业教育和培训,但不包括高等教育和所有公共部门辖下的义务后教育。资助的基本原则是资源跟随学习者。

学习与技能委员会下设青年学习委员会(Young People's Learning Committee)和成人学习委员会(the Adult Learning Committee),分别负责青年(19 岁以下)和成年人的教育与培训事宜。下属委员会需要向学习与技能委员会提出建议,后者则利用这些建议作为战略、计划和拨款决策的基础,包括拨款的分配和拨款系统的发展和实施。青年学习委员会旨在通过帮助尽可能多的年轻人学习到 19 岁,以提高他们的就业能力。具体职责,包括资助和实施以下项目:①专门针对 19 岁以下儿童和青年的普通国家职业资格(GNVQs)、国家职业资格(NVQs)和其他教育供给以及以工作为本的培训;②现代学徒制和国家培训(均针对 19 岁以上的成人);③促进和支持与工作有关的学习,包括为 16 岁以下的学习者提供工作经验的活动;④帮助青年成功过渡到下一阶段的教育、培训或工作,包括促进继续学习和升入高等教育的措施。成人学习委员会的主要职能通过资助成人的教育与培训以满足和匹配个人、企业和社区的学习需求。③

(3) 设立行业技能委员会

为使教育和培训体系有效地由需求驱动,英国政府在 2002 年正式设立了行业技能委员会(Sector Skills Councils,简称 SSCs),任命雇主领导运营,覆盖了英国绝大多数的行业领域。英国政府相信,强有力的雇主领导,能够通过教育和培训体系更好地利用和发展提高雇主生产率所需的技能,持续提高公营和私营部门的生产力和竞争力。

成立行业技能委员会的最初目的是为一个高度复杂的多层次职业教育系统提供有关雇主技能需求的详细信息,由学习与技能委员会主持,旨在确保公共资助的教育和培训(课程和资格的数量、水平和类型)的供应与雇主的需求相匹配。行业技能委员会涵盖旅客运输、零售、酒店、卫

---

① HM Government. Education Act 1997 [EB/OL]. (2020 - 09 - 29)[2023 - 03 - 18]. http://www. educationengland. org. uk/ documents/acts/1997-education-act. html.

② HM Government. Learning and Skills Act 2000 [EB/OL]. (2020 - 07 - 17)[2023 - 03 - 18]. http://www. educationengland. org. uk/documents/acts/2000-learning-skills-act. html.

③ Department for Education and Employment. Learning to Succeed: A New Framework for Post-16 Learning [R]. London: Department for Education and Employment, 1999:25—26.

生、社会关怀、货运物流和音像产业等 25 个行业。行业技能委员会与中央的协调机构——行业技能发展局(SSDA)一起组成了技能商业网络(SfBN),该网络覆盖了大约十分之九的劳动力。行业技能委员会具有四个核心战略目标:①减少技能差距和短缺;②提高生产、商业和公共服务的表现;③增加机会,提高不同行业每个人的生产效率和技能;④与雇主合作,制定、维持和更新作为职业资格基础的国家职业标准(NOS),以规定从事职业和专业所需的能力,并对国家职业标准进行审查,以确保课程和资格包括劳动力市场使用的新技术、创新和工作方法。[①] 为了实现这些目标,行业技能委员会邀请了一些重要雇主代表作为董事会成员,同时还与各行业雇主进行广泛的合作。

各行业技能委员会的另一项重要职能是拟定"行业技能协议"。行业技能委员会牵头雇主如工业联合会(CBI)与职业教育和培训的所有利益相关者(如继续教育学院与培训机构、资格规管机构等)签署行业技能协议(SSAs)。[②] 其目的在于帮助雇主确定他们现在和未来的技能优先领域,并作为与教育和培训合作伙伴共同行动的基础。根据在这一过程中获得的信息,行业技能委员会还将制定行业资格战略(SQS),并与颁证组织和其他参与发展《资格和学分框架》的监管机构密切合作。

相比 20 世纪 80 年代至 90 年代末的技术和职业教育治理机构,这一时期的机构数量开始增多,资格与课程管理局、学习与技能委员会、行业技能发展局与行业技能委员会都归教育和技能部管理。

(二)英国职业教育与普通教育"一体化"治理机制的运行

这一时期,英国政府成立资格与课程管理局,合并国家职业资格委员会与学校课程评审局的职能,将技术和职业教育和普通教育双轨体系合并,为实施 2000 年普职融通的国家资格框架铺平道路。这在英国职业技术教育史,乃至中等教育发展史上具有里程碑意义。整合后的普职融通的治理机制如图 3-2 所示。

在中央政府层面,教育和技能部全面负责普通教育和职业教育的各项事宜,主要是制定教育总政策,包括普通教育与职业教育的融通发展的战略;行业技能发展局、资格与课程管理局和学习与技能委员会全部接受教育和技能部的管理,主要负责落实教育和技能部制定的政策与战略,同时就实施过程中的有关事项向教育和技能部汇报或提出建议。资格与课程管理局、行业技能发展局及学习与技能委员会分管普通教育和职业教育的不同领域。

其一,资格与课程管理局负责普通教育和职业教育的课程、考试与评估;管理普通教育学历证书,包括 GCSE 证书和 A Level 证书;认可由行业技能委员会和颁证组织共同开发的职业资格证书,并对颁证组织的活动进行质量保证和审核。颁证组织具有双重职能——开发资格以及监

① Payne J. Sector Skills Councils and Employer Engagement-delivering the 'Employer-led' Skills Agenda in England [J]. Journal of Education and Work, 2008,21(2):93—113.
② Sector Skills Development Agency. Sector Skills Agreements [EB/OL]. (2007-12-01)[2023.03-18]. https://www.ssda.org.uk/pdf/SSAbookletv3.pdf.

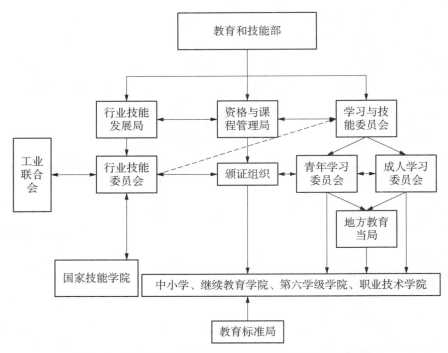

图 3-2 英国职业教育与普通教育"一体化"治理机制的运行图

督资格的实施(院校实施)。颁证组织与行业团体共同负责职业资格的开发,包括评估方法和职业资格的实施;实施外部核查以确保教育提供者在所有考试中得到公平和一致的评估。

其二,行业技能发展局负责发展国家职业标准和监督行业技能委员会,利用来自教育和技能部的拨款资助行业技能委员会的运营与发展。行业技能委员会则负责国家职业标准的具体开发,为颁证组织开发职业资格提供依据。它通过行业技能协议牵头行业企业界如工业联合会和职业教育与培训的提供者以及其他利益相关者如资格与课程管理局等,就技能发展的重点领域向教育与技能委员会提出资助建议。行业技能委员会还牵头国家技能学院的发展,为这些学院设计满足当前和未来行业需求的优秀技能项目、资格证书和课程。

其三,学习与技能委员会接受来自教育和技能部的拨款,并通过青年学习委员会和成人学习委员会向 19 岁以下的儿童和青年教育以及成人教育拨款。同时,这两个下属委员会需要向学习与技能委员会提出建议,以方便学习与技能委员会利用这些建议作为制定战略、计划和拨款决策的基础,包括拨款的分配和拨款系统的发展和实施,并在某些项目上相互密切合作,如现代学徒制。

工党政府的职业教育治理重点从关注"教育与就业"转变为关注"教育与技能",注重在课程领域以技能沟通普通教育和职业教育,同时,也注重以技能将职业教育与工业企业界建立联系。

二、2003—2010 年英国职业教育治理机构的改革及其运行机制

2003 年,工党政府进入第二届任期,便雄心勃勃地颁布了白皮书《21 世纪的技能——实现我

们的潜能》，全面开启英国的技能战略。2006年，里奇爵士向英国政府呈递英国技能报告。翌年，英国政府颁布了白皮书《世界一流技能——英格兰实施里奇技能评论》，①这份报告可以说是英国技能战略的全面提升。白皮书提出，通过实施技能战略到2020年使英国拥有世界一流的技能。为实现这一目标，英国工党政府开启了第二轮机构改革，改革重点是促进中等职业教育与高等教育衔接，并加强与产业界的联系。

（一）2003—2010年英国职业教育治理机构的改革

工党政府的第二轮机构改革旨在着力提高技能水平，形成中等职业教育与高等教育衔接的治理体系。此番机构改革同样涉及中央机构和部级层面机构的联动改革。

1. 中央机构改革：商务、创新与技能部行使管理职业教育和高等教育的职能

为了实现2020年世界一流技能的目标，2007年英国政府将教育和技能部拆分成两个部门："儿童、家庭和学校"部（Department for Children, Schools and Families，简称 DCSF）和"创新、大学和技能"部（Department for Innovation, University and Skills，简称 DIUS）两个部门，前者负责儿童、青少年教育、健康、安全等方面事务；后者负责职业教育、高等教育和成人教育与产业经济发展等方面事务。将治理14—19岁教育职能转移给"创新、大学和技能部"，以加强14—19岁职业技术教育与高等教育之间的联系，畅通中等职业教育升学通道，培养高技能人才。英国政府意识到，要促进2级技能水平劳动力向3级以上发展，中等职业教育应与大学的"创新驱动国家发展战略"相联系。2009年，"商务、创新和技能"部（Department for Business, Innovation & Skills）成立，取代"创新、大学和技能"部，把创新以及青年人创新能力培养作为教育治理关注的重点。"商务、创新和技能"部主管英国的就业、技能和培训，倡导以经济为重点、以雇主为主导的技能培训方法，关注雇主在地方层面的参与，同时改革学徒制，将技能视为更广泛的产业战略的关键组成部分。"商务、创新和技能"部管理范围较大，覆盖产业法、产业部门、就业问题、企业和商业的支持、贸易管制、继续教育、高等教育、创新、区域经济发展、科学、技能等领域。②

2. 部级层面机构的改革

第二轮部级层面的机构改革是在第一轮改革基础上的微调，包括以半官方性质的资格与考试管理局取代资格与课程管理局以及对拨款机构进行整合，旨在转变对资格市场的监管方式并畅通对职业教育的拨款渠道。

（1）以资格与考试管理局取代资格与课程管理局

根据2009年颁布的《学徒制、技能、儿童和学习法案》（*Apprenticeships, Skills, Children and Learning Bill*），新的法定监管机构——资格与考试管理局（Office of the Qualifications and

---

① 创新，大学和技能部.世界一流技能——英格兰实施里奇技能报告［G］//鲁昕主编.技能促进增长——英国国家技能战略.鲁昕，译.北京：高等教育出版社，2010：124—130.

② UK Parliament. The role and responsibilities of the new Department［EB/OL］.（2009 - 12 - 15）［2023 - 03 - 18］. https://publications.parliament.uk/pa/cm200910/cmselect/cmbis/160/16005.htm.

Examinations Regulator,简称 Ofqual)正式成立,并于 2010 年取代资格与课程管理局(QCA)。资格与考试管理局旨在监管英格兰的资格、考试与评估,一般情况下通过教育特别委员会直接向议会报告。该法案赋予资格与考试管理局五项法定职责:①维持资格标准;②推广国家评估标准;③提高公众对受规管资格和国家评估安排的信心;④提高人们对受规管资格的范围和益处的认识;⑤确保受规管的资格能够被有效地提供。① 此外,随着过渡机构"资格与课程发展局(QCDA)"在 2012 年被废止,其监管颁证组织的职能也转移给了资格与考试管理局。2011 年 3 月《沃尔夫报告》发布之后,同年 11 月《2011 年教育法》(*Education Act 2011*)出台。该法案进一步明确了资格与考试管理局对于颁证组织管理与执行权。② 此后,英国政府进一步赋予资格与考试管理局对职业资格市场的外部质量保障职责,主要通过制定认可标准,加强对于职业资格的提供者——颁证组织的监管③。可见,政府管理职业资格的重点从资格认证转向了对于颁证组织的认证和监管。

(2) 技能资助局和教育资助局共同负责职业教育拨款

为了落实 2009 年颁布的《技能投资战略》中提出政府资助职业教育的战略目标,布朗政府于 2010 年 4 月将学习与技能委员会拆分为技能资助局(Skills Funding Agency,简称 SFA)与青年学习局(Young People's Learning Agency,简称 YPLA),后者在 2012 年更迭为教育资助局(Education Funding Agency,简称 EFA)。教育资助局是英国教育部辖下的一个执行机构,受到教育部的资助,除了资助 3 到 19 岁的学习者,它还支持学校、特色学校、免费学校和第六学级学院的建设和维护项目。技能资助局是商务、创新和技能部(BIS)辖下的一个执行机构,其主要职能是资助和促进英格兰的成人继续教育和技能培训,它将资金分配给在英格兰成人和技能部门运营的学院以及《资格与学分框架(QCF)》下资格证书的其他提供者。④ 为了释放教育提供者潜能,使他们对学生和雇主更具责任感、更具创新精神和进行更积极回应,从 2013 年 8 月起,针对 16—18 岁的青年学习者及成人学习者推出了一套新的简化的资助系统。其中,资金与学习者是否继续留在院校学习与学习成就有关,如果学员获得了长期就业机会,那么就业提供者将获得工作成果报酬。

2003—2010 年英国工党政府的技能政策与前阶段的普职融通政策不同,而是全力推进技能战略升级,将英国打造为世界一流技能国家。因此,这一阶段机构改革旨在畅通中等职业教育向高等教育阶段延伸的通道,并进一步扩大技能投资渠道。

---

① UK Parliament. Apprenticeships, Skills, Children and Learning Bill [EB/OL]. (2009 - 11 - 20)[2023 - 03 - 18]. https://www.education-uk.org/documents/bills/2009-apprenticeships-etc-bill.pdf.

② HM Government. Education Act 2011 [EB/OL]. (2020 - 06 - 28)[2023 - 03 - 18]. https://education-uk.org/documents/acts/2011-education-act.html.

③ Ofqual. Guidance and support [EB/OL]. (2017 - 10 - 12)[2023 - 03 - 18]. https://www.gov.uk/guidance/ofqual-handbook.

④ Torjus Abusland. Vocational Education and Training in Europe:United Kingdom. Cedefop ReferNet VET in Europe reports 2014 [EB/OL]. (2015 - 10 - 01)[2023 - 03 - 18]. http://libserver.cedefop.europa.eu/vetelib/2015/Vocational_Education_Training_Europe_United_Kingdom_2014_Cedefop_ReferNet_pdf.

（二）英国"技能导向"的职业教育治理机制的运行

2003—2010 年英国"技能导向"的职业教育治理机制（如图 3-3）的中央层面,商务、创新和技能部治理英国的职业教育事宜;在部级层面,就业与技能委员会、资格与考试管理局以及技能与学习委员会发挥重要作用,三部门共同合作,紧密联系。具体来说,其一,就业与技能委员会(UKCES)隶属于商务、创新和技能部,接受商务、创新和技能部的拨款,向其提供改进就业和技能制度的建议。这一阶段,就业与技能委员会负责监管行业技能委员会,使其继续发挥雇主在发展行业技能中的领导核心作用。就业与技能委员通过指派绩效顾问向每一行业技能委员会提供咨询;与每一行业技能委员会确认拨款内容;与行业技能委员会讨论并达成包括行业技能委员会战略或商业计划及其合同目标与措施的详细内容,并向行业技能委员会提出持续改进计划等方面的意见。而受其领导的行业技能委员会由于具有识别行业需求的关键功能,它还负责牵头职业技术教育学院和各行业签订行业技能协议,主导国家技能学院的发展,同时,通过向技能与学习委员会、资格与考试管理局、颁证组织提供拨款和资格管理与开发方面的标准及建议。其二,技能与学习委员会作为这一时期主要的技能拨款机构负责向职业教育提供者拨款,包括中小学、继续教育学院、第六学级学院、职业技术学院。2010 年 4 月,技能与学习委员会被拆分为技能资助局和教育资助局。职业教育拨款由技能资助局专门负责。根据《技能投资战略》,资助国家技能学院,重点对优先行业领域拨款,包括生命科学、数字媒体和技术、高端制造、工程建设与低碳行业。① 教

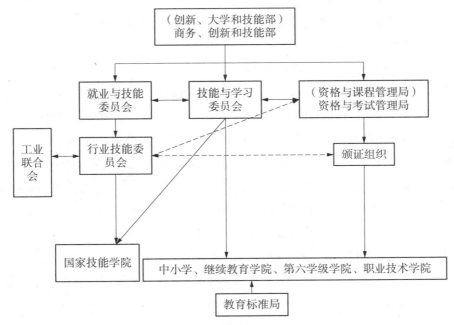

图 3-3　英国"技能导向"的职业教育治理机制的运行图

---

① Department for Business, Innovation & Skills. Skills Investment Strategy 2010—11 [R]. London: BIS, 2009:6.

育资助局也参与技能拨款,只不过主要针对小范围的学园(Academies)。其三,资格与考试管理局接受商务、创新和技能部的政策指导。它负责认可资格和认证颁证组织,并制定了受规管的资格手册,凡是已经登记在手册中的资格都可以获得公共资助。

三、英国"技能导向"的职业教育治理机制的特征

1997—2010 年是英国布莱尔-布朗领导工党政府执政时期,因深受信息技术迅猛发展影响,工党政府试图将治理机制从"就业导向"向"技能导向"转型,经历了两次重大的机构改革。分阶段来看,1997—2003 年旨在通过拆除普通教育与职业教育治理体系之间壁垒,实现普职融通,促进普通教育与职业教育在地位上的平等。2003—2010 年,工党政府通过"技能"这一经济要素,将雇主、个人和国家三者利益"捆绑"在一起,协力推进全民皆有就业技能;并促进中等职业教育与高等教育衔接,推动职业教育向高水平发展。治理机制的两步走改革从整体上看,表现出以下特征:

1. 形成普通教育和职业教育"一体化"的治理体系

1997 年资格与课程管理局(QCA)的成立,在英国职业技术教育史上具有里程碑意义。它结束了普职双轨运行的治理体系,开启了英国职业教育与普通教育融通改革,为 1999 年"课程2000"的成功实施铺平了道路。"课程 2000"是一场职业资格和学历证书、职业课程和学术课程融通的改革,彻底改变了英国传统高中学术性质,诚如霍奇森和斯彭斯所说,这场改革促进英国传统中学向现代中学转型,并为后续改革打下了基础。[①] 如果没有普通教育和职业教育治理体系的一体化,实现课程领域的普职融通几乎是一句空话。普通教育和职业教育治理体系一体化使得英国技能战略覆盖整个中等教育。

2. 以技能战略整合个人、企业、国家三方利益

20 世纪 80 年代以来,尽管英国政府重视和投资技术和职业教育,促进了现代职业技术教育的大发展,就业率大幅提升,经济得到复苏。但是要进一步发展,困难重重:一是技术和职业技术教育与普通教育治理体系双轨运行强化了两者之间的不平等,在民众心目中,普通教育要高于技术和职业教育,职业技术和教育是 A Level 学业失败的替代选择。正如英国学者麦克·杨指出的那样,1983 年以来的职业教育大发展,尽管受学生欢迎,但是使中等教育中学术和职业的分离及其存在的问题更加明显,加重了原本打算解决的问题。[②] 二是政府在构建职业教育治理体系中,尽管工党政府成立了行业技能委员会,吸引雇主参与和投资职业教育,但是雇主参与职业教育的热情依然不高。英国学者乔纳森·佩恩(Jonathan Payne)对雇主的一项调查研究显示,英国雇主对技能培训参与度不高有历史传统原因,政府长期施行"放任主义"政策,行业协会力量薄弱,此外,大企业与中小企业所需的技能并不一致,归根到底,对于许多企业来说,技能往往是第三或第

① Hodgson A, Spours K. Beyond A Levels: Curriculum 2000 and the Reform of 14—19 Qualifications [M]. London: Routledge, 2003:13—14.

② [英]麦克·扬. 未来的课程[M]. 谢维和,王晓阳,等,译. 上海:华东师范大学出版社,2003:52.

四个问题,而产品市场定位、工作组织和工作设计是排在第一和第二位的。换句话说,对于一些雇主来说,技能可能并不总是像政策制定者认为的那样重要,而且,即使是在优先考虑技能的情况下,雇主也常常发现,政府提供的援助并不符合他们的特殊要求。① 这种状况,迫使英国政府在2003 年抛出白皮书《21 世纪的技能——实现我们的潜能》,着重阐述技能对于个人、企业和国家经济发展的重要意义。白皮书指出②,技能是至关重要的国家资产,技能帮助国家和社会维持有国际竞争力的生产性经济,帮助企业获得竞争所需的生产力、创新和盈利能力,帮助个人提高就业能力,获得就业并实现抱负。其目的在于以"技能"为核心整合个人、企业和国家三方面利益,形成促进国家经济发展的合力。在此基础上,英国政府的第二轮改革将技能战略提升到国家层面,提出"努力提高技能水平,打造世界一流的技能基础"的目标,并确定优先投入资金的领域包括生命科学、数字媒体、高级制造业、工程建设和低碳能源等高科技、高附加值产业③。如果说职业教育治理机构的第一轮改革主要破解普通教育与职业教育体系之间的壁垒,在资格与课程之上实现了普职融通;那么,第二轮改革则展示了国家以"高级水平技能"引领企业和个人参与到国家经济发展计划的意图。

3. 加强了中等职业教育与大学教育治理的衔接

2007 年英国布朗政府将教育与技能部拆分成"儿童、家庭和学校"部和"创新、大学和技能"部(后又更名为"商务、创新和技能"部),前者负责管理普通教育,后者负责发展职业教育,旨在促进大学、学院与雇主就培训、技能开发和创新方面开展更广泛、更持续性的协作参与。2009 年白皮书《技能促进增长——国家技能战略》提出,让 50%的年轻人进入大学,接受高级水平的专业教育。这样逐渐形成一个现代化新型阶层,他们中间有技术人员、有准专业人员,还有掌握高水平手工艺和贸易技能的现代化人才。因此,在接下来几年里发展高等教育,推进 3—4 级技能资格的高级技能职业培训。④ 由此可见,这一机构改革的背后是英国中等职业教育从"普职融通"向"中、高等教育衔接"转变,2 级技能资格成为谋求 3—4 级技能资格的过渡资格,国家技能学院成为提升技能水平、开发高水平技能的机构。

第三节 技术导向:英国技术教育治理机制的构建

2010 年卡梅伦领导联合政府执政,为了减轻财政赤字,大大削减教育经费,包括职业教育经

① Payne J. Sector Skills Councils and Employer Engagement-delivering the 'employer-led' Skills Agenda in England [J]. Journal of Education and Work, 2008,21(2):93—113.
② Department for Education and Skills. 21st Century Skills: Realising Our Potential: Individuals, Employers, Nation [R]. London: Her Majesty's Stationery Office, 2003:12.
③ 商务,创新和技能部. 技能促进增长:英国国家技能战略[G]//鲁昕主编. 技能促进增长——英国国家技能战略. 鲁昕,译. 北京:高等教育出版社,2010:201.
④ 商务,创新和技能部. 技能促进增长:英国国家技能战略[G]//鲁昕主编. 技能促进增长——英国国家技能战略. 鲁昕,译. 北京:高等教育出版社,2010:208—209.

费的投入,在职业教育上并没有延续工党政府的"技能战略",转而对近20年来的职业教育发展状况进行了全面审查,发布了《沃尔夫报告》,暴露了职业教育领域存在的种种问题,其中一个核心问题是职业教育供给与劳动力市场的需求并不匹配。正当英国政府在职业教育改革上举棋不定之时,2013年德国汉诺威工业展上公布"工业4.0",第四次工业革命席卷而来,宣告以数字技术为主导的智能化时代已经来临。英国的商业和经济环境因此发生了巨大变化,运用新技术培育新兴产业成为英国发展经济的新思维。卡梅伦及其继任者加紧制定产业发展战略,从《制造业的未来:英国面临机遇和挑战的新时代》《数字经济战略2015—2018》《新兴和赋能技术》到2017颁布的《产业战略:建设适应未来的英国》等文件,为英国未来的产业发展提供了清晰的政策框架。产业战略明确表示,英国已经拥有优良的创新体系与世界领先的产业,包括金融服务业、先进的制造业、生命科学和创意产业四大支柱产业。基于这些已有的优势,英国将通过加强生产力的五大基础(创意、人才、基础设施、商业环境和场所)的途径来提高整体的生产力;同时在人工智能和大数据、清洁能源增长、未来的流动性以及满足老龄化社会的需求这四个领域引领全球科技革命。①英国职业教育正在经历科技发展和产业经济转型的双重压力,为了迎接这一革命浪潮,2016年英国政府颁布《16岁后技能计划》,首次将"职业教育"改称"技术教育",并强调这是一场从"职业教育"向"技术教育"转型的变革。这意味着,英国"职业教育"从治理机制、到资格开发以及教育组织运行均要做出重大变革,其中治理机制必须率先做出重大变革。

一、2010—2022年英国技术教育治理机构的改革

这场改革是由经济领域的产业战略波及到教育领域的变革,为了推行技术资格及其与之配套的技术教育,英国职业技术教育治理体系又经历了一次从中央到部级层面的联动改革。

(一)中央机构改革:治理技术教育的职能回归教育部

2017年"商务、创新和技能部"(BIS)关闭,其治理技术教育与培训的职能移交给了教育部,自此,教育部开始全权负责英国的职业和技术教育与培训事宜。新的"教育部"(Department for Education,简称DfE)于2010年由"儿童、学校和家庭部"(Department for Children, Schools and Families)改组而来,表明英国政府再次由教育部掌管普通教育和技术教育,以落实《16岁后技能计划》。

教育部的主要职责包括:①为19岁以下青年人在中等学校和继续教育阶段提供教学与学习条件;②为在儿童和青年领域工作的专家提供支持;③帮助弱势儿童和青年人获得更高的成就。②工作的重心主要包括:①安全与健康——确保所有儿童和青年人都能获得保护;②让卓越教育无

---

① Department for Business, Energy&Industrial Strategy. Industrial Strategy: Building a Britain Fit for the Future [R]. London: Department for Business, Energy & Industrial Strategy, 2017.

② Department for Education. Department for Education services and information [EB/OL]. [2023 - 03 - 18]. https://www.gov.uk/government/organisations/department-for-education-services-information.

处不在——不论学习者所处的地点、背景以及学习成绩如何,尽其所能确保每个儿童和年轻人都可以获得高质量的教育服务;③为成年人的生活做好准备,即所有 19 岁后的青年人能够在学校或学院中完成有技能特色的课程,为英国社会和经济的发展作出贡献,并能够获得高质量的工作和学习选择。① 需要指出的是,自 2016 年英国政府推动"职业教育"向"技术教育"转型,教育部将主要精力放在管理、发展和推广"技术教育",试图使其覆盖整个英国,并逐步取代原有的"职业教育"。

(二) 部级层面的机构改革与建设

为了在全国推广"技术教育",英国政府在部级层面上机构改革主要是扩展了资格与考试管理局的职能,精简拨款机构,并增设了专事技术资格开发的学徒制与技术教育研究所。

1. 资格与考试管理局职能的扩展

自 2016 年英国政府提出"职业教育"向"技术教育"转型目标之后,开发技术资格成为这场改革的关键。资格与考试管理局负责监管 T Level 计划包含的全部技术资格,认可并监督提供这些技术资格的颁证组织。具体而言,其职能包括两方面:一方面,对技术资格进行管理。资格与考试管理局负责更新并维护全国范围的技术资格标准,并通过设置相关规则指导管理技术资格。如资格与管理局于 2018 年颁布《学徒制、技能、儿童与学习法案》,设置了技术资格和资格等级条件(Qualification Level Conditions for Technical Qualifications)(条件 TQ1 至 TQ23),为技术资格的级别划分做出了规定。另一方面,加强对颁证组织的管理。只有获得资格与考试管理局认可的颁证组织才能提供这些技术资格的教育服务。同时,获得认可的颁证组织必须遵守资格与考试管理局的监管要求,如颁证组织在对技术资格进行评估和标准制定时必须严格遵守这些资格等级条件所厘定的相关要求。②

2. 教育与技能资助署合并教育资助局和技能资助局职能

教育与技能资助署(Education & Skills Funding Agency,简称 ESFA)从 2017 年 4 月 1 日开始正式启动。它接管了卡梅伦政府 2013 年改组的教育资助局(EFA)和技能资助局(SFA)的职责,目标是创建一个为儿童、青年和成人提供教育和技能资助的唯一资金管理机构。③ 教育与技能资助署工作的目标是为教育和技能系统提供资金保障;准确、及时地分配收入;提供准确及时的资金预算、数据和信息;有效地提供资金计划、进行风险管理并确保资金价值;支持政府对学徒制进行改革和提供更多高质量的学徒教育;教育提供者为雇员和雇主提供除学徒教育之外高质量的教育和培训机会;通过教育与技能资助署或其他机构的财务保障制度确保公共资金的正确使用;通过帮助教育与技能资助署资助的提供者改善其财务状况,为提供者的财务健康作出贡献;为所

---

① Department for Education. About us [EB/OL]. [2021 - 11 - 15]. https://www.gov.uk/government/organisations/department-for-education/about.

② Ofqual. Ofqual Handbook: Technical Qualifications [EB/OL]. [2021 - 09 - 23]. https://www.gov.uk/guidance/ofqual-handbook-technical-qualifications/about-these-rules-and-guidance.

③ Education & Skills Funding Agency. What we do [EB/OL]. [2021 - 09 - 23]. https://www.gov.uk/government/organisations/education-and-skills-funding-agency.

有用户提供简单、清晰、快速的服务,并确保他们在需要时获得所需的服务。[1]

3. 设立专事技术资格开发的学徒制与技术教育研究所

根据 2017 年《技术和继续教育法案》,学徒制与技术教育研究所(Institute for Apprenticeships and Technical Education)于 2018 年 4 月正式成立。作为教育部赞助的非政府公共机构,研究所在英国"职业教育"向"技术教育"转型的关键时期承担着打响"技术教育"这一品牌的历史重任。其主要职责是发展技术资格(TQs)、开发覆盖 15 条技术教育路线的"职业地图"(Occupational Maps)(包含"工程与制造""法律、金融与会计""创意与设计"和"数字化"等中高端行业领域)和完善学徒制。[2]

学徒制与技术教育研究所由雇主主导,它的工作受到由雇主、商业领袖及其代表组成的主席团及其委员会的监督。作为学徒和技术教育系统内雇主的权威发声者,研究所担任系统的领导角色,执行政府的政策,使命是为雇主开发高质量、低成本的学徒标准和技术资格。[3] 它与教育机构、颁证组织(AO)以及资格与考试管理局(Ofqual)合作,使每个雇主和个人获得成功所需的技能,同时负责维持作为所有技术教育基础的职业地图,以建立一个世界领先的学徒和技术教育体系,提高经济生产力。

自 2016 年确立以"技术教育"替代"职业教育"的改革方向之后,英国政府陆续创建和改造了一批服务于"技术教育"的治理部门和机构,使其致力于推广和壮大技术教育系统。教育部、资格与考试管理局、教育与技能资助署、学徒制与技术教育研究所、国家技能学院、行业技能委员会一同发展"技术教育"。

二、英国"技术导向"的技术教育治理机制的运行

经过改革,英国"技术导向"的治理机制开始运行(如图 3 - 4 所示)。此时,在中央政府层面,教育部全面负责普通教育和技术教育,在技术教育与培训方面,主要是制定政策和发布技术资格战略。行业技能委员会、学徒制与技术教育研究所、资格与考试管理局和教育与技能资助署接受教育部的管理,主要负责落实教育部颁布的政策与战略,同时就实施过程中的有关事项向教育部汇报或提出建议。

其一,行业技能委员会仍旧矗立于雇主主导的行业技能战略的中心,负责发展国家职业标准,牵头企业与职业教育供给侧签订行业技能协议。虽然这一时期行业技能委员会继续发展国

---

① Education & Skills Funding Agency. Business Plan for the Financial Year 2017 to 2018〔EB/OL〕. (2017 - 08 - 30)〔2021 - 09 - 23〕. https://assets. publishing. service. gov. uk/government/uploads/system/uploads/attachment_data/file/638379/ESFA_Business_Plan_2017_to_2018. pdf-10.

② Department for Education. T Level Action Plan 2020〔R〕. London: DfE, 2021:17—18.

③ Institute for Apprenticeships & Technical Education. Annual Report and Accounts 2020—21, Performance report〔R/OL〕. (2022 - 03 - 31)〔2023 - 03 - 18〕. https://www. britishcouncil. org/sites/default/files/annualreport_2020-21. pdf.

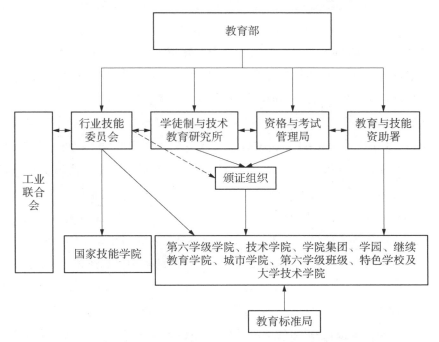

图 3-4　英国"技术导向"的技术教育治理机制的运行图

家职业标准,但政府不再在职业资格认证系统中强制使用国家职业标准,允许颁证组织在自愿的前提下继续使用国家职业标准。其二,学徒制与技术教育研究所作为发展技术教育的关键机构,负责开发、维持和发展英国的学徒制、技术资格(T Level)和职业地图。研究所还和资格与考试管理局一同监督技术资格的实施过程,包括颁证组织向职业技术院校推送资格以及院校授予学生资格的过程。其三,资格与考试管理局专门制定了针对技术资格的资格等级条件,这既是技术资格的基准,也是颁发技术资格的颁证组织必须遵守的规则,保障了第3级及以上高水平资格的质量。其四,教育与技能资助署全权负责向各类职业技术教育机构拨款,包括第六学级学院、技术学院、学院集团、学园、继续教育学院、城市学院、第六学级班级、特色学校及大学技术学院。①

三、英国"技术导向"的技术教育治理机制的特征

正在全球展开的以数字技术应用为标志的智能化潮流,正在改变人们的工作和生活,并以前所未有的方式引领社会的变革和时代的发展。英国政府为了应对这一浪潮带来的产业转型,并能够在这一科技革命驱动下成为引领全球的主要国家,开启了"职业教育"向"技术教育"转型的

---

① IfATE. T Level Approved Providers-Provider list [EB/OL]. (2021 - 05 - 20)[2023 - 10 - 10]. https://assets. publishing. service. gov. uk/government/uploads/system/uploads/attachment_data/file/988957/Provider_List_-_20. 05.2021_final. ods.

根本性改革。"技术导向"的治理机制表现出以下几方面特征：

1. 治理机制从"技能导向"向"技术导向"转变

这一转变基础是英国"职业教育"开始向"技术教育"转型，这不是简单的名称上改变，而是一场变革。2016年《塞恩斯伯里报告》率先提出了将"职业教育"改称"技术教育"的建议。该报告认为①，英国的"职业教育"是一个有缺陷的政策术语，因为从来没有明确定义"它是什么"，而是以不是"普通中等教育证书（GCSE）""A水平证书（A Level）"和"学位（Degree）"来定义的，因此，内容庞杂，包罗万象。这份报告认为，现在英国需要的是一个国家级的"技术教育"系统，为工业提供世界级的高生产力和高技能人才群体，并为个人提供到最高级别技能资格的明确而有吸引力的途径。因此，"技术教育"不是，也不应该成为简单的"职业教育"。"技术教育"的人才培养方案必须侧重于技术就业，重视人才所需获得大量的技术知识和产业所重视的一套实用技能。"技术教育"不同于学术选择，因为它的目的是从工作场所而不是学术学科出发。如果说"技能导向"是以打通学术教育与职业教育壁垒，提升职业教育质量为目的的治理机制改革，那么"技术导向"治理机制则突出了16岁后"技术教育"与"学术教育"的区分，特别是在逻辑起点上的区分，"技术教育"从工作场所出发，而学术教育从学术学科出发。2016年英国政府颁布的白皮书《16岁后的技能计划》接受了《塞恩斯伯里报告》提出的建议，给16岁后（即高中高段）青少年提供两个选择：学术选择和技术选择，都能到达高等教育，两者之间设立"桥接"课程，以便可以转轨。② 改革后的"技术教育"系统，提供高水平的技术资格，满足在国际上具有竞争力并能够应对技术快速变革的企业组成的经济体需要。这个系统将由雇主发挥主导作用，雇主与专业教育专业人员合作，制定国家标准；确定技术就业所需的技能、知识和行为。一言以蔽之，"技术教育"系统需与智能化技术构成的经济体相匹配。

2. 设立专门的研究所发展"技术教育"标准

2013年以后，在科技快速发展、技术革新的社会背景下，新兴产业层出不穷，科技发展对产业经济的影响处于动态变化之中，行业技能委员会（SSCs）作为表达行业需求的代言者，已经难以胜任当下开发技术资格标准的重任。究其原因，行业技能委员会缺乏组织雇主集体行动的深厚传统、缺乏拉动雇主投资自身行业的机制，以及其牵头的行业技能协议（SSAs）仅靠论证（即研究和分析）难以促使公共资助机构和教育机构采取行动。③ 因此，需要成立一个政府部门负责技术教育、开发技术资格标准的研究所，尽管它还是交由雇主领导，但能够借助"权力机制"高效落实雇主主导设计的行动方案。更重要的一点在于，专门的研究所能够承托解码当下智能化时代工作

① David Sainsbury. Report of the Independent Panel on Technical Education [R]. London: Department for Business, Innovation and Skills, 2016:11.

② Department for Bussiness, Innovation and Skills, Department for Education. Post 16 Skills Plan [R]. *London:* Her Majesty Stationary Office, 2016,10—15.

③ Ewart Keep. Unlocking Workplace Skills: What Is the Role for Employers? [R]. London: Chartered Institute of Personnel and Development, 2015:9.

流程对雇员的能力发展要求这一重任。[①]《塞恩斯伯里报告》率先提出成立学徒制研究所,由雇主主导,并建议学徒制研究所(the Institute for Apprenticeships)编制标准并定期审查,以确保标准的高质量,并保持最新水平,反映最新的经济需求和技术变化。故此,英国政府在 2017 年成立学徒制研究所,负责开发学徒制标准,同年,政府在《T Level 行动计划》中将其职能扩展到整个"技术教育"的标准制定,并将研究所更名为"学徒制与技术教育研究所"。学徒制研究所重点发展与推广的 T Level,即是解码当下雇员能力发展的关键方案。

3. 建立对接科技发展和劳动力市场需求的"双对接"治理机制

20 世纪 80 年代,英国政府为了提高青年就业率,促进经济复苏,通过设立"国家职业资格委员会",开发职业标准和国家资格框架,建立了部级层面"工业联合会＋国家职业资格委员会＋继续教育拨款委员会＋人力服务委员会"的组织构架和横向联系治理机制,试图密切技术和职业教育与劳动力市场之间的联系,但是这种联系依旧非常脆弱,属于初创阶段。

进入 21 世纪,英国政府已达成共识——通过提升技能促进经济繁荣,提出"技能战略",设立"行业技能委员会",强调以提升个人技能的方式培养技能型劳动力(Skilled Workforce),[②]满足市场和雇主的需求。建立了部级层面的"工业联合会＋行业技能委员会＋技能资助局＋资格与考试管理局"的组织构架和横向联系治理机制,"行业技能委员会"作为技能需求方驱动整个中等职业教育体系(普职融通)高效运转,显示英国中等职业教育对接"劳动力市场需求"的治理机制确立。但是,随着智能化时代的到来,原有的由需求驱动的"技能导向"机制显然难以承担起引领全球科技革命的政府目标。

2016 年英国政府在系列产业战略推动下,宣告"职业教育"向"技术教育"转型,英国政府在经济增长计划《重建更好:我们的增长计划》中指出,技术变革和全球竞争的步伐促使英国必须支持那些有助于塑造英国未来的行业和技术,而技术和产业增长的一个关键支柱就是高技术技能,因此要改革和全力发展"技术教育"。[③] 由此,英国政府开启了重构技术教育与工作世界关系的重大变革。这次英国政府在部级层面的组织架构上嵌入了政府领导的"学徒制与技术教育研究所",形成"工业联合会＋行业技能委员会＋学徒制与技术教育研究所＋资格与考试管理局＋教育与技能资助署"横向联系治理机制,展现对接科技发展与劳动力市场需求的"双对接"治理机制形成。学徒制与技术教育研究所负责维持和更新作为"技术教育"系统根基的 15 条核心技术路线(Technical Routes)和相应的技术资格,这 15 条技术路线已经逐渐覆盖英国的关键技术领域和中高端行业产业。显然,这样宏观层面上的运作离不开"政府权力"的介入。

---

① Spöttl G, Windelband L. The 4th Industrial Revolution — its Impact on Vocational Skills [J]. Journal of Education and Work, 2021,34(1):29—52.

② Leitch S. Prosperity for All in the Global Economy-world Class Skills [R]. London: Her Majesty's Stationery Office, 2006:8.

③ HM Treasury. Build Back Better, Our Plan for Growth [R]. London: Her Majesty's Stationery Office, 2021:13,55.

第四章　英国"双对接"的职业(技术)资格开发机制的形成与变革

职业资格开发机制是英国职业技术教育对接劳动力市场需求和科技发展机制的重要组成部分,位居中观层面,又具有相对的独立性。它是产业需求转化为所需人才的职业资格或技术资格直至学校专业教育内容的错综复杂的过程。从 20 世纪 80 年代开始,在科技快速发展的背景下,英国政府通过宏观层面治理体系的变革,推动部级层面的研究所、管理机构、行业组织参与职业资格开发过程,因而,不断创生一些新的机构或转变机构职能,并在这些机构之间建立紧密联系,形成"双对接"的职业(技术)资格开发机制。这一发展变革过程大致经历了以下三个阶段:20 世纪 80 年代至世纪末,英国政府为提升就业率,强调职业技术教育着重培养劳动者的岗位能力,颁布《国家职业资格框架》,建立基于岗位能力的职业资格开发机制;1997 年至 2010 年,英国政府实施技能战略,发展劳动力技能,特别是可转移技能,确立了基于技能的职业资格开发机制;2010 年至 2022 年,英国政府通过创建"技术教育"系统,促使"职业教育"转向"技术教育",正在向基于技术知识和技能的技术资格开发机制转变。

第一节　岗位能力资格:英国职业资格开发机制的形成

20 世纪 80 年代,面对技术变革与社会就业率持续走低的严峻社会挑战,英国政府寄希望于通过提升国家人力资本的质量和数量加以应对,[①]尤其关注技术和职业教育对于发展人力资本的重要作用。在不可预测的工作场景中应用技能和知识的能力对于灵活的劳动力来说是至关重要的。为此,英国政府于 1986 年成立"国家职业资格委员会",旨在英格兰、威尔士和北爱尔兰建立一个统一的国家职业资格框架(A National Nramework for Vocational Qualifications)。同时,要确保符合职业能力标准的各行业的各种职业资格进入国家职业资格框架,并能够根据劳动力市场的需要,对现有的职业资格进行修订和更新。这就需要建立一套职业资格开发机制,包括职业资格开发的机构设立和机构之间的相互联系。英国政府认为,与一个人的就业能力直接相关的资格被称为

---

① Shackleton J R, Walsh S. The UK's National Vocational Qualifications: the Story So For [J]. Journal of European Industrial Training, 1995,19(11):14—27.

"职业资格"。这些资格和与之相关的标准对国家的经济表现和对个人的工作满意度都是必不可少的。这个时期,获取职业资格的评估以技能、知识、理解力和应用能力为基础,即履行工作岗位的能力为基础,因此,当时的职业资格也称"基于岗位能力"的职业资格,这里简称"岗位能力资格"。

一、20 世纪 80 年代至世纪末英国"岗位能力资格"开发机构的建设

20 世纪 80 年代,英国政府在部级层面上相继设立了国家职业资格委员会、人力服务委员会、行业领导机构等机构,与已有的颁证组织开始建立初步的职业资格开发体系和运行机制。

1. 国家职业资格委员会承担统一国家职业资格框架的职能

1986 年,英国政府根据白皮书《共同工作——教育和培训》设立国家职业资格委员会(NCVQ)。该委员会由政府有关部门、产业部门、雇主等代表组成,是受教育与就业部(原就业部)委托,代表英国政府在全国范围内推行职业资格证书制度的权威部门。该委员会的职责是设计统一的五级制国家职业资格框架、认证国家职业资格,并在国家职业资格框架内将各类资格分配到相应等级。具体来说,委员会通过界定资格的认证标准将职业资格认证为国家职业资格。这些获认证的国家职业资格需要经过适当的修改与更新以符合国家职业标准,才能纳入到国家职业资格框架之中。国家职业资格框架中处于不同等级的资格代表资格获得者持有与工作相关的不同水平的能力。

一旦职业资格被纳入国家职业资格框架,委员会将标记这些资格。标记是有具体含义的,它向雇主、教育系统及大众表明:在国家认可的体系中,对特定的职业能力水平授予资格;资格符合国家认同的标准;资格评估以技能、知识、理解力和应用能力为基础;学员拥有进步路径。[①]

国家职业资格委员会的出现打破了以往英国职业资格市场的混乱状态,其维护的国家职业资格框架成为技术和职业教育质量保障框架,也成为联系就业和教育的"桥梁"。

2. 人力服务委员会承担管理职业标准方案的职能

1986 年,《英格兰和威尔士职业资格审查》发布,提出要启动国家职业资格的标准开发方案。人力服务委员会(MSC)被任命管理面向所有行业部门的职业表现标准(Occupational Standards of Performance),负责发展职业标准方案,并与行业领导机构紧密联系以指引后者制定职业能力标准。[②] 委员会内部设置有标准方法处(Standards Methodology Branch),探索设计出了"功能分析法"(the Functional Analysis Approach),用以推导所有行业部门可评估的职业标准。[③] 这项工作由技术咨询小组(TAG)支持,成员包括人力服务委员会、国家职业资格委员会、主要的颁证组织

① Cliffe S. The National Council for Vocational Qualifications [J]. British Journal of Occupational Therapy, 1989,52(4): 145—147.
② Fletcher S. Competence & Organizational Change: A Handbook [M]. London: Kogan Page, 1998:46—47.
③ Raggatt P, Williams S. Government, Markets and Vocational Qualifications: An Anatomy of Policy [M]. London: Routledge, 1999:93.

和该领域的主要技术顾问。人力服务委员会通过标准方案部署了大量资金,使其对英国大部分行业培训拥有控制权。

委员会还与雇主进行研讨,收集他们对行业领导机构的意见,鼓励其加入行业领导机构。由于人力服务委员会认为行业领导机构大量涌现,恰恰反映了产业界在制定职业能力标准方面的高涨热情,因此大力维护行业领导机构的发展,不但制定行动计划促进行业领导机构网络的发展,还投入达一半的资金支持行业领导机构的标准开发工作。

3. 行业领导机构负责制定职业能力标准的职能

行业领导机构是英国政府根据1988年白皮书《二十世纪九十年代的就业》设立用来制定职业能力标准的专门机构。职业能力标准(Standards of Occupational Competence)是国家职业资格开发的基础。白皮书提出有必要建立以雇主牵头的一些组织,按产业部门(行业)或职业群建立标准并确认这些标准,基于此,就业部为每个职业部门设立了一个行业领导机构(Industry Lead Bodies,简称ILBs)。行业领导机构以雇主为主导,成员包括雇主、工会和专业团体。它们覆盖整个英国,截至1992年,已有超过150家行业领导机构被认可为国家资格机构。[①] 获认可的行业领导机构的主要职责在于履行国家职业资格委员会赋予的责任,通过与其所代表的行业进行磋商,具体规定从事某项工作所必需的职业能力标准,同时还为国家职业资格委员会设计国家职业资格框架提供建议。[②]

在行业领导机构开发职业能力标准时,资格并不被看作是特定行业的,因此对相似能力有要求的不同类型组织可以参与确定职业能力标准;不鼓励狭隘的、高度专业化的资格,因为行业领导机构对职业能力标准的最终成果并不事先做出承诺,而是根据各自行业意见对其加以探究、评估和完善。[③]

从1996年开始,经政府推动,行业领导机构逐渐被国家培训组织(National Training Organizations,简称NTOs)取代。[④] 国家培训组织具有双重职能。一方面,国家培训组织由雇主领导,接受政府的认可,主要负责制定国家职业标准(National Occupational Standards,简称NOS),并与颁证组织合作开发和实施国家职业资格;另一方面,该组织还是职业培训和教育事务的代表机构,在政府批准后提供培训。

4. 颁证组织基于职业能力标准开发国家职业资格与教学大纲

英国的颁证组织(Awarding Organizations,简称AOs)从历史渊源上看是专业认证团体,大多数

① Center for Workforce Development. U. S. and U. K. Standards System: Report of Standards Workshop [R]. Washington, D. C.: U.S. Department of Labor, 1998:5.
② Liebmann M. Community and Neighbourhood Mediation [M]. London: Cavendish Publishing, 1998:200.
③ Terry F, Masters R, Smith T. National Vocational Qualifications [J]. Public Money & Management, 1992,12(2): 47—51.
④ Waterhouse P. Employment National Training Organisation [EB/OL]. (1998-11-11)[2021-10-11] https://www. sheilapantry. com/fulltext/oshi/intc/ento.pdf.

从行业协会及行业性质的团体发展而来，它们与雇主有着密切的联系。80年代国家职业资格委员会成立以来，英国政府加强了对颁证组织的管理。国家职业资格委员会的职业标准一旦出炉，颁证组织将负责基于这些标准设计国家职业资格和教学大纲。这一时期表现最为突出的三大颁证组织是：商业与技术员教育委员会（the Business and Technician Education Council，简称BTEC）、城市行业协会（City and Guilds）和皇家工艺协会（the Royal Society of Arts，简称RSA）。商业与技术员教育委员会于1983年成立，它合并了原技术员教育委员会（TEC）和商业教育委员会（BEC）的主要职权，其主要职责是在单一的标准框架内协调和加强高级职业证书的供给。[①] 此外，商业与技术员教育委员会将负责提供原本由多个颁证组织联合提供的国家证书和文凭。城市行业协会和皇家工艺协会都是私营组织；城市行业协会早在1878年就已成立，专门开发工作相关职业资格和评估。在超过500门学科领域颁发了国家认可的资格证书，其中许多是国家职业资格证书（NVQs）。[②] 在所有颁证组织中，城市行业协会提供数量最多的国家职业资格，覆盖大多数职业领域，超过一半的国家职业资格是由城市行业协会集团颁发的。皇家工艺协会集中精力在商业和商务领域提供证书。

二、英国"岗位能力资格"开发机制的运行

20世纪80—90年代，英国政府为了满足劳动力市场需求，鼓励开发基于岗位能力的国家职业资格。在开发过程中，国家职业资格委员会、人力服务委员会、行业领导机构和颁证组织这四大机构充分履行各自职能，共同构建了英国"岗位能力资格"开发机制（见图4-1）。

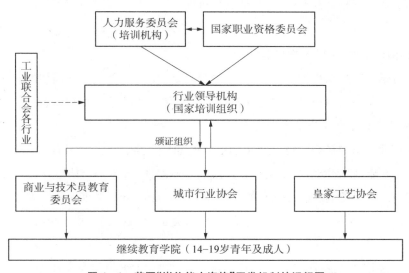

图4-1 英国"岗位能力资格"开发机制的运行图

---

① Raggatt P, Williams S. Government, Markets and Vocational Qualifications: An Anatomy of Policy [M]. London: Routledge, 1999:9.

② Kogan Page. British Qualifications: A Complete Guide to Educational, Technical, Professional and Academic Qualifications in Britain [M]. London: Kogan Page, 2004:27.

首先，国家职业资格委员会设计统一的国家职业资格框架。**第二**，人力服务委员会负责发展国家职业资格的职业标准方案，探索制定适用于所有行业推导职业标准的专门分析方法，联合国家职业资格委员会、颁证组织等机构明确了"功能分析法"。**第三**，行业领导机构利用"功能分析法"开发行业定义的职业能力标准。每一重要的职业领域都设置一个行业领导机构，以咨询本行业雇主对于雇员的能力需求，并汇集这些雇主意见。基于此，行业领导机构调查本行业实际的职业能力需求并开发职业能力标准。**第四**，颁证组织参照职业能力标准开发完整的国家职业资格。包括四方面内容[①]：一是课程大纲和课程材料；二是关于课程大纲和课程材料的培训；三是评价方法和质量保证的设计和实施；四是资格证书的授予。通常，颁证组织通过给培训提供者委派关系经理，确保培训提供者随时获得所需的支持和建议。在彼时的自由市场竞争中，商业与技术员教育委员会、城市行业协会和皇家工艺协会提供的资格在资格市场占有率很高，成为开发与提供国家职业资格最主要的三个颁证组织。这些颁证组织基本上是独立的，但接受由教育界与产业界专业人员构成的咨询委员会的监督。**最后**，新的国家职业资格都需要接受行业领导机构的批准，然后提交给国家职业资格委员会进行最终认证。一旦认证成功，国家职业资格委员会便调整新的国家职业资格以纳入国家职业资格框架的相应等级，再给予特定的认可标记。至此，国家职业资格已经开发完毕，可由颁证组织推送给英国的主要职业技术教育机构——继续教育学院。

上述各个部门环环相扣，形成一个在国家职业资格框架统领下，由"调查行业需求——制定通用的职业标准方案——制定各行业职业能力标准——开发职业资格（课程大纲等）——新的职业资格纳入国家职业资格框架"这一过程的开发机制。

三、英国"岗位能力资格"开发机制的特征

通过上述分析，英国"岗位能力资格"开发机制是 20 世纪 80 年代英国最初的职业资格开发机制，与扩大就业、满足劳动力市场需求的政策目标相适应。因此，表现出以下特征：

1. 职业资格认证市场从混乱走向有序

英国国家职业资格委员会的设置使英国混乱的职业资格认证市场开始走向有序。在英国，20 世纪 80 年代之前，职业资格主要由行会性质的专业团体、行业协会认可并颁发证书。由于政府任由其发展，在 20 世纪 80 年代之初，英国约有 300 个颁证组织，职业资格的安排显得复杂且混乱，资格类型稀少，导致只有 40% 的劳动力拥有相关资格，这一比例远远低于其他欧洲工业国家。[②]

国家职业资格委员会成立之后，在管理颁证组织职能上，承担起两大任务：一是促使颁证组

---

① Frontier Economics. Assessing the Vocational Qualifications Market in England [R]. London: Department for Education, 2017:31.

② Cliffe S. The National Council for Vocational Qualifications [J]. British Journal of Occupational Therapy, 1989,52(4): 145—147.

织开发的资格适应国家职业资格框架;二是精简颁证组织数目。这两项任务对于新成立的国家职业资格委员会来说都是非常艰巨,因为这些任务损害了颁证组织的根本利益。颁证组织依靠提供资格创收,其资格市场占有率越高,收益就越大。强行迫使颁证组织更改其开发的职业资格以符合国家职业资格的标准,甚至要求颁证组织合并,无疑是在削减甚至抹灭其经济收益。

在资格管理上,很明显受到来自大型的主要的颁证组织的抵制。以商业与技术员教育委员会(BTEC)为例,由于要满足国家职业资格委员会的特定职业资格规格,商业与技术员教育委员会被迫缩减其颁发的证书范围,这在其内部引起了相当多的不满。作为市场力量的代表,商业与技术员教育委员会真正希望做的是:提供它认为市场需要的东西,与服务于同一细分市场的其他颁证组织竞争,成败取决于它是否做得正确,以灵活应对不断变化的市场需求,并始终达到甚至超过国家职业资格委员会规定的标准。鉴于此,尽管迫于政治和资金压力,商业与技术员委员会最终向国家职业资格委员会妥协,同意将一部分职业资格纳入国家职业资格框架。由于政府重视市场力量,并不扼杀存在市场需求的非国家职业资格,商业与技术员教育委员会开发的其他证书得以保留。[①]

就颁证组织精简而言,其目的是破解当时颁证组织和职业资格的"丛林"景象。对此,1991年,国家职业资格委员会开始探索如何扩展职权范围,实现颁证组织网络达成某种程度的合理化,同时允许市场力量持续运作。其努力的最具体成果是1993年出版的《颁证组织共同协议》,这项协议由国家职业资格委员会和较大的颁证组织商讨后拟定。该协议建议,颁证组织应该遵循一定的指导方针,包括:开发符合某些商定标准的国家职业资格;使用一种评估和验证国家职业资格的常用方法。不过,国家职业资格委员会无法强迫颁证组织遵守这一协议。

由此可见,国家职业资格委员会(NCVQ)作为这一时期英国政府设立来监管职业资格认证市场的官方机构,虽然规管颁证组织的权力有限,但它是政府采用设置专门机构的方式干预市场力量的初步且有效的尝试。

2. 雇主在职业资格开发机制中开始发挥作用

行业领导机构的设立凸显了雇主对于英国职业资格开发的重要作用。由于以职业能力标准为基础设计的国家职业资格被认为有利于提升产业质量和竞争力,并能够为客观衡量员工能力提供基准,因此,一方面,英国的政策制定者重视让雇主掌握国家职业资格系统的所有权(Employer Ownership)。[②] 设立行业领导机构负责在行业基础上设计职业能力标准,最终形成了超过160个这样的机构。然而,行业领导机构未能获得雇主的充分代表权。起初行业确实有很大的影响。大量领导机构的出现,可以引证为雇主利益占主导地位的反映。但是,1980年代末至

① Raggatt P, Williams S. Government, Markets and Vocational Qualifications: An Anatomy of Policy [M]. London: Routledge, 1999:103—105.

② Raggatt P, Williams S. Government, Markets and Vocational Qualifications: An Anatomy of Policy [M]. London: Routledge, 1999:97.

1990 年代初的国家职业资格政策发展的方式,越来越难以支持这样一种说法——这是一种雇主主导的制度,因为就业部和国家职业资格委员会越来越多地强制规定它们准备、支持和认可的职业标准和职业资格。例如,培训机构和就业部要求行业领导机构必须使用功能分析方法并雇用经过批准的技术顾问来协助标准开发,才给予行业领导机构经济和技术支持。与此同时,政府内部越来越认识到,如果要提高国家职业资格的渗透率,就需要加强雇主所有权。政策制定者寻求做到这一点的方法之一就是减少国家职业资格系统的规定性。

另一方面,英国政府在精简行业领导机构数目的过程中,强调以维护雇主所有权为前提的设计和执行方案。政府发现,大量的行业领导机构使得标准开发计划难以管理,于 1990 年对国家职业资格委员会进行跨部门审查,建议采取行动使当时行业领导机构的数目合理化,让行业领导机构更紧密地合作甚至合并。这种做法可以在行业领导机构网络中加入更大程度的一致性,从而提高国家职业资格制度的完整性。其中,政府特别强调必须注意不干扰雇主所有权的原则。在1991 年至 1992 年期间,就业部探讨了在不削弱雇主所有权原则的情况下使行业领导机构网络合理化的方法,提出了职业标准委员会(Occupational Standards Councils,简称 OSCs)的概念。职业标准委员会被设想为广泛的行业部门机构,负责监督某一特定领域内各种职业的职业标准的制定。这是一个一举两得的提议,因为职业标准委员会既提供了合理化的前景,又并不一定会威胁到行业领导机构的独立性,允许领导机构在其内部保持自主权。然而,雇主代表和个别领导机构强烈反对政府试图将后者纳入职业标准委员会。如果强制推进这一过程,这将意味着雇主所有权受到挤压并下降。因此,尽管政府非常努力地推动职业标准委员会这一概念,这个领域最终没有取得什么进展。这说明雇主尽管在职业资格开发机制中发挥作用,但作用十分有限。

3. 以履行岗位能力作为设置职业资格的基础

20 世纪 80 年代,人力服务委员会认识到"任务分析"制定和评估职业能力标准的方法不符合其鼓励发展基础广泛的技能和就业灵活性的战略目标。因此,人力服务委员会成立了新的标准方法处,以探索设计和提供一种新方法,在所有行业部门中推导出可评估的职业能力标准。人力服务委员会于 1988 年成为培训机构(TA),选择采用新的"功能分析技术"制定可评估的职业能力标准。培训机构通过发布指南阐述了行业领导机构应如何运用"功能分析技术"来制定职业能力标准,以及如何将这些标准用于开发职业资格。

鲍勃·曼斯菲尔德(Bob Mansfield)和大卫·马修斯(David Mathews)两位参与这项工作的技术顾问设计了"工作能力"(Job Competence)模型。以复印机操作员这一职业为例,他们发现复印机操作员的工作不仅需要简单的任务技能,还需要应用"任务管理"技能和"工作或角色环境"技能。后来,随着"应急管理"技能的添加,"工作能力"模型具体包含了任务、任务管理、工作或角色,以及应急管理四个方面的技能。根据研究,曼斯菲尔德和马修斯推断,要对一个人的工作能力进行适当的评估,需要涉及的远不止是简单地观察标准任务的成功完成情况。培训机构认为这种方法可以保证基础广泛的技能得到承认和认证,从而鼓励劳动力灵活性,也可以在更多的行业中使用。因此,职业"能力"有了新的定义:它体现了将技能和知识转移到职业领域新情境的能力,包括工作的组织和计划,以及处理非常规活动,包括在工作场所与同事、经理和客户打交道所需要的能够体现个人效能的品质。[①]

这种推导能力的方法被称为"功能分析",主要是为了区别于狭义的"任务分析"方法。"功能分析"不是仅仅关注个人成功完成任务,而是侧重于他们预期在就业中履行的功能,其中包括更广泛的社会工作构成的各个方面。

第二节　技能资格:英国职业资格开发机制的发展

进入 21 世纪,信息通信技术和纳米技术等新兴技术在英国迅速发展和传播,使得产业结构持续升级,新兴产业层出不穷,有望推动社会经济全面复苏。高技能劳动力是提高国家经济竞争力和生产力的关键。以布莱尔为首的新工党政府意识到科技发展对于行业产业和经济的影响正在逐渐扩大,因此在其执政时期即 1997 年至 2010 年,制定并持续实施技能战略,以期通过发展新的劳动力技能充分挖掘经济复苏的潜力。相应地,在资格开发这一层面采取的政策是将资格作为技能获取的驱动和代理,[②]尤其重视职业资格开发。这一时期用于发展技能的职业资格涉及《国家资格框架(NQF)》所包含的全部职业资格类型。针对这些职业资格,英国政府确立了以技能为导向的职业资格开发机制,旨在基于雇主主导的网络开发职业资格,识别和传递雇主提高生产力所需的技能。

一、1997—2010 年英国"技能资格"开发机构的改革

布莱尔-布朗政府执政时期,为了推行"技能战略",对职业资格开发的机构进行改革,资格与课程管理局、行业技能委员会和颁证组织相互合作,各司其职,致力于开发能满足雇主技能需求的职业资格。

1. 资格与课程管理局维护国家资格框架并认证职业资格

英国政府根据《1997 年教育法》设立资格与课程管理局(Qualifications and Curriculum Authority,简称 QCA),取代原国家职业资格委员会(NCVQ)在英格兰监管职业资格的官方机构。资格与课程管理局在监管职业资格方面履行两大主要职能——维护国家资格框架(the National Qualifications Framework,简称 NQF)以及审查与认可职业资格。一方面,资格与课程管理局负责为英格兰建立一个明确、连贯和包容的国家资格框架,根据类别和成就水平对获认可的资格进

---

① Raggatt P, Williams S. Government, Markets and Vocational Qualifications: An Anatomy of Policy [M]. London: Routledge, 1999:94.

② Wolf A, Jenkins A, Vignoles A. Certifying the Workforce: Economic Imperative or Failed Social Policy?[J]. Journal of Education Policy, 2006,21(5):535—565.

行分组。职业资格包含两个主要类别,分别是与职业有关的资格(Vocationally-related Qualifications)和职业资格(Occupational Qualifications),前者旨在证明自己在职业领域的成就,后者则为证明自己在工作场所的能力。就职业的聚焦程度而言,后者高于前者。其中,与职业相关的资格包括1至3级三个成就水平的"普通国家职业资格(GNVQs)";职业资格包括1至5级的"国家职业资格(NVQs)"。成就水平越高表示资格持有者的知识、技能和理解水平越高。另一方面,资格与课程管理局肩负职业资格认可的职责。在履行这一法定职能时,管理局需要:①制订、公布及持续审查职业资格的认可条件;②制订及公布审批申请认可资格的程序及步骤;③制定和公布认可后监测与报告安排的详情。①

根据2009年出台的《学徒制、技能、儿童与学习法案》(Apprenticeships, Skills, Children and Learning Bill),资格与考试管理局(Office of the Qualifications and Examinations Regulator,简称Ofqual)于2010年正式取代资格与课程管理局(QCA),成为新的职业资格监管机构,负责监管资格框架,接管了原资格与课程管理局的职业资格认可的职能,同时新增认证颁证组织的职能。②

2. 行业技能委员会制定国家职业标准

在英国政府的推动下,行业技能委员会于2002年取代国家培训组织(原行业领导机构),负责基于各行业雇主的技能需求制定国家职业标准。国家职业标准(National Occupational Standards,简称NOS)是所有职业资格的基础,描述了个人胜任一项特定工作所需的知识、技能和理解。③ 国家职业标准主要用于展示某一特定工作领域的良好做法、陈列工作能力声明、为管理者提供劳动力管理、进行质量控制,以及为培训和发展提供框架。④ 该委员会由雇主主导运营,运营范围覆盖全英国25个关键的行业领域,比如英国信息技术、电信与联续;金融服务业;科学、工程和制造技术;建筑服务工程(电气技术,如供暖、空调、制冷和管道);工艺和设计等。⑤ 行业技能委员会依据政府提出的"国家职业标准全系统方法(a Whole-System Approach to NOS)"开发国家职业标准,具体包括八个步骤:①共同分析和优先考虑跨行业或职业的劳动力需求;②分析和优先考虑每个行业或职业的当前与未来需求,以及如何使用国家职业标准来满足这些需求;③确定每个行业、职业或工作领域的主要目的,并准确地识别和分析为实现这一主要目的个人需要发挥的所有功能;④确定可能涵盖这些功能的现有国家职业标准,避免重复,并最大化能力的可转移

① Qualifications and Curriculum Authority. Arrangements for the Statutory Regulation of External Qualifications in England, Wales and Northern Ireland [R]. London: QCA, 2000:4.

② Ofqual, CCEA, QAA. Referencing the Qualifications Frameworks of England and Northern Ireland to the European Qualifications Framework [R]. Coventry: Ofqual, 2019:25—26.

③ UK Commission for Employment and Skills. National Occupational Standards (NOS) [EB/OL]. (2014 - 04 - 24) [2021 - 11 - 25]. https://www.gov.uk/government/publications/national-occupational-standards.

④ SSCs. UK Sector Skills Councils & World Class Skills [EB/OL]. (2015 - 03 - 18)[2021 - 11 - 25] https://www.britishcouncil.mk/sites/default/files/uk_sector_skills_councils.pdf.

⑤ Sector Skills Councils (SSCs). Introduction [EB/OL]. (2011 - 07 - 25)[2021 - 03 - 18]. http://www.thenetwork.co.uk/thetoolkit/ssc/ssc.htm.

性;⑤根据商定的质量标准(the Quality Criteria)系统地制定和修订国家职业标准,包括在适当情况下直接使用或调整现有的国家职业标准;⑥不断审查国家职业标准,确保它们与行业或职业保持相关性并且是最新的,删除不再需要或已被取代的国家职业标准;⑦支持和推广国家职业标准,以迎合行业或职业所需的培训、发展、资格、人力资源管理和战略性商业目标;⑧评估国家职业标准的使用以及它们在满足行业或职业需要方面的有效性。[1]

3. 颁证组织根据职业标准开发职业资格

颁证组织的主要职能之一是根据国家职业标准开发职业资格,以满足特定行业和职业的雇主需求。不同行业的技能委员会开发的国家职业标准虽然不同,但它们都是由许多不同的能力单元(Units of Competence)构成。[2] 这些能力单元涉及从事工作的广泛的能力以及某一特定职业的具体能力。当颁证组织获得国家职业标准后,它将在充分理解这些标准内容的前提下,结合所要制定的职业资格的目标,审慎选取其中的能力单元以组合成相应的职业资格。以"工程行业的项目控制"(National Vocational Qualifications in Project Control,以下简称"项目控制")国家职业资格为例,颁证组织负责基于"项目控制"的国家职业标准(National Occupational Standards in Project Control)开发这一资格。"项目控制"国家职业标准由51个独立的能力单元构成,每个单元都涉及不同的功能领域(Functional Area),所有这些能力单元覆盖了整个"项目控制"的功能。在开发3级项目控制国家职业资格时,颁证组织要从"项目控制"国家职业标准的51个能力单元中选择与"项目控制"相关职业(估算、成本控制、规划与商业支持)适配度最高的一些单元,分别纳入资格的一组必修单元和两组选修单元(开发项目和实施项目)。

这一时期开发和颁发职业资格的主要颁证机构有城市行会集团(The City & Guilds Group,CG)、牛津剑桥与英国皇家工艺协会考试机构(Oxford, Cambridge and RSA Examinations, OCR)和爱德思(Edexcel)。在2007—2008年度,城市行会集团提供的职业资格的市场占比达到18%,占据职业领域的最大市场份额,牛津剑桥与英国皇家工艺协会考试机构和爱德思紧随其后,分别占领了14%和12%的市场份额。[3]

二、英国"技能资格"开发机制的运行

布莱尔-布朗政府执政期间,英国大力开发支撑英国技能战略的职业资格。在职业资格的开发过程中,资格与课程管理局(资格与考试管理局)、行业技能委员会和颁证组织这三大机构履行各自职能,紧密合作联系,共同构建了英国职业教育"技能资格"的开发机制(见图4-2)。

首先,资格与课程管理局维护国家资格框架,制定认证条件和认证职业资格。唯有通过认

① UK Commission for Employment and Skills. NOS Strategy 2010-2020[R]. London: UKCES, 2011:9.
② National Occupational Standards for Project Control (2004) [EB/OL]. [2021-03-18]. http://www.icoste.org/ACostE%20&%20ECITB%20Standards.pdf.
③ Qualifications and Curriculum Authority. Annual Qualifications Market Report [R]. London: QCA, 2009:25.

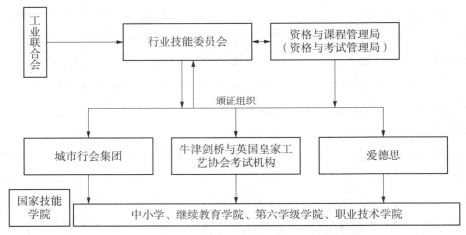

图 4-2 英国"技能资格"开发机制的运行图

证,颁证组织开发的职业资格才能提供给职业院校。自 2010 年起,资格与考试管理局取代资格与课程管理局,新增对颁证组织认证的职能,规定只有获得资格与考试管理局认可的颁证组织方有资质开发和颁发公共资助的职业资格。**其次,行业技能委员会制定国家职业标准。**行业技能委员会涵盖 25 个关键行业领域,通过与各行业雇主紧密联系和对话,在与各行业雇主达成一致意见的前提下,开发符合行业要求的国家职业标准,作为制定职业资格的基础。**再次,在获得行业技能委员会制定的国家职业标准之后,颁证组织便着手基于这些标准开发职业资格。**能够开发并提供职业资格的颁证组织必定已经获得了资格与考试管理局的认证,能够同行业技能委员会就资格开发进行对话。颁证组织并不开发所有行业的职业资格,而是专注于某一或多个行业,以求在职业资格市场的竞争中占据一定份额。城市行会集团、牛津剑桥与英国皇家工艺协会考试机构以及爱德思在这一时期开发的职业资格,在职业资格市场占领了较大的市场份额,具有较大的竞争优势。**最后,开发完成的职业资格将提交各行业技能委员会审批,通过后,提交给资格与课程管理局认可。**获得认可的职业资格方能够纳入国家资格框架。

三、英国"技能资格"开发机制的特征

"技能资格"开发机制与布莱尔政府的技能战略目标相适应,旨在提高职业教育质量和地位,并强调技能供给要满足雇主需求,因此,"技能资格"开发机制表现出以下特征:

1. 政府加强对职业资格开发过程的监管

英国学者克里斯托弗·胡德(Christopher Hood)认为,现代政府不断扩大的部分是监管,即利用公共权力(通常掌握在专门机构手中)来制定和实施规则和标准。[①] 英国政府通过设立专门

---

① Hood C, James O, Jones G, et al. Regulation Inside Government: Waste-watchers, Quality Police and Sleazebusters [M]. Oxford:Oxford University Press, 1999:3.

的职业资格监管机构,利用其制定的规则和标准保证职业资格开发过程导向技能。在20世纪80年代中期至90年代中期,职业资格的开发及其质量保障工作主要是由国家职业资格委员会(NCVQ)和人力服务委员会(MSC)这两个政府机构共同负责。国家职业资格委员会根据与颁证组织长期谈判的结果拟定颁证组织共同协议(the Awarding Bodies Common Accord),主要目的是确定不同颁证组织同委员会合作时可以遵循的共同原则,但不具有强制性。1997年,英国政府设立了单一的资格监管机构——资格与课程管理局(QCA),针对职业资格发展的所有方面拥有几乎全部的监管职能,包括维持国家资格框架、审查并认可职业资格,保障了职业资格开发过程规范。通过建立资格与课程管理局,整合了国家职业资格委员会和人力服务委员会对于职业资格的监管职能,包括职业资格开发的质量保障职能(通过制定标准和指南)。资格与课程管理局制定了颁证组织的共同业务守则(a Common Code of Practice for Awarding Bodies)作为制度支柱,以支持其向各颁证组织推行资格标准。共同业务守则载于《英格兰、威尔士和北爱尔兰外部资格法定监管安排指南》,具有法定基准,因此带有强制性。

由此可见,在过去,职业资格的监管与发展职能原本分散在不同的政府机构,这些政府机构兼具发展技术和职业教育其他方面的职能,进入21世纪之后,职业资格的监管职能集中到了单一的专事资格监管的机构——资格与课程管理局身上。单一资格监管机构不但权力越来越集中,监管立场也更加明确和直接,①这一点在资格与课程管理局更替为其迭代机构——资格与考试管理局之后也有同样的表现。特别是,职业资格监管机构在其演变过程中逐步加强对颁证组织的规管,体现出英国政府越发重视管控与把握职业资格开发的整个过程,目的是要保证开发的资格能够最大化满足雇主的技能需求。

2. 建立市场需求驱动机制

这一时期,英国政府把雇主对技能的需求放在中心位置,管理培训、技能和职业资格的供应,以便通过满足雇主对技能的需求推动经济的繁荣。由此,形成了"市场需求——行业技能委员会——职业资格"这一市场需求驱动机制。这里的市场需求主要指各行业雇主对于技能的实际需求。行业技能委员会作为各主要行业雇主的代表,负责识别并传递雇主提高生产力所需的技能,如化学与制药、建筑、广告与艺术、商业与信息技术、金融服务、制造与加工等行业雇主的不同技能需求。在此基础上,行业技能委员会制定国家职业标准,与颁证组织以及维护资格框架的监管机构——资格与课程管理局合作开发职业资格,以使职业资格的内容在更大程度上反映雇主的技能需求,密切工作世界和教育系统的联系。

在行业技能委员会成立之前及成立之初,英国提供技能的方法倾向于"供应驱动",过于依赖

---

① William David Blacklock. A Question of Regulation: A Study of the Regulation of Qualifications in England [D]. London: University of London, 2003:37.

中央计划机制,尤其是政府拨款的复杂规划系统。① 与此同时,雇主在技能和职业资格设计上的话语权较小甚至缺失,使这种"供应驱动"方法延续下来。具体来说,国家培训组织(行业领导机构)这些行业机构虽然被认为是雇主需求的代言人,但它们仅能够代表小部分的雇主群体,对于中小企业而言代表性不足,也未能成功同许多高级雇主和工会成员合作。然而,在科技和社会经济不断发展的背景下,教育和培训系统必须灵活地响应雇主的需求,因此,"市场需求驱动"系统势必淘汰"供应驱动"系统。为此,英国政府创建了数量更少、规模更大、效率更高的行业技能委员会,建立了一个能够发挥更具战略性作用的行业机构网络。行业技能委员会处于英国技能战略的核心地位,作为一个战略机构,参与教育产品和服务的开发。

3. 从岗位能力过渡到技能

进入 21 世纪,科技发展和技术变革持续推动着社会生产力的进步和经济发展。英国职业教育发展目标的重心已经从提升就业率转向培养世界一流技能以赢得国际经济竞争的胜利。技能成为驱动社会生产力和经济发展的关键力量,资格是技能的衡量标准,因此技能取代岗位能力成为职业资格开发的核心内容。白皮书《世界一流技能——英格兰实施里奇技能评论》中指出,发展适当的技能和就业培训,并不只是能够与全球经济竞争,它也是解决家庭贫困、鼓励人们追求更好生活和提高社会流动性的最有效的方法。② 由此可见,技能与职业能力相比,具有更大的流动性。这份白皮书进一步提出让青少年获得工作和生活所需技能:包括基本技能和通用技能。基本技能包括英语、数学和信息与通讯技术技能。通用技能包括个人技能、学习技能和思维技能。这些技能将整合到中学课程体系和资格认证中。这一时期的职业教育培养范围增大,不仅要巩固人们的基本技能和通用技能,还要培养持有中高水平技能尤其是中高级技能(对应第二、三级职业资格)的劳动力。面对日益激烈的国际竞争,企业的成功越来越取决于技能型劳动力。技能型劳动力能够更好地适应新技术和市场机会。他们更高水平的技能可以推动创新,促进投资,提高领导力和管理水平。为了有效地实施创新,企业必须学会利用灵活的技能型劳动力。

第三节 技术资格:英国技术资格开发机制的变革

2011 年,英国政府颁布的《沃尔夫报告》暴露了英国"职业教育"供给与需求不匹配的问题,引起联合政府重新考虑职业教育的改革方向。随着第四次工业革命的到来,智能化时代由此开启。在新一波科技发展浪潮的驱动下,英国政府将"职业教育"改革置于产业发展战略背景下加以谋

---

① Jonathan P. Sector Skills Councils and Employer Engagement-delivering the 'Employer-led' Skills Agenda in England [J]. Journal of Education and Work, 2008, 21(2):93—113.
② 创新,大学和技能部. 世界一流技能——英格兰实施里奇技能报告[G]//鲁昕主编. 技能促进增长——英国国家技能战略. 鲁昕,译. 北京:高等教育出版社,2010:124.

划,并于 2016 年发布《16 岁后技能计划》,宣告"职业教育"向"技术教育"转型,重构"技术教育"系统,重点措施是在全国范围内发展并推广技术教育证书计划(以下称 T Level 证书)。T Level 是新的基于课堂的技术学习方案,主要目的在于通过开发和提供新的高水平技术资格,培养智能化时代中高端行业雇主所需的高质量技术人才。

一、2010—2022 年英国"技术资格"开发机构的改革

这一时期,技术资格开发的最主要机构是资格与考试管理局、学徒制与技术教育研究所和颁证组织,三者各司其职、相互合作,致力于开发"技术教育"证书计划(T Level)所推广的技术资格(TQs),以构建新的"技术教育"系统。

1. 资格与考试管理局规范技术资格开发过程

资格与考试管理局在 2010 年接管了其前身资格与课程管理局的全部资格监管职能,成为新的资格监管机构,并被赋予了新的认证颁证组织的法定职能,加强对作为技术资格开发主体的颁证组织进行法定规管。技术资格开发方面的主要职能是,通过规范资格框架(the New Regulates Qualification Framework)以及发布"标准设置"(Standard Setting)和"认证要求"(Accreditation Requirement)文件,规范技术资格的开发过程。一方面,资格与考试管理局负责维护和支持《规范资格框架(RQF)》。自 2015 起,该框架正式取代原先的《资格与学分框架(QCF)》和《国家资格框架(NQF)》,成为英国国内更为精简的资格分类制度。资格与考试管理局根据资格的"等级"和"大小",将其监管的所有资格包括 T Level 中的技术资格纳入《规范资格框架》。其中,"等级"表明技术资格包含的知识和技能的难度和复杂性,"大小"表明学习以获得资格的总时间。[①] 另一方面,"标准设置"和"认证要求"这些内容都汇集在资格与考试管理局的《技术资格手册》(Ofqual Handbook:Technical Qualifications)中,该手册由管理局在 2018 年公布,主要针对 T Level 中的技术资格制定。"标准设置"侧重于约束颁证组织,阐述了颁证组织开发合格技术资格时的一系列关键注意事项。如,它规定颁证组织在开发资格时应当考虑雇主的期望,即学习者达到特定水平所必须掌握的技术知识、技能和行为。[②] "认证要求"旨在认证符合法定要求的技术资格。具体来说,它突出资格认证标准(Accreditation Criterion)的重要作用,这些标准的法定基础是 2009 年《学徒制、技能、儿童与学习法案》规定。要使开发出的技术资格获得认证,颁证组织要先获得资格与考试管理局认可,同时技术资格要符合资格与考试管理局的"一般认可条件"(the General Conditions of Recognition)。

---

① Ofqual. Regulated Qualifications Framework: A Postcard (2015) [EB/OL]. (2015 – 09 – 17) [2022 – 01 – 26]. https://assets. publishing. service. gov. uk/government/uploads/system/uploads/attachment_data/file/753486/RQF_Bookcase.pdf.

② Ofqual. Ofqual Handbook: Technical Qualifications [EB/OL]. (2018 – 12 – 12) [2022 – 01 – 26]. https://www.gov.uk/guidance/ofqual-handbook-technical-qualifications/standard-setting-condition-tq8.

2. 学徒制与技术教育研究所制定技术资格大纲内容

根据 2017 年《技术和继续教育法案》，英国政府于 2018 年正式设立学徒制与技术教育研究所（Institute for Apprenticeships and Technical Education）作为在英国发展和推广技术教育的权威政府机构。研究所由雇主领导，主要产品包括 T Level、"职业地图"以及学徒制项目。T Level 中的技术资格都是三级及以上水平的资格，旨在使学生掌握必要的基本技能、技术知识和行为，[1]以获得高质量的技能就业，进入技术职业和专业职业。

学徒制与技术教育研究所负责编写技术资格的大纲内容（Outline Content），包括核心内容（the Core Content）和职业专长（Occupational Specialism）两部分。[2] 职业专长是"职业地图"形成的基础，职业地图中的 15 条技术教育路线是根据职业专长分类的，其中的 11 条技术教育路线（包括"创意与设计""数字""工程与制造""法律、金融与会计"等中高端行业领域）提供 T Level 及相应的技术资格，另外 4 条路线为学徒制提供。研究所并不直接制定技术资格的大纲内容，而是通过招募 T Level 小组（T Level panels），为该小组创建大纲内容操作指令来参与并主导整个制定过程。T Level 小组由雇主、行业专家和教育提供者自发形成，同学徒制与技术教育研究所合作，基于学徒制标准（Standards for Apprenticeships）编写技术资格的大纲内容，旨在开发符合行业需求的技术资格。

3. 获得独家许可证的颁证组织开发技术资格

颁证组织开发职业资格是英国传统。但是技术资格推出之后，资格与考试管理局规定，只有向学徒制与技术教育研究所投标成功的颁证组织持有开发和提供技术资格的独家许可证，才有开发技术资格的资质。颁证组织的主要职责是通过为 T Level 小组设计的技术资格大纲内容添加更多细节，开发出技术资格的具体规格。在开发出完整的技术资格之后，颁证组织将其提交给学徒制与技术教育研究所审查和批准。学徒制与技术教育研究所将审查这些技术资格并给出意见，确保其内容满足行业的需要，同时有利于学生就业。审批通过之后，颁证组织的技术资格开发任务才算完成。

由于颁证组织持有开发技术资格的独家许可证，因此，指定一个颁证组织负责开发和提供特定的一项技术资格，而不需同其他颁证组织在资格市场中竞争。目前，获得技术资格开发权的颁证组织主要有伦敦城市行业协会（City & Guilds）、培生集团（Pearson）以及国家继续教育委员会（National Council for Further Education，简称 NCFE）。三者是职业资格认证市场中最具实力的颁证组织，它们提供的职业（技术）资格数量的市场占比位于前列。以中高端行业领域的技术教育路线为例，"数字"路线中的技术资格由培生集团和国家继续教育委员会开发；"工程与制造"路线的技术资格均由伦敦城市行业协会开发；"法律、金融与会计"路线的技术资格均由培生集团开

---

[1] Department for Education. T Level Action Plan 2020 [R]. London: DfE, 2021:7.

[2] Institute for Apprenticeships & Technical Education. IfATE's Role [EB/OL]. [2021 – 09 – 24]. https://www.instituteforapprenticeships.org/t-levels/t-levels-the-institutes-role-news-updates/the-institute-s-role/.

发;"创意与设计"路线的技术资格均由国家继续教育委员会开发。[①] 目前,获得许可证的颁证组织数量在逐步增加。

二、英国"技术资格"开发机制的运行

这一时期,英国政府大力鼓励和支持开发新的三级及以上的高水平技术资格,培养掌握技术技能、知识和行为的技术人才,以满足智能化时代中高端产业和雇主对高技术人才的需求。在技术资格的开发过程中,资格与考试管理局、学徒制与技术教育研究所和颁证组织这三大机构履行各自职能,紧密合作联系,共同构建了英国"技术资格"的开发机制(见图4-3)。其中,学徒制与技术教育研究所起着中流砥柱的作用。

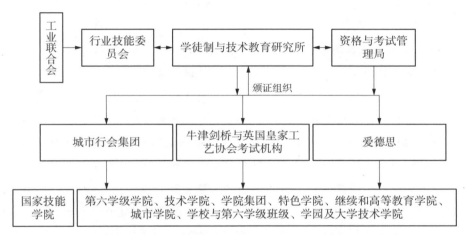

图4-3 英国"技术资格"开发机制的运行图

首先,资格与考试管理局制定新的《规范资格框架》、认可颁证组织和认证技术资格等一系列规范准则。资格框架和标准拥有法定基础,当技术资格符合框架要求和标准时,资格与考试管理局才给予认证。**其次**,学徒制与技术教育研究所根据教育部的政策指导以及内部雇主的决定开发技术资格的大纲内容。一方面,学徒制与技术教育研究所受教育部管辖,接受教育部的一系列政策指导,如自研究所成立之初政府便开始逐年发布《T Level行动计划》指导研究所工作。另一方面,研究所作为雇主领导的新型政府机构,招募雇主小组如T Level小组和路线小组,并与他们合作开发新的技术资格,根据覆盖关键和中高端行业的"职业地图"审查技术资格。在制定技术资格的大纲内容时,研究所还参考行业技能委员会编制的行业技能标准。再次,颁证组织在获得资格与考试管理局认可,并且向学徒制与技术教育研究所投标、成功签订合同以获得独家许可证

① Institute for Apprenticeships & Technical Education. Approved Providers [EB/OL]. [2022-01-05]. https://www.instituteforapprenticeships.org/t-levels/students-providers-and-employers/providers/.

之后,便开始开发完整的技术资格。有资质开发和提供 T Level 中的技术资格的颁证组织主要有伦敦城市行业协会、培生集团(Pearson)和国家继续教育委员会。这些颁证组织基于学徒制与技术教育研究所开发的技术资格大纲内容,通过丰富内容和添加细节,开发技术资格的具体规格。开发完成之后,颁证组织需提交这些技术资格给研究所审批和资格与考试管理局认证。**最后**,资格与考试管理局审批和认证通过的技术资格并将其纳入《规范资格框架》,由颁证组织通过购买关系推送给各实施技术教育的职业技术院校。

三、英国“技术资格”开发机制的特征

“技术资格”开发是英国政府为了应对智能化时代到来,满足中高端产业对高级技术技能人才的需求,促进“职业教育”向“技术教育”转型的重要战略。因此,英国“技术资格”开发机制体现出以下特征。

1. 聚焦中高端产业培养高级技术技能人才

自进入智能化时代以来,英国一直试图将自身打造成一个科技超级大国,并以此推动经济持续转型,实现“全球英国”的抱负。英国在很多领域都有优势,如航空航天、创意产业、金融服务以及人工智能和金融科技等新兴产业。这些中高端产业已经成为英国的支柱产业,是增加就业和提高生产率、促进经济增长的驱动力。特别是在新冠疫情的影响下,英国必须促进就业率增长,以确保经济持续增长。从长远来看,生产力的提高是经济繁荣的根本源泉。

投资国家人力资本是提高生产力的重要途径。这意味着英国需要投资于人们的知识和技能,使资源得到最有成效的利用。这样,人们也能够找到高质量的工作。与此同时,英国在技术技能方面落后于国际高水平比较者,如英国在建筑和制造业等关键行业长期存在技术技能短缺问题。技术技能是完成与物理和计算技术等相关的复杂工作、任务或动作所需的专门技能和专业知识。拥有技术技能的人通常被称为“技术人才”。[①] 这类高技能对生产率的增长做出了主要贡献。但《沃尔夫报告》显示,英国技能体系提供的技能与雇主需要的高技能之间存在很大程度的不匹配。如果将技能不匹配程度降低到国际高水平比较者的水平,英国的生产率可以提高 5% 或更多。[②] 因此,英国需要对技能系统进行改革,以培养更多的高级技术技能人才。这次技术教育系统改革,开辟了职业线路图,由 15 条技术教育路线构成,每条路线汇集一个中高端技术行业的职业群。职业线路图由雇主主导开发和维持,十分关注中高端技术行业的技术岗位的实际需求。选择技术教育的学生将根据职业线路图进行系统培养,进入各技术行业进行长期的实习或担当学徒。这在很大程度上提升了技术教育学员的技术专业技能和就业能力。学员们最终将获得新的技术资格,就像是对他们高级技术技能人员身份的证明和象征。

---

① Indeed Editorial Team. Technical Skills: Definitions and Examples [EB/OL]. (2022 - 02 - 24)[2023 - 12 - 25]. https://uk. indeed. com/career-advice/career-development/technical-skills.

② HM Treasury. Build Back Better, Our Plan for Growth [R]. London: Her Majesty's Stationery Office, 2021:45.

2. 建立"市场需求"与"产业战略"双轮驱动机制

英国政府从 2002 年开始设立"行业技能委员会"至 2007 年《世界一流技能——英格兰实施里奇技能评论》出台,基本建立起"市场需求"驱动机制。其指导思想就是将雇主和学习者的需求放在核心地位,整合雇主和职业教育系统需求,主导技能的进步,建立以雇主为导向的职业教育培训系统。具体来说,就是发挥代表雇主利益的行业技能委员会在制定国家职业标准以及由此创建的职业资格中发挥主导作用,建立了"市场需求——行业技能委员会——职业资格"的"市场需求"驱动机制。"市场需求"驱动机制下,职业资格反映行业技能委员会确定的雇主技能需求。英国学者佩恩(J Payne)评论道,"市场需求"驱动机制的目标是通过设立一个新的"雇主主导的"英国就业和技能委员会,加强雇主的"声音",同时通过其"行业技能委员会",赋予雇主更大的职业资格审批和设计权力。期望雇主抓住这些新的机会,发挥其影响力,并增加自己在技能、培训和资格方面的投资,从而促成一系列国家资格目标,旨在到 2020 年使英国在经合组织各技能水平(基本水平 2、3 和 4)排行榜上名列前八。[①]

但是 2013 年《工业 4.0》发布,宣告人工智能时代的到来,人工智能(AI)、物联网(IoT)和自动驾驶汽车等技术日益融入人们的生活,为员工、组织和整个社会带来根本性的转变。随着技术的成熟,数字化和智能生态系统正在驱动组织、工作和工作的意义发生了革命性的变化。对于人们而言,就业观念需要与工作场所的技术创新和新产生的工作同步。对于雇主,推动第四次工业革命的科技正在改变他们的期望和需求。第四次工业革命背景下的最新研究强调,工作场所将比以往任何时候都更加受到数字化和广泛的智能生态系统的推动。[②] 因此,英国加快了《产业战略》的制定,将"产业战略"与"需求驱动"结合,形成双轮驱动的机制。这一机制旨在培养适应智能化生产环境的高技术技能人才,促进英国经济持续繁荣。该机制的关键是 2018 年英国政府专门成立的"学徒制和技术教育研究所",该机构将"产业战略"中高端产业的人才需求转化为"职业线路图",进而与行业技能委员会、颁证组织合作,开发技术资格,技术资格最终需要得到政府部门"资格和考试管理局"的认可。可以看出,进入智能化时代,在技术教育上,政府加强了权力渗透以加强产业战略对技术教育的引领。

3. 以技术资格对接科技发展趋势

英国政府采用职业集群的方式使职业资格的数量和结构合理化,由此诞生了新的技术资格。在职业教育系统未变革之前,《沃尔夫报告》就指出,有太多的资格证书对雇主或个人而言并无价值。……许多职业资格要么没有注册,要么注册人数很少。[③] 因此,英国政府决定重整职业领域

① Payne J. Sector Skills Councils and Employer Engagement-delivering the 'employer-led' Skills Agenda in England [J]. Journal of education and work, 2008,21(2):93—113.

② Ross P, Maynard K. Towards a 4th Industrial Revolution [J]. Intelligent Buildings International, 2021,13(3):159—161.

③ Wolf A. Review of Vocational Education-The Wolf Report [R]. London: DfE, 2011:9.

并精简职业资格体系。使职业资格体系合理化的方法是将资格重组为群组、路线或职业路径,其基本原则是研究一种基础广泛的职业资格,以便之后进行专业化选择。[①] 在英国,政府使用这种方法开辟了全新的 15 条"技术路线"(T Level routes),推出了新的技术资格,同时厘定了新的资格结构。"技术路线"的开辟依次包括五个阶段:将需要较高水平资格或丰富经验的同类职业归为同一路线;测试职业教育供给(技术教育标准和技术资格)与各个路线的一致性;测试各路线内职业之间技能和知识需求的同质性;确保路线覆盖所有关键行业(创意与设计、数字化、工程与制造以及法律、金融与会计等);测试路线的未来生存空间与发展潜力。

技术资格包含核心内容(Core Component)和职业专长(Occupational Specialist Component)。核心内容包含对职业要求的核心知识及关键技能的理解和掌握;职业专长指向职业专业能力和行为素养。获得技术资格即表明学生已经内化了核心内容和职业专项能力,并且持有实际操作某项技能的能力。这些技术资格在技术路线的各专业路径内由同一个颁证组织提供。如"数字"路线中含有"数字支持服务""数字商务服务"和"数字化生产、设计与开发"三个专业路径,而"数字化生产、设计与开发"这一路径所包含多个具体职业,与这些职业对接的技术资格均由培生集团这一颁证组织开发和提供。如此,一种崭新的、与高科技行业职业对接的、简化的技术资格体系已经形成,它表明英国的技术资格体系与科技发展趋势和劳动力市场需求相对接更加主动。

---

① Bridget W, Waugh J. Rationalising VET Qualifications: Selected International Approaches [R]. Adelaide: NCVER, 2020:3.

第五章　英国"双对接"的职业技术教育组织运行机制的形成与发展

职业技术教育组织运行机制位居英国职业技术教育对接科技发展和劳动力市场需求的微观层面,是英国"双对接"职业技术教育机制的重要组成部分。它运行功能在于,通过实施职业(技术)资格所要求的职业技术教育与培训内容使学生掌握各产业行业及雇主所需的知识与技能。自 20 世纪 80 年代以来,英国政府持续推动职业技术教育体系对接劳动力市场需求和科技发展趋势,这股自上而下的改革力量推动着职业技术教育从宏观的治理机制到中观的职业(技术)资格开发机制的逐步建立,进而推动微观层面职业技术教育组织运行机制变革,促进育人模式变革,优化了职业技术教育组织实施和授予相应职业(技术)资格的整个过程。这一完善过程大致经历了以下三个阶段:20 世纪 80 年代至世纪末,英国政府为提高就业率,将失业人口转化为可就业的劳动力,强调为学生提供基于岗位能力的职业资格内容对应的课程,开始建立基于学院的技术与职业教育组织运行机制;1997 年至 2010 年,英国政府制定国家技能战略,推行导向技能的职业资格及其教育组织形式,形成了基于中学与学院、学院之间伙伴关系的职业教育组织运行机制;2010 年至 2022 年,英国政府变革职业教育系统,推出技术资格及相应的教育组织形式,发展基于与雇主合作的技术教育组织运行机制。

第一节　基于学院学习:英国技术和职业教育组织运行机制的形成

二战之前,英国还未建立起国家职业技术教育体系。职业技术教育一般由私人团体资助、以学徒的形式施行。直到《1944 年教育法》出台,继续教育部门才正式建立。根据该法,中等职业技术教育和继续教育均受到地方教育当局的掌控,无法自主回应雇主、家长和学生的需求。同时,职业技术院校几乎都是非全日制的。纵使后来综合中学中出现了职业技术教育,但只是作为学术路径外的次要选择,地位很低。迈入 20 世纪 80 年代,撒切尔领导的保守党开始执政。此时,英国境内"英国病"长期肆虐,加之第三次工业革命开启了信息化时代,二者所带来的冲击造成了严重就业颓势,尤其是青年失业人群的暴增。撒切尔政府不得不重视职业技术教育。不但陆续制定和实施一系列职业技术教育与培训的试验计划,并且发布《1992 年继续教育和高等教育法》,确认给予继续教育学院以自由和独立性，使其能够根据就业需求在实施"技术和职业教育"的过程中做出调整。自此，开始逐步建立一些全日制、独立的职业技术院校，在20世纪末形成了"基于学院学习"的英国技术和职业教育组织运行机制。

一、20世纪80年代至世纪末英国技术和职业教育机构的建设

在20世纪80年代，英国"技术和职业教育试点计划"的实施主要是为了解决青年失业的社会难题，在全日制的继续教育学院、第六级学院和新型的城市技术学院等职业技术教育机构开展面向就业的教学和学习。基于学院的学习绝大部分采用以导向"岗位能力资格"为基础开发的职业课程，这些课程包含了技术要素。

1. 继续教育学院培养具有岗位能力的学员

进入20世纪80年代，为破解英国社会危机和失业困境，全日制普通继续教育学院（General Further Education Colleges）成为实施导向就业的"技术和职业教育"及授予相应职业资格的主要场所。以这一时期主要的职业资格——国家职业资格（NVQs）为例，继续教育学院在从颁证组织处选择并购买这些资格后，将根据它们制定国家职业资格课程（NVQ Courses）实施教学。继续教育学院起源于19世纪由私人利益集团资助的职业技术教育机构，并不隶属于国家职业技术教育体系。直到《1944年教育法》颁布，才在立法中设立了继续教育部门，促使继续教育学院逐渐从非全日制、夜校学习模式向全日制学习模式转变。

继续教育学院真正意义上实施全日制职业技术教育始于20世纪60年代到70年代经济危机的刺激。[①] 从20世纪80年代起，全日制继续教育开始以工作场所为导向，积极响应保守党政府为提升就业制定的政策（如1982年的《技术和职业教育试点计划》），致力于培养具有岗位能力的学员和授予基于岗位能力的职业资格。之后，英国相继颁布《1988年教育改革法》以及《1992年继续教育和高等教育法》，彻底改变了《1944年教育法》赋予地方教育当局的权利，规定继续教育学院脱离地方控制开始财务独立。英国政府相信，拥有更大独立性、能够自由竞争的继续教育学院将更好地运行，从而挽救青年高失业率、不断下降的学生人数以及学徒计划的崩溃。

2. 第六学级学院提供中等职业课程

英国第六学级学院（Sixth Form Colleges）起源于20世纪60年代中等教育的重组，主要招收16—19岁的高中高段学生，只提供学术性课程，为学生考大学做准备，是英国精英教育的代表。1991年以来，它们获准开办经颁证组织——商业和技术员教育委员会（BTEC）批准的职业课程，[②]并从1992年开始参加新的全国普通职业资格试点计划。到1993年，116所新的第六学级学

---

① Goldstone R. The origins of further education in England and Wales [EB/OL]. (2019 - 05 - 01)[2023 - 04 - 10]. https://www.bera.ac.uk/blog/the-origins-of-further-education-in-england-and-wales.

② Smithers A, Robinson P. Changing Colleges: Further Education in the Market Place [R]. The Council for Industry and Higher Education, 1993:11—12.

院已经在 52 个地方教育当局的监管下成功设立，这些学院的学生人数约占公立学校第六级学生的四分之一。第六学级学院直到 1993 年开始自治。

以南海岸的一所第六学级学院为例，该学院在 1991—1992 年度招收了 769 名 16—19 岁的全日制学生。为这些学生提供总共 42 门的一年制课程，包括国家职业资格（NVQs）在零售和工商管理领域的一级和二级资格课程。学院在 1993 年试点普通国家职业资格（GNVQs）相关职业课程，包括二级和三级普通国家职业资格在休闲与旅游、健康与社会关怀、艺术与设计、商业领域的职业教育课程。

3. 新型的城市技术学院承担技术教育

相比继续教育学院和第六级学院，城市技术学院则是英国职业技术教育大发展背景下应运而生的技术教育机构。1986 年，英国政府提出成立城市技术学院倡议后，首次在《1988 年教育改革法》中明确了这一概念。自此，英国政府开始创建城市技术学院（City Technology Colleges，简称 CTCs）。这是一种面向市中心的新型学校，它们独立于地方教育当局，由中央政府和私企共同资助。每所学院都由一家私营企业资助。学院的办学目的是提供基础广泛的中等职业技术教育，具有强有力的技术要素，从而为城市的家长提供更广泛的中等教育选择，为其子女的成人和工作生活做出更可靠的准备。在学科上，城市技术学院主攻数学、物理、设计和技术等领域。[1] 到了 1992 年，英国全国共有 15 所城市技术学院在运作。

城市技术学院是提供满足市场与雇主、家长和学生需求的全日制技术教育的初步尝试。英国创建城市技术学院的根本原因在于，有必要建立更适合现代经济的劳动力队伍。[2] 这种对技术教育的关注反映了撒切尔政府意在重构英国劳动力结构，使其更适合于一个现代化和有竞争力的国民经济。在高失业危机和科技发展背景下，技术驱动的增长所产生的技能需求是不可预测的，职业技术教育和培训系统需要培养更多适应性强的劳动力。与此同时，综合中学的混合能力教学并不能满足学生对技术和职业培训的需求，这使得职业技能变得短缺，在很大程度上导致了青年毕业生的失业困境。尽管"青年培训计划"以及"技术和职业教育试点计划"已经出现，但相关的技术和职业教育仍然供给不足。城市技术学院的创办显然弥补了技术教育教学资源的不足。

二、英国"基于学院学习"的技术和职业教育组织运行机制的运作

这一时期，英国政府为了解决青年就业难问题，开始大力发展技术和职业教育，回应劳动力市场对技能型劳动力的需求。在继续教育学院、第六级学院以及新创办城市技术学院等实施全

---

① Gillard D. Education in the UK: A History [EB/OL]. [2022 - 02 - 12] http://www. educationengland. org. uk/history/chapter15. html.

② Gewirtz S, Whitty G, Edward T. City Technology Colleges: Schooling for the Thatcher Generation? [J]. British Journal of Educational Studies, 1992,40(3):207—217.

日制技术和职业教育,初步形成了"基于学院学习"的技术和职业教育组织运行机制(图5-1)。

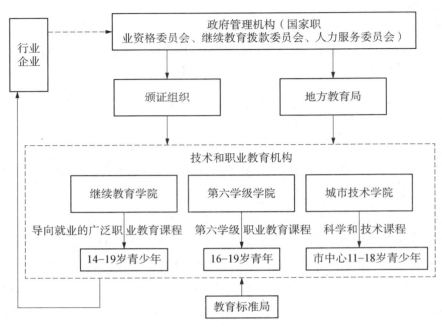

图 5-1 英国"基于学院学习"的技术和职业教育组织运行机制示意图

在这一组织运行机制中,首先,政府管理机构通过发布政策法规与指南、拨款和质量监督的方式把控技术和职业教育组织运行的发展方向。这里的政府机构包括国家职业资格委员会、继续教育拨款委员会、人力服务委员会。其次,颁证组织发挥重要作用。职业技术院校将从颁证组织购买职业资格的教育服务,包括职业资格的教学大纲、课程和教材,接受颁证组织的师资培训,然后开展教学。随着职业技术院校脱离地方政府管辖,办学自主权扩大,地方政府在发展技术和职业教育职责上受到削弱,仅起到协调作用。再次,不同类型的职业技术院校招收的学生群体和所教授的内容都有所区别。具体来说,继续教育学院积极响应政府扩大青年就业的政策目标,招收14—19岁的青少年,为他们提供广泛的较低水平的一级和二级职业资格的职业课程,是实施"青年培训计划"和"技术和职业教育试点计划"的主要职业技术教育机构;第六学级学院面向16—19岁的高中高段学生,是政府提升就业计划的又一重要职业技术教育阵地。第六学级学院主要教授第六学级阶段的技术和职业课程及相应职业资格,即三级资格课程,属于高水平中等职业技术教育;城市技术学院作为融入技术要素的新型职业技术院校,向市中心11—18岁的青少年开放招生,专攻理工、设计和技术类课程并提供相关职业资格。最后,英国教育质量标准局负责定期对各职业技术院校以及普通中小学的办学水平进行评估。

三、英国"基于学院学习"的技术和职业教育组织运行机制的特征

20世纪80年代至20世纪末,是英国现代职业技术教育体系建立的重要时期。它在原有零

散、落后的职教基础上,通过理顺职教治理体系、对传统职教机构注入活力、创办新型职教机构,建立起与工作岗位能力资格体系匹配的技术和职业教育组织运行机制。主要特征体现在以下几个方面:

1. 设立新型的城市技术学院培养懂技术的劳动力

在职业技术教育大发展背景下发展起来的新型职业技术教育学院为英国单一的学术性高中占据主导地位的教育体系注入了活力,促进了高中教育的多样性。《1988 年教育改革法》的发布是走向这种多样化的重要一步,该法使设立新型的城市技术学院成为可能,提供了改善英国大城市中心的教育机会。政府还鼓励这些新生院校更加特色化。这些院校将科学和工艺学等特定课程领域发展为学校特色。学生在其感兴趣的特色化课程领域内部发展他们的技能、知识和理解力,并通过正式的教学和学习或课外活动进一步提高,为这些被学术性高中淘汰的学生提供学习成功的机会。

城市技术学院成为学校特色化的先锋。英国政府在 20 世纪 90 年代建立有一个特色学校网,中心是 15 所城市技术学院。这些学院的目的是进行课程革新,重视技术和科学,广泛采用信息工程,并更新学校管理措施。城市技术学院极受所在地区的家长欢迎,它们为各种能力水平的学生提高学习成绩开辟新的途径。政府持续发展城市技术学院计划,并将其看作在越发重要的科技等领域激励教育革新和创造优良成绩的有效手段。在这种职业技术教育办学多样化和特色化理念的推动下,英国出现了更多的新型职业技术学院,城市技术学院是最为成功的典型。当时,劳动力市场上聚集了太多低技能的劳动力,同时,一般的继续教育学院主要教授中低水平的职业技术课程。而这些新型学院教授科学、技术和工艺学课程,培养了一批于当时来说懂新技术的青少年,在一定程度上优化了当时的劳动力结构。

2. 赋予职业技术教育机构更大的自主权应对市场需求

在 20 世纪 80 年代以前,继续教育学院只是地方教育当局的行政单位。从 80 年代开始,学院董事会作为一个独立单位,展开了扩大学院自主权的运动。《1986 年教育法》首次为家长和教师作为代表参加的董事会界定明确的职责。紧接着,《1988 年教育改革法》通过授权院校自主管理,把这一过程继续推进,最终发展为家长有机会投票使院校脱离地方教育当局。这一过程改变了英国职业技术院校的前景。当职业技术教育机构开始独立,它们能够自主管理,自主决策,反映自己的优先事项和根据具体情况办学,这改变了地方政府官僚统治下的局面。

职业技术教育机构获得独立自主的权利,其背后深层原因是英国保守党政府一直秉持撒切尔主义的新自由主义思想。撒切尔主义认为,在经济上,英国应根据经济需要实现劳动力的现代化和结构调整;在社会文化上,应以市场体系取代官僚福利供给。为实现这些目标,需要创建一个更适合市场导向而非官僚主义社会的教育体系。[①] 因此,许多院校开始独立,学院自主办学的

---

① Gewirtz S, Whitty G, Edward T. City Technology Colleges: Schooling for the Thatcher Generation? [J]. British Journal of Educational Studies, 1992,40(3):207—217.

程度越高,学院的适应性就越强。职业技术教育机构开始逐渐适应新的市场导向的办学模式。对当时的英国劳动力市场来说,一方面,英国市场缺少能够满足职业岗位需求的、拥有就业能力的青少年。因此相当一部分职业技术教育机构,如继续教育学院和第六学级学院为帮助毕业生就业,开设了针对性的技术和职业教育课程。另一方面,随着信息技术发展,劳动力市场开始需要有技能的年轻人参与其中。而倡导平等主义理想的综合学校没能培育一支训练有素的劳动力队伍。在综合学校中实行的是混合能力教学,其中半数的学生希望得到职业培训,但他们并未能如愿以偿。这使得职业技能如此之少,建立技术学院变得必要,如城市技术学院。城市技术学院与企业建立了初步联系,开始应对市场需求,开展技术和科学类课程,使学生掌握市场需要的职业技能。

3. 技术和职业教育机构与颁证组织形成良好的互动关系

技术和职业教育基于学院的学习有效培养了导向岗位能力和就业能力的青年,这有赖于技术和职业教育机构同颁证组织建立的良好互动关系。这种关系建立在政府干预职业资格市场、统一国家职业资格制度的基础上。从历史渊源上看,英国的颁证组织(Awarding Organizations)一开始是专业认证团体,大多数从行业协会及行业性质的团体发展而来,它们与雇主有着密切的联系,甚至是雇主的代言者。20 世纪 80 年代,英国大约有 300 个专业认证团体。

英国政府对职业资格制度和技术和职业教育机构的重新安排促成了颁证组织性质的转变。那个时期,太多人离开学校时没有必要的工作技能,也没有受益于与工作相关的进一步教育和培训。由于学校缺乏适当的准备,职业技术教育的良好方案失败了。技术和职业教育和培训系统需要改变和扩展。改变方向是要引入以岗位能力为基础的学习,传授相关职业或专业中实践所需的、与工作有关的基本知识,包括相关技术的必要理论知识和技能。英国政府推出国家职业资格框架与职业标准之后,颁证组织成为根据职业标准设计和制定课程大纲、课程结构主要机构。颁证组织将学术机构、雇主、工会和行业的代表聚集在一起,规定所需的教学大纲,以适应他们提供的课程模式和资格证书。[①] 其中职业标准是制定教学大纲的基础,并通过规定的课程实施达成。绝大部分学员只能通过正规课程获得职业资格证书,正规课程通常需要在认可的继续教育学院和城市技术学院上课。学院通过技术和职业教育和培训提高学生岗位能力,进入就业领域。此时,颁证组织只是雇主的代言人,它们在政府的推动和自愿的前提下开始在国家职业资格框架内发展基于能力的职业资格如国家职业资格(NVQs)。这些颁证组织将开发职业资格提供给基于能力教学和学习的技术和职业教育机构时,能够获得学院支付的一笔不错的收益。这些颁证组织积极利用此类资金壮大自身,从而在职业资格认证市场中占据更多份额。可以看到,在政府干预和国家资格框架建立的过程中,颁证组织与技术和职业教育机构各取所需,开始结成良好的

---

① Thompson P J. Competence-based Learning and Qualifications in the UK [J]. Accounting Education: An International Journal, 1995,4(1):5—15.

合作互动联系。

第二节 基于伙伴关系：英国职业教育组织运行机制的发展

经济发展取决于生产力的发展，此时的英国需要一支与出色生产力相匹配的技能型劳动力。为使14—19岁青少年的技能和职业资格达到一流标准，同时解决长期存在的技能短缺问题，布莱尔-布朗领导的新工党政府实施了著名"技能战略"。实施"职业教育"的学院和培训机构是实施这一战略的关键。[①] 由于技能系统还未充分发挥其作为高技能经济发动机的潜力，英国政府将更新职业教育机构作为改革的目标和使命，让这些机构在使人们具备在现代经济中从事生产性和可持续就业的技能方面发挥核心作用。政府鼓励实施"职业教育"院校采用新的结构模式传播成功案例并消除失败，包括合并或联合等合作伙伴关系，使表现优秀的职业教育提供者更易在"职业教育"系统内扩大影响，从而引导变革。

一、1997—2010年英国职业教育机构之间伙伴关系建立

这一阶段职业教育机构包括继续教育学院、第六学级学院、特色学校、城市技术学院等，为14—19岁的青少年提供高质量的职业技术学习。职业教育体系作为一个整体在施行国家技能战略、推行14—19岁技能教育中起着至关重要的作用。政府引导职业教育机构通过发展学科特色、成立国家技能学院来改善教学质量、扩大影响，同时，不遗余力推动教育机构之间建立合作伙伴关系，引领技能体系变革。

1. 以创建特色学校促进普通中学与职业教育机构结成伙伴关系

创建特色学校（Specialist Schools）开始于撒切尔政府时期创办城市技术学校，1992年梅杰政府颁布的白皮书《选择与多样化—学校的新框架》进一步促进学校特色化，鼓励部分薄弱中等学校在商业、表现性艺术、近代语言和工艺学等四个课程领域实行特色化，以开发学生的潜在能力[②]。1997年工党政府执政后，将创建"特色学校"上升到国家政策层面，并将特色学科扩展到艺术、语言、运动、技术、科学、工程、商业、数学和计算机信息8个学科；在2003年颁布的教育白皮书《新的特色学校体系：转型中的中等教育》中，在原有8个学科基础上增加人文（包含历史、地理或英国史）和音乐两个特色学科，共设10个特色学科，并开展更大范围和更高水平的合作，推动特色学校涵盖整个中等教育体系。[③] 这样，职业教育机构获得与学术性高中同等的地位，学校也从垂

---

① Department of Education and Skills. Further Education: Raising Skills, Improving Life Chances [R]. London: Her Majesty's Stationery Office, 2006:2.

② 教育和科学部：选择与多样化——学校的新框架[G]//吕达，周满生主编.当代外国教育改革著名文献（英国卷·第二册）.王承绪，译.徐小州.北京：人民教育出版社，2004：213—214.

③ 倪小敏，张源源.特色学校：英国中等学校的转型——基于公平与效率关系的视角[J].教育研究，2012，33（10）：152—156.

直分层转化为同一水平上的多样化分布。

在中等学校特色化、多样化的基础上，英国政府进一步鼓励普通中学和职业教育机构建立伙伴关系，旨在普通中学与职业教育机构之间共享优质课程资源，一所普通公立中学与当地城市技术学院（或技术学校或技术学院）建立伙伴关系，为学生提供更多的课程选择，即实行"走校选课"。布莱尔政府在 2001 年白皮书《学校追求成功》中提出"克服 14—19 岁教育阶段的体制和制度障碍，鼓励学校和学院更紧密合作，提供更多更适合个别学生需要的选择。""对于结成伙伴关系的学校和学院给予 20 000 镑拨款"，此外，继续投资信息技术支持这些联系。[①] 2004 年英国教育和技能部颁布《为儿童和学习者五年战略》再次强调普通中学和技术学院之间的"基础伙伴（Foundation Partnerships）"关系：一是共享 14—19 岁优质课程资源；二是通过地方教育局的衔接服务，普通中学和技术学院学生可以"走校选课"，提供多样性选择。[②]

2. 继续教育学院与第六学级学院联合

为了更好地响应政府策划的技能战略，培养拥有中高水平的技能型职业人才，英国不仅促进职业教育机构与普通高中建立伙伴关系，而且在职业教育机构之间寻求建立伙伴关系，从而创造有价值的规模效益，提高教学质量并帮助学生进步。继续教育学院与第六学级学院、继续教育学院之间合并或结成联合会是形成合作伙伴关系主要方式。

对于合并这种方式，一般是规模较大、潜力较强的学院与规模较小、实力较弱的学院合并。英国继续教育学院的合并相对普遍，20 世纪中后期有 492 所左右的普通继续教育学院、第六学级学院和专业学院提供 16 岁以后的职业教育。到了 2015 年，这一数字下降到了 336 所——包括 216 所普通继续教育学院、93 所第六学级学院和 27 所专业学院。这期间包括继续教育学院之间的合并，继续教育学院与第六学级学院之间的合并，以及极少的继续教育学院与高等教育机构之间的合并。[③] 合并通常有两个主要原因：建立战略优势，即"建立竞争优势"的合并；挽救失败学院，也称"救援合并"。证据表明，在许多合并中，学生的选择与进步、学习成果、学院品牌形象和财务实力都得到了改善和提升。合并后的学院不仅规模得到扩大，投入学院的资金的价值也得以提高，更大的学院往往有更低的单位成本，英国教育标准办公室（Ofsted）的评级也往往更高。就结成联合会这种形式来说，其涵盖合并以外的一系列正式结构和合作。联合会允许参与的学院拥有重大的自主权，通过签署正式合同或协议在特定领域进行合作。[④] 结成联合会将解决以下

① Department for Education and Skill. Schools-achieving Success [R]. London: Her Majesty's Stationery Office, 2000: 33—45.

② Department for Education and Skill. Five Year Strategy for Children and Learners [R]. London: Her Majesty's Stationery Office, 2004:64—65.

③ Department for Business, Innovation and Skills. Current Models of Collaboration: Post-14 Further Education [R]. London: BIS, 2015:6.

④ Department for Business, Innovation and Skills. Current Models of Collaboration: Post-14 Further Education [R]. BIS, 2015:8.

一个或多个问题：全面管理职业教育供给、降低成本（借助共享服务）、增加影响力、增加创收能力（利用双方的专门知识进行联合投标）、联合实施以及快速改进质量。

3. 大学技术学院与高等教育机构合作办学

2008 年，阿斯顿大学和伯明翰市议会宣布建立英格兰第一所大学技术学院（University Technical Colleges，简称 UTCs）。到 2009 年底，其他大学及其合作伙伴建立了更多的学院。大学技术学院是为 14—19 岁的青少年设立的技术学院，与雇主和大学一起工作。它们作为一种独立于地方当局的学园（A type of academy），只在英格兰运作。大学技术学院的办学目的是为 14—19 岁的青少年提供机会，让他们修读一门备受推崇、以技术为导向、具备最高标准、由大学或继续教育学院赞助的课程，并提供明确的进入高等教育或在工作中进一步学习的途径。它们重点面向需要专门设备的学科，例如工程、制造、产品设计、建筑行业以及土地和环境服务，并强调发展商业技能、使用信息和通信技术。与此同时，大学技术学院与当地龙头企业合作则是其另一种合作关系，这种合作关系非常有利于学院开展实践性学习，在重实践的学习风气中，14—19 岁学员能够获得宝贵的经验，获得三级水平资格，使他们能够进入高技能工作领域或高等教育机构深造。

4. 通过学园之间联合形成"学园链"

为了解决某些地区中等学校资源不足、质量不高的现状。2000 年工党政府打算建立一个"城市学园"网络，旨在改善长期处于失败状况的学校并促进城市学校更大的多样化。城市学园由企业、教会以及志愿团体向原先的技术学校或城市技术学院注入 2 000 万英镑赞助费，赞助商可以参与到这些城市学园的管理，而这些学校也不在地方当局的管控范围之内。这些学校很快取得意想不到的成功。英国政府为了扩展城市学园的办学经验，在《2002 年教育法》中将城市技术学院、技术学校以及城市学园等有技术教育特色的中等学校全部转型为学园（Acdemy），并将学园延伸到农村地区。① 工党政府对学园的定位是，作为在公立学校系统内通过自治和私人赞助提高教育市场良性竞争的场所，为来自贫困背景的学生提供了接受更好教育的机会。一时间，学园变得十分受欢迎。这增大了其他学校的压力，一些学校开始提升自己的教学质量，希望在教育市场的竞争中获得更多家长的选择。在这种相对良性的教育市场竞争环境中，这些学园开始试图和其他学校合作，建立一个"自我完善的学校系统"也称"学园链（Academy chains）"，以扩大办学规模并获得更多收益，从而在市场竞争中占据优势。普华永道事务所（PwC）承担政府对学园的评估工作，它在 2008 年的研究表明，当时已经形成了多学园团体或联合会，这种合作往往比单个学园绩效表现更好。② 这些"学园链"能够共享教育经验、领导能力，提供基础设施支持，提高效率，以

---

① 英国政府. 2002 年教育法[G]//吕达、周满生主编. 当代外国教育改革著名文献(英国卷·第二册). 张剑、陈文干，译. 徐小州校. 译. 北京：人民教育出版社，2004：271—273.

② Chapman C, Salokangas M. Independent State-funded Schools: Some Reflection on Recent Developments. [J]. School Leadership and Management, 2012,32(5):473—486.

及学园可持续发展和学习所需的机会,不仅直接负责学生的教与学,而且还负责初任教师的教育、持续的专业发展和其他形式的服务。

5. 国家技能学院引领职业技术院校网络

国家技能学院是在各个专业领域发展和提供高质量职业技术学习的领头羊。2005年,教育和技能部发布技能白皮书《技能:在产业上取得进展,在工作上取得进展》(*Skills: Getting on in business, getting on at work*),宣布要建立一个涵盖各个主要经济领域的学院网络。基于此,国家技能学院(National Skills Academies,简称NSAs)从2006年开始通过竞争性招标过程逐步推出,中标项目包括建筑业、制造业、金融服务业等。作为雇主领导的组织,这些学院负责开发基础设施和学习资源,为英国的产业部门提供专业技能,同时使培训课程资源与就业市场相联系并达到最新技术水平。

国家技能学院的主要职责在于:①为技能需求提供最新的、灵活的、可获得的、反应迅速的、高质量的和具有成本效益的解决方案;②与行业技能委员会(SSCs)合作,设计并提供满足当前和未来行业需求的优秀技能项目、资格证书和课程。③成为创新和创造力的中心,设计和提供最新的技能项目,这些技能是雇主在各行业所寻找的。④在学习项目的设计中创造和整合学习技术。⑤同其他部门内现有的国家、区域、地方学院和培训提供者建立联系。⑥在良好实践的基础上重塑课程、教学、学习和评估方法以及培训者、教师和评估人员的能力。⑦作为国家、雇主和学习者之间的合作伙伴关系的一部分,吸引雇主在技能方面的大量投资,以提高国家整体的技能竞争力。① 概言之,国家技能学院是承担开发雇主所需的新技能,并将之转化为职业资格和学习方案的研究和教育培训机构,在职业技术院校网络中担当领导者角色。

二、英国"基于伙伴关系"的职业教育组织运行机制

布莱尔-布朗执政期间,英国政府宣布实施国家技能战略,号召职业教育机构积极回应市场、雇主和学员的需求,改善教学质量,提升技能水平,培养足以支持当前经济和生产力发展的技能型劳动力。因此,在政府政策引导以及资金支持下,各类职业教育机构之间建立了多种形式伙伴关系,形成了基于院校伙伴关系的职业教育组织运行机制(图5-2)。

在基于伙伴关系的运作机制中,政府机构——学习与技能委员会和资格与课程管理局通过拨款和资格证书认证调控职业教育机构及其运作模式;行业技能委员会在各行业雇主与政府机构以及颁证组织之间构建起紧密联系,将各行业的需求信息转达给政府机构与颁证组织。颁证组织根据课程与考试管理局开发的技能资格,进一步开发课程大纲等学习资料,并推送给职业教育机构。在职业院校层面,职业教育机构通过建立伙伴关系,搭建起中、高端技能培养运作机制。一是特色学校的创建促进了普通中学和职业院校之间建立起合作伙伴关系,使这两种类型院校

---

① Claire J, Hillage J, et al. Evaluation of National Skills Academies [R]. London: BIS, 2011:14.

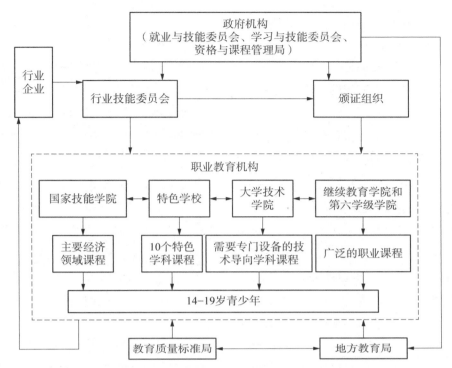

图 5-2　英国"基于伙伴关系"的职业教育组织运行机制示意图

之间能够互通优质的课程资源,促进普职融通,向学生提供多样的选择;其次是继续教育学院和第六学级学院通过合作提供广泛的职业和技术课程,并专注于国家优先发展领域,如生命科学、数字媒体和技术、先进制造、工程建设与低碳行业,不断调整其教学内容与质量,扩大职业技术课程与职业资格。通过学院之间的"强弱合并"或"强强联合"扩展技能发展优势;三是大学技术学院与当地大学合作,接受大学的赞助。学院提供需要技术设备的课程,并提供进入高等教育和继续教育的进步途径。四是国家技能学院引领主要经济行业与职业技术院校之间的专业网络,这些网络与雇主紧密联系,旨在提高标准,扩大进步动力和声誉。国家技能学院优先开发行业的职业资格与课程,一旦试验成功将推广到其他职业教育学院。五是"学园链"促进薄弱学校通过联合提升职业教育质量。此外,政府要求教育质量标准局与地方政府也形成伙伴关系,监管职业教育机构提供的教育质量,同时,为职业教育机构提供协调服务。

三、英国"基于伙伴关系"的职业教育组织运行机制的特征

1997—2010 年,英国政府在 20 世纪 80 年代建立的技术和职业教育与普通教育双轨运行体系上进行改革,促进中等教育普职融通,对治理结构、资格框架进行深度整合,在职业技术教育组织运行机制上,强调职业技术院校与普通中学以及职业技术院校之间结成伙伴关系,共享课程资源,建立"基于伙伴关系"的职业教育组织运行机制。其主要特征体现在以下几个方面。

1. 通过普职融通扩大选择并提高职业教育质量

特色学校计划是最能体现这一时期英国逐渐形成的在普通中学和职业技术院校之间建立伙伴关系的一种合作文化。这种文化还在持续生根发芽。[①] 工党政府在 1997 年赋予了特色学校同当地学校传播分享专业知识的责任。特色学校是遵循国家课程的公立学校,专攻特定学科领域,如技术、商业、工程、科学以及数学和计算机等。特色学校有很大一部分本身是职业技术学院,这些学院通过招标程序获得了特色学校的地位。在成为特色学校之后,需要实现的一个重要目标是:与私营性质的赞助商、其他学校及本地社区合作,为学校群体提供资源,使该地区的其他学校受益。对于这一目标,特色学校需要在招标的过程作出承诺,即提交与至少五所当地学校合作的计划,其中至少包括一个普通中学伙伴。

特色学校政策是这一时期工党政府促进整个中等学校转型的国策,在发展学校特色、多样性的同时,强调特色学校与普通学校建立伙伴关系并开展合作,消除多样化学校之间相互分裂的潜在风险。政府在 2001 年的白皮书中就指出:"多样性不是将成功集中在少数学校,而旨在激励个别学校、传播卓越、分享成功和互相协作,这是特色学校的核心。……我们已经从一个让每个学校自力更生的体系转变为一个让所有学校不断相互学习的体系。"[②]特色学校采用多种方法与其他中学订立合作安排,有的向其他中学提供一些教学或课程支持,如在核心科目数学和科学方面提供高水平教学;为其他中学教师提供培训;举办科技周等活动,邀请合作伙伴及其他学校参与小组活动;给予参加额外课程的机会,包括周六的课程;资助其他中学课程发展,并利用优质师资指导改进教学实践。伙伴关系不仅是赞助,更是积极的和互惠的。地方教育当局作为促进合作伙伴关系的中间人,通常会战略性地帮助特色学校扩大影响和规模,一个典型模式是"城市卓越伙伴关系"(Excellence in Cities partnerships)。这种典型模式得益于"城市卓越计划",它倡导共同努力、共享资源,包括管理者,并为了学习者群体的利益共同努力,每个学校都将专业知识领域贡献给一个整体,这样所有人都可以获益。以这种模式为榜样,职业技术学院(以特色学校为代表)和普通中学建立起"多样性伙伴关系",分享最佳教学实践,分享专业知识和资源,以全面提高职业教育标准、增加就业和进步机会。

2. 通过大学与中等职业技术学院的合作衔接中、高等教育

步入 21 世纪,布莱尔-布朗政府更加关注就业和提高劳动力技能的问题。他们发现,与高等教育相联系的大学技术学院在缩小职业技术和学术鸿沟方面取得了一定的成功,通过借助大学资源改善职业技术教育质量,为专业技能人才提供成长和进步空间。大学技术学院提供的职业技能培训弥补了《1944 年教育法》中第三种办学方案——技术学校的缺失。该法将学生分成三类智力模式,在此基础上提出了三种学校模式适合并匹配这些智力:文法学校适合具有"金色"(即

---

① Bell K, West A. Specialist Schools: An Exploration of Competition and Co-operation [J]. Educational Studies, 2003, 29(2—3):273—289.

② Department for Education and Skills. Schools Achieving Success [R]. London: the Stationery Office, 2001:38.

学术)智力的学生;技术学校适合具有"银色"(即职业、高技能)智力的学生;现代中学适合具有"铜色"(即无技能)的学生。11 岁的儿童将通过筛选被归类进这三种中等教育途径。实际上,地方上从未充分实施《1944 年教育法》提出的三方制度,大多数地方教育当局当时只发展了一个两类学校系统,即文法中学和现代中学。正是由于缺乏技术学校的"中间道路",才促使了大学技术学院的产生和发展。贝克勋爵(Lord Baker),作为大学技术学院运动的发起人,他公开声明,大学技术学院倡议的根源是寻求解决《1944 年教育法》缺失的部分。这些学校的重点是解决人们在技术和技能方面的差距,尤其是那些不适合文法学校或现代中学的年轻人。①

大学技术学院建成以后,在大学的赞助下,为有志于专门从事技术和技能学习的 14—19 岁学生敞开了大门。它们提供结合实践和学术学习的全日制课程。雇主从一开始就参与制定课程。大学利用其知识和专门技术支持课程发展,协助教师的专业发展,并指导合格的学生获得基础和完整的学位。同时,大学技术学院强调职业能力和技术技能,决定了其治理方案和以技能为基础的课程是组合在一起的。学院的治理结构特征就是将高等教育、国家和地方雇主结合在一起,充分利用优质资源实施技术教育,以反映当地和国家的经济需求。如第一所新成立的大学技术学院,是位于西米德兰兹郡阿斯顿的 JCB 学院,弥补了当地制造技术技能人才培养的缺失。

3. 以伙伴关系促进中等教育系统实现平等且多样化

在 1997 年至 2010 年的 13 年间,工党政府致力于解决撒切尔政府择校政策带来的教育系统的两极分化。早在《1988 年教育改革法》中,新公共管理模式的概念就已出现,并以此开创了英国的教育市场。政府通过增加学校之间的竞争和减少官僚主义来提高教育质量、降低教育成本。② 而这一时期,教育改革增加了独立学校形式教育机构的行政自主权以及家长的择校权,进一步扩大了教育市场。学校更加多样化,人们更加喜欢自主择校。对于撒切尔政府推行的择校政策,一些学者提出严厉批评意见。英国学者斯蒂芬·鲍尔(Stephen Ball)认为,择校政策造成三方面负面影响:首先是市场选择加剧了学校制度分化。其次,市场成为阶级再生产的机器。最后,教育市场竞争的结果偏离了提高质量的目标。③ 另一学者杰夫·惠迪(Geoff Whitty)则认为择校增加了受欢迎学校和不受欢迎学校的垂直等级差异——强化学校类型上垂直分层(Vertical Hierarch)而不是水平上的多样化(Horizontal Diversity)。因此,如果不想损害公正的话,择校就应慎重地加以规范。④

为了解决择校带来教育系统两极分化问题。布莱尔政府在教育改革上与撒切尔政府放任主

① Hayes S G, Reynold K, Malucas J, et al. The case of University Technical Colleges—bridging the Vocational and Academic Divide?[EB/OL]. [2022 - 10 - 10]. https://www.learningplusuk.org/files/learningplus/The_case_of_University_Technical_Col.pdf.

② Bhattacharya B. Academy Schools in England [J]. Childhood Education, 2013,89(2):94—98.

③ 倪小敏. 向有差异的平等迈进——英国基础教育公平政策发展研究[M]. 北京:中国社会科学出版社,2015:180—181.

④ Whitty G. Making Sense of Education Policy: Studies in the Sociology and Politics of Education [M]. London: Paul Chapman Publishing, 2002:93.

义不同,强调政府对市场的干预,将市场竞争的弊端限制在最小范围内。一方面促进教育机构特色化,重点发展中等职业技术学校,通过市场竞争促进教育机构改弦更张,提高教育质量;另一方面在中等教育机构之间建立各种形式的"伙伴关系",对抗"择校"造成的教育系统两极分化。首相布莱尔指出,当前的教育必须改革,要从"满足于大市场无可分别的消费者所进行的标准、批量生产转向灵活的专业化生产,满足小市场中挑剔的多样化顾客的需要,远离每一个一定年龄段的孩子以同样的速度在每一课程中向前进,开发一个针对每一个学生特别才能和兴趣的教育体系。"① 通过提供同一水平上的多样化教育,满足来自不同家庭背景、发展速度、兴趣相异的学生的需求,促进每一个学习者的潜力得到充分发展,而不是让所有学生达到相同的结果。

第三节　基于与雇主合作:英国技术教育组织运行机制的变革

随着智能化浪潮席卷而来,英国政府加紧制定产业发展战略,为了对接战略发展产业对高级技术技能人才的需求,英国政府对"职业教育"进行了重大改革,重塑"职业教育"系统,促使"职业教育"向"技术教育"转型。转型的一个重大标志是推出全新的技术教育计划(T Level)。

"T Level"计划是由雇主主导设计的为期两年的 3 级及以上水平的技术学习计划,提供课堂学习和行业实习经验。完成学习计划的学员将获得全新的 T Level 技术资格证书。但 T Level 计划与以往职业资格证书课程的不同之处在于该计划针对产业战略下的 15 个职业群,也称 15 条技术教育路线(即"职业地图")。15 条技术教育路线的每一条路线都包含若干专业路径,如数字技术路线包含数字支持服务、数字商务服务以及数字化生产、设计与开发三条专业路径,各路径囊括了许多相关技术岗位。可以说,技术教育路线是导向就业市场各个关键行业的技术岗位的精准对接链。由此,选择 T Level 的学员便能精准进入各类技术岗位。此外,技术教育系统还提供新的学徒制,与 T Level 一样,也是基于"职业地图"培养职业人才,将学徒输送到各类职业技术岗位上,不同的是它们更关注针对某一职业的实操能力对学徒进行培训。因此,技术教育正在成为英国更多16 至 19 岁青少年的选择,他们希望凭借技术教育进入高技能就业。雇主们对技术教育计划也是寄予厚望,他们积极响应技术教育的推广计划,与 T Level 以及学徒的提供者合作,提供技术教育的实习和工作场所,使得学员能够获得真实场景的工作经验,极大地提升了技术教育的实用价值。

一、2010—2022 年英国技术教育的组织架构

T Level 是针对 16 至 19 岁年轻人的新的两年制技术课程。这些课程是学徒制与技术教育研究所与雇主共同开发,将课堂学习与工作经验相结合,为年轻人提供了高质量的、技术性的"A

---

① [英]托尼·布莱尔. 新英国:我对一个年轻国家的展望[M]. 曹振寰,等,译. 北京:世界知识出版社,1998:188,150—175.

Level"替代品,十分强调技术专业的实践能力。因此,T level 课程计划安排迫使原有的"职业教育"组织构架做出变革,即各类技术教育机构均要同雇主建立合作关系,实现课堂教学和工作场所实践的结合,建立多种"与雇主合作"模式。

1. 优质教育机构与雇主合作实施 T Level 课程计划

教育机构要成为 T Level 课程提供者,需要经过申请、审查和筛选,并得到授权。政府从筛选少数优秀教育机构实施 T Level 课程以确保高质量,然后逐步增加 T Level 提供者的数量。在 2020 年第一批教授 T Level 课程的 50 个教育机构是从 200 多个竞争者当中脱颖而出。这 50 家教育机构符合政府发布的 T Level 提供者的标准,包括继续教育学院与第六学级学院、大学技术学院、独立学习机构和学校。在提供者实施 T Level 课程和技术资格的同时,政府关注在筹备、策划和推行这些 T Level 教学过程中的最佳做法,积累经验。截止 2021 年,T Level 主要的提供者群体得到了扩大,共 94 所,包括第六学级学院、技术学院、学院集团、特色学校、继续和高等教育学院、城市学院、学园(academy)及大学技术学院(University Technical College,简称 UTC)等教育机构。[①]

T Level 课程计划不仅在学院的课堂中实施,它还包含一个重要的组成成分——行业实习(industry placement)。行业实习一定是实质性的、有意义的,且持续较长的时间,一般至少 45 个工作日,规定须达 315—420 小时,确保学生有足够的时间掌握 T Level 的基本要素,并确保雇主有机会发展和塑造年轻人的技能。[②] 学生有机会将他们在 T Level 课程中学到的专业知识付诸实践,发展和磨炼他们在选择的职业中取得进步所需的知识、技能和行为。对于雇主来说,这意味着一个实习生一旦进入岗位,就可以做出生产性的贡献。

2. 雇主和学徒离岗培训机构合作提供学徒制计划

新的学徒制计划和 T Level 计划并列,是技术教育的又一关键组成部分。新的学徒制将工作与离岗培训(Off-the-job Training)相结合。学徒脱产培训是高质量学徒制特有的,占据学徒教育总时长的 20%,以加强学徒的理论知识。一般来说,一个完整学徒期的最短时间是 372 天,除了学徒终点评估,其中学徒学习阶段不得少于 12 个月,期间穿插理论学习。

就学徒工作的提供者而言,参与学徒制培养的雇主提供工作场所,并提供经验丰富的师傅进行带队指导。以"职业地图"数字路线(The Digital Route)进行的数字专业学徒计划为例,许多知名企业参与了数字专业学徒的培养计划,不但提供工作场所,还给予了学徒一系列的免费培训资源。这些企业包括微软、谷歌、亚马逊网络服务(AWS)、劳埃德银行(Lloyds Bank)、惠普、苹果、三星等。[③]

---

① IfATE. T Level approved providers-provider list [EB/OL]. (2021 – 05 – 20) [2023 – 10 – 10]. https://assets. publishing. service. gov. uk/government/uploads/system/uploads/attachment_data/file/988957/Provider_List_-_20. 05.2021_final. ods.

② Department for Education. T Level Action Plan 2018 [R]. London: DfE, 2018:30.

③ Department for Digital, Culture, Media & Sports, Deparement for Science, Innovation & Technology. UK digital strategy 2017[EB/OL]. (2022 – 03 – 25)[2023 – 09 – 11]. https://www.gov.uk/government/publications/uk-digital-strategy/uk-digital-strategy.

就离岗培训（理论教学）提供者而言，离岗培训提供者拥有政府授权并接受政府下拨的培训费用，包括：继续教育学院或高等教育机构；独立的培训机构；社区学习和技能提供者（地方当局或非营利组织）；雇主提供者（仅为内部员工提供培训）。[①]

依据英国学徒制的法定要求，学徒接受离岗培训的时间是在正常工作时间内，目的是获得学徒协议中学徒应掌握的新的知识、技能和行为。[②] 离岗培训提供者向学徒提供：理论教学，包括讲座、角色扮演、模拟练习、在线学习或厂家培训；实践培训，包括追踪、指导、行业访问和参加比赛等培训内容。因此，技术教育提供者与雇主合作最为紧密。

3. 大学技术学院、雇主与大学合作发展技术教育

大学技术学院在布朗政府时期创办，在卡梅伦领导的联合政府时期得到发展，2016 年技术教育推出之后，成为"T Levels"方案的重要推广者。在 2016 年白皮书《无处不在的卓越教育》中，政府表示，他们致力于确保每个城市都有一所大学技术学院，使越来越多的年轻人能够受惠于这类技术教育。大学技术学院的数量不断增加，截至 2019 年，英格兰全境共有 48 所大学技术学院。

大学技术学院专攻那些需要现代化的、技术的、符合行业标准设备的学科，比如工程和数字技术，并在教授产业技能和广泛的通识教育的同时教授这些学科。学生把学术学习与实践性学习结合起来，在学习技术资格课程的同时学习学术课程。一般来说，大学技术学院的 14—16 岁学生的课程涉及 40% 左右的技术学习，而在第六学级即 16—18 岁的学生，技术学习的比例增加到 60% 左右，其中很大一部分是实用性的。[③]

大学技术学院重点发展所在地区的技能短缺有关的技术专业，学生除了学习核心学术课程，还可以学习与这些专业相匹配的技术资格；关注科学、技术、工程和数学科目，其所有的技术、学术和实践性学习的设计都针对工作场所。通过与雇主和大学合作，大学技术学院的学生能够在真实的工作环境中与雇主建立合作伙伴关系，一起参与项目，应用他们的技术技能和创造性思维；学院使用产业界拥有的最新设备和技术，能够以全新的方式教授技术和科学科目，有利于培养和激励学生成为未来的发明家、工程师、科学家和技术人员。

二、英国"基于与雇主合作"的技术教育组织运行机制

围绕实施 T Level 计划，英国"职业教育"的组织运行方式发生改变，形成了教育机构与雇主密切的合作的技术教育组织运行机制（图 5-3），以培育高级技术技能型人才。

政府从宏观层面拟定发展和贯彻落实技术教育计划的政策框架及战略指导。继续教育学院与第六学级学院、大学技术学院、独立学习机构和学校等各种类型的职业技术学院，以课堂教学

① Department for Education. The Apprenticeships Programme [R]. The National Audit Office, 2019:13.

② Department for Education. Apprenticeship Off-the-job Training [R]. London: DfE, 2019:11.

③ Long R, Danechi S, Roberts N, et al. University Technical Colleges [R]. London: House of Commons Library, 2020: 6.

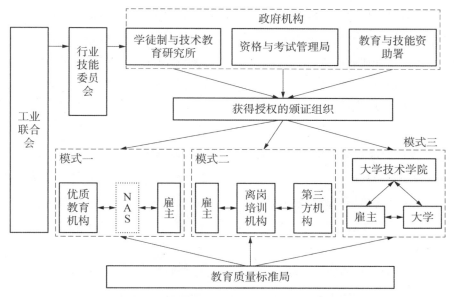

图5-3　英国"基于与雇主合作"的技术教育组织运行机制示意图

结合行业实习的方式、工作与离岗培训相结合的方式同行业产业界的雇主合作实施技术教育。

技术教育机构在政策调控下运行,主要政府机构有学徒制与技术教育研究所、资格与考试管理局以及教育与技能资助署。获得授权的颁证组织向技术教育机构提供技术资格的课程大纲、学习资源等;而在技术教育组织实施上,发展出三种"基于与雇主合作"的组织运作模式。**模式一,T Level 课程计划的组织运行模式**。优质的技术教育机构在投标中获得实施技术教育授权后,实施 T Level 计划,包括学院教学和行业实习相结合,在学院教学中嵌入为期 45 天的行业实习。学院教学主要在课堂中教授学习者 T Level 所包含的知识、技能和行为,行业实习则依托于雇主。学院在国家学徒服务处(NAS)的"牵线搭桥"服务下,与当地的雇主建立合作伙伴关系,为学生寻求实习机会。从而使学生能够应用掌握的技术知识和技能处理工作,在获得实践经验的同时巩固已学的知识。**模式二,学徒制的组织运行模式**。获得批准实施学徒计划的企业,必须将脱产培训融入学徒培训,将 80％的工作和 20％的脱产培训相结合。学徒在工作场所的学习,由参与学徒计划的雇主为学徒提供工作,给予指导,并支付报酬。学习过程中,师傅带领学徒在某一职业岗位实践获得经验以及特定职业岗位的技术技能和就业能力。而离岗培训,由获得政府认可的离岗培训机构为学徒提供相关知识的讲座、实践指导课程,并布置一些相关任务,使得学徒更加熟悉工作的流程和性质,为其补充更多新的知识、技能和行为。**模式三,是专攻技术专业学习的大学技术学院与雇主和大学建立的三元合作模式**。大学技术学院是由大学与地方龙头企业合作创办的技术学院,提供地方紧缺的高标准的技术教育。它们提供结合实践和学术学习的全日制课程。雇主从一开始就参与制定课程。大学利用其知识和专门技术支持课程发展,协助教师的专业发展,并指导学生获得基础和完整的学位。大学技术学院提供平时的课堂教学,并提供学生在工作场所与工作人员合作项目的机会,帮助学生将技术、实践和学术学习结合起来,为学生创造了逐步成长并发展行业产业所需能力的环境。当大学技术学院校结束它们提供的课程,学院就学生们的五个方面展开成就评价,包括合格的技术资格、企业实习经历和经验、达标的英语与数学水平、就业能力以及特定的职业技能。[①] 这些成就是为学生进入熟练的高层次技能就业或进入大学继续学习提供了必不可少的素质和学术基础。

三、英国"基于与雇主合作"的技术教育组织运行机制的特征

为了应对智能化时代的到来,英国政府促进"职业教育"向"技术教育"转型,"技术教育"旨在培养适应智能化工厂环境下的高级技术技能人才,更加强调学习者能够运用理论解决实践中的问题,构建了"基于与雇主合作"的技术教育组织运行机制。主要特征体现在以下几个方面:

1. 加强理论学习与实践的融合

在英国,技术教育采用理论与实践深层次结合的教学模式是科技发展对其提出的时代要求。在智能化时代,人工智能和数据分析改变着人们的工作和业务,要求掌握更广泛、更高级的技能,尤其是特定技术行业的技术技能。2017 年英国针对全国雇主技能的调查显示,技能短缺现象在技术行业和职业中比较普遍,数字技能、复杂的分析技能以及管理(如时间管理和任务优先级排序)和领导技能缺乏,这种技能短缺致使技术人员短缺,导致高达 42% 的技术行业职位空缺。[②] 许多员工同时还缺乏对工作场所的产品、服务和流程的了解。在这种情况下,才开始不久的技术教育改革显得必要而迫切,它基于雇主的技能需求和科技发展要求做出改革规划,将填补劳动力市场业已存在的技能和技术人员短缺。技术教育面向技术行业培养高级技能水平的技术人员,这些技术人才将掌握更多的理论知识和拥有丰富的实践经验,并且更加熟悉技术岗位和理解工作流程。因此,技术教育在 T Level 计划和学徒制两条技术路径上都开辟了整合理论学习与实践的教学模式。其中,T Level 计划在为期两年的课堂教学中融入了为期至少 45 天的行业实习,行业实习由当地雇主提供;新的学徒计划则将工作与至少 20% 的离岗培训即理论学习相结合,工作在企业或工厂进行,离岗培训由当地继续教育学院等机构提供。行业实习和离岗培训均由政府资助,这在技术教育改革之前的学院进行"职业教育"和学徒制当中是不曾有过的。

2. 技术教育通过"桥接"课程过渡到学术性高等教育或高等技术教育

技术教育实施系统推出"桥接"课程,打通了通往高等教育的进步路径,包括学术性高等教育或高等技术教育。这认可了技术教育的现实价值,帮助"职业教育"脱离了"灰姑娘"的身份,获得与学术教育同等的社会地位。T Level 计划自 2017 年开始实施,其中的 T Level 课程于 2020 年秋季正式推出,目标人群是 16—19 岁的青年。学时为两年的课程包含专业技术教育、45 个工作

① Department for Education. Construction: Design, Surveying and Planning-T Level Outline Content: Final Version for Inclusion in ITT [R]. London: DfE, 2018:5.

② Powell A. Apprenticeships and Skills Policy in England [R]. London: House of Commons Library, 2019:37.

日以上的行业实习等内容。通过 T Level 课程的学生将获得国家认可的 T Level 证书,证书记录学生的总成绩、专业技能、行业实习情况、数学和英语水平等内容,逐步取代目前种类繁多的职业资格证书。英国教育部希望通过 T Level 计划让选择技术教育的学生掌握世界领先的专业技能与知识,并且具备工作所需的英语、数学等能力,为英国未来的经济发展培养高水平的技术人才,也让学生为将来的工作做好充分准备。同时,T Level 计划将 T Level 证书与英国普通中等教育证书(GCSE)接轨,学生通过适当的"桥接"课程可以在技术教育路线和学术教育路线之间切换。①英国政府希望 T Level 能与学术路线的 A Level 一样成功,为选择技术教育的学生搭建与学术教育同等高度的阶梯。英国教育部门也正在探索取得较高级别 T Level 证书的学生进入学术性高等院校的路径。

3. 加强技术教育中的实践环节

实践是此次技术教育改革最大特色。作为一场新兴的教育改革运动,英国技术教育改革以课程为核心,以实践为导向,遵循先易后难的渐进式原则,为促进 T Level 课程和学徒制改革顺利走向实践进行了积极探索。这里的实践不再是纯粹地在工作中学习,而是结合了理论的新的实践,是为了巩固和发挥新的技术知识、技能和行为的实践。T Level 课程不局限于学校的课程,如学习核心知识和专业技能,还包括为期 315 个小时的行业实习。行业实习由政府予以资金补助,让学生在实践中检验所学习到的知识和技能,并为雇主从学生中选择雇员提供参考性意见。T Level 课程的设置除了注重核心知识的学习外,还注重专业技能的培养。从不同 T Level 课程的考核等级标准中可以看出,专业技能占很大的比重,T Level 课程要求掌握的专业技能与社会实践紧密相连,学习 T Level 课程的知识以便解决实际工作中遇到的问题。与此同时,新的学徒制通过增加 20% 的离岗培训即理论学习时间使学徒更好地服务工作实践。如今的工作场所,员工不再局限于工作流程中的某个单一操作程序,他们需要熟悉整个流程是如何工作的,甚至理解流程的工作原理。因此,学徒不能再固守在工地场所,而是需要去学院的课堂接受更加深入的工作分析理论教学。此外,技术教育学院同雇主建立紧密联系,是推动技术教育实践向好发展的前提。当雇主意识到他们能够收获更多优质的技术人才时,他们当然更愿意提供最佳实践场所。

---

① Department for Business, Innovation and Skills, Department for Education. Post-16 Skills Plan [R]. London: Her Majesty's Stationery Office, 2016:26.

第六章　英国职业技术教育供需匹配机制的形成与变革

尽管自 20 世纪 80 年代开始英国政府为了复苏经济、降低失业率，大力发展职业技术教育，进行治理机制、职业（技术）资格开发机制以及职业技术教育组织运行机制的建设和变革，并取得了一定成果。但是进入 21 世纪，随着科技发展对产业经济增长和劳动力市场影响的加剧，英国劳动力市场技能短缺问题依然无法从根本上解决，特别是 2011 年发布的著名的《沃尔夫报告》以详实的数据说明英国的技能供给与劳动力市场需求不匹配的现实，使得英国政府不得不重视劳动力市场需求与技能供给的匹配问题。英国政府开始投入大量人力和物力，构建劳动力市场供需匹配机制，并使之能够保持一种自我更新能力。具体而言，主要是职业资格认证市场和劳动力市场供需信息系统的建设，两者共同构建了英国职业技术教育供需匹配机制。

第一节　市场机制：英国职业资格认证市场的重塑与运作模式

英国职业资格认证市场的存在由来已久，它发端于 20 世纪 20 年代国家文凭制度的建立。1921 年，英国政府确立国家技术文凭制度，规定在技术学院（没有学位授予权的高等教育机构）中修完规定课程，这些课程由教育署和行业协会（机械工程师协会、电气工程师协会等组织）联合审定与监督，通过毕业考试者都可以获得国家级文凭。[①] 这些得到政府授权的行业协会逐步发展成开发和颁发职业资格证书的机构，被称为"颁证组织"（Awarding Organization，简称 AOs）。由于英国政府对颁证组织采取放任态度，因此，在相当长时期内，英国的职业资格认证市场基本上是无序的自由市场，与国家财政没有任何联系。

一、英国职业资格认证市场重塑的背景

为了发展职业技术教育、吸引青少年就读职业技术教育，并能够获得相应的职业资格，英国政府一方面建立国家资格框架，推出新的资格证书，另一方面加强对资格认证市场的管制。

---

① 贺国庆，朱文富，等. 外国职业教育通史（上卷）[M]. 北京：人民教育出版社，2014：19.

（一）英国政府加强对职业资格认证市场监管

20世纪80年代初，英国经济衰退，青年失业率高居不下。彼时，英国约有300个颁证组织，职业资格认证市场相当混乱，资格类型稀少，而受过职业培训且拥有相关资格的劳动力仅占40％，这一比例远远低于其他欧洲工业国家。① 英国政府认识到发展职业标准对发展国家劳动力能力的重要性，开始着手改变这一混乱局面，加强对职业资格认证市场的管制。

1. 设立专门管理职业资格的国家机构

1986年英国政府设立了具有半官方性质的国家职业资格委员会。其主要职责是：②（1）发展职业能力标准和以能力标准为基础的职业资格；（2）设计和实施一个新的国家职业资格框架；（3）认证和管理颁证组织；（4）设立国家职业资格数据库等。1997年，英国政府又设立资格与课程管理局（Qualifications and Curriculum Authority，QCA）取代国家职业资格委员和学校课程评审局，接管英格兰地区的资格与课程管理事务。此次改革，使双轨运行的职业技术教育和普通教育合并为一轨，同时为职业教育资格和学术资格融通以及资格与课程紧密联系创造了条件。

2. 发展和完善全国统一的国家资格制度

国家资格框架是英国政府管理资格的政策工具，1986年英国资格委员会设立伊始，便临时建立了全国统一的四级制职业资格体系，将当时的职业资格全纳入该体系。1991年英国政府颁布《21世纪的教育与训练》，宣布建立《国家职业资格框架》，并规定学术资格与职业资格是等值的。这为后续的资格制度建设奠定了基本思路。1997年英国政府推出《国家资格框架》（NQF），将职业资格和普通教育证书纳入其中，建立了全国统一的国家资格制度。2008年，英国政府推出更为严谨的《学分与资格框架》（QCF）。该资格体系形成了从入门级到博士学位的"8＋1"级体系，通过引入学分作为衡量学习量的工具，使普通教育与职业技术教育课程学分可以互认和转换。③ 由于该框架以单元为最小单位，颁证组织需按照框架的技术规范来编写单元，由此加强了对颁证组织的控制。

（二）英国职业资格认证市场遭遇的问题

2010年，英国政府委托艾莉森·沃尔夫（Alison Wolf）领导的职业教育审查小组对当时英国"职业教育"进行全面审查。次年，该小组发布了《沃尔夫报告》（Wolf Report），指出了英国职业资格认证市场存在的问题：

1. 英国职业资格体系并不透明

《沃尔夫报告》指出，"按照国际标准来看，英国资格体系是极其复杂和不透明的"④。这是因

---

① ② Cliffe S. The National Council for Vocational Qualifications [J]. British Journal of Occupational Therapy, 1989,52 (4)：145—148.

③ Ofqual. Regulatory Arrangements for the Qualifications and Credit Framework [R]. London: Office of the Qualifications and Examinations Regulator, 2008:5.

④ Wolf A. Review of Vocational Education-The Wolf Report [R]. London: DfE, 2011:9.

为英国的职业资格体系不同于大多数其他国家的体系，它是以资格为主导的，而在大多数其他国家，资格往往是以程序和体制为基础的（即评估的重点是参加学习方案），最后证书和文凭由国家和区域或地方机构颁发。在英国，资格是由颁证组织颁发的。2010 年的数据显示，获认证的颁证组织的数目为 144 个，资格数目由 2001 年的 2 771 个增加至 2009 年的 9 708 个，共颁发超过 355 万个职业资格证书。① 人们在面对如此庞大的资格颁发群体以及资格数量时，往往由于其复杂性而感到迷茫。这种复杂性同时也意味着资格体系的透明度不够。

2. 大量低水平职业资格缺乏劳动力市场价值

资格证书（Qualification）是一个人掌握了一定的知识和技能，并且在其能力达到了规定的标准之后，主管机构对其授予的一种官方权威的证明。② 现代劳动力市场是教育和资格证书获得"回报"的地方，薪酬水平显示劳动力的市场价值。随着英国政府对资格框架完善，加之拨款制度所产生的激励措施（基本上按获得资格给予奖励）促进了资格数量的显著增长。然而，尽管资格体系中规定职业资格与普通中等教育证书（GCSE）具有同等的价值，但大量 16 岁后的青少年从学徒制之外获得的 Level 2 及以下职业资格证书很少或根本没有劳动力市场价值，他们的工资水平特别低。因此，"低回报"的背后是 Level 2 及以下职业课程未能传授有价值的技能。③

3. 劳动力市场技能短缺

《沃尔夫报告》指出，人们普遍认为，随着科学技术迅猛发展，发达国家需要雇用越来越多的"知识工作者"，所有工作的技能要求都在迅速提高，而非熟练工作将消失。这些想法意味着青年失业或低回报可能是因为年轻人没有足够高的技能。然而，英国的就业市场就像大多数其他发达国家一样，不是倒"金字塔"，而是朝着"沙漏"的方向发展，顶部和底部都有增长，而中间则是收缩的。因此，在劳动力市场上，高回报的"顶级"岗位主要是数学技能，数学 Level 3 证书的薪酬比其他学科领域同级资格高出好几倍，也说明高水平的数学技能非常短缺；与此同时，"底部"岗位需求量最大的是销售助理、教学助理、护理助理、一般办公室助理等。这表明劳动力市场在"底部"和"顶部"均存在技能短缺现象。

这些问题集中表现出职业教育供给与劳动力市场需求不匹配的问题，意味着英国资格市场失灵了。其症结在于④：14—19 岁青少年获得的资格主要由政府设计；而且，政府还在不断采取措施，以加强对资格设计、实施的中央控制和集中决策。但是，来自劳动力市场的证据表明，政府集中开发资格的做法始终是非常无效的。由此，《沃尔夫报告》提出改革建议，政府应该退出职业资格的微观管理，而颁证组织应该有更大的自由发展，以便为 16—19 岁的学生提供符合他们意愿的

---

① Ofqual. 2010 Annual Qualifications Market Report ［R］. Coventry: Ofqual, 2010:21,26,33.

② Coles M. A Review of International and National Developments in the Use of Qualifications Frameworks ［R］. Amsterdam: the European Training Foundation, 2006:7.

③ Wolf A. Review of Vocational Education-The Wolf Report ［R］. London: DfE, 2011:52.

④ Wolf A. Review of Vocational Education-The Wolf Report ［R］. London: DfE, 2011:73.

职业资格。这份报告引发了英国政府对职业资格认证市场的重塑。

二、英国职业资格认证市场的重塑

《沃尔夫报告》发布后10多年来,英国政府对资格市场的治理方式发生了重大转向,从"加强管制"向"放松管制"转变,重塑新型的职业资格认证市场。其采取的重要改革举措主要是:营造宽松的职业资格认证市场内部环境,培育职业资格认证市场要素,细分职业资格认证市场,并加强职业资格认证市场的外部监管,以确保资格认证市场发挥匹配职业技术教育供需的功能。

(一)营造宽松的职业资格认证市场内部环境

2010年,资格与考试管理局(Ofqual)正式取代资格与课程委员会(QCA)成为英国规范、监管资格的专门机构。虽然二者同为资格监管机构,但其地位和职能发生了改变。2009年颁布的《学徒制、技能、儿童与学习法案》赋予其独立于政府,管理英国的资格、考试和评估,通过教育特别委员会直接向议会报告。因此,它的独立地位得到了加强。

《沃尔夫报告》发布之后,同年稍后颁布的《2011年教育法》转变了资格与考试管理局对于颁证组织的治理方式。具体来讲,资格与考试管理局负责制定认可颁证组织的标准,监管颁证组织的资格开发过程和财务可行性,要求颁证组织每年提交一份与其他信息和情报进行比较后得出的年度"合规"声明,对颁证组织不"合规"的情况可以采取处罚行动。概言之,政府管理职业资格的重点从资格认证转向对于颁证组织的认证和监管,并要求颁证组织进行自我约束。因而营造了宽松的职业资格市场内部环境。

(二)培育职业资格认证市场要素

从经济社会学角度出发,市场必须具备供应商、客户和产品三大要素,并形成买卖关系。[①] 通过政策的引导,英国政府培育资格市场三大要素及购买服务关系。在英国的职业资格认证市场,供应商是颁证组织,产品是职业资格及其衍生服务,而客户则是提供职业技术教育的院校,它们构成了职业资格市场要素。

一是供应商——颁证组织。英国的颁证组织从历史渊源上看是专业认证团体,大多数从行业协会及行业性质的团体发展而来,它们与雇主有着密切的联系。自20世纪80年代以来,英国政府对混乱的资格市场加强了监管,其结果出现了《沃尔夫报告》所陈述的问题。于是,2015年,英国政府以宽松的《规范资格框架》(RQF)取代严谨的《资格与学分框架》(QCF)。相比之下,《规范资格框架》使颁证组织有更大的自由设计高质量的资格和评价,并以创新方法响应雇主的需求。[②] 因此,颁证组织在数量上有了一定增长。目前,资格与考试管理局认证的颁证组织仍有161家,它们

---

① Frontier Economics. Assessing the Vocational Qualifications Market in England [R]. London: Department for Education, 2017:36—37.

② CCEA Regulation, QAA. Referencing the Qualifications Frameworks of England and Northern Ireland to the European Qualifications Framework [R]. Coventry: Ofqual, 2019:26.

负责资格的设计、开发、交付和颁发。可以说,它们提供了大约 18 100 项受监管的资格(职业的和学术的),颁发了超过 5 267 万个职业资格证书。① 颁证组织通过向继续教育学院、培训机构、第六学级学院等职业技术教育培训机构提供证书及其衍生服务而获得公共资金。相关资料显示,教育与培训机构平均每年将公共资金收入的 3% 用于考试,相当于约 2.15 亿英镑。② 这些资金培育了颁证组织,使其成为颇有实力的专业教育公司。

二是产品——职业资格及其衍生服务。 从市场的角度看,这里的产品应被称为"产品链",包含职业资格及其衍生服务。这条产品链囊括与职业资格有关的四个方面③:一是课程大纲和课程材料,包括课程中的资格内容,说明授予资格所需掌握的知识、技能或能力。二是有关课程大纲和课程材料的培训。颁证组织为确保教师熟悉需要涵盖的内容以及可用于支持学习和发展知识、技能和能力的材料而开展的工作。三是评价方法和质量保证的设计和实施。颁证组织制定适当方法以准确地评估学习者的知识、技能和能力,从而告知他们是否达到了获得资格证书的适当标准;指导和验证培训提供者的质量保证流程是否足够。四是资格证书的授予。颁证组织确保职业资格证书是在学习者已经达到所需的知识、技能和能力标准下被授予。特别要强调的是,上述产品链的完整供应源自颁证组织为培训提供者提供的持续支持。通常,颁证组织会通过给培训提供者委派公关经理,确保培训提供者随时获得所需的支持和建议。

三是消费者——职业技术教育与培训的提供者。 职业资格市场的消费者是颁证组织的直接客户——教育与培训提供者,包括学校、学院和独立培训提供者。目前,英国约有 350 所继续教育学院,包括第六学级学院(Sixth Form Colleges)、普通继续教育和职业技术学院;600 多家私立培训机构;1 160 多所设有第六学级班级(School Sixth Forms)的普通中学和 247 家成人社区学习与技能培训机构。④ 教育与培训提供者为学习者提供相关教学,其中一些人可能参加继续教育的职业资格考试,以便接受高等教育;一些人将接受职业培训,其目的是在获得职业资格后立即寻求就业岗位。

上述三要素建立起购买资格及其服务的关系:颁证组织作为供应商负责开发、提供职业资格及其衍生服务;教育与培训提供者,如继续教育学院、职业技术学院和独立的培训提供者,从颁证组织购买职业资格证书及相关课程资料和考试服务,它们就是最直接的客户。在这一过程中,职业资格自然就成为了被出售的产品;而资格与考试管理局的定位演变成职业资格认证市场的外部监管者,同时监管着颁证组织和职业资格。

---

① Ofqual. Annual Qualifications Market Report:2019 to 2020 Academic Year [R]. Coventry: Ofqual, 2021:3—6.
② Frontier Economics. Assessing the Vocational Qualifications Market in England [R]. London: Department for Education, 2017:21.
③ Frontier Economics. Assessing the Vocational Qualifications Market in England [R]. London: Department for Education, 2017:28.
④ Snelson S, Deyes K. Understanding the Further Education Market in England [R]. London: BIS, 2016:41—42.

（三）细分职业资格认证市场

英国职业资格认证市场是一个全国性市场，其范围包括英格兰、苏格兰和威尔士三个地区。就职业资格市场而言，它不是根据地区而是根据行业学科领域（Sector Subject Areas，简称 SSAs）进行划分的，保留了职业技术教育与培训的特征。细分职业资格认证市场旨在确定实际和潜在竞争的范围。如果产品（即特定职业资格）是强有力的替代品，它们会被视为密切的竞争对手。供应商（颁证组织）不仅在产品的质量和价格上，而且在各个方面进行竞争。就面向 16—19 岁青年基于课堂学习的一般职业资格而言，按照行业学科领域分两个层级，第一层级分为 15 个行业学科领域，包括 1-卫生、公共服务和护理、2-科学与数学、3-农业、园艺和动物护理、4-工程与制造技术、5-建筑、规划和建成环境、6-信息通信技术（ICT）、7-零售与商业企业、8-休闲、旅行和旅游业、9-艺术、媒体和出版业、10-历史、哲学和神学、11-社会科学、12-语言、文学和文化、13-教育与培训、14-为生活和工作做准备以及 15-商业、行政、金融和法律。每一行业学科领域（第一层级）又分为若干专业领域（第二层级），例如，卫生、公共服务和护理层级下面又分为医学和牙科、护理与医学相关的学科和职业、健康与社会关怀、公共服务、儿童发展和福祉等专业领域。[①]

那么颁证组织如何展开竞争呢？在某种意义上，它们之间的竞争往往发生在同一行业学科领域内。[②] 具体来讲：

其一，不同资格之间是充分区别的。 对于职业资格的需求，针对的是具体学科下的资格，这导致不同学科领域内的资格之间几乎不能相互替代。例如，如果护理资格的价格上涨 10%，继续教育学院将不会从购买护理资格转为购买建筑资格。因此，由于颁证组织的价格上涨或质量下降，培训提供者不太可能从一个学科领域的资格采购转向另一个学科领域的资格采购，只能向提供同一学科领域的资格的其他颁证组织购买。即便在同一学科领域内的第二层级内，寻求某一资格的替代资格也是困难的，因为需求往往指向非常具体的职业，例如，管道工的资格不能替代电工的资格等。

其二，颁证组织一般在资格的一个或两个学科领域内运行。 颁证组织在资格的学科领域之间的流动是有限的，其跨学科的资格转向比学科内的资格转向更加困难，因此，颁证组织可以在一个学科领域内提供一系列资格，但难以扩展到资格的新的学科领域。这样，就造成了在同一学科领域内运行的颁证组织由于难以扩展业务，而不得不进行相互竞争。

其三，多数客户与颁证组织签订一揽子合同。 为了节省成本，教育与培训提供者习惯从一个颁证组织购买所有的或多个资格，而不是从多个颁证组织那里获得资格。可以说，颁证组织是在竞争培训提供者的整个业务，而不是与其他颁证组织竞争业务中的某一资格。这种非此即彼的

---

① Ofqual. Qualification Descriptions [EB/OL]. [2021 - 03 - 07]. https://www.gov.uk/government/publications/types-of-regulated-qualifications/qualification-descriptions.

② Frontier Economics. Assessing the Vocational Qualifications Market in England [R]. London: Department for Education, 2017:39.

选择,必然会加剧颁证组织之间的竞争,结果促使颁证组织提供高质量的资格和课程。

(四) 加强职业资格市场的外部监管

英国资格与考试管理局,在职业资格市场内部营造了宽松的环境,但加强了对市场的外部监管,主要通过增加职业资格市场透明度与对资格市场运行效果评估来实现。

1. 增加职业资格认证市场透明度

自2010年开始,资格与考试管理局开始编写《资格认证市场年度报告》(*Annual Qualifications Market Report*)并在官网上发布,旨在增加资格市场(包括职业资格市场)的透明度,解决资格市场不够透明的积疾。报告主要从数据入手,公布资格和资格证书类型、数量以及颁证组织的数量与构成,并同前一年的相关数据进行对比,以考察不同资格、资格证书、颁证组织的增减幅度与市场份额,探讨资格市场变化的影响因素。《资格认证市场年度报告》可以发挥三方面作用:首先,有助于大众了解当前职业资格市场的变化,利益相关者可以轻松锁定当前和未来一段时间最可靠的几个颁证组织、最热门的资格类型与学科领域。其次,对颁证组织的市场份额的排名,有助于对颁证组织形成压力。例如,《2019—2020学年资格认证市场报告》显示,颁证数量排名前20名的颁证组织颁发数量占91%。伦敦艺术大学和国际文凭组织首次跻身前20名的颁证组织行列。[①] 第三,能像"镜子"一样反映出教育政策实施的效果。例如,上述同一份报告中列出了"重点关注"资格,一是技术与应用性通用资格(Technical and Applied General Qualifications),二是基本技能资格(Functional Skills Qualifications)。其中,持有证书的资格数量增幅最大的是基本技能资格,增长了30%。这是英国政府在2016年颁布的白皮书《16岁后技能计划》全力推进的改革,旨在加强技术以及英语和数学方面的基本技能教育,说明该政策实施见效。

2. 评估职业资格认证市场运行效果

英国政府的外部监管还对职业资格认证市场运行效果进行了评估。2017年,英国政府首次委托欧洲"前沿经济学"(Frontier Economics)咨询公司对英国职业资格认证市场运行效果进行评估,并发表《职业资格认证市场评估报告》(*Assessing the Vocational Qualifications Market in England*)(以下简称《评估报告》)。其中包括:

(1) 评估指标

评估指标的提炼源于2016年英国技术教育独立小组发布的《塞恩斯伯里报告》(*Sainsbury Report*)。该报告指出:"我们的技术教育资格和认证体系的主要目的是向雇主发出信号,某人可以做什么。证书是否具有真正的劳动力市场流通性(Currency),以雇主选择雇佣拥有技术教育证书的人,而不是没有技术教育证书的人为证据,从而使个人和家长了解技术教育的价值。"[②]

---

① Ofqual. Annual Qualifications Market Report:2019 to 2020 Academic Year [R]. Coventry: Ofqual, 2021:4—5.

② Sainsbury D. Report of the Independent Panel on Technical Education [R]. London: Department for Business, Innovation and Skills, 2016:55,8—11.

如果职业资格认证市场要有效运作，那么职业资格需满足以下四个特征（简称 RRRI）①：可识别性（Recognizable），指如果所有的利益相关者都能快速、轻松地确定学习者的技能水平，则资格是可识别的；严格性（Rigorous），指如果所有持有某一特定资格的学习者都达到了所要求的标准，则资格是严格的；反应敏捷性（Responsive），指如果资格的内容是相关的，并且能积极回应雇主和学习者的需求变化，则资格反应是敏捷的；创新性（Innovative），指如果能够找到新的更好的方法来满足当前或预期的需求，资格具有创新性。

评估从两个维度进行：一是可识别性和严格性，二是反应敏捷性和创新性。前者主要考察某一领域职业资格拥有者一年后的持续就业率、薪酬水平、对企业和生产力的贡献以及雇主对其技能水平的认可程度等；后者着重考察雇主参与创造资格程度、某一特定领域的资格提供与雇主需求相匹配的程度以及市场进入程度（新的资格或新的颁证组织出现）。

（2）评估结果

《评估报告》公布了英国 16—19 岁青年的职业资格认证市场中各行业学科领域在 RRRI 特征上的整体表现。

根据图 6-1 所示，在左下角，运动、休闲和娱乐、手工艺、创意艺术和设计、健康与社会关怀、动物护理与兽医科学以及酒店和餐饮这五个行业学科领域在可识别性、严格性、反应敏捷性和创新性方面的得分均最高，是热门专业领域；"技术"科目包括制造技术、工程、建筑与结构以及会计

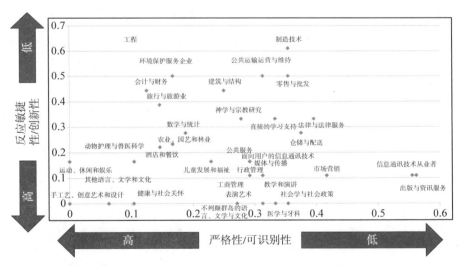

图 6-1　英国 16—19 岁青年不同学科领域职业资格在资格认证市场表现图
资料来源：Frontier Economics. Assessing the Vocational Qualifications Market in England［R］. London：Department for Education, 2017.

① Frontier Economics. Assessing the Vocational Qualifications Market in England［R］. London：Department for Education, 2017：52.

与金融,这些科目比较容易辨识和严谨,但与其他科目相比,反应不是特别灵敏、创新性也较弱。此外,与其他科目相比,运输运营和维护、零售和批发行业的职业资格在识别能力和严谨性、反应能力和创新能力等方面均表现不佳。

因此,《评估报告》最后得出结论:各学科领域在四个特征上影响因表现各不相同而体现出资格认证市场的多样性,并建议政府对不同的行业学科领域应制定不同的调控政策。

三、英国职业资格认证市场的运作模式与特征

经过重塑的英国职业资格认证市场在具体运行上既独立于政府,又接受政府的外部监管,形成独特的运作模式与特征。

(一) 职业资格认证市场的运作模式

英国职业资格认证市场经过重塑形成了以下运行模式:中学、职业技术学院和培训机构作为资格的购买者往往受到政府问责措施、资金问题、学生需求和机构自身发展的影响,自主选择购买资格的颁证组织。而颁证组织作为提供资格的机构,会对劳动力市场的资格需求以及政府的激励机制做出回应,以满足政府政策要求和劳动力市场不断变化的技能需求,从而提高自身竞争力。资格的获得者学生试图借助资格在升学或工作中取得成功,因而不得不考虑各种资格在市场中的受欢迎程度,并详细了解资格的管理制度。高等教育机构及雇主则被认为是资格的最终用户,它对人才的知识、技能和理解力是否达到其所需标准,给予颁证组织以有关资格价值的反馈。由此可见,在市场需求和政策引导的双重驱动下,资格的利益相关者之间最终形成了一种市场运行模式,如图 6-2 所示:

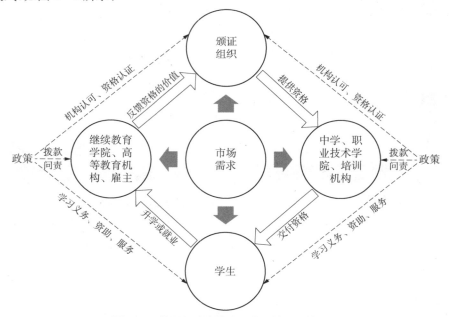

图 6-2 英国职业资格认证市场的运作模式图

（二）英国职业资格认证市场的特征

英国职业资格认证市场的特征主要体现在以下三个方面：

1. 英国职业资格认证市场以颁证组织为市场主体

英国的颁证组织是由英国行业协会或学会发展起来的专业教育公司，既有营利机构也有非营利机构，但完全是民间性质，如伦敦城市行业协会（City & Guilds）、培生集团（Pearson）以及北方继续教育委员会（Northern Council for Further Education，简称 NCFE）等。这与美、德两国职业资格由与政府合作的机构颁发有很大的不同。

英国职业资格认证市场重塑的起因是政府主导设计的国家资格框架限制了颁证组织开发资格的空间，导致资格更新缓慢，赶不上劳动力市场的变化。诚如沃尔夫教授所言："经济变革具有快速性以及不可预测的性质"。[①] 基于这一认识，英国政府从严格管制资格的治理模式向放松管制、营造宽松市场环境的治理模式转型，为颁证组织提供更大的发展资格的空间，确保颁证组织能够产生满足当下及未来用户需求的有效资格，以解决职业技术教育供给与劳动力市场需求相匹配这一难题。颁证组织作为职业资格认证市场的主体不仅承担起职业资格的设计、开发、交付和颁发，而且提供与资格配套的课程大纲和课程材料，甚至对教师提供培训等。颁证组织为了在资格认证市场竞争中赢得更多公共资金，必须开发出高质量的职业资格。颁证组织往往将开发新的职业资格作为最重要、最有挑战性工作，一般配有专业开发团队，且开发周期需要 2—3 年。例如，克罗斯菲尔德研究所（Crossfields Institute）网站显示，该公司认识到随着社区果园越来越受欢迎，需要技术人员发展和维护它们，他们通过多方调研，开发了"社区果园维护"专业 3 级资格证书。[②] 可见，当颁证组织被赋予市场主体地位的时候，在开发职业资格上比政府主导设计更具主动性、专业性和前瞻性。

2. 英国职业资格认证市场是政府监管下的结构化市场

英国职业资格认证市场重塑实质上是放松对市场内部管制的改革，但并没有回到原先的自由市场，而是加强了市场外部的规管，体现了结构主义市场理论描述的特征。结构主义市场理论学者哈里森·怀特（Harrison C. White）认为，市场并不是平板一块，只有交换的市场（古典经济学观点），而是有生产商参与的结构性的市场，并表现出三方面特征：一是供应商之间是有差别的；二是市场是有结构的；三是这种结构是相对稳定的，但可以不断地再生。[③]

英国政府以行业学科领域划分职业资格认证市场，并通过《资格认证市场年度报告》《职业资格认证市场评估报告》强化这种市场结构。一方面，结构化市场塑造着颁证组织之间的竞争关系，激发他们以创新方式满足客户需求，因此，颁证组织也是生产商，产出职业资格及其衍生服

① Wolf A. Review of Vocational Education-The Wolf Report [R]. London: DfE, 2011:36.

② Crossfields Institute. How to Develop a Qualification? [EB/OL]. (2017 - 09 - 16)[2021 - 09 - 15]. https://crossfieldsinstitute. com/qualification-development/.

③ White H C. Where Do Markets Come From?[J]. American Journal of Sociology, 1981,87(3):517—547.

务;另一方面,结构化市场有利于政府对市场的监管和引导。例如,为了应对科技发展对技术人才的需求,英国政府于 2017 年推出 T Level 新的资格类型,政府要求资格与考试管理局尽快对符合条件的颁证组织及其交付的资格证书方案进行认证,确保资格达到技术质量标准[①]。总之,结构化资格认证市场十分有利于政府对资格认证市场分类规管和引导,使市场既保持创新活力又能有序发展。

3. 英国职业资格认证市场以追求效率和创新为主导价值

2016 年发表的《塞恩斯伯里报告》指出,现有的英国资格证书认证体系仍然过于复杂,建议政府放弃市场竞争模式,采取授权制模式(一个行业学科领域授权一个颁证组织或一个颁证组织联合体),以减少颁证组织数量和资格证书类型。[②] 但值得注意的是,英国政府并未采取该报告的建议取消市场竞争模式。欧洲"前沿经济学"咨询公司发布的《评估报告》对授权制模式和市场竞争模式进行了比较,认为授权制模式在严谨性和可识别性上有优势,而市场竞争模式在反应敏捷性和创新性上有优势。因此,资格市场改革方案主要取决于决策者正在努力实现的目标,即他们是重视可识别性和严谨性,还是重视反应敏捷性和创新性。[③]

从后续发展来看,英国政府继续保留了市场竞争模式,表明英国政府更加看重职业资格对劳动力市场需求的反应敏捷性和创新性,即满足雇主随着时间的推移而不断变化的需求,能够为生产力发展和技术劳动力培养作出贡献。这一价值取向与英国自 20 世纪 80 年代以来奉行的新自由主义政策理念高度吻合。正如加拿大学者杰米·佩克(Jamie Peck)所指出的,在新自由主义话语里竞争性市场促进效率和创新的增长。[④]

第二节　供需信息匹配:英国劳动力市场信息系统的运作机制

如果说自 2011 年以来英国职业资格认证市场的重塑以及《资格认证市场年度报告》数据的发布,促进了职业资格认证市场更加透明,竞争更加公平,激励颁证组织向职业技术教育和培训机构提供高质量职业技术教育大纲与课程赢得政府公共资金,在政府、颁证组织、职业技术教育与培训机构、学生以及高等教育机构或雇主之间形成几乎闭环的劳动力市场动态的供需匹配系统;那么,2011 年英国政府着手开发的劳动力市场供需信息系统则是一个开放的、更加广泛的利益相关者参与的,多接口的劳动力供需信息匹配机制。

---

① Department for Education. T-Levels Accountability Statement [EB/OL]. (2019 - 03 - 08) [2023 - 04 - 13]. https://www.gov.uk/government/publications/t-level-accountability-statement.

② Sainsbury D. Report of the Independent Panel on Technical Education [R]. London: Department for Business, Innovation and Skills, 2016:8—11.

③ Frontier Economics. Assessing the Vocational Qualifications Market in England [R]. London: Department for Education, 2017:140.

④ Peck J. Constructions of Neoliberal Reason [M]. New York: Oxford University Press, 2010:65.

一、英国政府促进劳动力市场供需信息系统建设的政策发展

2011年是英国职业教育与劳动力市场需求匹配问题提上政府议程的关键节点。是年，著名的《沃尔夫报告》发表，该报告审查了英国自1992年以年来职业教育发展，指出其存在劳动力市场需求与职业教育供给不匹配等问题①。它推动了相当一部分机制构成要素的诞生与发展。

首先，为回应《沃尔夫报告》，英国就业与技能委员会（UKCES）开始实施"雇主技能调查"（The Employer Skills Survey，简称ESS）并发布《雇主技能调查报告》反映雇主的技能需求、技能投资及招聘要求；2011年12月，商务、创新和技能部发布《新的机遇、新的挑战》（New Challenges New Chances）建议开启"国家职业服务"（National Careers Service），向年轻人和成年人提供面对面、电话及网络职业信息、咨询和指导。②

2011年10月，约翰·霍尔曼（John Holman）爵士在政府《增长评估》（Growth Review）中提出，应该开发一个坚实而全面的劳动力市场信息（LMI）知识库，使用户特别是学习者及其父母能够访问高质量的LMI，从而能够在职业、教育和培训选择方面做出更好、更明智的决定。同年，英国联合政府首个重要的教育立法《2011年教育法案》（the Education Act 2011）对年轻人的职业支持进行了重大改变，解散了地方政府的衔接（Connexions）服务，且地方当局不再有责任提供普遍的职业指导，这昭示了职业信息、建议和指导格局的新时代的来临。

2012年，政府发布《公开数据白皮书——释放潜能》（Open Date White Paper—Unleashing Poteintional）开放了对公共资助数据集的访问。③ 随后，政府着手建立"全民劳动力市场信息数据库"（LMI for All）并在2012—2015年完成试点。"LMI for All"将劳动力市场信息数据整合到统一平台，扩大了高质量劳动力市场信息的使用；2014年10月，财政大臣《秋季声明》宣布投资2000万英镑④，为年轻人提供就业建议和支持。

疫情大流行期间，年轻人对高质量劳动力市场信息的需求增强，政府加大了对劳动力信息系统建设的投入，不断更新、补充"LMI for All"的数据来源，开发新的提供职业信息的小工具供个人和其他组织使用。2021年，政府发布的白皮书《工作技能：为机遇和成长而终身学习》（Skills for Jobs：Lifelong Learning for Opportunity and Growth）将提供强有力、高质量的劳动力市场信息作为终身技能保障计划的一部分。白皮书特别重视地方层面的技能供需匹配，建议成立"本地商业会员组织"，邀请获得认可的商会和其他商业代表组织与本地院校密切合作，共同制定"本地技

① Wolf A. Review of Vocational Education — the Wolf Report［R］. London: DfE, 2011:8.

② Department for Business, Innovation and Skills. New challenges, New chances Further Education and Skills System Reform Plan: Building A World Class Skills System［R］. London: BIS, 2011:7.

③ HM Goverment. Open Date White Paper—Unleashing Poteintional［R］. London: Her Majesty's The Stationery Office, 2012:17—18.

④ HM Treasury. Autumn Statement 2014［EB/OL］. (2014 - 12 - 30)［2021 - 06 - 13］. https://www.gov.uk/government/uploads/system/uploads/attachment_data/file/382327/44695_Accessible.pdf.

能提升计划",使院校的技能供应满足当地劳动力市场的技能需求。① 自此,英国职业技术教育供需信息匹配机制获得了新的发展。

二、英国劳动力市场供需信息系统的结构

英国学者伊凡·马汀(Ivan Martin,2011)对劳动力市场信息系统(Labour Market Information System,LMIS)有过权威分析。他认为"LMIS 是一套体制安排、程序和机制,一个国家可藉此确保所有有关的劳动力市场信息被收集、分享和输送给有关机构,以便进行分析和处理,成为劳动力市场匹配和政策规划过程。"②马汀在"理想的劳动力市场信息系统"模型中,强调任何 LMIS 的真正基本要素是在相关机构之间建立合理的职能分工的体制框架、机构间协调的业务机制、与私营部门行为者(无论是研究中心还是社会伙伴)互动的外联机制,以及最重要的是在各机构之间流畅地传播信息。同时,他将劳动力市场信息系统看成动态过程,认为应该包含**劳动力供给信息、劳动力需求信息、劳动力市场信息的整合、劳动力市场信息匹配与传播**四个组成部分。下面用马丁理论分析英国劳动力市场供需(包括职教人才)信息系统的四个构成部分。以英国劳动力市场供需信息主体的组织架构来分析劳动力市场信息整合过程。

1. 政府部门与产业界权威机构提供最权威、最基础的需求信息

这里的政府部门主要是英国国家统计局、教育部、资格与考试管理局,以及教育与技能资助署,这些机构共同搭建起了信息系统从宏观到微观的传播劳动力需求信息的组织框架并传播官方最权威、最基础性的信息。

(1) 国家统计局发布《统计公报》

成立于 1996 年的国家统计局(ONS)是英国政府最大的官方统计机构,它的前身是 1941 年便建立的中央统计局(CSO)。国家统计局作为非部级政府部门直接向英国议会报告,负责收集和发布国家、地区和地方各级的经济、人口和社会统计数据。有关劳动力市场的官方数据可通过定期编制的统计公报、资讯图表及报告查阅。具体来说,国家统计局负责劳动力调查(the Labour Force Survey:LFS)、工时和收入年度调查(ASHE)、商业登记和就业调查(BRES)、商业人口统计和人口普查。③ 其中,劳动力调查(LFS)是政府支持的全国性大型调查,其收集的数据广泛且宏观,大致覆盖了整个劳动力市场,包括人们工作的所有方面、为工作做准备的教育和培训、工作本

① Department for Education. Skills for Jobs: Lifelong Learning for Opportunity and Growth [R]. London: DfE, 2021:15—16.

② Attwell G, Hughes D. Learning About Careers: Open Data And Labour Market Intelligence [J]. RIED-Revista Iberoamericana de Educación a Distancia, 2019,22(1):81—106.

③ CEDEFOP. Labour market information and guidance [R/OL]. (2016 - 10 - 25) [2021 - 07 - 08]. https://www.cedefop.europa.eu/files/5555_en_case_study_england.pdf.

身、失业者以及无福利人群的求职。① LFS 自 1973 年开始实施以来，开展得越来越频繁。最开始是两年开展一次，接着增加为一年一次，1992 年以后，更是变化为按季度开展。此外，工时和收入年度调查(ASHE)收集所有行业和职业中的英国雇员的数据按性别、全职或兼职身份分列的收入和工时水平。② 商业登记和就业调查(BRES)是根据详细的地理位置和行业统计雇员和就业的官方资料来源。③ 统计局调查获得数据最终形成《统计公报》。

数据的重要用户包括英国财政部、就业与养老金部以及商业、能源和工业战略部，他们关注劳动力市场状况的各种指标，包括就业人数、工作时数和失业人数，经常按年龄组、地区和性别分析这些数据。LFS 的数据能够为地方当局、工会大会(TUC)、雇主(雇主协会、英国工业联合会)、研究所(就业研究所、公共政策研究所、国家经济和社会研究所、政策研究所、财政研究所)、学术研究人员、媒体和公众所获取。④

（2）教育部发布"就业前景"和"雇主技能调查"

经过 2010 年改制的教育部(DfE)负责英格兰的儿童服务和教育，包括学校、继续教育政策、学徒制和更广泛的技能等，与照料儿童的国家和地方机构、地方政府，以及活跃在学校、继续教育机构、儿童服务机构的专业人员有着密切合作。⑤ 2016 年以后，随着英国就业与技能委员会(UKCES)的关闭，教育部开始接手其核心产品——"就业前景"(Working Futures)和雇主技能调查(ESS)。"就业前景"是英国自 2002 年以来每 2—3 年进行的一系列面向行业的较为全面的劳动力市场预测，2008 年之前由行业技能发展局(SSDA)负责，2008 年开始由英国就业与技能委员会(UKCES)接管，2016 年委员会解散后开始接受教育部的资助和管辖。"就业前景"的主要目的是为有关技能、职业和就业的政策发展和战略提供信息。⑥ 这些信息被视为进行讨论的有力基准，与各种其他劳动力市场信息来源一起使用。⑦

① Office for National Statistics. Labour Force Survey [EB/OL]. [2021 - 06 - 06]. https://www.ons.gov.uk/surveys/informationforhouseholdsandindividuals/householdandindividualsurveys/labourforcesurvey.

② Office for National Statistics. Annual Survey of Hours and Earnings: 2017 provisional and 2016 revised results[EB/OL]. (2017 - 10 - 26)[2021 - 04 - 13]. https://www.ons.gov.uk/employmentandlabourmarket/peopleinwork/earningsandworkinghours/bulletins/annualsurveyofhoursandearnings/2017provisionaland2016revisedresults.

③ Office for National Statistics. UK Business Register and Employment Survey: provisional results 2017, revised results 2016 [EB/OL]. (2018 - 09 - 27)[2021 - 04 - 13]. https://www.ons.gov.uk/employmentandlabourmarket/peopleinwork/employmentandemployeetypes/bulletins/businessregisterandemploymentsurveybresprovisionalresults/provisionalresults2017revisedresults2016.

④ Office for National Statistics. Labour Force Survey (LFS) QMI [EB/OL]. [2021 - 04 - 13]. https://www.ons.gov.uk/employmentandlabourmarket/peopleinwork/employmentandemployeetypes/methodologies/labourforcesurveylfsqmi.

⑤ Department for Education. About us [EB/OL]. [2021 - 07 - 19]. https://www.gov.uk/government/organisations/department-for-education/about.

⑥ Warwick Institute for Employment Research. Working Futures [EB/OL]. [2023 - 04 - 13]. https://warwick.ac.uk/fac/soc/ier/research/wf/.

⑦ Department for Education. Working Futures 2017—2027: Long-run labour market and skills projections for the UK [EB/OL]. (2020 - 02 - 28)[2023 - 04 - 13]. https://assets.publishing.service.gov.uk/government/uploads/system/uploads/attachment_data/file/863506/Working_Futures_ Main_Report.pdf.

雇主技能调查(the Employer Skills Survey，ESS)着眼于员工培训和发展、因技能短缺而出现的职位空缺、员工技能缺口、辍学者的招聘等方面，以全面而准确地反映英国企业的技能需求和培训投资。英国雇主技能调查是全球同类调查中规模最大的调查之一。[①] 雇主技能调查每两年进行一次，从 2011 年开始的前三次调查是委托英国就业与技能委员会进行的，2016 年该委员会关闭后，ESS 系列的责任就转移到了教育部。这两个调查或多或少都有利用来自国家统计局的数据。

(3) 学徒制与技术教育研究所提供反映产业需求的"职业路线"与"职业地图"

依据《2017 年技术和继续教育法案》，英国政府于 2017 年 4 月成立"学徒制与技术教育研究所"作为教育部资助的非政府公共机构，接受教育部领导。学徒制与技术教育研究所由雇主主导，是学徒和技术教育系统内雇主的权威发声者，其工作接受由雇主、商业领袖及其代表组成的主席团及其委员会的监督。学徒制与技术教育研究所主要负责制定、批准、审查和修订与学徒和技术教育有关的职业标准、职业路线、职业地图以及技术资格。[②]

职业路线通过分析当前的劳动力市场信息和对未来技能需求的预测来制定，以确保培养的人才符合产业发展的需求。[③] 目前 15 条"职业路线"包括教育与儿童保育，建造，数字，健康与科学，法律、金融与会计，商业与管理，工程与制造，美容美发，餐饮酒店，农业、环境与动物护理，创新与设计，安保服务，社会服务，交通与物流，市场营销与采购。[④]"职业地图"则提供更广泛的职业发展信息，共 15 张，每条职业路线一张。它展示了技术教育(包括学徒制、高等技术资格和 T Level)的发展方向，帮助雇主和个人了解晋升途径，以及不同级别的职业是如何联系在一起的。[⑤]"职业路线"和"职业地图"动态地接受研究所的定期审查和修改，会随着职业的发展和新职业的出现而更新。

(4) 工业联合会发布《教育与技能调查报告》

英国工业联合会(CBI)是英国最有效率和影响力的商业组织，它代表数量庞大的不同规模、不同行业、不同地区的企业行使话语权。CBI 致力于通过建立广泛的合作伙伴关系以及与政府建立联系，以解决阻碍企业发挥作用的问题，为实现面向经济和社会繁荣的变革而努力，主要通过

① UK Commission for Employment and Skills. Labour Market Intelligence：Enabling Better Decisions [EB/OL]. (2015 - 12 - 10)[2023 - 04 - 13]. https://www.gov.uk/government/publications/labour-market-intelligence-enabling-better-decisions.

② IfATE. Welcome to the Instiute for Apprenticeships and Technical Education [EB/OL]. [2023 - 07 - 20]. https://www.instituteforapprenticeships.org/about/what-we-do/.

③ Sainsbury D. Report of the Independent Panel on Technical Education [R]. London: Department for Business, Innovation and Skills, 2016：33.

④ Department for Business, Innovation and Skills, Department for Education. Post-16 Skills Plan [R]. London: Her Majesty's Stationery Office, 2016.

⑤ IfATE. Occupational Maps [EB/OL]. [2023 - 07 - 20]. https://www.instituteforapprenticeships.org/occupational-maps/.

倡议、合作、分享、赋权四种方式促成积极的改变。倡议，即表明立场，以一个响亮的、有影响力的声音代表各行业向大众发声，为真正改变对企业最重要的政策而奔走。合作，就是把企业和政府联系在一起，通过每年与政治利益相关者举行数百次会议同决策者分享方针决策的真实商业影响。分享，是指将渴望变革的商界领袖聚集在一起，使他们能够从长远考虑，分享最佳实践并挑战现状。CBI还赋予企业情报，帮助他们做出明智的决定，支持企业放眼未来，预测风险。CBI自2008年开始主导实施年度教育和技能调查，其专门的教育和技能团队负责将相关发现和证据汇集在一起形成报告，以了解雇主如何看待教育体系是否有效。调查汇集了大量来自其所代表的雇主的证据、数据和见解，有利于提高CBI、政府、教育机构以及大众对教育影响的理解。

工业联合会按年度发布的《教育与技能调查报告》的标题都依据该年度调查的结果与结论而厘定，因此并不一致，如2017年至2019年间的三份《教育和技能调查报告》分别名为"技能需求须即刻推动改革""现代世界的教育""现代世界的教育和学习"。报告之间的共通点在于，聚焦当下商业企业最亟待解决、最突出的教育和技能问题，立足于来自广大商业企业的一手信息数据进行统计分析，进而对当前的劳动力技能和教育供给侧提出培养和发展建议，具有较大的可靠性和针对性。

2. 资格与考试管理局、教育与技能资助署提供劳动力供给信息

英国劳动力供给信息主要由政府设置的、经费赞助的非部级公共部门提供，其中资格与考试管理局、教育与技能资助署提供权威的、具有各种技能的劳动力供给信息。

（1）资格与考试管理局提供《资格认证市场年度报告》

资格与考试管理局（Ofqual）是于2009年成立的非部级政府部门，其前身是资格与课程管理局。2008年，资格与课程管理局发布第一份《资格认证市场年度报告》，反映资格认证市场当前形势并预测未来需求。资格与考试管理局取代资格与课程管理局后，继续发布《资格认证市场年度报告》，供其自身、资格开发者——颁证组织（AOs）、教育机构和政府等利益相关者了解资格认证市场的当前形式和需求，从而依据市场需求调整资格供给。报告从数据入手，主要关注公布资格和资格证书的数量与类型，以及颁证组织的数量与构成，并同上一年的相关数据进行对比，[①]以考察分析不同资格、资格证书、颁证组织的增减幅度与市场份额，探讨资格认证市场变化的驱动因素，预测市场未来的发展趋势。2016年之后，资格认证市场中的职业资格日渐攀升，这与劳动力市场对技能型人才的迫切需求紧密相关，《资格认证市场年度报告》较之前逐渐出现了职业资格（Vocational Qualifications）、技术与应用型普通资格（Technical and Applied General Qualifications）、基本型技能资格（Functional Skills Qualifications）、国际资格证书（International Certifications）等这

① Ofqual. Annual Qualifications Market Report England, Wales and Northern Ireland Academic year 2015/16 ［R/OL］. (2017－07－20)［2023－04－13］. https://assets. publishing. service. gov. uk/media/5a81e540ed915d74e6234b15/ Annual-qualifications-market-report-England-Wales-and-Northern-Ireland-2015-16. pdf.

些之前较少甚至并无涉及的内容。①《资格认证市场年度报告》在官网公开，是检测供给资格市场效用的"镜子"，对调整资格供给具有重要参考意义。

（2）教育与技能资助署提供"职业技术院校与课程"数据

教育与技能资助署（ESFA）由教育资助局（EFA）和技能资助局（SFA）于2017年合并而成，是英国政府的一个执行机构，由教育部赞助。它整合了教育资助局（EFA）和技能资助机构（SFA）的现有职责，负责为儿童、年轻人和成年人的教育、学徒和培训提供资金，并监督和运营国家学徒服务和国家职业服务。自"全民劳动力市场信息数据库"建设以来，教育与技能资助署开始为其提供供给侧信息。教育与技能资助署通过开放政府许可证发布了一份课程目录（包括三个数据集：场地、供应商和地区的课程）。该目录载有与教育与技能资助署签约的4000多个职业技术院校提供的课程信息，包括学院、学校、私人培训提供者和地方教育当局。课程包括成人继续教育、成人社区学习、学徒以及针对16—18岁人群的课程。该课程目录每月更新一次，并同步更新到"全民劳动力市场信息数据库"。② 教育与技能资助署的课程目录数据集是英国职业技术教育重要的供给信息。

（3）高等教育统计局提供"毕业生成果调查"数据

2018年，高等教育统计局（HESA）进行"毕业生成果调查"取代了之前的"毕业生目的地调查"（DLHE）。"毕业生成果调查"涵盖了英格兰、威尔士和北爱尔兰的英国高等教育机构（HEPs）和继续教育学院（FECs），旨在了解最近的毕业生是否就业，是否继续深造或正在做其他事情。它还要求毕业生反思他们的教育是如何促成他们今天的成就的，所有在英国完成高等教育课程的毕业生将被要求在他们完成学业15个月后参加这项调查。"毕业生成果调查"是重要的劳动力供给信息，被纳入到"全民劳动力市场信息数据库"中。

3. 教育部负责劳动力供需信息整合平台的建设与监管——"全民劳动力市场信息数据库"

自2012年以来，"全民劳动力市场信息数据库"（LMI for All）服务在英国就业和技能委员会的资助下，由华威大学就业研究所（IER）和教育技术组织Pontydysgu合作运营，2016年由教育部接管。"全民劳动力市场信息数据库"以职业为重点将劳动力市场信息连接起来并免费开放，其目的是优化获取和使用国家核心数据源，开发人员可以利用这些数据源创建网站和应用程序，以支持个人劳动力市场转型和职业决策。③ 该数据库目前主要有以下几种数据来源：国家统计局的"工时和收入年度调查"（ASHE）、"劳动力调查"（LFS）以及"职业说明"（ONS），教育部的"工作前景"（WF）和"雇主技能调查"（ESS），就业及退休金事务部（DWP）的职位空缺数据，美国技能、知

---

① Ofqual. Annual Qualifications Market Report: Academic Year 2019 to 2020［EB/OL］. (2021－2－11)［2023－08－14］. https://www.gov.uk/government/statistics/annual-qualifications-market-report-academic-year-2019-to-2020.

② Department for Education. Enhancing A Labour Market Information Database: LMI for All［R］. London: DfE, 2021: 19.

③ Attwell G, Hughes D. Learning About Careers: Open Data and Labour Market Intelligence［J］. RIED-Revista Iberoamericana de Educación a Distancia, 2019, 22(1):81—106.

识、能力和兴趣数据库(O＊NET)，教育与技能资助署的课程目录以及高等教育统计局(HESA)的"毕业生成果调查"等数据，[①]这从本质上讲，该数据库是英国劳动力市场供需信息的整合平台。该平台使这些数据处于动态更新的状态。"全民劳动力市场信息数据库"通过一个在线数据门户网站(http://www.lmiforall.org.uk)向所有人开放。

目前"全民劳动力市场信息数据库"还开发了 Skillsometer 和 Careerometer 两个就业指导小工具。Skillsometer 可以帮助学生发现将来自己可能喜欢做什么工作，Careerometer 可以用来探索和比较职业的关键信息，它提供了职业描述以及不同职业的薪酬、每周工作时间和未来就业前景等英国头条数据。精选第三方开发人员可以通过两种途径使用"全民劳动力市场信息数据库"服务，一是运用"全民劳动力市场信息数据库"的数据开发第三方网站或应用程序；二是直接将"全民劳动力市场信息数据库"服务研发的小工具嵌入到第三方网站或应用程序中。

"全民劳动力市场信息数据库"作为整合信息的平台在英国职业技术教育供需信息共享中发挥着重要作用。首先，它帮助职业顾问、就业指导师以及其他职业和就业从业人员了解劳动力市场中"供应"和"需求"之间的动态变化和相互作用；其次，它还帮助决策者和规划者为未来的劳动力市场制定策略；此外，它还帮助课程设计者和课程开发者确定那些从事教育和培训项目的人在未来所需要的技能。[②]

4. 公共机构、私营部门参与劳动力市场供需信息的匹配与传播

公共机构是由政府设置的、具有一定独立性的非政府部门(NDPBs)，如职业和企业公司；私营部门则是具有较强数据研究实力的营利性科研公司。它们在需求侧与供给侧之间搭建有效沟通的桥梁，发挥了劳动力需求信息的分析、匹配和传播作用。

(1) 职业和企业公司(CEC)

为了促进和帮助年轻人就业，2014 年，英国政府成立了职业和企业公司(the Careers & Enterprise Company)，承担雇主、学校、学院、资助者和私立职业教育机构的策略性协调职能，并为年轻人(12 至 18 岁)提供高影响力的就业和企业支援。[③] 职业和企业公司由雇主领导且独立于政府，它的任务是以地方为重点，使院校和雇主能够建立有效的合作关系，并建立地区之间的内在联系，从而使良好的实践在全国范围内得以共享，帮助院校提供世界级的职业支持，这主要通过建立企业顾问网络、为职业领袖提供培训和助学金支持以及为院校提供职业指导工具三方面

① Department for Education. Enhancing a Labour Market Information Database: LMI for All Stakeholder Engagement and Usage, Data and Technical Developments (2019—2020) [R]. London: DfE, 2021:14.
② Attwell G, Hughes D. Learning About Careers: Open Data and Labour Market Intelligence [J]. RIED-Revista Iberoamericana de Educación a Distancia, 2019,22(1):81—106.
③ Department for Education. Careers Strategy: Making the Most of Everyone's Skills and Talents [R]. London: DfE, 2017:5.

来实现。① 首先,职业和企业公司在运作的头两年里,与英格兰各地的地方企业伙伴关系合作,建立并共同资助了一个全国企业协调员网络。企业协调员接受培训,与学校和学院的领导团队合作,帮助建立职业规划和制定雇主参与计划。其次,职业和企业公司为每个学校或学院选出来的职业领袖提供免费的培训项目和奖学金资助,职业领袖通常是学校高级领导团队的成员,负责学校或学院职业规划的实施和问责。再次,职业和企业公司和盖茨比基金会合作开发了面向学生的职业指导工具 Compass。Compass 通过提供详细的职业简介,现实生活中的成功故事和行业见解以及心理测试和自我评估等动态评估工具使学生发现自己的兴趣、优势和潜在的职业道路,为学生提供量身定制的职业建议和个性化的学习计划。② 此外,职业和企业公司开发了面向职业和技术教育提供者的 Tracker。Tracker 是学校和学院监测和评估其职业技术教育计划影响的重要工具,它能够使教育机构记录和跟踪其机构内与职业相关的各种活动,生成全面的报告和分析,促进教育机构和雇主之间的合作和沟通,加强学校与当地企业和行业专业人士的联系,为学生提供有意义的工作经验、实习和指导机会。③

（2）RCU 公司

RCU 在 2001 年成为一家独立的市场研究公司。RCU 为英国教育、培训和技能部门提供专业的数据情报、研究和咨询服务,主要工作人员是经国家统计局(ONS)认证的研究人员。④ 该公司与教育、培训和技能部门内的许多组织合作,为 16 岁以上的教育和技能的价值提供更深刻的见解。⑤ 为 16 岁后的教育部门提供数据分析和研究,在课程和招聘方面提供针对 16 岁后的学习和技能需求的完整图景。劳动力市场情报仪表盘就是其中一个产品,它使用了 LMI for All 的一系列数据,主要是预测数据,提供了对英国职业的概述。⑥

（3）活跃信息有限公司

活跃信息有限公司(Active Informatics Ltd)诞生于 2008 年,是一家私人持股的信息技术和服务公司。25 年来,公司一直为企业和公营机构提供数据管理解决方案。⑦ 公司还为继续教育和职业服务提供软件解决方案。其"劳动力洞察"作为劳动力市场信息库提供了英国劳动力市场的一系列数据,包括当前和历史的招聘信息、薪酬信息以及发现新兴市场和职业的信息,这些数据有多个来源,包括"LMI for All"。此外,公司推出的职业探索者信息工具利用当地就业市场的信息

---

① The Careers and Enterprise Company. About Us [EB/OL].[2023 - 08 - 14]. https://www.careersandenterprise.co.uk/about-us.

② Compass. Careers Benchmark Tool [EB/OL].[2023 - 08 - 14]. https://compass.careersandenterprise.co.uk/info.

③ The Careers and Enterprise company. About Tracker [EB/OL].[2023 - 08 - 14]. https://tracker.careersandenterprise.co.uk/info.

④ RCU. Quality statement [EB/OL].[2023 - 10 - 17]. https://www.rcu.co.uk/about/.

⑤ RCU. A closer look at RCU [EB/OL].[2023 - 10 - 17]. https://www.rcu.co.uk/about/.

⑥ LMI for All. LMI users [EB/OL].[2023 - 10 - 17]. https://www.lmiforall.org.uk/app-directory/.

⑦ Active Informatics Company. About us [EB/OL].[2023 - 10 - 17]. https://www.activeinformatics.com/about-us/.

提供职业建议。[1]

（4）职业技术院校

英国的职业技术教育院校被规定提供职业信息、建议和指导（CIAG）服务,第三部门机构和雇主协会的职业建议和咨询则面向特定群体。自2012年9月起,英格兰的职业技术院校有义务为8至13岁（12至18岁）学生和19至25岁有教育、卫生和保健计划的学生提供独立的职业指导。其中,政府为职业指导提供的资金是学校和学院总体预算的一部分,由教育提供者自行决定支出多少。大学和学院招生服务中心（UCAS）作为非盈利性非政府组织,以"大学和学院招生服务中心发展（UCAS Progress）"的名义在其网站上增加了关于职业课程和一般职业咨询的信息,至此,在职业技术教育方面涵盖了继续教育、学徒、职业三类资源。

在雇主的积极参与下,资源充足、国家协调和地方定制的供应为年轻人提供了机会。

三、劳动力市场供需信息系统匹配机制的运行

英国劳动力市场供需信息系统匹配机制的运行过程是"劳动力供给与需求信息提供者收集、分析信息——统一平台整合、共享信息——多元机构参与供需信息匹配"的过程。其中从"供需信息提供者收集、分析信息"到"统一平台整合、共享信息"这一过程中的信息多为劳动力市场的基础信息,即关于经济、劳动力市场和（当前和未来）劳动力的基本数据和信息,主要由政府部门或受政府领导的机构提供,其受众主要是中介组织而不是个人。而沟通雇主和职业技术院校两端的多元组织除提供基础劳动力市场信息外,还提供劳动力市场情报（即针对不同受众和目的的对劳动力市场数据和信息的解释）,以及教育培训信息。[2] 在这一运行过程中,构成劳动力市场供需信息系统匹配机制的各机构组织既各司其职又相互合作,使信息能够在各机构组织间流畅地传播,具体而言,如图6-3所示。

1. 政府部门与产业界权威部门负责收集和分析劳动力供需的基础信息

国家统计局和教育部从需求侧的雇主或英国工业联合会那里收集劳动力市场需求信息,其中国家统计局实施"劳动力调查""工时和收入年度调查""商业登记和就业调查"等调查,形成《统计公报》。教育部实施"就业前景"和"雇主技能调查"形成《就业前景报告》和《雇主技能调查报告》,这些劳动力市场基础信息数据是全民劳动力市场信息数据库的重要数据源。工业联合会作为产业界代表立足于来自广大商业企业的一手信息数据进行统计分析,梳理商业企业最亟待解决的、最突出的教育和技能问题,提供了重要的需求信息。学徒制与技术教育研究所提供产业需求的"职业线路图"和"职业地图"。

---

① LMI for All. LMI users [EB/OL]. [2023 - 10 - 17]. https://www.lmiforall.org.uk/app-directory/.

② University of Warwick. Labour Market Information and Its Use to Inform Career Guidance of Young People-An Overview of the Labour Market Information System for Careers Guidance in England [R]. London: Gatsby Charitable Foundation, 2021:10.

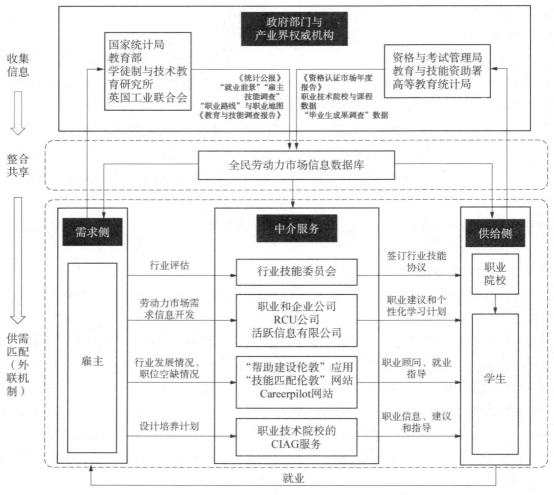

图 6-3　英国劳动力市场供需信息系统的匹配机制运作图

资格与考试管理局和教育与技能资助署从供给侧的颁证组织、职业技术院校以及学生中收集劳动力市场供给信息，其中资格与考试管理局调查不同资格的市场份额，形成《资格认证市场年度报告》。教育与技能资助署收集供应商及其提供的课程、场地，形成一份课程目录。高等教育统计局收集"毕业生成果调查"数据，这些供给信息数据也汇集到全民劳动力市场信息数据库。

2. 教育部负责管理供需信息服务平台并整合、共享信息

"全民劳动力市场信息数据库"是整合、共享职业技术教育供需信息的平台，它将来自国家统计局、教育部、资格与考试管理局、教育与技能资助署以及高等教育统计局等政府部门的数据源汇集到一个官方在线数据门户网站（http://www.lmiforall.org.uk），向所有人开放。全民劳动力市场信息数据库将这些数据进行了整合，以职业为依据将其重新组织起来。大约 28 000 个职位名称的索引映射到职业分类（SOC），使最终用户能够以直观的方式搜索和访问与职业相关的感兴

趣的数据。① 它既可服务于需求侧，也可服务于供给侧，还能服务于沟通供需两端的中介组织。全民劳动力市场信息数据库不断更新，为所有人提供高质量的最新信息。全民劳动力市场信息数据库改变了提供和利用劳动力市场信息的方式，并被英国和国际上的一系列受益者（如政府、职业组织、学校和学院）使用，以支持职业生涯教育、就业信息和指导服务。②

3. 外联机制发挥供需信息的匹配作用

英国许多公私合营以及私营机构在促进职业技术教育供需信息匹配中发挥着重要的作用。这也就是马汀所说的"外联机制"。其中，职业和企业公司在院校和雇主之间搭建桥梁，专注对劳动力市场需求信息进行开发，转化为劳动力市场情报，提供给职业技术教育院校的教师、职业指导师、管理者、学生等相关人员。RCU 公司与教育、培训和技能部门内的许多政府部门建立了合作关系，为 16 岁后的继续教育与培训提供数据分析和职业咨询服务，其主要工作人员就是经国家统计局认证的研究人员，这保证了其提供的信息服务的专业性。活跃信息公司则注重利用其开发的软件提供有关劳动力市场的重要信息并提供职业建议。

四、英国劳动力市场供需信息系统匹配机制的特征

从英国劳动力市场供需信息匹配机制的政策发展、组织结构及其运行方式的分析，可以发现该机制具有政府主导、用户导向、全民共享和个性化特征。

1. 政府主导

虽然英国劳动力市场供需信息主体有政府部门、公共机构、私营部门等众多主体，但英国政府在其劳动力市场供需信息系统匹配机制的建构中发挥着主导作用，以确保信息的权威性。主要体现在以下几个方面：一是政府主导在机构之间建立合理的职能分工的体制框架。国家统计局、教育部、学徒制与技术教育研究所负责提供劳动力市场需求信息；资格与考试管理局、教育与技能资助署、高等教育统计局等机构负责提供劳动力市场供给信息，这些基础性的供需信息由政府部门提供，确保了基础信息的权威性。二是政府主导建立机构间协调的业务机制。教育部建设了"全民劳动力市场信息数据库"，将政府部门提供的权威需求和供给数据汇聚其中，便于各政府部门及其他组织和个人使用；促使政府部门和其他组织之间建立合理的权限分工的体制框架、机构间协调的运作机制、与私营部门行为者互动的外联机制，确保跨机构间的信息畅通。三是政府建立与私营部门行为者（无论是研究中心还是社会伙伴）互动的外联机制。职业和企业公司、活跃信息公司、RCU 公司等许多公私合营和私营机构获得了政府的支持，在劳动力市场供需信息匹配中发挥重要作用。

政府部门在不同程度与侧面支持其他信息组织的建立与运行，逐渐形成了政府部门顶层设

① Department for Education. Labour Market Information (LMI) for All 2017 to 2018[R]. London: DfE, 2019.
② Department for Education. Developing and Enhancing A Labour Market Information Database: LMI for All Stakeholder Engagement and Usage, Data and Technical Developments (2018—2019) [R]. London: DfE, 2020:1—2.

计——公共机构中层连接——公-私营组织底层服务的基本信息组织网络。

2. 用户需求导向

英国劳动力市场需求信息的加工过程表现出明显的用户导向特征。

一是信息组织以用户需求为导向,为不同用户群体提供专业化、个性化的服务。劳动力市场信息被各种不同的专业人士使用,这些人士包括职业顾问、就业顾问、教育和培训提供者、研究人员以及负责规划和制定政策的政府工作人员。但它的用途并不仅限于专业人士,求职者、创业者、失业者或考虑转行的人都需要可靠的劳动力市场信息。[①] 因此,英国不同的信息主体为不同的目标用户群体提供信息服务。如,学徒制与技术教育研究所研制的"职业地图"既可为教育部制定政策所使用,又可为资格与课程管理局、雇主及颁证组织设计资格与课程所使用,还可为学校教学和学生职业规划所使用。资格与考试管理局的《资格认证市场年度报告》主要服务于继续教育学院、学生和雇主的需要,帮助他们鉴别哪些资格更有价值、更值得开设相关课程和进行学习。教育与技能资助署的国家职业服务则主要关注成年失业群体,帮助他们找到合适的工作。活跃信息公司则主要为企业和公共机构提供咨询服务。可见,英国不同信息组织细分不同的职能,能够更好地满足不同用户群体的需求。

二是信息加工以解决劳动力市场信息终端用户的需要为目标。从上述可知,劳动力市场信息用户群体众多,但雇主和学生(雇员)是劳动力市场信息的终端用户,所有信息的流动都为解决终端用户的需求,其他用户根本上来讲也为终端用户服务。因此,在对劳动力市场信息加工的过程中,英国政府始终以解决终端用户的需求为目标,将信息从需求侧传向供给侧,以需求侧问题带动供给侧改革。具体表现为,英国工业联合会、工会等机构收集来自劳动力市场的信息,行业技能委员会、学徒制与技术教育研究所等公共机构发挥"桥梁"作用,对劳动力市场需求信息进行分析、整合,调整已有方案或制定新的方案传送到供给侧,供给侧则依据该方案做出调整以满足劳动力市场终端用户的需求。

3. 全民共享

英国劳动力市场供需信息系统匹配机制的形成有赖于其开放的劳动力市场信息共享平台。政府主导建设的"全民劳动力市场信息数据库"改变了以往使用劳动力市场信息的方式。以往劳动力市场信息更多是在政府部门、公共机构、私营组织、院校以及个人之间垂直流动,而"全民劳动力市场信息数据库"是一个开放的在线信息共享平台,它连接并标准化了现有的劳动力市场信息来源,劳动力市场信息可以向任何组织和个人流动,实现了全民共享劳动力市场信息。首先,教育部的"LMI for All"数据门户网站连接并标准化现有的高质量、可靠的劳动力市场信息,即政府数据集,免费提供给第三方开发人员(开发者、应用程序制造者、网页设计师等),以便他们可以

① Attwell G, Hughes D. Learning About Careers: Open Data and Labour Market Intelligence [J]. RIED-Revista Iberoamericana de Educación a Distancia, 2019,22(1):81—106.

将其整合到网站和应用程序中,任何想要利用政府数据集的第三方都可以通过"LMI for All"免费获得数据源。其次,应用程序可以直接向用户提供信息,并可与定位技术相结合,为用户提供定制的信息。如,"帮助建设伦敦"应用程序为想要从事建筑行业的用户提供该行业在伦敦的发展情况、薪酬和工作时间,以及所需的资格证书等数据。用户还可以访问工作简介,打电话预约专业职业顾问,访问建设伦敦就业委员会了解当前空缺。此外,英国政府部门、公共机构以及其他组织提供的信息也是面向所有人的、开放的。如学徒制与技术教育研究所研制的"职业地图"、资格与课程管理局的《资格认证市场年度报告》、工业联合会的《教育和技能调查》等都是开放的,任何人或组织都可进入各机构的官网查询获得,以帮助其做出明智的职业决策。开放的信息共享平台是英国职业技术教育对接劳动力市场需求机制形成的关键,也是其重要特征。

4. 个性化服务

需要强调的是,劳动力市场供需信息系统运行的最终目的在于实现劳动力市场的供需匹配。在供需信息系统运行过程中,尤其是在供需信息匹配阶段,英国政府特别注重释放社会活力,鼓励雇主、院校、基金会和私营公司等多方利益主体共同参与外联机制的运作。首先,雇主不仅提供需求信息,还通过学徒制与技术教育研究所、职业和企业公司等机构参与资格与课程设计、个人学习与职业规划将需求信息细化到各个层面;其次,院校除提供供给信息外,也与政府、雇主及私营公司合作,通过职业和企业公司等多元机构根据雇主的需求设计培养计划、为学生提供就业指导服务、提供学院的职业技术教育培养成效报告以及学生毕业去向等信息,帮助个人获得有效的需求信息;再次,私营公司积极参与个人职业线路的规划。私营公司可以通过数据集应用程序接口(API)直接使用"全民劳动力市场信息数据库"中的数据,也可以将其研发的就业指导小工具直接嵌入到他们的网站或应用程序中。如,伦敦议会和教育数据专家 MIME 咨询公司合作创建的"技能匹配伦敦"(Skill Match London)网站就采用了第一种方式,使用了"全民劳动力市场信息数据库"的"就业前景"数据和其他数据集,来分析伦敦技能差距,预测空缺趋势,提供比较伦敦各地未来技能供应和预计职位空缺的地图(3 级及以下的资格和工作岗位)。[①] 而由英国西部职业发展联盟开发的面向 13—19 岁学生的在线网站 Careerpilot 以及卡卢东城堡学校,则把"全民劳动力市场信息数据库"研发的 Careerometer 小工具直接嵌入到他们的网站中,帮助学生比较职业信息,确定自己未来教育发展路线。此外,个人也可以直接登录"全民劳动力市场信息数据库"网站,通过职业名称搜索到相关信息,或在网站内直接使用其就业指导小工具。可见,社会机构参与的外联机制为个性化学习提供支持,大大提高了劳动力供需信息匹配度。

---

① LMI for ALL. Building a website using the LMI for All API: Skills Match London [EB/OL]. [2023 – 08 – 14]. https://www. lmiforall. org. uk/designers/skillsmatch/

第七章　英国职业技术教育高校考试招生制度的形成与变革

在职业技术教育领域,高校考试招生制度是连接中等职业技术教育与高等教育的关键制度。英国政府在努力构建职业技术教育对接劳动力市场需求和科技发展机制的同时,致力于拓宽中职生的升学途径。国际上高校招生制度有三种模式:综合选拔制、证书制和高考制。[①] 英国属于证书制的代表性国家。英国现行的高校招生制度是由 19 世纪大学和行业举行的考试发展而来。其中,普通教育高校考试招生制度由牛津、剑桥大学举行的考试演变而来。早在 1780 年,剑桥大学开始采用书面考试甄别候选人的能力,随着《1800 年考试条例》的颁布,牛津大学也加入这项改革。[②] 1858 年,牛津、剑桥大学成立地方考试委员会,面向校外进行考试,并向考试成绩合格的学生授予证书。此后,英国不少现代大学也采取了大学入学考试。1917 年,英国政府成立中等学校考生委员会,加强了对中等教育的控制,并于次年开始推行学校证书,之后很长一段时间里,大学入学考试证书和学校证书并存,直到 1951 年英国政府推出普通教育证书(GCE)考试,这也标志着英国普通教育高校考试招生制度的形成。相较而言,英国职业技术教育高校考试招生制度的创立较晚,直到 20 世纪 90 年代普通国家职业资格证书的推出才建立。

第一节　普通国家职业资格证书:英国职教高校考试招生制度的建立

在 20 世纪 80 年代中等职业技术教育大发展的背景下,英国政府于 90 年代初推出了普通国家职业资格证书考试,这是首个由政府推出的全日制职业资格证书考试,为职业技术教育领域的学生打开了通往高等教育的大门,可以说是英国职教高校考试招生制度的开端。下面从制度设计、考试制度和招生录取制度相互关联的三个方面展开讨论。

---

① 何家军.英国高校招生管理体制及运作模式研究[J].教学与管理,2007,(02):34—37.
② Willis R. Testing Times. A History of Vocational, Civil Service and Secondary Examinations in England since 1850 [M]. Sense Publishers, 2013:9.

一、普通国家职业资格证书考试招生制度的设计

20 世纪 80 年代初,英国面临失业率飙升、经济衰退的危机。为了重振经济,解决失业问题,撒切尔政府颁布了一系列短期职业技术教育培训计划,让失学的青少年掌握一定技术知识和就业技能,以便就业。此刻,英国政府认识到发展职业标准对提高劳动者职业能力的重要性。1986年英国政府建立了四级制"国家职业资格体系",要求现有的职业资格证书经过修改后符合国家职业能力标准,成为国家职业资格,这标志着英国国家职业资格证书体系的初步建立。然而,国家职业资格证书的开发基于行业领导机构设计的职业能力标准,是以"就业"为导向的非全日制资格,大部分时间在工厂和企业中学习。因此,国家职业资格只适用于就业,并不能作为申请大学的依据,无法满足越来越多青少年上大学的愿望。

1. 普通国家职业资格证书考试标准的设计

1989 年,全国职业资格委员会认识到早期的职业资格过于针对具体的工作,因而专门成立"宽度"工作小组("Breadth" Working Group),负责研究如何将非特定职业的资格纳入"国家职业资格体系",从而扩大"国家职业资格体系"的宽度。1990 年初,工作小组组长彼得·汤普森(Peter Thompson)提出开发"普通国家职业资格"的提议。[①] 1991 年,政府接受了全国职业资格委员会的建议,在白皮书《21 世纪的教育与培训》(*Education and Training for the 21st century*)中提出建立《国家职业资格框架》,并引入普通国家职业资格证书(GNVQ)。[②]

白皮书《21 世纪的教育与培训》指出普通国家职业资格证书应该"涵盖广泛的职业领域""提供发展职业相关知识和理解的机会",并让学生"了解如何在工作中应用它们"。更具体地说,普通国家职业资格证书应具有以下六点特征:

(1) 提供广泛的就业准备,并可进入包括高等教育在内的高级资格的轨道上;

(2) 在与有关职业相关的知识和理解方面,要求展示一系列技能和应用能力;

(3) 与同级别的学术资格具有同等地位;

(4) 与特定职业的国家职业资格证书有明确联系,以便年轻人能够迅速和有效地从一种职业进步到另一种职业;

(5) 与特定职业的国家职业资格证书有足够的区别,以确保两者之间没有混淆;

(6) 适合在继续教育学院的全日制学生使用,以及那些在中学学习、很少有机会在工作场所证明自己能力的学生使用。

普通国家职业资格证书由全国职业资格委员会认证的三个颁证机构:商业与技术员教育委员会(BTEC),英国伦敦城市行业协会(City & guild)和英国皇家艺术学会(RSA)开发,全国职业

---

① Raggatt P, Williams S. Government Markets and Vocational Qualifications: An Anatomy of Policy [M]. London: Taylor & Francis Group Falmer Press, 1999:6—11,130,129.

② [英]教育和科学部. 21 世纪的教育与培训[C]//吕达、周满生主编. 当代外国教育改革著名文献(英国卷·第二册). 北京:人民教育出版社,2004:46—47.

资格委员会在开发工作完成后对普通国家职业资格证书进行认证;普通国家职业资格证书可以由以上三个颁证机构中的任何一个颁发。依照白皮书的精神,普通国家职业资格证书与同级别的学术资格具有同等地位,高级(三级)普通国家职业资格证书既可用于就业,也同样可以作为申请大学的依据。这是英国扩大教育参与的一个重大举措,也是英国职业技术教育高校考试招生制度的开端,具有里程碑的意义。

2. 普通国家职业资格证书的专业类别

普通国家职业资格证书涵盖 15 个职业领域(vocational area),包括:艺术与设计、商业、建筑及建筑环境、卫生和社会保健、酒店及餐饮业、休闲及旅游、制造业、科学、零售及分销服务、工程、资讯科技、管理研究、媒体传播和制作、土地及环境与表演艺术。[①]

3. 普通国家职业资格证书的等级

普通国家职业资格证书分为初级、中级、高级三个等级,且和普通教育证书之间建立了等值关系,如表 7-1 所示:初级普通国家职业资格证书相当于 4 个普通中等教育证书(D 级及以下);中级普通国家职业资格证书相当于 4—5 个普通中等教育证书(A * —C 级);高级普通国家职业资格证书相当于两个 A Level,可以作为申请大学的依据。获得高级普通国家职业资格证书的学生,再加上一门 A Level 便可申请大学。

表 7-1　职业资格证书与普通中等教育证书等值框架

国家职业资格证书	普通国家职业资格证书	普通中等教育证书
1	初级	4 个普通中等教育证书(GCSE)(D 级及以下)
2	中级	4—5 个普通中等教育证书(GCSE)(A * —C 级)
3	高级	2 个普通中等教育证书高级水平证书(A Level)

资料来源:Ros Ollin, Elaine Smith. Planning, Delivering and Assessing GNVQs [M]. London: Routledge, 2013:11.

4. 普通国家职业资格证书的评价标准

依据等值框架,初级普通国家职业资格证书相当于职业资格证书 1 级或 4 个普通中等教育证书(D 级及以下)或国家课程 5—6 级,这一水平要求学生能胜任各种工作,大多数情况下,这些工作是例行的与可预测的。中级普通国家职业资格证书相当于职业资格证书 2 级或 4—5 个成绩良好以上普通中等教育证书(A * —C 级)或国家课程 7 级,这一水平要求学生能够在各种各样的环境中完成各种各样的工作活动,其中一些环境是复杂的或非常规的,一些工作强调个人责任或自主权,可能经常需要与他人合作。高级普通国家职业资格证书相当于职业资格证书 3 级或 2 个 A Level,这一水平要求学生能够在各种各样的环境中完成各种各样的工作活动,通常需要相当大的

① Hurley J. Managing GNVQ Development. Frameworks for Managing Learning Series [M]. Bristol: The Staff College and Learning Partners, 1995:12.

责任感、自主性或他人合作。① 如,高级普通国家职业资格证书商务专业重视发展学生的团队合作和与他人合作的技能、社交及谈判技能,学生经常需要在不同情况下与来自不同群体的人交谈,掌握谈判的艺术,学会如何利用团队或团队成员的优势、弱点和个性,对自己的工作负责,并且认识到在作业中付出努力的必要性。②

具体而言,普通国家职业资格证书分"计划""资料搜寻及处理""评估""成果的质量"四个主题进行评估,各级普通国家职业资格证书在这四个主题需要达到的标准如表7-2所示。

表7-2 普通国家职业资格证书的评价标准表

等级主题	初级和中级	高级
主题1—计划	1. 起草行动计划 2. 监督课程行动	1. 起草行动计划 2. 监督课程行动
主题2—资料搜寻及处理	3. 识别所需要的信息 4. 识别和使用信息	3. 识别并利用资源获得信息 4. 建立信息的有效性
主题3—评估	5. 评估结果和备选方案	5. 评估结果和备选方案 6. 证明任务/活动的特定方法是合理的
主题4—成果的质量	6. 综合 7. 命令语言	7. 综合 8. 命令语言

资料来源:Ros Ollin, Elaine Smith. Planning, Delivering and Assessing GNVQs [M]. London: Routledge, 2013:60.

从表7-2中可见,普通国家职业资格证书形成了初、中级和高级相衔接的体系,评价标准在难度上逐级提升,高级普通国家职业资格证书成为通往大学的凭证。

二、普通国家职业资格证书的考试制度

普通国家职业资格证书的考试制度主要由其考试内容、评估方式和成绩评定三部分构成。

1. "职业成就"与"核心技能"相结合的考试内容

普通国家职业资格证书旨在提供基础广泛的职业技术教育,除了掌握基本技能和支撑职业领域的知识体系外,所有学生还必须掌握一系列核心技能。这种"职业成就"与"核心技能"的结合将为学生提供一个基础,使他们能够进一步接受高等教育,或者进入就业和进一步培训。③

"职业成就"和"核心技能"的结合体现在普通国家职业资格证书的结构设置上,普通国家职业资格证书由职业单元和核心技能单元构成,其中职业单元又分为必修职业单元、选修职业单元,此外颁证组织还提供附加单元。必修职业单元考察个人在特定职业领域从事广泛工作所需

---

① Further Education Unit. Introducing General National Vocational Qualifications [R]. London: FEU, 1993:8.
② Smith V. The General National Vocational Qualification Experience: An Education Or Just A Qualification? [J]. Research in Post-Compulsory Education, 1997,2(2):217—228.
③ Foot G E. 1994: The Year That GNVQs Hit Higher Education [J]. Measurement and Control, 1995,28(6):176—182.

的技能、知识和理解；选修职业单元使人们有机会专门化，专攻职业方案的某一特长；核心技能单元培养学生的沟通、数字应用、信息技术、与他人合作、解决问题以及提高自己的学习和表现六项核心技能，其中前三项是必修核心技能；附加单元则不需要满足普通国家职业资格证书的要求，但它们增加了普通国家职业资格证书的宽度，并在普通国家职业资格证书上列为附加单元。学生可自行选择附加单元，可以是普通中等教育证书，A Level、AS证书或国家职业资格证书。附加单元可以进一步提升学生的学习成绩，为学生提供接受高等教育的途径。以上四部分内容在不同级别的普通国家职业资格证书中的构成不同，如表7-3所示。高级普通国家职业资格证书作为通往高等教育的凭证要求最高，由12个职业单元（必修8个，选修4个）和3级核心技能构成，附加单元虽不指定，但通常是 A Level 证书。

表7-3 各个级别的普通国家职业资格证书的单元构成表

证书级别	必修职业单元	选修职业单元	核心技能单元	附加单元*
初级	3	3	Level 1	不指定
中级	4	2	Level 2	不指定
高级	8	4	Level 3	A Level 证书

资料来源：Ros Ollin, Elaine Smith. Planning, Delivering and Assessing GNVQs [M]. London: Routledge, 2013:12.

总的来看，普通国家职业资格证书"职业成就"与"核心技能"相结合的考试内容以职业知识和技能为主。

2. 以"档案袋评估"为主的评估方式

与学术资格不同，普通国家职业资格证书的考试内容不是以评估抽样的传统大纲的形式来考察，其考试内容是资格证书所涵盖的全部内容、知识和理解，这意味着普通国家职业资格证书的学习目标和评估标准之间没有区别，即其学习目标就是评估标准。普通国家职业资格证书的开发者吉尔伯特·杰塞普（Gilbert Jessup）认为，大多数课程和资格中，"为学习设置的课程目标和衡量成绩的评估制度之间存在不匹配的问题"，教学大纲的评估抽样将缩小对那些已知要评估的要素的关注，唯一合理的课程设计方法是通过对所有领域的全面评估来确保覆盖面，并事先告知任务和评估标准。这种评估方法被认为是普通国家职业资格证书的显著特征之一，被杰塞普称为"全面评估（Comprehensive Assessment）"。[①] "档案袋评估"即是践行这一理念的主要评估方式。

（1）基于"档案袋评估"的内部评估

在英国，"内部评估"是指由学生学习的学校主持考核，而由外部考试机构主持的考核，被称"外

---

① Jessup G. Characteristics of the GNVQ Model [J]. British Journal of Curriculum and Assessment, 1995,5(3):8—16.

部评估"。① 普通国家职业资格证书的"内部评估"主要采取"档案袋评估"法,即学生负责收集能够证明自己满足所有表现标准的材料,存放到档案袋中,最后由导师依据上述"计划""资料搜寻及处理""评估""成果的质量"四个主题对档案袋中的证明材料进行评估,给予学生一个整体的成绩。

那么学生如何知道自己应该满足哪些表现标准呢? 如上所述,普通国家职业资格证书的考试内容即是资格证书所涵盖的全部内容,每个单元的学习目标即是考试的评估标准,这也是普通国家职业资格证书每个单元都有着十分清晰的结构的原因,这种结构被称为"能力框架",②包括若干成就要素(Elements),每个要素被细分为许多定义成功表现的表现标准(Performance Criteria),范围说明(Range Statement)和证据指标(Evidence Indicators)。③ 该框架为学生提供了清晰的学习和评估指导,如表7-4是高级普通国家职业资格证书"制造专业"的一个单元结构的例子。

表7-4 高级普通国家职业资格证书"制造专业"第四单元的能力框架

级别	高 级
第四单元	设计、开发和展示
要素	准备一个设计简报
表现标准	学生必须: 1. 识别和总结客户的要求……
范围说明	客户要求:审美、功能、性能、成本、产品、参数 ……
证据指标	一个产品的设计简介,运用行业标准的语言规范 包括……
补充说明	简报、资源、健康和安全约束、设计标准和立法。
指导	这一元素向学生表明,产品开发开始于明确识别客户需求的产品简报的设计,产品的目标市场以及可用于该产品制造的生产过程。

资料来源:Ros Ollin, Elaine Smith. Planning, Delivering and Assessing GNVQs [M]. London: Routledge, 2013:14.

从表7-4中可知,学生可以清楚地知道自己在该单元学习中的任务,应该达到的表现标准以及应该产生什么样的证据以存放到自己的档案袋中。证明材料可以是作业、项目、调查和案例研究、活动或展览的计划以及个人对其的贡献、产品、文物、录像、海报、照片和其他图形材料、演示

① Qualifications and Curriculum Authority. Criteria for Accreditation of Specialised Diploma Qualifications At Levels 1, 2 And 3[R]. London: QCA, 2006.
② Foot G E. 1994:The Year That GNVQs Hit Higher Education [J]. Measurement and Control, 1995,28(6):176—182.
③ Foot G E. 1994:The Year That GNVQs Hit Higher Education [J]. Measurement and Control, 1995,28(6):176—182.

和口头解释、报告、计划和建议、日记和日志、会议记录和其他书面材料等。[①] 学生每完成一个单元的学习,就可以将自己收集到的证明材料存放到档案袋内,最后由导师对档案袋的证明材料进行评估。

可见,普通国家职业资格证书基于"档案袋评估"的内部评估以单元为基础,贯穿于整个学习过程,是一种过程性评价。这种评估方式以学生为中心,有利于激发学生的主动性,评估压力小,有利于学习基础薄弱学生通过平时努力取得学习成功。

(2) 基于标准化考试的外部测试

普通国家职业资格证书后期阶段引入了外部测试。测试的目的是标准化结果和增加严格性。外部测试是针对必修职业单元,每个必修职业单元都需要通过持续一小时的外部测试,测试考察知识的覆盖范围即广度,而不是深度。测试由大约 30 个选择题组成,或者类似的形式,由机器打分。[②] 考试不设置等级,只设定是否通过,通过率为 70%。学生可以按照自己的意愿多次参加考试,直到通过考试,每年最多有四次考试。[③] 因此,该分数不能作为评级标准的一部分,只是获得普通国家职业资格证书的门槛要求。商业与技术教育委员会、英国伦敦城市行业协会和英国皇家艺术学会三个颁证机构已经制定了一个联合的"实践守则",概述了测试规范,以保证外部测试的一致性和质量。

因此,普通国家职业资格证书虽然由内部评估和外部测试构成,但它以"档案袋评估"的内部评估为主,外部测试为辅。

3. 三级制评级

普通国家职业资格证书考试的最终评级分为及格、良好、优秀三个等级。由学院成立教职员评审小组进行评审,普通国家职业资格证书四个主题的评级采取"至少三分之一"的方法,即一个主题内如果有至少三分之一的证据符合良好标准,则评为良好,如果有至少三分之一的证据符合优秀标准,则评为优秀。四个主题的成绩汇算成普通国家职业资格证书的最终成绩,汇算办法如图 7-1 所示,将前三个主题划分为过程主题,第四个主题单列。前三个主题的成绩以最低成绩为准,合并成为一个过程主题成绩,过程主题成绩再与成果主题成绩合并为最终成绩,每次合并都以最低成绩为准。

可见,普通国家职业资格证书最终的评级以过程性评价和终结性评价相结合,且比较严格,两次合并都是以最低成绩为准,想要获得"优秀"评级并不容易。

---

① Ollin R, Smith E. Planning, Delivering and Assessing GNVQs: The Complete Guide to the GPA Units [M]. London: Routledge, 1996:41.

② Foot, G. E. 1994: The Year That GNVQs Hit Higher Education [J]. Measurement and Control, 1995, 28(6):176—182.

③ Ollin R, Smith E. Planning, Delivering and Assessing GNVQs: The Complete Guide to the GPA Units [M]. London: Routledge, 1996:26.

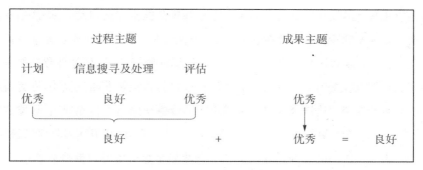

图 7-1 普通国家职业资格证书最终成绩计算示意图

资料来源：Ros Ollin, Elaine Smith. Planning, Delivering and Assessing GNVQs [M]. London: Routledge, 2013:113.

三、普通国家职业资格证书的招生录取制度

在普通国家职业资格证书推出后，虽然许多大学已经接受高级普通国家职业资格证书作为入学条件，但英国高等院校招生录取要求通常是三个 A Level。高级普通国家职业资格证书相当于两个 A Level，因此，获得高级普通国家职业资格证书的学生在申请大学时还需要提供一个 A Level 作为补充。如，大学的工程学和数学专业要求普通国家职业资格证书学生提供一门数学或科学 A Level，以便攻读这些领域的理学学士（Hons）课程。据调查，在 1994 年申请高等教育的高级普通国家职业资格证书的学生中，大约有 30% 的学生有一到两个 A Level 证书。①

为促进高等院校对高级普通国家职业资格证书的认可，英国职业资格委员会成立了普通国家职业资格证书与接受高等教育指导委员会（GNVQ and Access to Higher Education，简称 GAHE）。该委员会旨在向高等教育部门解释和推广高级普通国家职业资格证书，其成员包括颁证机构、大学教育常务委员会（Standing Committee for University Education，简称 SCUE）和高等教育部门的代表。

委员会的目标有二：一是确保高级普通国家职业资格证书作为与 A Level 相当资格的可信度，并使招生人员接受这一新的资格；二是就高等教育机构对高级普通国家职业资格证书的回应及其进入高等教育课程的可接受性提供信息和建议。为了实现这些目标，委员会开展了以下活动：

（1）建立了一个数据库，详细说明学校、学院和高等教育机构之间的联系以及高等教育机构对高级普通国家职业资格证书学生设定的入学标准；

（2）建立"课程网络小组"，以便在学校、学院和高等教育机构之间就相关的普通国家职业资格证书课程问题进行全国对话；

（3）提供普通国家职业资格证书概况介绍及其他材料，以确保持有高级普通国家职业资格证

---

① Further Education Unit. General National Vocational Qualifications and Progression to Higher Education [R]. London: FEU, 1995:4.

书学生做出合理知情的申请决定。此外,举行与高等教育机构的研讨会、会议和个别会议,以提高他们对高级普通国家职业资格证书的认识。

(4) 对第一批申请高等教育课程的高级普通国家职业资格证书学生进行监测。①

1993 年,英国"高等院校招生服务处(UCAS)"成立后,以上委员会的工作转交给高等院校招生服务处。英国高等院校招生服务处是负责全国招生的中介机构,由英国全国大学招生委员会(UCCA)和全国多科性技术学院招生委员会(PCAS)合并而来。② 英国几乎所有高校都是高等院校招生服务处的成员。作为高校和学生之间的"中间人",英国高等院校招生服务处的主要工作职责有二:一是为学生申请大学提供全面、一致、准确、及时、充分的信息,帮助学生申请适合自己的院校。一般来说,学生每年只能申请一次,每次最多可填写 6 个志愿;二是为高等院校招生提供服务,帮助高等院校在平等、公平的基础上,顺利、高效地做好录取工作。高等院校招生服务处也在努力确保持有高级普通国家职业资格证书的学生在进入高等教育时不会受到阻碍。招生服务处一直在全国各地举办普通国家职业资格证书研讨会,以便向高校的招生导师通报这一新资格的结构、等级和进展方面的情况。高等院校招生服务处向招生导师给出的建议是,招生导师应该录取高级普通国家职业资格证书"及格"成绩,只有当所攻读学位特别需要诸如计划、信息搜集、处理和评估等技能时,才真正需要"优异"成绩。③ 然而英国高等院校享有较大的招生自主权,各个高校和专业能够根据各自的具体条件和特点,制定本校、本专业的招生规定。④ 如,最受内伦敦学生欢迎的米德尔塞克斯大学,要求申请商业学位的高级普通国家职业资格证书持有者须获得良好成绩,威斯敏斯特大学则要求高级普通国家职业资格证书持有者取得优秀成绩。⑤

四、普通国家职业资格证书考试招生制度的成效与不足

普通国家职业资格证书考试招生制度实施取得显著成效:一是**打开中等职业技术教育升学通道**。1996 年,21 308 名高级普通国家职业资格证书持有者向高等院校提出了申请,其中 61.4% 的学生取得成功。在继续教育发展局(FEDA)的一个 250 名高级普通国家职业资格证书持有者的调查样本中,有 0.5% 的学生成功进入罗素集团大学学习。⑥ 此外,"新"大学对高级普通国家职业资格证书的热情很高,这些大学在职业技术教育方面有着很强的传统。英国学者奈

---

① Foot G. E.1994:The Year That GNVQs Hit Higher Education [J]. Measurement and Control, 1995,28(6):176—182.

② Warner D, Palfreyman D. The State of UK Higher Education: Managing Change and Diversity [M]. Backingham: Open University Press, 2001:115.

③ Foot G E. 1994:The Year That GNVQs Hit Higher Education [J]. Measurement and Control, 1995,28(6):176—182.

④ 何家军. 英国高校招生管理体制及运作模式研究[J]. 教育与考试,2007(2):34—44.

⑤ Martin A. The Rise And Fall of the GNVQ: A Study of the Changing Relationship Between Young People and Vocational Qualifications at the Start of the Twenty-first century [D]. London: Open University School, 2005:135.

⑥ Martin A. The Rise And Fall of the GNVQ: A Study of the Changing Relationship Between Young People and Vocational Qualifications at the Start of the Twenty-first century [D]. London: Open University School, 2005:127.

特(Knight)的一项研究结果表明,普通国家职业资格证书作为高等教育的一种进入模式,至少在职业学科方面,正朝着与 A Level 平等的方向发展,而且它的"交换"价值很高。① 二是**普通国家职业资格证书通过扩充学习内容培养学生更广泛的能力**。主要体现在两个方面:首先,普通国家职业资格证书提供基础广泛的职业技术教育内容,涵盖广泛职业领域的知识、理解和技能,弥补了国家职业资格的狭隘性。② 其次,普通国家职业资格证书将核心技能融入职业单元进行考察。例如,杜伦郡的蒙克茅斯学院的学生们利用当地旅游胜地进行了一项消费者调查,作为一项市场研究活动,这项活动提供了使用语言(沟通技巧)、信息技术(通过将调查结果输入计算机)和算术(最终计算)三项关键技能的绝佳机会。③ 三是**强调以学习者为中心**。普通国家职业资格证书考试从一开始就强调以学习者为中心,该资格证书的主要设计师吉尔伯特·杰塞普(Gilbert Jessup)认为,这是普通国家职业资格证书区别于传统学术课程的特点之一。④ 普通国家职业资格证书以学生的主要表现为中心,使学生对自己的学习负责,强调学生的自主性。采取"档案袋评估"的内部评估方式,评分主要来源于学生收集、计划和评估证据的过程。这种评估方式将收集成就证据的责任交给学习者,一方面,使学生感到自己掌握了学习过程的主动权,学习成就感很高并且很有动力。⑤ 另一方面,鼓励学生对自己的学习负责,让学生按照自己的节奏或快或慢地学习,并在个人感到准备好时接受评估,不受外部时间表限制,拥有评估自由,⑥被学生认为更公平、压力更小。

不足之处也有三个方面:一是**评估不严格**。普通国家职业资格证书考试采取的是基于学生提供的档案袋进行的内部评估方式,这种评估方式暴露出许多弊端,影响了普通国家职业资格证书考试的质量,使之难以获得与 A Level 同等的认可。二是**关键技能难以整合到职业单元**。关键技能是普通国家职业资格证书的设计亮点,是学生未来就业和接受高等教育的基础。然而,普通国家职业资格证书的关键技能必须在职业学习中进行应用,这一要求实施起来非常困难,首先将所有关键技能整合到职业单元中要求教师有很强的能力教授所有关键技能。⑦ 其次,并不是所有

① Williams S. The Paradox of Assessment: The Effectiveness of the GNVQ As A Preparation for Higher Education [J]. Journal of Education and Work, 2000,13(3):349—365.

② Hyland T. Silk Purses and Sows' Ears: NVQs, GNVQs and Experiential Learning [J]. Cambridge Journal of Education, 1994,24(2):233—243.

③ Nicholls A. Challenging the Gold Standard [J]. Education + Training, 1994,36(1):25—28.

④ Yeomans D. Exploring Student-centred Learning in GNVQs: Case Studies of Classroom Practice [J]. The Curriculum Journal, 1999,10(3):361—384.

⑤ Hurley J. Managing GNVQ Development. Frameworks for Managing Learning Series [M]. Bristol: The Staff College and Learning Partners, 1995:21.

⑥ Wolf A. Portfolio Assessment as National Policy: the National Council for Vocational Qualifications and its Quest for a Pedagogical Revolution [J]. Assessment in Education Principles, Policy & Practice, 1998,5(3):413—445.

⑦ Further Education Development Agency. GNVQs 1993—97. A National Survey Report. The Final Report of a Joint Project. The Evolution of GNVQs: Enrolment and 1993—1997[R]. London: FEDA, 1997:31.

的关键技能都能有意义地融入到每一个职业单元中。^① 三是**普通知识与技能的学习不足**。因为一方面普通国家职业资格证书以评估为主导，而不是以课程为主导。虽然其强调进步主义理念，如个人项目学习、基于活动的学习和参与式探究，但由于学生忙于收集能够证明自己满足所有表现标准的材料，而导致了复杂的知识变成了简单的信息，学习变成了纯粹的收集。^② 另一方面普通国家职业资格证书关键技能单元覆盖范围不够广。这不利于技能迁移和个人潜力的发展。如果普通国家职业资格证书要实现与学术资格及其欧洲对应资格真正的（而不是所谓或规定的）平等，可能需要大大加强知识基础，关键技能要素覆盖范围要远远超过必须的职业单元^③。

综上，普通国家职业资格证书虽然扩大了教育参与率，打开了职业技术教育的升学空间，但由于其宽松的评估方式和较为狭窄的教育内容，其提供的职业技术教育质量不高，在高校和雇主中未能得到广泛认可。因此，提高证书考试的质量标准成为下一阶段考试改革的目标。

第二节　从高级职业教育证书到文凭制：英国职教高校考试招生制度的发展

1997 年到 2010 年是布莱尔-布朗领导新工党执政时期，这一时期，第三次科技革命与知识经济的到来对教育标准提出了更高的要求。为了提高标准，英国政府对职教高校考试招生制度进行了两次大规模改革：一是工党政府发起的 2000 年课程改革（又称课程 2000），对普通国家职业资格证书进行了改革，推出高级职业教育证书（AVCE）取代原来的高级普通职业资格证书（Advanced GNVQ），旨在提高标准、促进普职融通；二是布朗执政时期推出新的高校考试招生考试制度——文凭制（Diploma），旨在为学生提供整合的学习方案，促进理论与实践的结合。

一、促进普职融通的高级职业教育证书考试招生制度

高级职业教育证书产生于 2000 年课程改革，是对普通国家职业资格证书考试制度的改革，这也是英国职教高校考试招生制度初创以来的第一次改革。此次改革旨在促进普通教育内容与职业教育内容之间的融通，提高职业资格标准，并使之与学术资格考试之间标准达到一致。

（一）高级职业教育证书考试招生制度的架构

1997 年 10 月，在英国资格与课程管理局（QCA）的推动下，英国建立了一个五级《国家资格框

---

① Hurley J. Managing GNVQ Development. Frameworks for Managing Learning Series [M]. Bristol: The Staff College and Learning Partners, 1995:41.

② Bloomer M. "They Tell You What to Do and Then They Let You Get on with It": The Illusion of Progressivism in the GNVQ [J]. Journal of Education and Work, 1998,11(2):167—186.

③ Hyland T, Weller P. Monitoring GNVQs: A National Survey of Provision and Implementation [J]. Educational Research, 1996,38(1):37—45.

架》(NQF),将普通中等教育证书、A Level、普通国家职业资格证书、职业资格证书等资格证书纳入其中。该框架明确了同级别职业资格和普通资格的等值地位,提高了资格的内在一致性,促进了普职融通。高级职业教育证书,即是在该框架下推出的旨在促进普职融通的资格证书。

（1）高级职业教育证书考试标准的设计

为了使高级职业教育证书考试标准与学术领域的 A Level 证书考试具有同等效力,因此,这次改革在学术教育领域与职业技术教育领域同步进行。在学术教育领域,主要是改革 A Level 考试的结构,将 A Level 分为 AS 和 A2 两部分,学生必须在通过 AS 后再通过 A2,才可获得完整的 A Level 证书。新的 AS 鼓励学生在第一年修读更广泛的科目(与传统的 A Level 考试制度下的两到三科相比,AS 为学生提供四到五门科目);在职业技术教育领域,主要是推出了高级职业教育证书取代原来的高级普通职业资格证书(Advanced GNVQ)。高级职业教育证书分为三单元、六单元以及十二单元(双重授予,相当于两个 A Level)三个水平,并且每个单元都达到了 A Level 的标准。这次改革提高了职业资格和学术资格考试之间标准的一致性,促进了学术内容和职业教育内容的融通。新的高级职业教育证书既可用于就业,也同样可以作为申请上大学的依据。

（2）高级职业教育证书的专业类别

2000 年课程改革推出高级职业教育证书取代了原来的高级普通职业资格证书,将专业领域调整为 14 个:艺术设计;商业;建筑;工程;卫生和社会保健;酒店及餐饮服务;资讯及通讯科技;休闲与娱乐;制造业;媒体;表演艺术;零售和分销;科学;旅游业。[1] 原有的管理研究和土地与环境两个专业去掉,休闲与旅游调整为休闲与娱乐和旅游业两个专业。

（3）高级职业教育证书的等级

新推出的高级职业教育证书(AVCE)取代了旧的高级普通国家职业资格证书,并分为以下三个等级水平:高级职业教育证书辅助水平(AS VCE)、高级职业教育证书(又称职业 A Level)和高级职业教育证书双重授予(AVCE Double Award),与学术轨的 AS、A Level 和高级扩展证书(AEA)相对应,[2]使高级职业教育证书与学术 A Level 之间形成等值关系。其中,高级职业教育证书相当于一门 A Level,高级职业教育证书双重授予相当于两门 A Level,学生可以选择三种水平的高级职业教育证书与 A Level 或 AS 结合学习,只要最终的学习成就能在高校招生分数兑换表上兑换相当于三门 A Level 的分数便可申请大学。

（4）高级职业教育证书的评价标准

高级职业教育证书的评价标准与初级、中级普通国家职业资格证书标准比较更易理解。初级普通国家职业资格证书位于《国家资格框架》的 1 级,这一级别的资格要求学生具备基本知识

---

① Office for Standards in Education. Vocational A levels: The First Two Years ［R］. London: Ofsted, 2004.

② Qualifications and Curriculum Authority. Curriculum Guidance for 2000［R］. London: QCA, 1999:5.

和技能,以及在指导或监督下应用学习的能力。这一层次的学习主要是与日常情况有关的活动,比如工作能力。中级普通国家职业资格证书位于《国家资格框架》的2级,这一级别的资格要求学生具备获得良好的知识和理解一个主题领域的工作或学习的能力,并在一些指导或监督下执行不同的任务。这一层次的学习包括建立与某一工作领域或某一学科领域相关的知识和技能,适用于许多工作岗位。高级职业教育证书位于《国家资格框架》的3级,这一级别的资格要求学生具备并能在相关情况下应用一系列知识、技能和理解力。这一层次的学习包括获得详细的知识和技能。它适用于希望上大学的人,独立工作的人,或在某些领域监督和培训其他人的工作。[①]

(二) 高级职业教育证书的考试制度

(1) 普职融合的考试内容

普职融合是高级职业教育证书考试内容最重要的特征。高级职业教育证书考试以相关行业的国家职业标准为依据,使学生具备相关行业的最新知识、技能,并了解这些行业的基本原则和流程,同时帮助学生将职业和学术学习结合起来,提高职业和学术资格考试之间标准的一致性,促进普职融通。

高级职业教育证书考试内容普职融合的特征主要体现在两个方面:一是职业学习和学术学习相结合。高级职业教育证书以单元为基础,分为三个单元、六个单元以及十二个单元三个水平,分别称为职业教育证书辅助水平(AS VCE)、职业 A Level(VCE A Level)和职业教育证书双重授予(VCE Double Award)。学生可以将这三种水平的证书和普通教育资格证书混合起来学习。表7-5是一位主攻商业专业的学生在高中两年的时间内混合学习的案例。

表7-5　高级职业教育证书与普通教育资格证书混合学习案例表

学年	学习内容	学时	
12 年级 (高中第一学年)	AVCE 商业(六单元)	10 学时	共 22 学时
	2 个 AS(数学、法律)	10 学时	
	IT/教学	1 学时	
	扩展研究	1 学时	
13 年级 (高中第二学年)	AVCE 商业(六单元)	10 学时	共 22 学时
	1 个 A2(法律)	5 学时	
	商业相关的工作经验(NVQ)	5 学时	
	IT/教学	1 学时	
	扩展研究	1 学时	

---

① Qualifications and Curriculum Authority. The Natinal Qualifications Framework (NQF) [EB/OL]. [2023 - 04 - 17]. https://theppra.org.za/download.php?data_id=159.

学年	学习内容	学时
最终学习成果	AVCE 双重授予（商业）	
	一个 A Level（法律）	
	一个 AS（数学）	
	NVQ 单元	
	关键技能资格	
	扩展研究获得的知识、技能和经验	

资料来源：QCA. Curriculum 2000［R］. London: QCA, 1999:30.

案例显示,该学生在高中两年同时学习了"商业"高级职业教育证书、数学 AS 以及法律 A Level 等证书,是一种普职融合的学习,大大扩展了学生的学习范围。

（2）内外部评估相结合的评估方式

高级职业教育证书的评估安排旨在提高严格性和可管理性,采取内部评估和外部评估相结合的评估方式。所有高级职业资格证书的评估都以单元为单位,每个单元都有自己的一套评分标准,只能采用一种评估方式,采取哪种方式取决于该单元的内容特征。

高级职业教育证书的内部评估通常采取"档案袋评估"的方式,由中心的教师或导师进行评估,可使用各种不同方法,如"艺术设计"专业可采用书面作品、论文、艺术品;"旅游业"专业可采用案例研究、书面论文以及简短的情景演绎。[①]

高级职业教育证书的外部评估也可以采取多种形式,例如集体作业或由颁证组织管理的测试,这取决于被评估单元的特征,如评价与资格联盟（AQA）提供的"商业"和"卫生和社会保健"高级职业教育证书的外部评估采取长达 2 小时的书面笔试。为了提高严格性,高级职业教育证书的外部评估比重必须至少占总证书的三分之一。

（3）五级制评级

高级职业教育证书的评估和评级以单元为单位,每个单元都会被评分。这些单元分数相加汇总成为整个资格考试的最终分数,再转换为相应的等级,如表 7 - 6 所示。[②] 为与 A Level 保持一致,高级职业教育证书的评级同样分为 A—E 五个等级,U 为不通过。

① Greatorex J. British Educational Research Association Conference［C/OL］. (2001 - 09 - 25)［2024 - 02 - 17］. https://www. cambridgeassessment. org. uk/Images/109685-can-vocational-a-levels-be-meaningfully-compared-with-other-qualifications-. pdf.

② Qualifications and Curriculum Authority. Qualifications 16—19：A Guide to the Changes Resulting From the Qualifying for Success Consultation ［R］. London: QCA, 1999:28—34.

表 7-6　高级职业教育证书评级表

总 分 数	证 书 等 级
480—600	A
420—479	B
360—419	C
300—359	D
240—299	E
0—239	U

资料来源:UCAS官网 https://www.ucas.com/sites/default/files/ocrreport.pdf.

(三) 高级职业教育证书的招生录取制度

2002 年 9 月,英国引入新的高等教育入学分数体系——"高校招生分数兑换表(UCAS Tariff)"。它取代了现有的 A Level 等级制,赋予每个受高等教育机构认可的资格一个分数值,并在不同资格类型之间建立了等值关系(兑换相同分数的资格证书被认为是等值的)。该体系允许对不同学习量和成绩类型的申请人进行广泛的比较,涵盖英格兰、威尔士和北爱尔兰国家资格框架内受资格与课程管理局监管的资格。主要包括三大类型:

(1) 普通教育资格,如 A Level 和 AS;

(2) 职业教育相关的资格,如高级职业教育证书、高级职业教育证书辅助水平和高级职业教育证书双重授予;

(3) 职业资格,如国家职业资格(非全日制资格),面向成人的职业资格。

英国制定新的入学分数体系是为了反映目前申请人向高等教育机构提供并被高等教育机构接受的更广泛的资格,尤其是反映 2000 年课程改革后的 A Level 和新推出的高级职业教育证书。"高校招生分数兑换表"具有以下三个具体目的:

(1) 以分数形式向高等教育机构报告成绩;

(2) 允许高校招生导师以灵活的方式招收不同类型的申请人;

(3) 允许在不同类型的成就和不同的学习量之间进行广泛的比较。

这与政府提高高等教育参与率的目标高度相关,因为它涵盖了标准和非标准入学途径。"高校招生分数兑换表"的优势在于,它不仅有助于对不同类型和不同成就的申请者进行比较,还确保高等院校招生服务处向高等教育招生人员传达有关此类成绩性质的信息,并为申请者收集入学要求的相关信息,发挥好"桥梁"作用。

表 7-7 是高级职业教育证书和 A Level 在"高校招生分数兑换表"上可兑换的分数。

表 7-7 高级职业教育证书在高校招生分数兑换表

ASVCE	UCAS 分数	AVCE	UCAS 分数	AVCE 双重授予	UCAS 分数	A Level	UCAS 分数
						A＊	140
A	60	A	120	AA	240	A	120
B	50	B	100	AB	220	B	100
C	40	C	80	BB	200	C	80
D	30	D	60	BC	180	D	60
E	20	E	40	CC	160	E	40
				CD	140		
				DD	120		
				DE	100		
				EE	80		

资料来源:UCAS 官网 https://www.ucas.com/sites/default/files/2015-uk-qualifications.pdf.

从表 7-7 可知,新推出的高级职业教育证书在"高校招生分数兑换表"上可兑换相当于一门 A Level 的分数,高级职业教育证书辅助水平可兑换相当于 0.5 个 A Level 的分数,高级职业教育证书双重授予可兑换相当于两门 A Level 的分数。由于英国高等院校招生录取要求通常是三个 A Level。因此,不同水平的高级职业教育证书需要与一定数量的 A Level 相结合(如,高级职业教育证书双重授予结合一门 A Level 或高级职业教育证书结合两门 A Level),达到相当于三门 A Level 的分数即可申请大学。这种更灵活的与 A Level 结合录取的制度促进了职业学习和学术学习的结合,促进了"普职融通"。

(四) 高级职业教育证书考试招生制度的成效与不足

高级职业教育证书考试招生制度的成效主要体现在两方面:**一方面,提高了职业教育质量标准**。高级职业教育证书在标准问题上对普通国家职业资格证书进行了改革,主要集中在三方面,一是改变评分标准。2000 年 9 月新推出的高级职业教育证书以 A Level 的标准全面评估该证书,以提高该证书的地位;[①]二是改变等级设计,新推出的职业教育证书分为职业教育证书辅助水平、职业 A Level 和职业教育证书双重授予三个级别,与 A Level 保持一致,职业教育证书双重授予相比之前的高级普通国家职业资格证书拓展了空间,提高了难度;三是更加注重外部评估。2000 年改革后,高级职业教育证书的外部评估要求至少占整个评估的三分之一。**另一方面,促进了普职**

---

① Hood C, James O, Jones G, et al. Regulation Inside Government:Waste-watchers, Quality Police and Sleazebusters [M]. Oxford: Oxford University Press, 1999:98—99.

融通。高级职业教育证书设计的主要目标是促进普通学历证书和职业资格的融通。职业教育证书以单元为单位,分为三单元、六单元和十二单元三种类型,学生可以根据组合原则将不同单元数量的职业教育证书与学术资格进行组合,形成学术学习与职业学习相结合的个性化学习方案。英国高等院校招生服务处和资格与课程管理局调查记录了混合学习的最高总数字,约22%的高级职业教育证书学生在第一年混合了不同类型的资格,包括 AS、A2、高级职业教育证书、普通中等教育证书以及 BTEC 证书。这一数字表明,与以前的高级水平学习制度相比,普通资格证书和职业资格证书的混合程度有所提高,而且有一些专业协议表明,这种混合学习方案有所增长。①

高级职业教育证书制度也存在以下不足:首先,过于严格。提高严格性是改革普通国家职业资格证书的目的,但高级职业教育证书考试被认为过于严格。主要体现在两方面:一是学生很难从中级普通国家职业资格证书进入到目前的高级职业教育证书课程。大多数学院和学校要求在中级普通国家职业资格证书课程取得优秀成绩才能进入高级课程,而以前只需要合格成绩。二是,高级职业教育证书要求高、通过率较低。英国教育标准局(Ofsted)于 2001 年发布的调查报告显示,从纵向上看,改革后的高级职业教育证书双重授予的通过率比原来同水平的高级普通国家职业资格证书要低,且取得高成绩的学生比例也由 2000/01 年度的 58.6% 下降至 2001/02 年度的 55.3%。从横向上看,高级职业教育证书的通过率比同水平的 A Level 的通过率要低。② 学者安·霍奇森(Ann Hodgson)的研究显示,参加高级职业教育证书考试的学生经常对他们的考试成绩表示失望。③ 过于严格的考试大大影响了学生的积极性和信心。**其次,过于学术化。**为了提高严格性和可管理性,高级普通国家职业资格证书的改革以 A Level 为参照,因此也不可避免地出现过于学术化的问题:一是在考试内容上,高级职业教育证书缺乏职业内容,与 A Level 过于相似。有学者认为,这样设计的高级职业教育证书剥夺了职业课程的独特文化。④ 来自资格与课程管理局的评估报告和伦敦大学教育学院-诺菲尔德实地访问证据也表明,由于高级职业教育证书过于强调理论,缺乏与工作场所经验的联系,教师认为其不如原来的高级普通国家职业资格证书具有职业化特点。学者安·霍奇森直言高级职业教育证书经历了"学术漂移"的过程,变得不那么职业化,虽名为 AVCE,但其中的"V"消失了。这种与职业相关的学习和经验的丧失,可以说是高级职业教育证书最大的失败。⑤ 二是在评级上,高级职业教育证书也采用和 A Level 一样的 A—E 级的等级划分。由于高级职业教育证书与 A Level 越来越相似,有学者甚至称高级职业教

① Hood C, James O, Jones G, et al. Regulation Inside Government: Waste-watchers, Quality Police and Sleazebusters [M]. Oxford: Oxford University Press, 1999:104.

② Office for Standards in Education. Vocational A levels: the First Two Years [R]. London: Ofsted, 2004.

③ Hodgson A, Spour K. The Learner Experience of Curriculum 2000: Implications for the Reform of 14—19 Education in England [J]. Journal of Education Policy, 2005,20(1):101—118.

④ Wellings D, Spours K, Ireson J. Advanced GNVQs, AVCEs and Level 3 Diplomas in England: A Motivational Analysis [J]. Research in Post-Compulsory Education, 2010,15(4):387—403.

⑤ Hood C, James O, Jones G, et al. Regulation Inside Government: Waste-watchers, Quality Police and Sleazebusters [M]. Oxford: Oxford University Press, 1999:105.

育证书为"第二个 A Level"。① **最后，考试内容"小而碎"。**高级职业教育证书的单元化改革，虽然使学生可以将职业单元和学术单元结合起来学习，促进了普职融通，但也存在考试内容"小而碎"的问题。这是因为完整的资格在拆分成多个自我独立的单元后，会造成分散学习的危害，以单元或零碎的方式组织课程使学生无法形成关于某领域知识全面和深刻的理解。2004 年，英国教育标准局对高级职业教育证书的调查报告就显示，高级职业教育证书的学习缺乏深度，因为学生并没有理解相关领域的关键概念。② 此外，"小而碎"的单元化改革还使教学和学习流于形式，教师把太多时间用于评估学生，而非教学，学生花费太多的时间完成"持续不断的课程作业"，而不是学习。③

二、向整合资格的文凭制发展

高级职业教育证书将整个资格拆分成许多小单元，便于和学术资格单元结合学习，促进了职业教育内容和学术内容的融通，但这种方式同时也使得高级职业教育证书存在考试内容"小而碎"、评估复杂且过于严格、过于学术化等弊端。为了纠正这些弊端特别是其学术化倾向，英国政府推出一种由雇主参与设计的文凭考试招生制度。文凭制并不是一种全新的资格，而是整合资格的学习框架，与其说它是对高级职业教育证书的替代，不如说它是对现有资格的整合，实现从小单元学习向整合学习的发展。

（一）文凭制的考试招生制度的设计

1. 多元考试主体的架构

2005 年，英国政府发布白皮书《14—19 教育与技能》(*14—19 Education and Skills*)，提出要引入一种新的专业文凭制度，专业文凭应由雇主主导设计，主要由现有的资格和资格单元构成。④资格与课程管理局联合教育和技能部(DfES)颁发的"指导文件"提出了三种使用现有资格设计文凭的路径：

第一，整合现有资格，如职业资格、普通中等教育证书、A Level；

第二，吸纳现有资格部分单元，如从 BTEC 国家文凭取得的单元；

第三，修订资格，例如，在现有的儿童保育证书和文凭中增加"实用"单元。

"指导文件"明确建议将现有资格作为文凭制度设计的起点，只有在现有资格或单元不能使用的情况下才应开发新的内容。⑤ 这意味着，文凭从根本上来说并不是一种全新的资格，而是对

① Hodgson A, Spours K. The Learner Experience of Curriculum 2000: Implications for the Reform of 14—19 Education in England [J]. Journal of Education Policy, 2005, 20(1):101—118.

② Office for Standards in Education. Vocational A levels: The First Two Years [R]. London: Ofsted, 2004:14—15.

③ Office for Standards in Education. Vocational A levels: The First Two Years [R]. London: Ofsted, 2004:17—18.

④ Department for Education and Skills. 14—19 Education and Skills [R]. London: Her Majesty's Stationery Office, 2005:50.

⑤ QCA, DfES. 14—19 Specialised Diplomas. Guidance for Diploma Development Partnerships, 2nd ed. [R]. London: QCA, 2005:24.

现有资格的整合。

依据 2005 年白皮书的建议,文凭制度的设计工作应在高等教育和资格与课程管理局的支持下,通过行业技能委员会(SSCs)让雇主带头设计。① 具体权责分工如下:

资格与课程管理局的职权范围是设计文凭的形式和结构,并具有规范资格认证和授予的法定职能,以确保高标准和一致性。2006 年,资格与课程管理局发布《专业文凭》(*The Specialised Diploma*)确定了文凭的总体结构和标准,将文凭分为三个等级,每个级别由"主要学习""通用学习"以及"额外和专业学习"三部分构成。② 同年,资格与课程管理局发布《第 1、2 及 3 级专业文凭资格的认可标准》(*Criteria for Accreditation of Specialised Diploma Qualifications at Levels 1, 2 and 3*)进一步明确文凭考试的目的、结构、名称、评估与评级以及各组成部分需要达到的标准。③ 2007 年 3 月,"专业文凭"改称"文凭"。

由政府建立的文凭发展伙伴关系(Diploma Development Partnerships, DDPs)负责开发文凭,这些"多机构伙伴关系"由相关的专业技能委员会负责统筹,通常包括雇主、学校、学院、高等教育机构、专业团体和颁证组织的代表。他们的任务是在资格与课程管理局的指导下,通过广泛协商,确定文凭应该涵盖的"知识、技能和理解力"。文凭发展伙伴关系将侧重于"主要学习"以及"额外和专业学习"部分,而资格与课程管理局将负责在所有文凭中的"通用学习"部分。一旦文凭发展伙伴关系确定了每个文凭所要求的技能、知识和理解力,资格与课程管理局就负责将这些要求转化为监管标准。

最后,获得认可的颁证组织负责开发文凭单元和完整的文凭资格,以便由文凭发展伙伴关系认可,再由资格与课程管理局审批。由此,文凭在开发过程中形成如图 7-2 所示的"三重锁"(Triple Lock)关系。

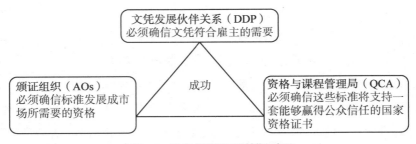

图 7-2 文凭制的"三重锁"示意图

资料来源: Hubert Ertl, Julian Stanley, Prue Huddleston, et al. Reviewing Diploma Development Evaluation of the Design of the Diploma Qualifications [R]. London: Department for children, school and families, 2009:23.

---

① Department for Education and Skills. 14—19 Education and Skills [R]. London: Her Majesty's Stationery Office, 2005:6.

② Qualifications and Curriculum Authority. The Specialised Diploma [R]. London: QCA, 2006:3—5.

③ Qualifications and Curriculum Authority. Criteria for Accreditation of Specialised Diploma Qualifications at Levels 1, 2 and 3 [R]. London: QCA, 2006:4.

从图7-2可以看到,资格与课程管理局主要负责规范文凭的标准,文凭发展伙伴关系主要考虑文凭是否符合雇主的需要,而颁证组织则主要负责依据文凭的结构与标准提供市场所需要的资格,三者之间形成合作伙伴关系,以期就各自的利益达成明确的协议。

此外,资格与课程管理局还通过国家评估局(National Assessment Authority)保证文凭在能够正常颁发的系统和技术基础上设计。[1] 文凭考试于2008年正式推行。

2. 文凭的专业类别

政府推出的文凭制主要有17条学习路线:信息和通信技术、卫生和社会保健、工程学、创意与媒体、建筑和建筑环境、土地与环境、制造业和产品设计、美容美发研究、商业、行政及财务、酒店管理、公共服务、运动与休闲、零售业、旅游业、科学、语言与国际交流、人文和社会科学。其中,语言与国际交流、人文和社会科学是文凭新增的职业教育学习路线。

3. 文凭的等级

文凭分为一级、二级和三级三个等级,且和学术资格之间建立了等值关系:一级文凭相当于5个普通中等教育证书(D级及以下);二级文凭相当于7个普通中等教育证书(A*—C级);三级文凭相当于3.5个A Level(A*—E级),获得三级文凭的学生可以申请大学。

4. 文凭的评价标准

一级文凭要求600个学时,大致相当于四到五个普通中等教育证书的学习时间。一级文凭主要是为二级文凭的学习提供基础,帮助学生留在14—19岁的教育阶段,学生需要学习一个或几个特定行业相关的学习,一个项目学习,掌握1级英语、数学和信息通信技术的实用技能以及必要的个人、学习和思考技能。

二级文凭要求800个学时,大致相当于五到六个普通中等教育证书的学习时间。二级文凭为学生提供一个准备就业的机会,或进步到以工作为基础的学习,为进入三级文凭的学习提供基础,学生需要学习一个或几个特定行业相关的学习,一个项目学习,具备2级英语、数学和信息通信技术的实用技能以及必要的个人、学习和思考技能。

三级文凭要求1080个学时,大致相当于三个A Level的学习时间。三级文凭主要为进入高等教育和就业做准备,要求学生展示综合能力和其他更高技能,具备基本的个人、思维和学习技能,以帮助他们在未来的教育、培训和就业中取得进步,在三级文凭,允许学生取得尽可能高的成就,包括发展更高智力能力,必须具备2级英语、数学和信息通信技术的实用技能。[2] 如,三级工程文凭要求学习者在二级学习的基础上,扩展对工程学的兴趣和理解;开展严谨的学术研究计划;为升入高等教育,或通过管理培训计划,为进入技工级别工作做好准备;在个人、学习和思考

① House of Commons, Education and Skills Committee. 14—19 Diplomas [R]. London: Her Majesty's Stationery Office, 2007:21.

② Qualifications and Curriculum Authority. The Specialised Diploma [R]. London: QCA, 2006:6.

技能方面取得进步,成为独立、自信和致力于自身发展的高效的人。①

（二）文凭的考试制度

1．理论与实践相结合的考试内容

文凭是一种新的,由雇主参与设计的14—19岁学历证书,它分为"主要学习""通用学习"以及"额外和专业学习"三部分,如表7－8所示。② 文凭的考试内容主要包括专业相关的理论知识和实践能力,但理论与实践并不是割裂的,而是相互融合,贯穿在"主要学习""通用学习""额外和专业学习"三部分之中。

表7－8　文凭制的考试内容结构表

文凭级别	结构	内容	所占权重
一级	主要学习	与行业相关的必修课程	40％
	通用学习	个人、学习和思考技能（PLTS） 一个项目 英语、数学和信息通信技术基本技能	40％
	额外和专业学习	由学习者选择的相关补充或专业化学习	20％
二级	主要学习	与行业相关的必修课程	56％
	通用学习	个人、学习和思考技能（PLTS） 一个项目 英语、数学和信息通信技术基本技能	26％
	额外和专业学习	由学习者选择的相关补充或专业化学习	18％
三级	主要学习	与行业相关的必修课程	48％
	通用学习	个人、学习和思考技能（PLTS） 一个扩展项目 工作经验 英语、数学和信息通信技术基本技能	19％
	额外和专业学习	由学习者选择的相关补充或专业化学习	33％

资料来源：Qualifications and Curriculum Authority. The Specialised Diploma［R］. London: QCA, 2006.

从表7－8可知,文凭的内容包括"主要学习""通用学习""额外和专业学习"三部分,其中三级文凭的"通用学习"相比一级和二级文凭的"通用学习"来说,增加了"工作经验"。下面详细介绍三级文凭各组成部分的具体内容：

（1）主要学习

主要学习是与行业相关的必修课程,旨在利用现实背景和领先的行业相关材料,掌握与广泛的经济行业相关的知识、理解和技能。此外,主要学习并不局限于行业知识与技能,它还必须能

---

① Qualifications and Curriculum Authority. Criteria for the Specialised Diploma Qualifications in Engineering at levels 1, 2 and 3［R］. London: QCA, 2006.

② Qualifications and Curriculum Authority. The Specialised Diploma［R］. London: QCA, 2006:7—13.

够发展和应用通用技能,包括基本技能和个人、学习和思考技能(PLTS)。[1]

（2）通用学习

通用学习也是必修课程,将确保所有文凭学生具备成功学习和未来就业所必需的共同技能。[2] 三级文凭的通用学习包括个人、学习和思考技能,一个扩展项目,工作经验和英语、数学和信息通信技术基本技能四个部分。

① 个人、学习和思考技能

个人、学习和思考技能是工作和一般学习所必需的,不仅是主要学习的一个基本的、内在的特征,学习者也可以在文凭的其他组成部分中发展和应用个人、学习和思考技能。个人、学习和思考技能包括独立探索、创造性思维、反思性学习、团队合作、自我管理和有效参与六项技能。[3]这六项技能需要纳入到主要学习的学习单元和评估中,表7-9是工程三级文凭"主要学习"第一单元融入个人、学习和思考技能的案例。

表7-9 工程学专业三级文凭主要学习第一单元:工程业务和环境调查的评估表

PLTS技能	表现	所对应的主要学习单元评估重点
独立探索	确定课程作业中需要解决的问题 搜集资料和进行个案研究 ……	评估重点3
创造性思维	关注工程活动的风险评估、健康和安全立法	评估重点4
反思性学习	为每项任务的发展设定目标 根据完成的任务来检查他们的进度 评估个案研究和活动的结果 ……	评估重点3
团队合作	本单元里没有	
自我管理	计划和组织本单元作业的创作 在必要时寻求同龄人和导师的建议和支持	评估重点5
有效参与	本单元里没有	

资料来源:Edxcel. Edexcel Level 3 Principal Learning in Engineering [Z/OL]. (2011-07-25)[2023-04-17]. https://qualifications. pearson. com/content/dam/pdf/Principal-earning/DP029273% 20Principal% 20Learning%20in% 20Engineering % 20%20L3%20(Phase%201)%20Issue%204%20300611. pdf.

从表7-9可以看出,有四项个人、学习和思考技能融入到"工程业务和环境调查"单元的评估

① Qualifications and Curriculum Authority. Criteria for Accreditation of Specialised Diploma Qualifications at Levels 1,2 and 3[R]. London: QCA, 2006.

② Hodgson A, Spours K. Specialised Diplomas: Transforming the 14—19 Landscape in England? [J]. Journal of Education Policy, 2007,22(6):657—673.

③ Edexcel. Edexcel Level 3 Principal Learning in Engineering [Z/OL]. (2011-07-25)[2023-04-17]. https://qualifications. pearson. com/content/dam/pdf/Principal-Learning/DP029273% 20Principal% 20Learning% 20in% 20Engineering%20%20L3%20(Phase%201)%20Issue%204%20300611. pdf.

标准中,可见,个人、学习和思考技能与主要学习并不是割裂的,而是相互链接的。

② 扩展项目

扩展项目是三级文凭通用学习的必修部分,也可以作为独立资格,成为其他三级资格学习的延伸。项目学习的目的是扩展学生行业相关的学习,是使学习者能够发展成好奇和独立的学习者,受到新领域或新研究方法的启发,扩展他们的计划、研究、分析和演示技巧,运用他们的个人、学习和思考技巧,利用其学习经验来支持他们进一步的深造、学习和职业发展。[①]

项目主题和标题由学习者选择,但需要与中心协商并经过中心的批准。学生在选择项目时通常基于个人兴趣和相关专业学习经验,如,工程专业学生可以利用微控制器进行多种项目研究,例如,利用微控制器研发车辆运动自动感应 Led 路灯、地下电缆故障的精确测距、检测电网同步故障系统、土壤湿度传感自动灌溉系统、通过电视遥控器实现鼠标无线操作,通过手机移动机器人车辆等等。[②]

③ 工作经验学习

三级文凭要求有工作经验的学习,所有学生必须完成不少于10天的工作经验学习,工作经验通常由雇主提供,使学生将知识和技能应用于具有实际工作特点的任务或环境。工作经验不会被评估,但工作经验支持学生发展行业或学科技能以及一般的就业技能。

④ 基本技能

文凭要求学生掌握英语、数学和信息通信技术三项基本技能。基本技能是文凭通用学习的一部分,但学生将有机会在整个文凭课程中发展和应用基本技能。颁证机构将为基本技能的发展和应用提供全方位指导,这有助于各中心将基本技能整合到他们的课程中,并帮助学习者进行规划和复习。[③] 一级文凭要求学生掌握一级基本技能,二、三级文凭要求学生掌握二级基本技能。

（3）额外和专业学习

额外和专业学习允许学习者根据自己的兴趣和愿望调整课程,使学习者能够进行专业化或补充性学习,体现出文凭的“个性化”“灵活性”特点。额外和专业学习在不同文凭路线下各不相同,由国家资格框架中的资格或单元组成,这些资格和单元必须满足以下要求:[④]

第一,支持学生在文凭学习中的进步,同时提供一个连贯的学习经验;

第二,避免与该学习路线中的主要学习和通用学习重复;

第三,在规模和水平方面适合文凭学习的目标。

---

① Qualifications and Curriculum Authority. Criteria for Accreditation of Specialised Diploma Qualifications at Levels 1,2 and 3[R]. London: QCA, 2006:21.

② Electronics Projects Focus. Microcontroller Projects for Engineering Students [EB/OL]. [2023 – 02 – 22]. https://www.elprocus.com/8051-microcontroller-projects-for-engineering-students/.

③ Qualification and Curriculum Authority. The Diploma: An Overview of the Qualification [R]. London: QCA, 2008:9.

④ Qualifications and Curriculum Authority. Criteria for Accreditation of Specialised Diploma Qualifications at Levels 1,2 and 3[R]. London: QCA, 2006:27.

学生通常在老师、导师以及雇主或高等教育合作者提供的指导下,从经认证的颁证组织提供的所有额外和专业学习资格和单元中进行选择,其中普通中等教育证书和 A Level 证书常被学生作为文凭的额外和专业学习。

上述分析表明,文凭三部分考试内容并非相互割裂,而是相互渗透,如,个人、学习和思考技能融入在主要学习、扩展项目以及额外和专业学习的内容中,这增强了各部分内容之间的联系与相互作用,提高了学习效率和效能。

2. 内部评估与外部评估相结合的评估方式

文凭制的评估以单元为单位,采取内部评估与外部评估相结合的方式。由于文凭的成绩由"主要学习"和"项目学习"的成绩决定,文凭的评估主要就是针对"主要学习"和"项目学习"的评估,其中"主要学习"大部分单元采取内部评估,小部分单元采取外部评估,"项目学习"则采取内部评估和外部审核的方式。

(1) 针对"主要学习"的评估

① 内部评估:"控制性评估"

文凭的内部评估由中心的导师进行,但通常必须在受控条件下进行,以确保可靠性和公平性,因此又称为"控制性评估"。"控制性评估"分为任务设置、时间控制、资源控制、监督、团队合作及打分六个方面,每个方面分为有限控制、中水平控制和高水平控制三种控制水平:有限控制是指当文凭的主要学习部分的评估要求使用宽泛的参数时,允许联盟确定评估的细节;中水平控制是指颁证组织制定的评估要求允许文凭联盟有一定的灵活性,以适应当地的情况;高水平控制是指颁证组织严格规定评估要求的控制水平,联盟严格按照颁证组织的指示实施控制。[1] 为确保控制性评估的可靠性,资格与课程管理局(QCA)列出了每个评估阶段的要求,包括:A. 任务的设定,B. 执行任务的监督程度,C. 进行评估的条件,D. 打分和标准化程序,E. 调节及核实程序。

控制性评估单元的评估任务由导师布置,每个单元通过一个单一的任务进行评估,这个任务有一个反映单元目标的总体目标,并在"如何评估"一节中描述。一项任务可以被分解成几个独立的任务,任务可以进一步分解成更小的活动。中心导师可以使用颁证组织提供的样本任务,也可以依据颁证组织的设计原则自己设计有质量保证的任务。[2] 颁证组织鼓励各中心导师采用多样评估方法,例如采用个案研究、以工作为基础的评估、项目、业绩观察,鼓励各中心强调实际应用,为学习者提供一个现实的场景,并最大限度地利用实际活动和工作经验。[3] 表 7 - 10 是酒店

① Qualifications and Curriculum Authority. Controlled Assessment in Diploma Principal Learning: A Consortium Guide [R]. London: QCA, 2009:6—9.

② Crisp V, Green S. Controlled Assessments in 14—19 Diplomas: Implementation and Effects on Learning Experiences [J]. Educational Research and Evaluation, 2012,18(4):333—351.

③ Edexcel. Edexcel Level 3 Principal Learning in Engineering [Z/OL]. (2011 - 07 - 25)[2023 - 04 - 17]. https:// qualifications. pearson. com/content/dam/pdf/PrincipalLearning/DP029273% 20Principal% 20 Learning% 20in% 20Engineering%20%20L3% 20(Phase%201)% 20 Issue%204%20300611. pdf.

管理专业三级文凭第二单元"有效酒店业务客户服务"控制性评估的样本任务。

表 7-10　酒店管理专业三级文凭控制性评估样例
（第二单元"有效酒店业务客户服务"样本任务）

任务名称：客户服务	颁证组织对控制任务的说明
第一部分：客户服务概述 创建客户服务日志，记录你对两家不同酒店的调查结果。 导言部分应包括： ● 比较每家酒店机构在客户服务方面的不同方法，包括以下（评估准则 1.1 及 3.3）几点： 1. 分歧的原因 2. 相似的理由 3. "高标准"及"有效的客户服务"的定义 ● 品牌标准对每家酒店的意义 **第二部分：提供客户服务** 记录客户服务活动，必须填写至少两个完整的表格，确保证据符合以下要求： 1. 为至少两个国内客户提供客户服务（评估准则 2.1） 2. 为至少两个国外客户提供客户服务（评估标准 2.1） 3. 在活动中，具备团队合作能力（评估准则 2.3 和 2.4） 4. 记录你采取不同的沟通方式所完成的至少两项活动（评估准则 2.6） **第三部分：制定客户服务标准** 在这一部分中，您将在评估的第 2 部分中选择三个客户服务活动（一个团队活动，一个对接国内客户的活动，一个对接国外客户的活动）回顾您自己的表现和其他团队成员的表现（评估标准 3.1），并建议如何通过行业来监控和衡量客户服务。（评估准则 3.2）。	**任务设置** 在保证可行的基础上，将该任务与其他单元的工作联系起来。 **任务执行** **时间：** 该单元规定，学员将有 15 个小时的时间提供证据进行评估。 **资源：** 学员将有机会进入接待部门（例如工作经验、个人或团体访问以及在中心或通过工作经验提供客户服务的机会）。 **小组活动：** 学习者需要进行小组讨论；学习者可以一起工作，提供客户服务。 **监督：** 第一部分，学员通过非现场访问进行。结果记录在监督下完成。 第二部分，提供客户服务，可在教师监督下进行，也可在工作经验期间进行，由雇主监督和签字。学习者日志的条目必须由主管签字。 第三部分，在监督下完成。

资料来源：Qualifications and Curriculum Authority. Controlled Assessment in Diploma Principal Learning: A Consortium Guide [R]. London: QCA, 2009:38—40.

从表 7-10 可知，颁证组织为酒店管理专业三级文凭"有效酒店业务客户服务"单元提供的样本任务是调查其他酒店的服务并制定本酒店的客户服务标准。该任务又分为其他酒店的客户服务概述、记录自己从事的客户服务活动、反思并制定本酒店的客户服务标准三个部分。从表 7-10 中可以看出，颁证组织对该任务的设置和执行（时间、资源、小组活动以及监督）进行了控制。

学生完成任务后，中心导师使用颁证组织的评分标准对学生任务的完成情况进行评分，然后由颁证机构指定的审查员进行审核。

② 外部评估

文凭制的"主要学习"考试，必须有一定比例的单元采取外部评估，如在三级文凭考试中，每学科必须有 120 到 180 学时的内容采取外部评估的方式进行评估。外部评估以考试的方式进行，通常是包含多项选择题、简答题和长答题的书面论文。所有的问题都按照一个评分方案进行评分。这些外部评估将由颁证组织在一年中商定的公布日期提供。

（2）针对"项目学习"的评估

文凭"项目学习"作为一个独立的单元接受评估，采取中心导师内部评估、颁证组织外部审核的评估方式。学生确定项目主题后需要：

A. 起草项目的标题和目标，供中心批准；

B. 制定计划、展开研究；

C. 向特定的观众发表演讲汇报；

D. 提供项目开发和产生各阶段的证据，供中心评估。项目的成果可以是设计、表演、报告、论文或人工制品。

不同于"主要学习"单元对具体职业能力的考察，文凭"项目学习"考察的是学生的综合能力。表7-11是酒店管理专业三级文凭"项目学习"的评估目标一览表。

表 7-11　酒店管理专业三级文凭"项目学习"的评估目标一览表

评 估 目 标		三级
AO1	管理	15—25%
	确定、设计、计划和完成个别项目或任务，或团队项目中的个人项目或任务，应用组织技能或策略达到既定目标。	
AO2	善用资源	15—25%
	从各种来源获取和选择信息，分析数据，适当应用，并证明理解其主题的任何适当联系和复杂性。	
AO3	发展和实现	35—45%
	选择和使用一系列技能，包括新技术来解决问题，批判性地、创造性地和灵活地做出决定，并实现计划的结果。	
AO4	审查	15—25%
	评估结果，包括自己的学习和表现。选择并使用一系列的沟通技巧和媒体来传达和呈现有证据的结果和结论。	

资料来源：Qualifications and Curriculum Authority. Criteria for Accreditation of Specialised Diploma Qualifications at Levels 1,2 and 3[R]. London: QCA, 2006.

由表7-11可知，文凭"项目学习"主要考察学生的"管理""善用资源""发展和实现"以及"审查"四个方面的能力，其中"发展和实现"即运用一系列技能解决问题的能力。

3. 四级制评级

文凭没有最终的一个期末考试，其最终成绩由"主要学习"和"项目学习"的成绩决定（个人、学习和思考技能的成绩最终会被记录在文凭成绩单上，实用技能在不同级别的文凭中有不同的等级要求，工作经验不被评估，额外和专业学习不计入文凭成绩）。然而，为了获得文凭的整体成绩，学习者还是需要完成文凭的所有组成部分。

文凭的最终成绩由"文凭聚合服务（Diploma aggregation service）"自动生成。"文凭聚合服务"会自动识别学生何时完成文凭的各个组成部分的学习，何时能够申请文凭。中心的工作人员能够在"文凭聚合服务"中查看学生的个人学习帐户，跟踪学生文凭学习的进度。"文凭聚合服务"主要执行三个功能:首先,它在学生个人学习账户中记录每个学生的文凭组成资格结果。其次,它汇总学习者的成绩,应用预先定义的组合规则来确定学习者是否取得了足够的成绩来获得文凭。第三,该服务根据学习者的成绩计算一个试用等级,使文凭授予机构能够授予文凭。[①]

如图 7-3 所示,主要学习每个单元都会产生一个等级成绩,项目作为一个单独的单元也会产生一个等级成绩,这些等级成绩会转化为标准化积分,然后通过聚合(Aggregation)获得文凭的总体评分。[②] 三级文凭的最终整体成绩划分为 A[+]、A、B、C 四个等级,以及 U 表示不通过。

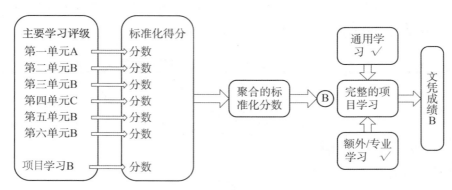

图 7-3　文凭制评级示意图

资料来源:Qualification and Curriculum Authority. Getting Ready for the Diploma [R].
London: QCA, 2009:20:11.

(三) 文凭的招生录取制度

"高等院校招生分数兑换表(UCAS Tariff)"是高等院校录取学生的重要依据,文凭已被高等院校招生服务处认可为大学入学资格,并可以在高等院校招生分数兑换表上兑换相应的分数。如表 7-12 所示,三级文凭在高等院校招生分数兑换表上,可兑换到与 3.5 个 A Level 相同的分数,额外和专业学习可兑换到与 1 个 A Level 相同的分数,进修文凭(三级文凭中减去额外和专业学习)可兑换到与 2.5 个 A Level 相同的分数。

表 7-12　文凭和 A Level 证书在 UCAS 兑换的分数表

等级	A Level	3.5A Level	进修文凭 (Progression Diploma)	额外和专业 学习(ASL)	高级(三级)文凭 (Advanced Diploma)
A＊	140	490	350	140	490
A	120	420	300	120	420
B	100	350	250	100	350

---

① Qualification and Curriculum Authority. Getting Ready for the Diploma [R]. London: QCA, 2009:20.

② Qualification and Curriculum Authority. Getting Ready for the Diploma-The Essential Guide for the Exams Office [R]. London: QCA, 2009:20.

等级	A Level	3.5A Level	进修文凭 (Progression Diploma)	额外和专业 学习(ASL)	高级(三级)文凭 (Advanced Diploma)
C	80	280	200	80	280
D	60	210	150	60	210
E	40	140	100	40	140

资料来源：Gill Haynes, William Richardson. Evaluation of the Implementation and Impact of Diplomas：Findings From the 2009/10 Survey of Higher Education Institutions［R］，London：DfE，2011.

　　从"高等院校招生分数兑换表"来看，文凭原则上和 A Level 相当，可作为申请大学的依据。来自高等院校招生服务处的证据表明，在 2009—2010 年申请周期内收到了 743 份文凭申请，其中，68％(503 名学生)在 2010 年 10 月 27 日之前被高等教育机构录取，这与所有高等院校招生服务处的申请者的录取率(70％)非常相似。这表明，各种各样的高等教育机构都接受了文凭作为入学的适当途径。

（四）文凭制考试招生录取制度的成效与不足

　　文凭是英国政府继 2000 年课程改革后推出的一项补救性改革，主要解决"课程 2000"单元化考试改革带来的知识"小而碎"问题，取得的成效如下：**首先，为学生提供一种更全面的学习。**学者安·霍奇森认为，文凭制的独特设计能够将学术学习和职业学习更明确地结合起来，能够更加个性化地适应学习者的兴趣，并且比普通国家职业资格证书提供一种更全面和程序化的学习方案。[①] 文凭的"全面学习"特征主要体现在以下几个方面：一是学术学习和职业学习相结合。文凭的主要学习部分是与行业相关的学习；通用学习是个人、学习和思考技能、扩展项目学习、工作经验与实用技能；额外和专业学习则通常是一门 A Level，三者的结合实现了学术学习和职业学习的结合。二是知识与技能相结合。将通用的可转移技能注入到文凭学习的各个方面是文凭独特设计的目的之一。资格与课程管理局出版了《文凭学习的通用技能》指南，帮助文凭提供者将通用技能包括实用技能、个人、学习和思考技能以及项目研究技能融入到文凭学习的各个方面，体现了技能与知识的结合。正如英国下议院教育和技能委员会评论的那样，文凭旨在提供"更广泛的东西，开发人们的认知技能，而不仅仅是针对特定职业的培训"。三是理论与实践相结合。文凭的"主要学习"中的内部评估单元通常给学生布置实践任务，通用学习中的"项目学习"也是与行业相关的实践课题，至少为期 10 天的工作经验更是为学生在行业中应用所学知识和技能提供机会，这都体现了文凭注重理论学习与实践学习相结合。**其次，"控制性评估"有利于衡量重要技能。**文凭的"主要学习"部分主要采取"控制性评估"的内部评估方式。"控制性评估"的概念，最初设想是为了解决普通中等教育证书中课程作业评估问题，但它在文凭的"主要学习"中首次得

---

① Hodgson A, Spours K. Vocational Qualifications and Progression to Higher Education：The Case of the 14—19 Diplomas in the English System［J］．Journal of Education and Work，2010，23(2)：95—110.

到应用。"控制性评估"具有以下几点优势:一是"控制性评估"是一种内部评估方式,学生在受控的条件下完成实际任务,在评估技能方面比笔试更具优势。如,工程文凭中,三个内部评估单元的工程任务分别为电子、维护和设计,其中包括开发一个指示车辆行驶的电子系统,以及设计一盏改装灯,这些实际任务更有利于考查学生的实践技能。二是"控制性评估"受到学生和老师的欢迎。一些老师还称赞文凭的"控制性评估"有利于让学生了解在行业工作是什么样子的——这是文凭的核心——而不仅仅是为了满足评估标准。[①] **最后,雇主首次参与文凭考试内容设计。**虽然雇主参与职业教育培训现在看来并不新奇,但是文凭首次让雇主在资格内容设计上起主导作用。政府通过建立"文凭发展伙伴关系"保证雇主从根本上参与文凭设计的前期阶段,即由雇主主导的"文凭发展伙伴关系"确定每个文凭学习路线所要求的技能、知识和理解力,再由资格与课程管理局转化为准则,再由颁证组织开发文凭单元和完整的文凭资格。雇主参与文凭内容的设计代表了一种雇主参与职业技术教育新的方式。

　　但文凭制也存在以下不足:首先,考试内容过于学术化,职业性不强。文凭一开始在政府文件中被宣传为一种广泛的职业证书,但在开发过程中,随着通用学习和个人、学习和思考技能的加入,逐渐转向普通教育性质。2007年,文凭新增"科学""语言与国际交流""人文和社会科学"三个专业,被认为进一步证实了其经历了从一个广泛的职业证书到成为一种普通应用的资格的"学术漂移"。[②] **其次,文凭的认可度和区分度不高。**文凭在高等院校、家长和雇主中的认可度不高,原因在于让文凭与"传统的"A Level和普通中等教育证书并存,而后两个资格被公认为14至19岁学生最有声望的学习途径,将继续吸引最有能力的学习者(及其父母)。文凭虽然努力在拥挤的资格中挣扎着站稳脚跟,但仍然笼罩在A Level的阴影之下。文凭作为一种评价方式,其区分度不高。原因在于文凭的成绩最终由"主要学习"和"项目学习"决定,但高校招生导师认为文凭内容过于宽泛,很难知道学生具体获得了哪些知识和技能且处于何种水平。因此,高校招生导师在招生时更重视学生的额外和专业学习部分是否有其他资格作为补充,尤其是A Level。这意味着文凭成绩不具备太高的价值和区分度,不能帮助高校选拔有能力的候选人。**最后,各利益主体未能建立良好合作关系。**文凭的考试招生制度还包裹着多元利益主体参与考试的混合制改革的尝试。政府将文凭的声誉押在它们"三重锁"的独特设计上,即由文凭发展伙伴关系、资格与课程管理局和颁证组织作为发展过程中的核心伙伴,就文凭开发过程的每个阶段的产出达成一致,以满足各利益相关者的需求。然而,在文凭的开发过程中"三重锁"的优势并未很好地展现出来。有学者甚至认为,文凭被"三重锁"困住了:一是各利益主体在文凭设计过程中的参与程度不一;二是高等教育机构参与不足;三是具有资格设计专业知识的颁证组织在文凭的最初设计中发挥

① Crisp V, Green S. Controlled Assessments in 14—19 Diplomas: Implementation and Effects on Learning Experiences [J]. Educational Research and Evaluation, 2012,18(4):333—351.
② Ertl H, Stanley J, Huddleston P. Reviewing Diploma Development Evaluation of the Design of the Diploma Qualifications [R]. London: Department for Children, School and Families, 2009:34—35.

的作用微乎其微。① "三重锁"不平等关系以及三方在短时间内开发资格缺少沟通,导致文凭制仍然存在学术化倾向,内容过于广泛,专业性和职业性不强,所培养的人才与劳动力市场需求不匹配。

第三节　T Level 证书:英国职教高校考试招生制度的变革

随着第四次工业革命的到来,培养高技能人才成为提高国家生产力和经济竞争力的关键。英国议员吉莉安·基冈认为雇主对高技能的需求将导致全球技能挑战。而文凭考试制度无法为高校筛选到合适的候选人,2013 年英国政府终结了文凭制。为了应对高技能需求的挑战,英国政府自 2016 年起颁布了一系列政策,对"职业教育"②进行了重大改革,改革的目的是推动"职业教育"向"技术教育"转型,建立一个精简、统一、高质量、与劳动力市场沟通、与高等教育衔接的国家技术教育体系。此次技术教育改革的核心是推出 T Level 证书,成为技术教育考试的"黄金标准",与学术高考 A Level 证书并驾齐驱。

一、T Level 证书考试招生制度的建立

从高级职业教育证书到文凭制,英国职业技术教育由于长期追逐与学术教育的"平等尊重"而出现了"学术漂移",无法满足技术革命下英国对高技能人才的需求。而技术教育转型下推出的 T Level 证书放弃了对"平等尊重"的追逐,走的是一条高质量的技术教育路线,旨在培养行业所需的兼具理论知识和实践技能的技术技能人才。T Level 证书考试制度是英国职教高校招生制度建立以来变动最大的一次改革,从资格制度、考试制度到招生录取制度都发生了较大的改变。

2015 年英国政府颁布了形式简明的《规范资格框架》(RQF)。《规范资格框架》(RQF)提供了一个简单的系统,用于对英国普通教育和职业技术教育领域的所有资格进行编目。它就像图书馆里的书架,资格证书按照"等级"和"学习量"进行索引。它最大特点是包容性很强,能够容纳大小、等级不一的各类资格,以有利于颁证组织进行资格创新设计。T Level 证书的技术资格就是在新的资格框架下推出的一项全新的资格,引导英国从"职业教育"向"技术教育"转型。

(一) T Level 证书制度的设计

1. 对接产业战略的专业线路的调整

随着第四次工业革命的爆发,以数字技术为主导的智能化时代到来,全球的商业和经济环境发生了巨大变化。2013 年以来英国政府出台系列产业智能化升级转型战略。2017 年英国政府颁布的《产业战略:建设适应未来的英国》(*Industrial Strategy*:*Building a Britain Fit for the*

---

① Hodgson A, Spours K. Specialised Diplomas: Transforming the 14—19 Landscape in England? [J]. Journal of Education Policy, 2007,22(6):657—673.

② 在 20 世纪 90 年代至 2016 年《16 岁后技能计划》颁布之前,英国政府颁发的文件中将"技术和职业教育"改为"职业教育",故此,2016 年前后是"职业教育"向"技术教育"转型。

Future,2017),更是为英国未来的产业发展提供了清晰的政策框架。产业战略明确表示,英国已经拥有优良的创新体系与世界领先的产业,包括金融服务业、先进的制造业、生命科学和创意产业四大支柱产业。基于这些已有的优势,英国将通过利用实现经济变革的五大基础(创意能力、人力资源、基础设施、商业环境、区域发展)来提高整体的生产力;同时在人工智能和大数据、清洁能源增长、移动未来以及老龄化社会需求这四个领域引领全球科技革命。[①] 一系列产业战略推动英国产业转型升级,也迫使英国从"职业教育"向"技术教育"转型。

文凭设有17条专业路线,新推出的T Level证书制度下更新为15条专业路线。2016年《塞恩斯伯里报告》率先将产业发展的重点领域同教育领域供给建立直接关联,通过严格的劳动力市场分析并与雇主合作,设计了15条新的技术教育路线。此后,政府颁布一系列《T Level行动计划》在15条技术教育路线引入新的资格证书——T Level证书,将中高端产业所需的技能、知识和行为转化为学生的学习内容,以培养智能化时代所需的高级技术技能人才。如表7-13所示,为对接科技发展与劳动力市场需求,T Level证书的专业路线与文凭相比有大幅调整。

表 7-13　T Level 证书与文凭的专业路线比较表

文凭的专业路线	T Level 的专业路线	调整情况
信息和通信技术	数字	更新
卫生和社会保健	健康与科学	更新
工程学	工程与制造	合并
制造业		
创意与媒体	创新与设计	更新
建筑和建筑环境	建造	更新
土地与环境	农业、环境与动物护理	更新
商业、行政及财务	金融与会计	更新
零售业	市场营销与采购	更新
美容美发	美容美发	保留
酒店及餐饮业	餐饮酒店	更新
公共服务	/	取消
运动与休闲	/	取消
旅游业	/	取消
科学	/	取消

---

① HM Government. Industrial Strategy: Building a Britain Fit for the Future [R]. London: Department for Business, Energy & Industrial Strategy, 2017.

文凭的专业路线	T Level 的专业路线	调整情况
语言与国际交流	/	取消
人文和社会科学	/	取消
	护理服务	新增
	安保服务	新增
	交通与物流	新增

从表 7-13 可知,有 8 条专业线路,被调整升级,如以往的"信息和通信技术"调整为"数字";"卫生和社会保健"调整为"健康与科学";而"工程学和制造业"合并为"工程与制造";服务业,如"美容美发"与"餐饮酒店"保持不变,并增加了 3 条新的服务专业路线,包括"护理服务""安保服务"和"交通与物流",而"运动与休闲""旅游业""科学""语言与国际交流"和"人文和社会科学"等五个专业大类取消。其中,"数字""工程与制造""创新与设计""建造""农业、环境与动物护理""金融与会计""市场营销与采购"等专业大类对接英国重点战略产业的需求,其他专业路线则是对接公共服务业,是劳动力市场急需的技能型人才。

2. T Level 证书的职业路线、职业路径与职业专长的结构关系

英国技术教育改革共推出 15 条技术教育路线,每条路线下分为不同的职业路径,路径内又包含不同的职业专长,使学生的学习更职业化、专业化,能够对接雇主的需求。这是对文凭制 17 条路径内容宽泛、针对性不强的纠偏。如表 7-14 所示,T Level 证书提供"教育与儿童保育""建造""数字""健康与科学""法律、金融与会计""商业与管理""工程与制造""美容美发""餐饮酒店""农业、环境与动物护理""创新与设计"11 条技术教育路线,另有"安保服务""护理服务""交通与物流""市场营销与采购"4 条技术教育路线由学徒制提供。每条职业路径设置一个技术资格(Technical Qualification),学生完成技术资格的学习,并达到 T Level 证书规定的其他要求后将会获得 T Level 证书,即 T Level 证书以职业路径上的技术资格为单位颁发,11 条技术教育路线下共 24 个技术资格,将会提供 24 份 T Level 证书,学生选择的职业专长也将会在证书上注明。

表 7-14 T Level 证书的职业路线、职业路径与职业专长的结构关系表

职业路线（Routes）	职业路径（Pathways）	职业专长（Specialisms）
教育与儿童保育	教育与儿童保育	早期教育和儿童保育、辅助教学、支持和指导继续和高等教育学生
建造	建筑设备工程	空调工程,电气电子设备工程,电工技术,天然气工程,供热工程,管道工程,保护系统工程,制冷工程,通风工程
	设计、测量与规划	建筑环境,土木工程,房屋设计,危险材料分析与调查
	现场施工	细木工,石膏,砌砖,粉刷和装潢

职业路线（Routes）	职业路径（Pathways）	职业专长（Specialisms）
数字	数字化生产、设计与开发	数字化生产、设计与开发
	数字商业服务	数据技术人员
	数字支持服务	数字基础设施、网络电缆，统一通信、数字化支持
健康与科学	健康	牙科护理，医疗保健服务
	医疗保健科学	光学保健服务，药学服务，协助医疗保健科学，牙科技术服务，假肢矫形技术服务
	科学	实验室科学，食物科学，动物科学，计量科学
法律、金融与会计	法律服务	商业、金融和就业法律服务助理，刑事、刑事司法及社会福利法律服务助理
	金融	零售和商业银行分析师，投资银行和资产及财富管理分析师，保险从业人员，金融合规/风险分析师
	会计	助理会计
商业与管理	经营管理	业务改进，团队领导力/管理，商业支持，信息管理
工程与制造	工程和制造维修，安装和修理	维修工程技术—机械，维修工程技术—机电，维修工程技术—电子电气，维护、安装和修理—交通工具，安装和修理—能源和公共事业设备
	工程、制造、加工与控制	生产技术，制造技术，加工技术，材料技术
	工程与制造设计与开发	设计与开发（机械工程），设计与开发（电气与电子工程），设计与开发（控制与仪器工程），设计及发展（结构工程）
美容美发	美发、理发和美容疗法	理发，美发，美容疗法
餐饮酒店	餐饮业	专业餐饮
农业、环境与动物护理	动物护理与管理	动物护理与管理，马的护理和管理
	农业、土地管理和生产	作物生产，花艺，栖息地管理（土地和水），地基工程，牧业生产，环境园艺和园林绿化，树木和林地的管理和维护
创新与设计	广播媒体制作和导演	创意媒体技师，活动及场地技术员，内容创作和制作
	工艺与设计	珠宝制造商，陶瓷制造商，家具制造商，纺织及时装设计师
护理服务、安保服务、交通与物流、市场营销与采购由学徒制提供		

资料来源：学徒制与技术教育研究所（The Institute for Apprenticeships and Technical Education），［2023 - 02 - 17］. https://www.instituteforapprenticeships.org/occupational-maps/.

3. T Level 证书的等级

T Level 证书的等级设置不同于以往的职业资格证书。表 7 - 15 是 T Level 证书与文凭等其他证书等级比较。

表 7 - 15 T Level 证书与文凭等证书的等级比较表

国家资格框架	高级职业教育证书	文凭	T Level 证书	A Level 证书	
1 级		一级文凭			
2 级		二级文凭			
3 级	高级职业教育证书辅助水平	三级文凭	T Level	AS	A Level
	高级职业教育证书			A2	
	高级职业教育证书双重授予			AEA	

从表 7 - 15 可知,不同于文凭制在国家资格框架内分三个级别提供,T Level 证书与高级职业教育证书和 A Level 证书一样仅在国家资格框架的第三级提供。但与高级职业教育证书分为高级职业教育证书辅助水平、高级职业教育证书、高级职业教育证书双重授予,以及 A Level 证书分为的 AS、A2 和 AEA 不同,T Level 是一个完整的资格证书,以最终成绩区分学生的水平。它与 A Level 证书具有同等的地位,可以直接用来申请大学。

4. T Level 证书的评价标准

T Level 证书在《规范资格框架(RQF)》中位于第三级,《规范资格框架》的级别描述符有"知识"与"技能"两个维度。获得 T Level 证书的学生在"知识"上,应达到以下四点要求:

(1)具有理解一个主题或工作领域的事实的、程序的和理论的知识,以完成任务并解决虽然界定清晰,但具有一定复杂性的、非常规的问题;

(2)能解释和评价相关信息和想法;

(3)能认识到学习或工作领域的本质;

(4)能认识到学习或工作领域内的不同观点或方法。

在"技能"上应达到以下三点要求:

(1)识别、选择和使用适当的认知和实践技能、方法和程序来解决虽然界定清晰,但具有一定复杂性的、非常规的问题;

(2)使用适当的调查为行动提供指导。

(3)审查行为和方法的有效性。[1]

(二)T Level 证书的考试制度

1. 突出"技术教育"的考试内容

英国从"职业教育"向"技术教育"转型,最明显的特征是突出"技术教育"的考试内容。与文凭制的"主要学习""通用学习"和"额外和专业学习"三个部分构成不同,T Level 证书为了纠正文凭制的"学术漂移"弊端,其考试内容设计上最大模块是技术资格,包括核心知识和职业专长,占

---

① Ofqual. Qualification and Component Levels Requirements and Guidance for All Awarding Organisations and All Qualifications [R]. London: Ofqual, 2015:5—7.

900—1 400 学时;其次,是至少 315 小时的行业实习;再次,是数学和英语要求,与普通教育的 GCSE 考试内容融通;最后,是 T Level 小组设置的其他要求,总共四个部分,共同构成 T Level 证书考试内容,如图 7-4 所示。和文凭制相比,T Level 证书突出技术知识和实践技能的重要性,大大增加了工作世界真实情境下的学习时长。

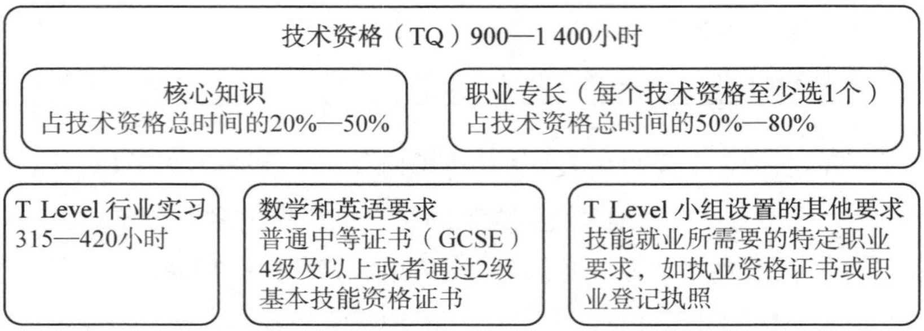

图 7-4 T Level 证书考试内容的构成示意图
资料来源:The Institute for Apprenticeships and Technical Education. Construction Design, Surveying and Planning [R]. London: IfATE, 2018:5.

(1) 技术资格

技术资格是 T Level 证书的核心内容,每条职业路径上设有一个技术资格。技术资格包含"核心知识"和"职业专长"两部分内容,"核心知识"确保学生拥有广泛的行业相关的通用核心知识与技能;"职业专长"使学生在一门或多门职业进行更深入、专业化的学习。相比文凭制过于宽泛和学术化的"主要学习"内容,"核心知识+职业专长"的结构设计突出了 T Level 证书的"技术教育"特征。

① 核心知识

核心知识涵盖路线内所有专业相关的基础知识、概念和技能,在路线内通用,支持学生在不同职业专长间转移,旨在培养学生的通用核心知识与技能,占技术资格总学习时间的 20—50%。[①]

核心知识分为核心知识 1 和核心知识 2 两部分。核心知识 1 提供与 T level 相关的背景、概念、理论和原则的知识和理解,包括对与职业发展路线、进步途径以及职业群相关的知识和理解,确保学生逐渐了解他们所选择职业的更广泛的背景;核心知识 2 则重点发展与 T level 所涵盖的路径和职业专长相关的核心技能,确保所有学习 T Level 课程的学生具备一套连贯的核心技能,支持学生进入工作岗位后在不同工作角色之间的进步和调动。[②] 如,"设计、测量与规划"技术资格的核心知识包括"健康与安全""科学""量度""建筑技术""资料及数据""数字技术"等 14 项核心

---

① Department for Education. Implementation of T Level Programmes——Government Consultation Response Technical Annex [R]. London: DfE, 2018:9.

② Department for Education. Implementation of T Level Programmes——Government Consultation Response Technical Annex [R]. London: DfE, 2018:9.

知识以及"沟通""与他人合作""解决问题""初步研究"4 项核心技能。

② 职业专长

职业专长部分由一个或多个职业专业方向组成,侧重发展学生的职业特定知识、技能和行为,确保学生能够胜任某一项或几项具体工作。如,"设计、测量与规划"技术资格包含"建筑环境""土木工程""房屋设计""危险材料分析与调查"4 个职业专长,学生可以根据自己的能力和兴趣从中选择一到多个进行学习。相比文凭的"主要学习",T Level 证书的"职业专长"非常庞大,占技术资格总学习时间的 50%—80%。表 7-16 所示是"设计、测量与规划"技术资格的"建筑环境"职业专长的内容示例。"建筑环境"职业专长分测量、分析、设计和验证交付建筑环境四大模块,对应工作场所所需职业能力,每一板块包含应具备的专业知识和技术技能,并进一步描述了实践中运用知识、技术技能的行为表现。

表 7-16 "设计、测量与规划"职业路径"建筑环境"职业专长内容示例表

表现结果	关键内容	技能要求
1. 测量建筑环境	K1 **法律** K1.1 进行测量工作所需的许可 K2 **数字技术** K2.1 互联网在测量建筑环境中的贡献 ……	S1.1 通过开放的提问和倾听,探究任务的要求。 S1.2 收集信息,包括地理信息系统(GIS)。 ……
2. 分析建筑环境	K4 **项目管理** K4.1 工程项目 ……	S2.1 给任务排序,确定需要优先处理的任务。 ……
3. 设计建筑环境	K2 **数字技术** K2.5 数字设计工具,例如计算机辅助设计(CAD)……	S3.1 确定完成任务所需的信息和数据。 ……
4. 验证交付建筑环境	K3 **测量** K3.9 综合数据的测量类型 K3.10 价值工程技术 ……	S4.1 核实来自特定工程范围的适当来源的信息和数据的适用性。 ……

资料来源:Pearson. T Level Technical Qualification in Construction: Design, Surveying and Planning [Z/OL]. London: Pearson Education Limited, 2020:71—75[2023-2-19]. https://qualifications.pearson.com/en/qualifications/t-levels/design-surveying-and-planning.html.

从上表可以看出,T Level 职业专长的技能要求十分具体明确,由"专业能力——知识技术清单——行为表现"三部分构成,这种具象化的技能要求有利于学生掌握熟练的职业技能,成为行业所需要的技能型的人才。

(2)行业实习

行业实习是 T Level 证书"技术教育"属性的另一突出表现。相比文凭制仅提供 10 天的工作经验,T Level 证书延长了在真实情境下学习时长,要求学生在外部雇主的监督下进行至少 45 天的行业实习。这一人才培养方式的转变是因为技术变革带来的新的生产设备和新的工艺流程使

工作内容高度复杂化,学生需要有足够多的时间在行业中实习,才能够了解复杂的工作流程,学习并掌握雇主所需的技术知识和技能。

目前,英国教育部正在资助雇主提供行业实习,发布《T Level 行业实习:实施指导》(*T Level Industry Placements*: *Delivery Guidance*,2023)对雇主提供的行业实习进行规范,确保其质量和可行性。[①]

(3)数学和英语要求

T Level 证书考试在文化素质方面必须达到与学术轨普通中等教育证书(GCSE)核心课程标准一致的要求。它设置英语和数学两门,在英语和数学上达到 2 级水平是获得 T Level 证书的最低要求,学生需要取得相关证书证明自己达到这一门槛要求,如 2 级数学和英语基本技能资格证书,或者英语和数学普通中等教育证书 4 级及以上。普通中等教育证书是英国学术轨证书,T Level 证书这一门槛要求实现了与普通教育的无缝衔接。

(4)其他要求

为了提高 T Level 证书的直接就业性,个别行业还需要学生达到技能就业所需要的特定职业要求,如执业资格证书或职业登记执照。

2. 综合的评估方式

相比文凭以"控制性评估"为主,T Level 证书考试的评价方式非常多元,可以说是一种综合的评价方式。"核心知识"和"职业专长"分开进行考查,其中,"核心知识"通过书面笔试和雇主设置的项目两种方式进行考查,职业专长则通过实际任务进行考查。

(1)针对"核心知识"的书面笔试和雇主设置的项目考核

T Level 证书核心知识 1 和核心知识 2 分别采取书面笔试和雇主设置的项目考核两种方式。

① 书面笔试方式

书面笔试方式主要针对核心知识 1,考查的是职业背景、概念、理论相关的知识和理解。书面笔试分两场,每场时长 150 分钟,试卷包含简短的、中等的和扩展的开放式回答问题、绘图问题以及标签问题,满分均为 100 分。两场考试的试卷结构相同但考查内容侧重点不同,如"设计、测量与规划"专业的第一场考试(试卷 1)考查的是建筑技术与科学,第二场考试(试卷 2)考查的是建筑工业与可持续发展,书面笔试成绩共占核心部分总成绩的 60%—70%。

② 雇主设置的项目考核方式

雇主设置的项目考核主要针对核心知识 2。相比文凭的项目是由学校导师指定或学生自拟,T Level 证书学习方案中雇主设置的项目由颁证组织与行业内的雇主一起开发,反映现实中的真

① Department for Education. T Level Industry Placements: Delivery Guidance [EB/OL]. (2020 - 07 - 03) [2023 - 01 - 10]. https://www. gov. uk/government/publications/t-level-industry-placements-delivery-guidance/t-level-industry-placements-delivery-guidance.

实问题和挑战,具有真实情境性。[①] 设置项目的目的是让候选人展示他们如何利用核心知识和技能来解决问题,[②]评估目标如表 7-17 所示。

表 7-17 雇主设置项目的评估目标一览表

雇主设置项目的评估目标(AOs)	
AO1	设计计划满足项目要求
AO2	运用核心知识和技能来满足发展需求
AO3	选择相关的技术和资源以满足项目要求
AO4	适当运用英语、数学和数字技能
AO5	实现一个项目的结果,并检查结果是否符合要求

资料来源:Pearson. T Level Technical Qualification in Construction: Design, Surveying and Planning Employer Set Project [Z/OL]. London: Pearson Education Limited, 2021:4—8[2023-2-19]. https://qualifications. pearson. com/content/dam/pdf/T Levels/construction/2020/specification-and-sample-assessments/T Level_Construction_EMPLOYER_SET_PROJECT_Guidance. pdf.

从表 7-17 可以看出,雇主设置的项目考察的并不是某项职业能力,而是从独立设计计划,到将所学理论(核心知识和技能)应用到实践,再到使用相关的技术和资源、适当运用英语、数学和数字技能,再到实现一个项目结果的整体的就业能力。

雇主设置的项目以简介的形式呈现给学生,项目任务以窗口的形式向学生开放,学生需要在规定时间内完成任务,项目成绩占核心部分总成绩的 30% 左右。

北方继续教育委员会(NCFE)提供的"教育与儿童保育"T Level 证书是受到英国著名大学伦敦大学学院教育学专业认可的高质量证书。因此,本章以"教育与儿童保育"T Level 证书"辅助教学"职业专长为例介绍雇主设置的项目考核,它由项目预发布活动、项目简介、详细背景资料以及具体任务组成,主要分为两个阶段进行。

第一个阶段是,在正式提供雇主设置的项目前,颁证组织会布置项目预发布活动,指导学生提前为雇主设置的项目做好准备,如表 7-18 所示。

表 7-18 "辅助教学"项目考核内容一览表

你工作的小学发现有一个三年级的孩子在某些方面还没有进步。因此,你被班主任要求和老师一起支持孩子的写作技能。你需要进行研究,以便为实践提供有效的支持,帮助孩子发展。必须考虑到: • 适合于支持学生发展的发展规范和战略

---

① CityCuilds. Building Services Engineering for Construction Employer Set Project Centre Guidance [Z/OL]. London: CityCuilds, 2020:3[2023-02-16] https://www.cityandguilds.com/-/media/productdocuments/building_services_industry/electrical_installation/8710/assessment-materials/8710-30-core/sample-employer-set/bse_employer_set_project_sample_centre_guidance_v1-0-pdf.ashx.

② CityCuilds. Building Services Engineering for Construction Employer Set Project Centre Guidance [Z/OL]. London: CityCuilds, 2020:3[2023-02-16] https://www.cityandguilds.com/-/media/productdocuments/building_services_industry/electrical_installation/8710/assessment-materials/8710-30-core/sample-employer-set/bse_employer_set_project_sample_centre_guidance_v1-0-pdf.ashx.

- 课程设置和合适资源的选择
- 进行观察、反思、评估和计划
- 与家长、从业人员和其他专业人员建立伙伴关系
- 安全工作守则及风险评估
- 教育理论、概念和教学法

资料来源：NCFE. T Level Technical Qualification in Education and Childcare Employer-set Project（ESP）Assisting Teaching Project Brief［Z/OL］London：NCFE，2021:8［2023－2－20］. https://www.qualhub.co.uk/media/20253/eac-0002-03-tq-eac-esp-assisting-teaching-project-brief. pdf.

从表7－18可以看出，"教育与儿童保育"T Level证书"辅助教学"职业专长此次的项目考核与提高孩子的写作技能有关，考生需要制定相关计划、选择合适的课程和资源、与家长和教师建立合作关系、了解工作守则和风险以及掌握相关的教育理论与教学法。

第二个阶段是发布雇主设置的项目简介、详细背景资料以及具体任务，如表7－19与7－20所示。

表7－19　"辅助教学"项目简介一览表

你受雇于一所大型小学，在一个有31名学生的三年级班级工作。班主任在上学期末离开了学校，几个代课老师一直在负责教学工作。现在已经聘请了一位固定的教师来教授这个班级，这位老师热衷于满足每个学生的需求。你被要求与艾莎（Ayesha）紧密合作，她是去年加入圣玛丽学院的三年级学生，在写作技巧方面进步缓慢。

在第二学年结束时，艾莎完成了衡量她在一系列领域能力的国家课程测试。艾莎的成绩和个人简介，将会提供给你。个人简介包括一些数据，这些数据概括了教师收集到的背景信息。

教师要求你分析数据和个人简介，以便制定一个全面的方法来满足和支持艾莎写作技能的发展；该方法将与班级老师分享并经过他们的准许。

你需要定期与班主任一起进行非正式的审查，以监督艾莎的进展，教师也将在6周后正式审查艾莎的写作技能。

资料来源：NCFE. T Level Technical Qualification in Education and Childcare Employer-set Project（ESP）Assisting Teaching Project Brief［Z/OL］London：NCFE，2021:9［2023－2－20］. https://www.qualhub.co.uk/media/20253/eac-0002-03-tq-eac-esp-assisting-teaching-project-brief. pdf.

表7－20　"辅助教学"项目的详细资料（儿童档案）一览表

地点	圣玛丽学校
姓名	艾莎
年龄	7岁
家庭背景	艾莎生活在偏远地区，没有上幼儿园，她与其他孩子交往的机会有限。在进入圣玛丽学校之前，艾莎在一个小的乡村小学学习。由于学校学生少，艾莎的班级由两组不同年龄和能力的学生组成……
身心健康	前一所学校的记录表明，艾莎在读写方面受到过一对一的帮助，目前她依然接受读写课程项目（Read Write Inc）的干预。
其他专业人士的参与	特殊需求教师（SENDCo）
教师评价	艾莎非常擅长体育活动，喜欢体育、音乐、运动和舞蹈。艾莎有时会在课堂上分心，和其他孩子说话或者目不转睛地盯着窗外，而不是专注于学习，这会干扰其他孩子，也很难使艾莎再回到课堂中……

资料来源：NCFE. T Level Technical Qualification in Education and Childcare Employer-set Project（ESP）Assisting Teaching Project Brief［Z/OL］London：NCFE，2021:10［2023－2－20］. https://www.qualhub.co.uk/media/20253/eac-0002-03-tq-eac-esp-assisting-teaching-project-brief. pdf.

从表 7-19 可知,"教育与儿童保育"T Level 证书"辅助教学"项目简介此次雇主设置的项目是帮助一位有写作困难的三年级学生艾莎提高她的写作技能。

由表 7-20 有关艾莎的详细资料可知,艾莎的写作技能低下与她的家庭背景和从小接受的教育水平有关。表 7-19 中显示艾莎在之前的学校曾接受过写作方面的帮助,目前仍在接受读写课程项目的帮助。表 7-20 中教师的评价指出了艾莎的长处以及她在写作上遇到了哪些具体困难,这些信息为考生制定计划提高艾莎写作技能提供了重要的参考价值。

表 7-21 呈现了考生需要完成四个具体任务。一是为艾莎制定一个干预计划提案,并说明该计划与课程的联系以及运用到的教育理论、概念和教学法;二是与同伴讨论该计划,反思并依据反馈修改计划;三是整理计划并与导师讨论;四是完成反思账户,呈现预期成果并提供证据。

表 7-21 "辅助教学"项目的具体任务一览表

任务		任务简介	评估条件	证据要求
任务 1	任务 1(a)	参考你的研究成果,设计一个干预计划提案。	受监督,可携带资料、不允许上网查资料,时长 3 小时	干预计划的文档
	任务 1(b)	设计一个可用于支持艾莎的活动计划。	受监督,可携带任务 1(a)中的资料、不允许上网查资料,时长 3 小时	活动计划的文档
任务 2	任务 2(a)	与同伴讨论你提出的活动计划并记录反馈	受监督,可携带任务 1(b)中的资料,时长 20 分钟	反馈笔记、对活动计划进行修改的书面摘要
	任务 2(b)	反思你收到的反馈,使用这些反馈来更新你的活动计划	受监督,可运用任务 1(b)、2(a)资料、不允许上网查资料,时长 1 小时	
任务 3	任务 3(a)	准备和导师讨论的干预计划	受监督,可运用之前任务所有的材料,(a)部分时长 2 小时,(b)部分 10 分钟的时间展示,10 分钟的时间回答问题	演示幻灯片导师观察笔记和录音
	任务 3(b)	和导师讨论任务干预计划		
任务 4	完成反思帐户		时长 2 小时	反思文字稿

资料来源:NCFE. T Level Technical Qualification in Education and Childcare Employer-set Project (ESP) Assisting Teaching Project Brief [Z/OL] London: NCFE, 2021:11—18[2023-2-20]. https://www.qualhub.co.uk/media/20253/eac-0002-03-tq-eac-esp-assisting-teaching-project-brief.pdf.

四个任务紧密连接,学生完成任务后,项目成果以电子档案袋的形式提交给颁证组织。不同于文凭的项目采取"学校导师内部评估和颁证组织外部审核"的方式,T Level 证书的项目考核由颁证组织依据学生提交的材料和教师的观察笔记进行评分,并由雇主小组依据客户的要求和用户体验对评分进行验证。[①] 在上例中,雇主小组要对艾莎(客户)的体验进行调查,进而对颁证组织的评分是否恰当进行核查。

总的来说,相对于文凭的项目考核,T Level 证书的项目考核由雇主参与项目开发和评估,创

---

① Pearson. T level: Technical Qualification in Digital Production, Design and Development [Z/OL]. London: Pearson, 2020:42[2023-02-16]. https://qualifications.pearson.com/content/dam/pdf/T Levels/digital/2020/specification-and-sample-assessments/t-level-tq-in-digital-production-design-and-development-spec1.pdf.

设了一个真实的问题情境,对完成项目要求非常详细与明确,评估除了雇主、颁证组织还有客户的参与,因而更能反映雇主的要求,因此也更有利于筛选出雇主所需的人才。

(2) 针对"职业专长"的实践任务考核

职业专长通过实践任务进行考核。学生需要通过完成外部设置的任务证明自己达到了该职业专长的一系列表现结果(Performance Outcomes)的要求。表现结果本质上描述了在一个较高的水平上,达到职业专业门槛要求的学生"能做"什么。可以说,职业专长的实践任务考核侧重于考查学生的"行为",这种"行为"并不是一份职业技能清单,而是一种充分的职业能力,它要求学生能够以综合的方式选择和汇集知识、技能和行为以实现目标(就像在工作场所一样)。[1]

实践任务采取综合评估的方法,表 7-22 所示是"教育与儿童保育"T Level 证书的"辅助教学"职业专长的实践任务考核的例子。

表 7-22 "辅助教学"职业专长实践任务考核内容一览表

实践任务	任务类型	任务简介	评估条件
任务 1	计划活动	你在一所小学的一个由 9—10 岁孩子组成的班级工作。班主任已经为全班制定了一个扫盲课程,并要求你与四名学生组成一个小组,支持他们的个人需求和学习目标。 你将要帮助的学生钟子,是最近搬到英国的,英语是他的一门外语,学生莉莉被诊断为阅读障碍,需要特别的帮助。	受监督 时长 2.5 小时 满分 55 分 可以携带自己写的笔记,但不允许使用课程材料和其他资源
任务 2	结构化观察	**结构化观察 1:**帮助班主任让学生参与有计划的、促进识字发展的活动。 **结构化观察 2:**为学生提供有效、包容的教学、学习和评估机会。 **结构化观察 3:**促进教育经验提升,以支持学习和健康的全面发展。	在行业实习中观察 时长 3 个月 单个观察时长不超过 1 小时 颁证组织主持人同学校评估员一起打分
任务 3	案例分析	**案例研究 1:学习和发展** 阅读下面的案例研究,讨论作为助教你该如何做? 在一年级秋季学期开始时,你在一所小学担任助教。在该校,助教与一年级学生紧密合作,协助学生从幼稚园过渡到关键阶段 1。你被要求和一年级学生乔希一对一合作。你得到了乔希在幼稚园的学习概况和老师的意见。你观察到,在课堂上,乔希不能适应变化,如果常规的课堂活动被打乱,他很容易变得心烦意乱。他很难在早上和保姆分开,而且经常在中午的时候穿上外套。老师让你准备一个会议,有特殊教育老师和乔希的父母参加。会议的目的是计划如何满足乔希的个人需求,并尽量减少他学习进步的潜在障碍。你的会议准备工作应该基于你所掌握的信息。 **案例研究 2:健康与安全**(略)	受监督 时长 4 小时 满分 100 分 不允许使用课程材料和其他资源

资料来源:NCFE. T Level Technical Qualification in Education and Childcare [Z/OL] London: NCFE, 2021[2023-2-20]. https://www.qualhub.co.uk/qualification-search/qualification-detail/t-level-technical-qualification-in-education-and-childcare-level-3-delivered-by—4983.

---

[1] Department for Education. Implementation of T Level Programmes——Government Consultation Response Technical Annex [R]. London: DfE, 2018:9.

从表 7－22 可以看出,"教育与儿童保育"T Level 证书的"辅助教学"职业专长的实践任务考核分 3 个任务,任务 1 和任务 3 采取笔试的方式,任务 2 由 3 个独立的结构化观察组成,每个观察必须执行一次,由于技能必须是真实的和在工作中有效的,因此,需要采取在行业实习中进行观察的方式。可见 T Level 证书,学习方案中职业专长的考核和行业实习融合在一起,使理论和实践相结合。

3. 四级制评级

T Level 证书的最终成绩由核心知识成绩和职业专长成绩组成。核心知识成绩分为 A＊—E 六个等级,职业专长成绩分为优秀、良好和及格三个等级,两者合成 T Level 证书的最终成绩,分为优秀＊、优秀、良好和及格四个等级,计算方法如表 7－23 所示。

表 7－23 "教育与儿童保育"T Level 成绩计算表

教育与儿童保育				
		职业专长		
		优秀	良好	及格
核心知识	A＊	优秀＊	优秀	优秀
	A	优秀	优秀	良好
	B	优秀	良好	良好
	C	良好	良好	及格
	D	良好	及格	及格
	E	及格	及格	及格

资料来源:Department for Education. T Level Action Plan 2020 [R]. London: DfE, 2021:21.

学生要想获得 T Level 证书必须满足以下四个要求:

第一,在核心知识中至少获得 E;

第二,在职业专长中至少达到及格;

第三,完成行业实习;

第四,在英语和数学方面至少获得 4 级普通中等教育证书或 2 级英语、数学基本技能证书。

达到以上要求的学生则为通过 T Level 考试,将获得国家认可的 T Level 证书(T Level Certificate),未通过考试的学生将会收到一份成绩单(Statement of Achievement),上面列出了他们在 T Level 考试中不同组成部分的成绩,包括技术资格和行业实习。这份成绩单支持学生进入相关的学习或学徒领域,也支持学生以后重新回到 T Level。此外,T Level 核心知识部分的成绩,在适当的情况下支持在 T Level 路线内通用。如果路线内不同 T Level 的核心知识 1 或核心知识 2 的内容相同(或只有细微差别),可算作路线内的共同核心知识。[1] 图 7－5 是"建造"职业线路下

---

[1] Department for Education. Implementation of T Level Programmes——Government Consultation Response Technical Annex [R]. London: DfE, 2018:9.

"设计、测量与规划"职业专长的 T Level 证书的示例。证书上载明了以下信息:一是该生姓名、证书成绩、专业名称;二是该生技术资格中核心知识部分的成绩与职业专长部分的成绩;三是该生获得的与专业相关的其他证书名称和等级;四是说明该生已成功完成行业实习并达到英语和数学的要求;五是证书的颁发时间与颁发机构。

Institute for Apprenticeships & Technical Education

T Level Certificate

This is to certify that

Anne Other

has been awarded

MERIT

Construction: Design, Surveying and Planning

Achieving:

Technical Qualification	**GRADE**
Core: Design, Surveying and Planning	B
Occupational Specialism: Civil Engineering	Merit

Other Additional Certification
Health and Safety Certificate (Level 2)

The named recipient has also successfully completed an Industry Placement and met the minimum requirements for English and Mathematics.

Awarded on

25th October 2022

Signed

zyy

Chair, The Institute for Apprenticeships and Technical Education

TL

图 7 - 5 "设计、测量与规划"T Level 证书示例图

资料来源:Department for Education. T Level Action Plan 2019 [R]. London: DfE, 2019:44.

(三) T Level 证书的招生录取制度

高级普通国家职业资格证书、高级职业教育证书和文凭虽然都为学生提供了进入大学学习的机会,但它们都需要结合相关的 A Level 课程学习,以一门 A Level 成绩为辅申请大学。技术教育改革下推出的 T Level 证书,旨在成为与 A Level 证书并驾齐驱的、技术教育的"黄金标准",实现与 A Level 证书在质量上的对等,因此获得 T Level 证书的学生可以单独凭借 T Level 证书申请大学,无需以一门 A Level 成绩作为补充。

表 7 - 24 是 T Level 和 A Level 在高等院校招生分数兑换表上兑换的分数对比。

表 7 - 24　T Level 和 A Level 在 UCAS 兑换的分数比较表

UCAS 分数	T Level	A Level
168	优秀 *	AAA
144	优秀	BBB
120	良好	CCC
96	及格(核心知识 C 级以上)	DDD
72	及格(核心知识 D 或 E)	EEE

资料来源:Department for Education. T Level Action Plan 2019 [R]. London: DfE, 2019:45.

从表 7 - 24 可知,T Level 可兑换相当于三门 A Level 的分数。高校可依据 UCAS 分数录取,但从录取 T Level 学生的高校来看,大多都直接依据 T Level 证书的等级成绩录取,这进一步证明了 T Level 证书的质量得到了高校的认可,可独立用来申请大学,英国职教高校招生录取制度摆脱了对 A Level 成绩的依赖。

目前英国已有 125 所大学接受 T Level 成绩,不仅包括普利茅斯大学、曼切斯特城市大学等理工大学,还有布莱顿大学、考文垂大学、南威尔士大学等现代大学,伦敦大学学院、伯明翰大学、曼切斯特大学等罗素集团大学的部分专业也向 T Level 学生打开大门,[1]如表 7 - 25 所示。

表 7 - 25　接受 T Level 证书的部分知名大学的要求一览表

学校	项目(专业)	T Level 证书	成绩要求
布莱顿大学	教育学、儿童早期教育与保育、体育教育、初等教育	教育与儿童保育 T Level	
	建筑艺术、建筑测量、施工管理、施工项目管理、工料测量	建筑设计、测量和规划 T Level	

---

[1] Department for Education. Providers that Have Confirmed T Levels Suitable for Entry on One Course [EB/OL]. (2023 - 01 - 27)[2023 - 02 - 16]. https://www. gov. uk/government/publications/t-level-resources-for-universities/providers-that-have-confirmed-t-levels-suitable-for-entry-on-one-course.

学校	项目（专业）	T Level 证书	成绩要求
	计算机科学、计算机科学与人工智能、游戏计算机科学、数字游戏开发、软件工程	数字生产、设计与开发 T Level	总成绩良好
	放射诊断、助产、护理、职业疗法等	健康 T Level	
伦敦大学学院	教育学	教育与儿童保育 T Level	总成绩优异
伯明翰大学	教育学、教育心理学、教育社会学	T Level 所有学科申请者	总成绩优异，核心成绩为 B
曼切斯特大学	地理、管理、领导与休闲、房地产规划、综合基础年土木工程、	建筑设计、测量和规划 T Level	总成绩良好
	成人护理学、儿童护理、药物等	健康与科学 T Level	

资料来源：上述各大学官方网站.

从表 7-25 可以看到，布莱顿大学和曼切斯特大学的许多专业接受教育与儿童保育 T Level 证书，建筑设计、测量和规划 T Level 证书以及健康与科学 T Level 证书，成绩要求良好。伯明翰大学教育学、教育心理学、教育社会学及社会工作课程接受 T Level 证书所有学科申请者，总成绩须达到优秀，核心成绩达到 B。伦敦大学学院的教育学士课程接受教育与儿童保育 T Level 证书，总成绩须达到优秀。

这些知名大学对 T Level 证书的认可有利于增强职业技术教育的吸引力，改变人们长期以来对职业技术教育的偏见，提高职业技术教育在英国的地位。

（四）T Level 证书考试招生制度的成效

英国 T Level 证书考试招生制度是在吸取文凭制改革经验基础上，完全脱离 A Level 学术高考，形成独立的职业技术教育证书考试招生制度，T Level 证书制度取得以下成效：

首先，重视智能化时代所需的数字技能。 T Level 证书作为英国新一轮技术教育改革的核心，十分重视培养智能化时代所需的数字技能，主要表现在两个方面：一是在专业设置上新增了"数字"专业学习路线取代原来的"信息与通信技术"，提供"数字化生产、设计与开发""数字商业服务"和"数字支持服务"T Level 证书，为产业升级和数字经济的发展提供全方位支持；二是将数字技能融入到所有专业的学习和评价中。T Level 技术资格制定了"一般能力框架"，列出了各专业应具备的英语、数学、数字技能，并将这些技能映射到核心知识和职业专长中。此外，在雇主设置的项目考核中，数字技能也是评估的重要目标。

其次，重视发展学生的核心知识与技能。 智能化时代，技术变革使工作场所和工作性质发生了巨大改变。工作呈现出高复杂性、高技术性、高流动性的特征，职业岗位出现大规模交叉融合，只拥有某项特定职业技能已经不能适应现代工作场所的变化，发展核心知识与技能，以提高劳动者在工作中的迁移能力成为当代和未来工作场所的要求。在技术变革背景下推出的 T Level 证书重视发展学生的核心知识与技能，以适应这种变化。一是 T Level 证书的 15 条技术教育路线是依据大量劳动力市场数据、基于职业群开发的。[①] 职业群是一组共享高水平知识、技能和行为的职业。[②] 因此，基于职业群设计的每条路线含有一套"核心知识"，涵盖路线内所有职业路径相关的基础知识、概念和技能，还通过行业内雇主开发的项目来考核。"核心知识"在路线内通用，支持学生在不同职业专长间转移。二是基于职业群的"核心知识"为学生提供广泛的职业相关的理论知识。随着技术变革背景下工作的复杂性和难度的增加，员工需要能够以不同的方式在不同的环境中使用理论知识，[③]过去狭隘的"技能就业"概念已经不能适应智能化时代的需求，除特定职业技能外，职业技术教育迫切需要为学生提供"强有力知识"即理论知识，作为他们从事高技术性、高复杂性工作或继续接受教育的基础。三是 T Level 证书通过"核心知识＋职业专长"的学习模式来确保学生既有广泛的行业相关的基础知识和技能，又能在一门或多门职业进行更深入、专业化的学习，即通过作为基础的核心内容与可选择的职业专业技能相结合的学习模式，培养具备核心职业能力的、可在不同职业岗位间流动的高适应性技术技能人才。

最后，与雇主需求对接更加紧密。 T Level 证书的另一突出优势是在真实情境下考核职业能力。以往的职业教育资格证书未能很好地兼顾升学和就业两方面的需求，不仅是因为考试内容过于学术化，在评估方式上也未能在真实的工作任务和标准化之间取得平衡，更多地采取有利于提高标准化的书面笔试以获得大学的认可，但却导致雇主对该资格证书培养技能人才的可靠性上产生怀疑。国际上强有力的论据表明，评估应该关注真实的工作任务，因为这是对职业能力的最佳测试。职业能力最直接地通过观察实际的工作实践来衡量。[④] T Level 证书的评估重视在真实情境下考核职业能力。在考核职业专长时采取在行业实习中进行结构化观察的方式，考查学生在真实的情境中应用知识和技能的能力，更能反映雇主的要求，因此也更有利于筛选出雇主所需要的人才。

综上，T Level 证书纠正了文凭制的学术化倾向和知识技能整合的不彻底性，在继承文凭"整合"的改革思路的基础上，从职业群出发，构建全新的"职业路线—职业路径—职业专长"的学习框架，提供高质量的理论和实践相结合的技术教育，受到高校和雇主的认可，进一步拓宽了获取 T Level 证书的学员的升学和就业渠道。但 T Level 证书考试招生制度刚刚启动不久，目前也面临不少困难；一是雇主提供行业实习机会不足；二是师资与教学资源准备不足。

① Wibrow B, Waugh J. International Models to Rationalise VET Qualifications, Including Occupational Clusters: Case Studies—Support Document [J/OL]. Australia: NCVER, 2020[2023 - 02 - 16]. https://www.pdfdrive.to/dl/eric-ed608326-international-models-to-rationalise-vet-qualifications-including-occupational-clusters-case-studies-support-document.

② The Education and Training Foundation. T Level Glossary [EB/OL].(2020 - 11 - 26)[2023 - 02 - 16]. https://www. et-foundation.co.uk/wp-content/uploads/2020/11/T-Level-Glossary-1.00.pdf.

③ Wheelahan L. Knowledge, Competence, and Vocational Education [M]//David Guile. The Wiley Handbook of Vocational Education and TrainingLorna Unwin. New York: John Wiley & Sons, Inc, 2019:97—112.

④ Field S. A World Without Maps? Assessment in Technical Education [M]. London: Gatsby Charitable Foundation, 2021:22.

第八章　英国高中(14—19岁)"普职融通"课程结构的形成与变革

英国国家资格证书制度、高校考试招生制度的改革,不仅促进了英国各类资格的发展,也丰富了英国中等职业技术教育课程,并推动英国中等教育课程结构变革。反过来说,英国高中阶段课程改革是一个不断响应资格证书制度和证书考试制度的发展变化的过程。然而,由于英国独特的高中阶段教育结构,使得英国课程改革显得错综复杂。英国高中包含两个相对独立的关键阶段4(14—16岁)和关键阶段5(16—19岁)。关键阶段4(14—16岁)实施《国家课程》,学生16岁学业结束时,要参加普通中等教育证书(GCSE)考试或二级职业资格考试,相当于高中低段;而关键阶段5(16—19岁)也称第六学级(the Sixth Form)教育,相当于高中高段,学生在18或19岁学业结束时参加A Level水平考试或三级职业资格证书考试。关键阶段5的课程设置不受《国家课程》约束,学校根据资格证书或大学入学要求设置课程。因此,两个阶段课程改革经常分步进行。进入21世纪,英国政府加强了学段4和学段5的联系,称"14—19岁教育"。从撒切尔-梅杰执政时期到布莱尔-布朗执政时期,再到卡梅伦执政时期,英国政府为了使高中阶段的课程对接资格证书制度的要求,对高中所辖两个阶段课程进行了一系列的改革。本章主要探索英国高中阶段职业技术教育课程如何逐步与学术课程融通,并创生新的课程结构。

第一节　英国高中(14—19岁)职业技术课程的发展(20世纪80—90年代末)

20世纪80年代之前在英国中等学校学术课程占据主导地位,但学生升学率、就业率、青少年教育参与率低,劳动力市场集聚了大量没有技能或资格证书的青壮年失业者,而雇主却难觅具备一定知识技能,特别是具有计算机操作技能的灵活的劳动力。劳动力市场供需矛盾异常尖锐,致使经济一蹶不振。撒切尔政府为了扭转这一状况,在课程领域推行了两项影响深远的教育改革:1982年英国政府颁布的《技术和职业教育试点计划》(TVEI)和《1988年教育改革法》,前者是一个"普职融通"的试点计划,后者对义务教育阶段包括关键阶段4(14—16岁)的课程结构和主要科目做出法定安排。

一、20 世纪 80—90 年代英国职业技术教育课程的推广

通过课程改革加强学校教育与工作世界联系,是 20 世纪 80 年代英国政府重要议题。1981 年英国政府发布的白皮书《新的培训倡议:行动计划》(*A New Training Initiative: A Programme for Action*)明确提出:"政府正在努力确保学校课程发展个人技能和素质以及工作生活所需的知识,并确保学校与雇主之间的联系有助于学生和教师更密切地了解我们社会的工业、商业和经济基础。"[①]在这份行动计划推动下,英国政府于次年出台了《技术和职业教育试点计划》(TVEI),该试点计划的成功推广又对《1988 年教育改革法》关于普通高中低段(关键阶段 4)的课程安排产生深远影响。

1.《技术与职业教育试点计划》的课程内容

英国政府颁布的《技术与职业教育试点计划》(TVEI,以下简称《试点计划》),旨在探索在 14—19 岁青年的全日制普通教育中兼施强有力的职业技术教育是否可行。该试点计划提出:"要平衡普通教育课程和职业/技术教育课程,促使课程和教学方式的内在结构发生变化,以便更好地为学生进入需要较多技术理解、创新技能和个人成长的世界做准备。"[②]

该《试点计划》要求地方教育局提出课程方案,其中,针对 14—15 岁学生,课程注重教授可转移技能,包括解决问题、操作信息技术、交流合作等技能;帮助学生了解技术和产业的发展;增强学生个人品质层面的职业素质;而针对 16—17 岁学生的课程则将进行不同类型的职业技术教育和培训,在不同的职业能力水平培养技术人员。获得批准的课程方案将得到政府资助。

课程方案必须满足八条标准:①为每个男女青年提供均等的机会;②为具有不同能力的学生提供四年循序渐进的课程;③具体参照每个人的品质,如创造性和解决问题的能力,制定明确的目标;④平衡普通教育课程和职业/技术教育课程;⑤技术和职业课程与潜在的就业机会相联系;⑥从第 2 年开始有计划地进行工作体验;⑦制定与随后的训练和教育机会相衔接的学程;⑧进行定期的评估、指导和咨询。八条标准传递了以下改革:突破现行学校课程结构,拓宽高中课程的道路;加强关键阶段 4 与关键阶段 5 的联系;融合普通教育和职业技术教育课程;嵌入工作实践环节,职业课程与就业机会建立联系。

简而言之,《试点计划》尝试改变原来学术课程的结构,通过把职前准备牢固地植入 14—16 岁青年的教育计划,并为 16—19 岁青年在传统的广域课程与明确的职业课程之间搭起了桥梁。

2. 1988 年英国高中课程改革

英国政府颁布的《1988 年教育改革法》具有里程碑意义。英国首次确立义务教育阶段的教育体系,并在全国所有公立的中小学实行统一的国家课程。《1988 年教育改革法》规定在关键阶段 1—4(5—16 岁的义务教育阶段)开设两类课程:法定课程和非法定课程。核心课程和基础课程合

① Department of Employment. A New Training Initiative [R]. London: Her Majesty's Stationery Office, 1981:5.
② 普赖克. 技术和职业教育试点[G]//瞿葆奎主编. 教育学文集·英国教育改革. 吴雪萍,译. 北京:人民教育出版社,1993:58.

称为"国家课程"或称"法定课程(Statutory Curriculum)"，是中小学的必修课程。[①]在关键阶段4，即英国高中低段(14—16岁)开设的核心课程包括英语、数学和科学3门。这类课程在中学占总课时的30%—40%。基础课程包括工艺、音乐、艺术、体育、地理、历史、现代外语7门，占总课时的45%左右。关键阶段4的非法定课程又称附加课程，约占中学课程的10%左右。同时，宗教教育仍然保持特殊地位，是中小学法定的必修课，要有一定的时间保障。

然而，《1988年教育改革法》并未对16岁以上的高中高段课程做出规定，也即传统的第六学级教育(关键阶段5)，因而学校依然可以自行开设，属非法定课程。一般中学开设三门高级水平(A Level)学科加上某种"普通学科"(例如：基础数学、应用数学和物理，或者拉丁语、法语和德语)，为上大学的青少年参加A Level考试做准备。[②]

因此，经过1988年课程改革，英国高中课程结构如表8-1所示，高中低段(14—16岁)课程经过此次改革科目大大丰富，且实现了全国统一；而高中高段(16—19岁)由于此次改革未能触动，维持"老三门"原样，因此，两个阶段的课程并不衔接，特别是16—19岁课程非常学术性、非常抽象，缺乏现实意义，这也成为日后改革的重点。

表8-1　20世纪80年代至90年代的高中阶段课程结构表

学段	课程性质	课程安排	课时分配(%)
关键阶段4(14—16岁)	法定课程	核心科目：数学、英语、科学	30%—40%
		基础科目：工艺、音乐、艺术、体育、地理、历史、现代外语	45%
		宗教教育	
	非法定课程	附加课程：生物、第二外语、信息技术应用、古典文学、经营学、家政、保健知识、生计指导等	10%
关键阶段5(16—19岁)	非法定课程	三门高级水平(A Level)学科加上某种"普通学科"	

资料来源：英国教育和科学部.1988年教育改革法[M]//吕达,周满生.当代外国教育改革著名文献(第一册,英国卷).北京：人民教育出版社,2004:137—317.

二、20世纪80年代课程改革对英国职业技术教育发展的影响

英国政府颁布的《技术和职业教育试点计划》(1982年)和《1988年教育改革法》对于英国职业技术教育的发展产生了积极的影响。主要体现在以下几个方面：一是《试点计划》推行的结果深受雇主与青少年的欢迎，不仅解决了大批青少年的就业问题，而且有力推动了英国政府建立国

---

① 英国政府.1988年教育法[G]//吕达、周满生主编.当代外国教育改革著名文献(英国卷·第二册).张剑、陈文干,译.徐小州校.译.北京：人民教育出版社,2004:150—151.
② [英]劳顿.1988年教育改革法前后英格兰和威尔士的教育与培训[G]//瞿葆奎主编.教育学文集·英国教育改革.王维臣、崔允漷,译.北京：人民教育出版社,1993:788.

家职业资格制度的进程。1986年,随着国家职业资格证书委员会(NCVQ)的成立,国家职业资格制度开始逐步建立。霍奇森和斯彭斯指出,这可以被视为建立一个全国性的双轨资格制度的开端,即学术资历和职业资格制度并存。[①] 二是《1988年教育改革法》首次在14—16岁学术路径的国家课程中加入了工艺(技术)课程,这说明《1988年教育改革法》受到《技术和职业教育试点计划》(TVEI)取得成功的影响,开始在普通教育的课程中加入技术与职业教育的内容。[②]

第二节 英国高中(14—19岁)"普职融通"课程结构的确立(1997—2010)

1997年到2010年是布莱尔-布朗领导新工党执政时期。这一时期,第三次科技革命与知识经济的到来对技能型人才无论是数量上还是质量上都提出了更高的要求。为了让更多青少年接受职业教育,英国政府对中学课程进行了两次大规模改革:一是工党政府发起的2000年课程改革(又称"课程2000"),对国家课程和学校课程结构进行改革,并将国家课程与资格证书制度进行衔接,旨在促进普职融通;二是布朗政府于2008年的课程改革,最终形成14—19岁(高中低段与高中高段贯通)"普职融通"的课程结构。

一、世纪之交高中课程改革的背景

进入20世纪90年代,英国政府加快"普职融通"的国家资格制度的建设,以国家资格制度建设推动学校课程改革。1991年白皮书《21世纪的教育和培训》(*Education and Training for the 21st Century*)、1997年《国家资格框架》(NQF)以及《课程2000指南》的颁布,推动了课程结构的改革,并将改革重点放在拆除学术壁垒上,促进"普职融通"。

1. "普职等值"的资格证书制度的初创

1991年颁布的白皮书《21世纪的教育和培训》在职业资格与普通中等教育学历证书之间初步建立等值关系。此外,白皮书提出针对16岁学完关键阶段4课程的青少年开发普通国家职业资格证书(GNVQ)课程,这样,GNVQ课程成为除了学术领域的高级水平课程(A Level)和成人的国家职业资格课程(NVQ)之外的第三种资格课程。

1997年英国政府推出的《国家资格框架》进一步促进了职业教育与普通教育的融合。第一,将普通国家职业资格证书(GNVQ)分为初级、中级、高级三个级别,支持涵盖类似知识和理解的A Level证书和GNVQ高级证书之间的转移,表明了同一水平的学术和职业资格具有同等价值。第二,将A Level证书分为AS和A2两个部分,高级辅助水平证书(Advanced Subsidiary

---

① Hodgson A, Spours K. Beyond A-levels: Curriculum 2000 and the Reform of 14—19 Qualifications [M]. London: Routledge, 2003:32.

② Hodgson A, Spours K. Beyond A-levels: Curriculum 2000 and the Reform of 14—19 Qualifications [M]. London: Routledge, 2003:36.

Qualifications, AS)成为高级水平证书(A Level)学习的第一部分。第三,设立高级职业教育证书(AVCE),其目的是与 A Level 课程密切结合,以促进普通学习和职业学习的结合。第四,在关键技能领域引入新的高级辅助水平(AS)的资格证书,旨在与高级水平证书和职业资格证书一起考虑,以扩大高级水平学习,提高年轻人的技能水平。① 这些举措迫切需要对于《1988 年教育改革法》确立的国家统一的课程做出改变。

2. 1994 年《迪林评论》对国家课程变革的建议

1993 年 4 月,英国政府任命罗恩·迪林爵士(Sir Ron Dearing)对全国统一课程进行审查。次年,学校课程与评估局(SCAA)颁布《国家课程及其评价:终期报告》(*The National Curriculum and its Assessment: Final Report*)即《迪林评论》(*Dearing Review*, 1994)。迪林爵士将高中低段课程实施中遭遇的问题归纳于以下三方面:一是法定课程总体分量过重,时间分配过多,要教的内容过多;二是对关键阶段 4(14—16 岁)青少年多样化的需求考虑不足;三是有些学科缺乏严密性和规范性②。

该报告针对国家课程存在问题提出建议,概括起来主要也集中在三个方面:一是缩小《国家课程》关键阶段 4 的规模,扩大选修课范围;二是将职业类课程纳入选修范围;三是普通中等教育证书(GCSE)涉及技术课程的成绩可以计入普通国家职业资格(GNVQ)证书的成绩。③

英国政府根据《迪林评论》建议,对《国家课程》进行紧急微调。首先,强调基础知识教育;裁减国家统一课程的内容,增加课程的多样性和灵活性。④ 其次,在学生关键阶段 4 的课程当中,国家仅对 3 门核心学科、技术和现代外语做出了统一规定,而且技术和现代外语将采取短期课程的形式。

二、高中"普职融通"课程结构的确立

随着普通国家职业资格证书(GNVQ)课程引进以及《迪林评论》对国家课程关键阶段 4 多样性不足的批评,英国课程改革的呼声日益高涨,这引发了英国课程史上著名的"课程 2000"改革。

(一)2000 年英国高中课程结构的改革

英国声势浩大的"课程 2000"改革是分段进行的。首先是对高中低段(14—16 岁)课程改革,在《国家课程》的关键阶段 4 中增加了职业教育类课程;其次是对高中高段(16—19 岁)的课程进行大刀阔斧的改革,在原本只有一条学术路径的基础上增加了职业路径和混合路径。

---

① Labour Party. New Labour Because Britain Deserves Better [EB/OL]. (2007 - 09 - 20) [2023 - 05 - 19]. http:// www. labour-party. org. uk/manifestos/1997/1997-labour-manifesto. shtml.

② Dearing R. The National Curriculum and Its Assessment [R/OL]. (1993 - 12 - 30) [2023 - 05 - 18]. https://www. stem. org. uk/resources/physical/resource/206980/national-curriculum-and-its-assessment-interim-report.

③ Dearing R. The National Curriculum and Its Assessment: Final Report [R/OL]. (1994 - 12 - 30) [2023 - 05 - 18]. https://www. semanticscholar. org/paper/The-national-curriculum-and-its-assessment% 3A-Final-Dearing/ c6d1e51540d25f4420d459e8bd7c67037459d5ea.

④ 钟启泉,张华. 世界课程改革趋势研究[M]. 北京:北京师范大学出版社,2001:365—367.

1. 2000 年关键阶段 4(14—16 岁)的课程改革

1999 年,英国政府颁布了《国家课程——英格兰中学教师手册》(*The National Curriculum—Handbook for Secondary Teachers in England*),明确规定从关键阶段 4 的第 7 年级开始实行职业教育①。该《手册》还将资格证书与《国家课程》进行衔接。《手册》规定:获批准的(二级)国家资格证书所使用的标准以学生在关键阶段 3 的学习方案和等级说明中规定的学习经历为基础。其他级别资格证书,教育和技能部每年向学校和学院发出的通知中列出了批准的资格,允许学校或学院向学生提供这些资格课程,包括普通中等教育证书(GCSE)课程、基础和中级普通国家资格证书(GNVQ)课程、国家职业资格(NVQ)课程、GCE AS Level/A Level 水平课程,大大拓展了学校课程,这意味着,英国中学除了开设《国家课程》规定的法定课程,还可以开设《国家资格框架》公布的职业资格课程,大大拓展青少年对职业类课程的选择范围。

2000 年的《国家课程》改革,增加了信息通信技术(ICT)课程和公民教育课程,这说明英国政府开始重视将代表新技术的信息通信技术(ICT)纳入 14—16 岁课程,并将《1988 年教育改革法》确立的法定课程,包括技术、历史、地理、音乐、外语 5 门课程改为非法定课程,也称"授权课程"(Entitlement Curriculum)。对于授权课程,国家课程文件只要求学校必须开设,让学生选择并参加 GCSE 考试,但不再做出大纲要求。

此外,在关键阶段 4,增加了"与工作相关的学习(Work-related Learning)",并进行了详尽的规定:"与工作相关的学习"被定义为"利用工作环境发展在工作中有用的知识、技能和理解的项目活动,包括通过工作经验学习、学习有关工作知识和工作实践以及学习工作技能"。其中,"通过工作经验学习"是指让学生有机会从直接的工作经验中学习(例如,通过工作经验或兼职工作、学校的企业活动等途径学习);"学习工作知识与工作实践"是指让学生有机会发展对工作和企业的知识和了解(例如,通过职业课程和职业教育);"学习就业技能"是指通过发展企业技能和就业能力(例如,通过解决问题的活动、模拟工作和模拟面试等)。至此,职业资格课程与"工作相关学习"进入高中低段(关键阶段 4)课程。

2. 2000 年关键阶段 5(16—19 岁)的课程改革

1999 年,布莱尔政府发布了《2000 年课程指南》(*Guidance for Curriculum 2000*),开启了酝酿半个世纪之久的 16—19 岁课程改革。该《指南》明确 16—19 岁课程变革的主要目标:第一,提供一系列资格,使学习者能够选择符合其需要的课程,并根据成绩获得学分;第二,确保所提供的资格有价值和受到重视,并确保学习者能够适当地将学术课程的学习和职业课程的学习结合起来,连贯起来;第三,提供专业化的空间以支持升读,同时鼓励更多的学习者扩宽他们的知识、理解和技能;第四,鼓励所有学习者获得高水平的关键技能;最后,提供进入高等教育、就业和继续训练的明确路径。② 这

① Qualifications and Curriculum Authority. The National Curriculum—Handbook for Secondary Teachers in England [R]. London: Her Majesty's Stationery Office, 1999:15—19.

② Qualification and Curriculum Authority. Curriculum Guidance for 2000[R]. London: Her Majesty's Stationery Office, 1999:5.

些目标基本上是对工党宣言承诺的阐述——扩大高级水平的范围;提高职业资格的地位和为所有人引进关键技能的学习。从根本上说,改革的目的是使高级证书更容易获得,以增加这一级别的参与、进步和成就,同时扩大高级课程的学习,因为之前这些课程被认为过于狭窄。2000年课程变革之后,英国高中阶段课程如表8-2所示:

表 8-2 2000 年课程改革后高中课程结构表

学段	课程性质	课程安排
关键阶段4(14—16岁)	法定课程	核心科目:数学、英语和科学
		基础科目:信息通信技术(ICT)、现代外语、体育、公民教育
	非法定课程(授权课程)	设计和技术、个人、社会和健康教育(PSHE)、人文科学(历史、地理)、音乐、现代外语、中级普通国家职业资格课程
	工作相关学习	通过工作经验学习;学习有关工作知识和工作实践;学习就业技能
关键阶段5(16—19岁)	学习路径	学术路径:A Level 课程(AS/A2) 混合路径:关键技能课程 职业路径:高级普通国家职业资格课程(AVCE)

资料来源:1. Qualifications and Curriculum Authority. The National Curriculum—Handbook for Secondary Teachers in England [R]. London: Her Majesty's Stationery Office, 1999:15—19. 2. Qualification and Curriculum Authority. Curriculum Guidance for 2000[R]. London: Her Majesty's Stationery Office, 1999.

经过上述改革,关键阶段4的国家课程(必修课程)规模大大缩小,中级普通国家职业资格课程进入选修范围。关键阶段5形成三条学习路径:一是学术路径,保留传统的A Level课程(包括AS/A2);二是混合路径(Combined Programme),提供关键技能资格课程,A Level部分模块与高级普通国家职业资格部分模块组合的混合课程;三是高级普通国家职业证书课程。[①] 这样,选择职业路径也可获得与A Level相当的高级证书,并且可作为就业或上大学的依据。

由此可见,通过2000年课程改革,职业教育课程开始被纳入英国中学课程,并在关键阶段5进行了初步的普职融合,大大拓宽了中学课程,增加了多样性、选择性。

(二)2008 年英国高中课程结构的改革

2000年课程改革彻底改变了英国高中单一的学术课程设置,加入职业的、技术的课程,课程结构大大拓展,但这次改革并不彻底,普职融通的课程结构尚未真正建立,这导致了对课程与资格全面审查的《汤姆林森报告》的出台和2008年课程改革。

1. 2008 年英国高中课程结构改革的背景

2008年英国高中课程改革尽管影响力不及2000年课程改革,但吸取了《汤姆林森报告》的建议,推出整合学习框架的文凭制以解决2000年课程改革中存在的问题,并形成普职融通高中课程结构。

《2000年课程指南》以16—19岁资格为基础,在保留课程深度的同时扩展课程广度,从而使

---

① Qualification and Curriculum Authority. Curriculum Guidance for 2000 [R]. London: Qualifications and Curriculum Authority, 1999:5—21.

全日制职业教育的地位得以提升。同时，它也在 A Level 课程选择和专业化的基础上加入了模块化特征，学习者可以通过对 AS 课程的模块学习提高成绩水平。但是，《2000 年课程指南》在实施当中也遇到了一些问题：首先是 AVCE 资格证书和课程的可获得性、参与率很低，获得成就更少。① 其次，课程和资格改革没有对学习者要学习的内容进行说明，致使高校对"课程 2000"感到困惑。第三，改革保留了 A 级水平标准，将 A 级分为 AS 和 A2，加上单元化改革，不仅未能实现 A Level 课程的现代化，而且破坏了 A Level 课程的整体性，造成"小而碎"问题。第四，在职业路径当中引入 AVCE 课程，说明高标准只能通过参考学术课程学习而不是通过资格证书与工作场所的关系来实现，导致 AVCE 课程最终变得越来越学术化，失去了它的职业相关性。最后，2000 年课程变革仅限于全日制高级水平的学习，与教育系统的其他方面无关，而且可能与其上方和下方的教育产生紧张关系，被称为"改革孤岛"（Island of Reform）。② 由此看来，2000 年的课程变革并未实现其最初承诺的那种促进参与、进步和成就，也并未真正实现学术课程和职业课程的融通。

2.《汤姆林森报告》对 14—19 岁课程和资格改革的建议

针对 2000 年课程变革带来的系列问题，2001 年，英国政府在白皮书《学校取得成功》（*Schools Achieving Success*）中提出要创造一个"更加连贯的 14—19 岁教育阶段，包括改善 14 岁以后的职业教育"。③ 2002 年英国教育和技能部（DfES）发表题为《14—19：扩大机会，提高标准》（*14—19：Extending Opportunities，Raising Standards*）的协商文件，指出长期以来职业学习和资格证书一直被低估，建议提供更多职业学习机会，引入具有良好标准的资格和途径，并且这些资格和途径应该具有很高的地位，而且能够引导有能力的学生进入高等教育。该文件还进一步提出构建一个"新的 14—19 岁阶段"。④ 2003 年英国又颁布了绿皮书《14—19 岁：机会与卓越》（*14—19：Opportunity and Excellence*），指出 17 岁以后教育参与率较低的事实，强调了改革教育和培训体系的紧迫性，进一步指出 14—19 岁教育的改革目标："为英国所有的青少年提供多种课程选择机会，无论青少年选择普通教育课程还是更多专门的职业课程，他们都可以看到自己的学习是否对进一步接受教育和就业有利，他们还可以从 14 岁开始考取覆盖不同科目与技能的证书或者在不同课程之间转换。"⑤

2004 年《汤姆林森报告》颁布，这份报告认为，对于许多学生来说，14 岁以后的课程过于狭窄；对于确保基本的识字和算术能力没有得到足够的重视；对于最有能力的学生来说，课程的"延

① Qualifications and Curriculum Authority. The Second Year of Curriculum 2000：Experience Compared with Objectives [R]. London：QCA，2002：10.

② Hodgson A，Spours K. Beyond A-levels：Curriculum 2000 and the Reform of 14—19 Qualifications[M]. London：Routledge，2003：148—153.

③ Department for Education and Skills. Schools：Achieving Success [R]. London：Her Majesty's Stationery Office，2001：30.

④ Department for Education and Skills. 14—19 Education：Extending Opportunities，Raising Standards [R]. London：Her Majesty's Stationery Office，2002：6.

⑤ Department for Education and Skills. 14—19：Opportunity and Excellence [R]. London：Her Majesty's Stationery Office，2003：14—15.

展性"不够。许多孩子对现有的大量学术课程不感兴趣,而学校和学院则认为现有的学术课程陈旧、狭隘和"呆板"。①

同时,由汤姆林森为首的改革工作小组强调,要建立一个统一的14—19岁学习框架,为学习者提供连贯的学习经历,以满足雇主和高等教育的需要;设置入门、基础、中级、高级水平的文凭,以满足不同学习者的需要;提高职业教育的地位,提高教育参与率和处理16岁以后的学生脱离教育的问题。同时,提供所有14—19岁的青少年都需要的"均衡的课程",包括三类学习:一是为成人生活和进一步学习和就业所需要的"基本技能和知识";二是"专业化的学习",使他们能够进入到他们想要进入的高等教育、培训或职业道路的具体学术或职业知识和技能;三是有助于他们进步的"补充学习"。② 这三类学习最终导向"专业文凭"。

(三) 2008 年英国高中普职融通课程结构的确立

为了激励和吸引学习者并帮助他们取得成功,确保更多的年轻人获得他们在教育、就业和生活方面所需的英语、数学和通信技术方面的知识和技能,英国需要在全国范围内创建一种"14—19岁"连贯的课程。新的中学课程将帮助儿童和年轻人取得进步,并且对于学校提高标准、提高教育参与率至关重要。英国资格与课程管理局(QCA)于2007年发布了关键阶段4的国家课程,该课程于2008年9月开始在学校中实施。新的国家课程将使学校能够提高标准,帮助所有的学习者在这个快速变化的世界中迎接生活的挑战。2008年《国家课程》确立的高中阶段国家课程如表8-3所示:

表8-3　英国高中(14—19岁)普职融通的课程结构(2008年)表

学段	课程性质	课程安排
关键阶段4 (14—16岁)	法定课程	核心科目:数学、英语和科学
		基础科目:体育、信息通信技术(ICT)、公民教育、个人、社会与健康教育(PSEH)
	非法定课程 (授权课程)	学术路径:人文、现代外语 技术路径:设计与技术、艺术 职业路径:建筑工程、健康与社会关怀等
关键阶段5(16—19岁)	非法定课程(授权课程)	学术路径:A Level课程(AS/A2) 混合路径:关键技能课程 职业路径:高级职业教育证书课程(AVCE)

资料来源:QCDA. The Secondary Curriculum［EB/OL］. http://curriculum. qcda. gov. uk/key-stages-3-and-4/subjects/index. aspx.

---

① Tomlison M. 14—19 Curriculum and Qualifications Reform—Final Report of the Working Group on 14—19 Reform ［R］. London: DfES Publications. 2004:10.

② Tomlison M. Principles for reform of 14—19 Learning Programmes and Qualifications, Summary Document ［R］. Annersley: DfES, 2003:5.

表 8-3 显示,关键阶段 4(14—16 岁)学生必修法定科目是英语、数学、科学、公民教育、信息通信技术(ICT)和体育。另外,在关键阶段 4,学生还必须进行宗教教育、性教育、职业教育和与工作有关的学习,这些科目也属于法定科目,但是国家课程并不规定具体的学习方案。此外,非法定科目包括:个人幸福,经济福利与理财能力等。[①]

表 8-3 还显示了 14—19 岁教育方面新的发展:关键阶段 4 的非法定课程范围扩大;"授权课程"扩展到四个领域,即人文、现代外语、设计与技术和艺术,学生必须从这四个领域中至少选择一门学科学习;同时这一阶段增加了职业技术类课程。[②] 关键阶段 4 普职融通的课程架构到目前为止基本完成,形成了学术(人文、现代外语)、技术(设计与技术以及艺术)和职业学习三条学习路径。其与关键阶段 5 的三条学习路径:学术路径,A Level 课程(AS/A2);混合路径,关键技能课程;职业路径,高级职业教育证书课程(AVCE)基本衔接。至此,英国高中形成"法定课程(必修课程)+学习路径"普职融通的课程结构。其中,国家法定的必修课程控制在一定范围,各类选修课程(或学习路径)在不断扩张或更新,使普职融通的高中课程结构保持相对稳定性、灵活性和开放性。[③]

第三节　英国高中(14—19 岁)"普职融通"课程结构的变革(2010—2022)

随着科技发展,智能化时代的到来,英国政府为了使技能供给系统能够对接产业发展战略,培养智能化时代对高技术技能人才的需求,将"职业教育"改称"技术教育",并促进"职业教育"向"技术教育"转型,为此,英国高中课程结构再次迎来重大变革。

一、英国高中(14—19 岁)"普职融通"课程结构变革的背景

2010 年英国联合政府颁布白皮书《教学的重要性》,提出要对国家课程进行审查,以减少国家课程的规定性,并允许学校决定如何教学,同时重新关注核心科目,使得每个儿童和青少年在受教育的每个阶段都获得核心知识。[④] 英国政府在加强《国家课程》中关键阶段 4 的核心课程的同时委托国王学院艾莉森·沃尔夫教授对职业资格及其课程进行全面审查。

英国政府 2011 年颁布的《沃尔夫报告》对英国劳动力市场需求以及职业教育的供给状况进行

---

① QCDA. The Secondary Curriculum [EB/OL]. (2011-02-15)[2018-03-15]. https://webarchive.nationalarchives. gov.uk/20110215111416/http://curriculum.qcda.gov.uk/key-stages-3-and-4/subjects/index.aspx.

② House of Commons Children, Schools and Families Committee. National Curriculum, Fourth Report of Session 2008—09 Volume I [R]. London: Her Majesty's Stationery Office. 2009:4.

③ 倪小敏.美英两国高中普职融通政策发展的共同趋势——从制度融通到课程整合[J].比较教育研究,2019,41(10):52—56.

④ Department for Education. The Importance od Teaching: The School White Paper 2010 [R]. London: Her Majesty's Stationery Office, 2010:10.

了深入调查,并与对手国家进行了比较,报告指出:"同世界范围内大多数发达国家相比,英国的技术教育较弱,英国能够通过发展制造业来促进经济增长的能力仍然比较弱。"同时,英国 14—16 岁的学生迫于学校成绩考核的压力,学习一些与高等教育或者未来就业无关的课程,导致大量资格的回报率很低。多年以来人们一直呼吁学术资格和职业资格应该受到"平等尊重",实际上是在使实践性的东西更为学术化,对两者都不利。英国现在提供给 16—18 岁青少年的职业资格证书的内容实际上并没有得到雇主和劳动力市场的重视。为此,报告提出任何年轻人的学习方案,无论是"学术的"还是"职业的",不管是现在还是今后的生活中,都应该在今后为学生提供促进教育发展和进入劳动力市场的机会。① 在沃尔夫对英国的职业教育进行审查之后,英国政府剔除了上千个资格证书,对技术和应用资格实行了严格的新标准,确保学校和学院为学生进入下一阶段的教育、培训和就业做好准备,并且确保资格得到大学的认可。此外,《沃尔夫报告》特别指出,应该保障学生学习共同的学术基础课程,作为进步的基础。这说明了联合政府执政之后,开始把政策的焦点转向加强学术基础,这份报告对英国高中课程普职融通的走向产生了深远的影响。

二、2016 年《独立小组关于技术教育的报告》对职业教育课程的审查

随着智能化时代的到来,英国政府委托以塞恩斯伯里爵士挂帅的专家小组对职业教育进行审查,2016 年专家组发布了《独立小组关于技术教育的报告》(*Report of the Independent Panel on Technical Education*)。该报告建议将"职业教育"改称"技术教育",并指出了英国职业教育中的问题,主要表现在以下几个方面:一是英国技术人员短缺,青年失业人数过多。英国如今在工业领域技术人员严重短缺,而同时有 40 多万 16 至 24 岁的人失业。二是资格证书质量不高。英国 16—18 岁的学生可以获得 13 000 多个资格证书,但这些资格证书对个人或雇主来说价值不大,尽管这一问题可能要到后期才能显现出来。三是在更高的层次上,职业资格往往与个人应该准备从事的职业脱节。②

针对英国职业教育存在的这些问题,专家组提出了一系列课程改革的建议。其具体内容如下:第一,建议政府制定一项协调一致的技术教育备选方案,以发展进入技术就业所需的技术知识和技能。第二,应该承认技术教育选择有两种学习模式:以就业为基础(通常是学徒)和以学院学习为基础。第三,政府应制定短期、灵活的"衔接"规定,使个人能够在学术教育和技术教育选择之间转换,并支持成年人返回学校学习。第四,建立一个由 15 条技术教育路线组成的共同学习框架,其中包括所有以就业为基础的和以学院为基础的 2 至 5 级技术教育。第五,每一条以技术学院为基础的路径都应该以一个适合 16—18 岁人群的两年期方案开始(尽管有些人可能需要或多或少的时间来完成)。每个两年制方案都应以"共同核心"课程为起点,这个"共同核心"适用于

---

① Alison Wolf. Review of Vocational Education-The Wolf Report [R]. London: Her Majesty's Stationery Office, 2011: Forword.
② Sainsbury D. Report of the Independent Panel on Technical Education [R]. London: BIS, 2016:4.

所有选择这条路径的个人,并与学徒制保持一致。在学习完"共同核心"课程之后,个人应该专门为进入一个职业或一组职业做准备。第六,对于16岁(或16岁以上,如果其教育被推迟)尚未准备好接受技术教育的个人,应向他们提供"过渡年",以帮助他们为进一步学习或就业做好准备。过渡年应该是灵活的,并根据学生的先前成就和抱负而定制。①

三、构建"技术选择"与"学术选择"并驾齐驱的两种学习路径

英国政府在 2016 年颁布的白皮书《教育卓越无处不在》(*Educational Excellence Everywhere*)中提出对普通中等教育证书和高级水平证书进行改革,使它们成为被认可的黄金标准资格,并确保学校能够按照自己的选择提供国家课程。同时确保为学生提供更多的延展课程:增加 STEM 课程和英国文凭课程,提高高级水平课程的质量。② 同年,英国政府根据《独立小组关于技术教育的报告》建议,颁布了《16 岁后技能计划》,主要改革如下:第一,强调技术教育应建立在所有学生学习到 16 岁的核心学术科目和广泛而均衡的课程之上。要求学校将知识型课程作为优秀、严谨的学术教育的基石,至少让 90% 的接受主流教育的学生参加英语、数学、科学、历史或地理的普通中等教育证书考试。第二,创建一个跨越所有技术教育 15 条路线的共同框架。每条职业路线由职业路径和职业专长构成。第三,16 岁后的课程分为"学术选择"和"技术选择"两条路径,"学术选择"为升学做准备,"技术选择"为就业做准备(见图 8-1);第四,"技术选择"设计两条学习路径:一是学院为基础的学习,是一个为期两年的全日制技术学院的学习方案,其中包括适合技术教育路线和个别学生的工作安排;二是学徒制为基础的学习,常见的方式是通过学徒培训,包括在职学习技能(在工作场所)和至少有 20% 的离职学习知识(在技术学院或私营培训机构)的组合。第五,设置"桥接"课程,沟通学术路径和技术路径。

因此,经过改革后的高中阶段课程结构是一个普职相对分离,又有沟通关系(见表 8-4)的结构。一是关键阶段 4 不再分学术路径、技术路径和职业路径,统一设置 GCSE 课程(学术),成为后续技术和学术分流的共同进步的"基石"。二是关键阶段 5 取消混合路径,设置"技术选择"和"学术选择"两条路径。三是"技术选择"实质上取代了原先的"职业路径"。技术选择设计了清晰的 15 条职业路线,即 15 个专业大类(职业群);职业路线下设若干"职业路径"(专业);每个职业路径分若干"职业专长"。以"数字职业线路"为例,下设三条"职业路径",包括数字化生产、设计与开发,数字商业服务,数字支持服务;其中"数字支持服务路径"下设数字基础设施、网络电缆、通讯、数字化支持等四个职业专长。

① Sainsbury D. Report of the Independent Panel on Technical Education [R]. London: BIS, 2016:17—22.
② Department for Education. Educational Excellence Everywhere [R]. London: DfE, 2016:5—11.

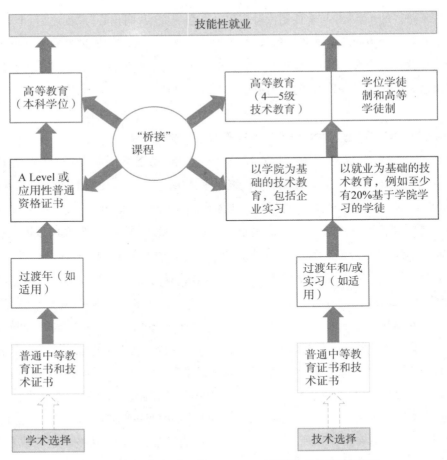

图 8-1 技术选择与学术选择并驾齐驱的两种学习路径示意图

表 8-4 英国高中技术教育与学术教育并驾齐驱的课程结构表

学段	课程性质	课 程 安 排
关键阶段4(14—16岁)	法定课程（必修科目）	核心科目:数学、英语和科学
		基础科目:公民教育、计算机、性教育和人际关系教育、体育
	非法定课程（授权课程领域）	艺术、设计和技术、人文、现代外语
关键阶段5(16—19岁)	非法定课程	学术选择:A Level课程 技术选择:农业、环境和动物护理、工程与制造、数字等11条职业路线（职业群）和4条学徒制职业路线

资料来源:Department for Bussiness Innovation and Skills, Department for Education. Post 16 Skills Plan [R]. London: Her Majesty Stationary Office, 2016:15—17.

《16岁后技能计划》集中体现两大宗旨:技术教育延后,换句话说,加强普职融通部分的"核心课程"学习,同时,加强16岁后学术学习和技术的区分。正如塞恩斯伯里爵士在《独立小组关于技术教育的报告》中所陈述的那样:这两种技术选择通过任何一种学习方式进行,都需要与学术选择明确划分,因为它们是为不同的目的而设计的。但与此同时,两者之间的流动必须是可能的。技术路径不应该切断学生进入大学的学习,并且进行高级水平学习的年轻人可以选择直接进入技术性就业。报告建议政府鼓励制定短期、灵活的衔接课程,使个人能够在学术教育和技术教育之间任意移动,并支持成年人返回学校学习,这个系统必须对成年人和年轻人都有效。①

第四节　英国高中(14—19岁)"普职融通"课程结构的特征

纵观30多年来的英国资格证书制度与课程变革历史可以发现,英国高中普职融通的课程结构改革表现出以下特征:

一、英国高中课程表现出明显的"资格导向"特征

英国高中课程变革是随着国家资格制度变革而改革的。其演进脉络如表8-5所示:

表8-5　英国国家资格制度引领下的高中课程结构的变革

改革 ＼ 阶段	普职融通的国家资格制度萌芽阶段		普职融通的国家资格制度初步融通阶段	普职融通的国家资格制度确立阶段	普职融通的国家资格制度变革阶段
资格改革	1986年国家职业资格体系开始建立	1991年建立普职等值关系表	1997年《国家资格框架》(NQF)建立及其修订	2004年《资格与学分框架》(QCF)开始试行	2015年《规范资格框架》(RQF)
课程变革	《1988年教育改革法》颁布	1994年《迪林评论》发布	"课程2000"的改革	2008年《国家课程》改革	2016年《16岁后技能计划》发布

从表8-5可以看出,英国高中阶段课程改革是一个不断响应国家资格制度发展的过程。资格制度改革的步骤相当快,而课程变革相对缓慢。如,新工党上台后,资格改革方案出台很快,在1997年推出NQF,紧接着在2000年对16岁前及以后的资格进行了进一步细化和拓展,而课程变革虽然在2000年进行了改革,但真正撬动课程变革的是2008年的课程变革,这次课程变革将关键阶段4的非法定课程转变为4大授权领域,每个领域可以设置多门课程,职业教育被纳入高中阶段的授权课程。

由此,可以发现,在英国高中的课程变革进程中,资格扮演着的"塑造者"角色。或者说,英国高中的课程是资格证书引领下的课程,课程改革在不断地响应国家资格制度的改革。

---

① Sainsbury D. Report of the Independent Panel on Technical Education [R]. London: BIS, 2016:17.

二、从整齐划一的学术科目走向普职融通的"必修课程+学习路径"的课程结构

《1988年教育改革法》颁布之后,英国开始实施全国统一课程,国家课程占据了学生全部课程的80%。同时,《1988年教育改革法》确立的高中阶段国家课程详细列出了法定课程的具体科目,学校基本上全盘接受国家设定的科目和大纲,只有20%的时间用于开设校本课程。国家课程、学校课程和学生课程三者基本一致。

1997年《国家资格框架》初步建立,对资格证书进行了一系列的改革,这些改革也迫切要求英国政府对整齐划一的学校课程进行相应的改革。之后,英国开始分阶段的进行高中阶段学校课程改革,并且逐渐演进"必修课程+学习路径"的课程结构。这主要体现在以下两个方面:

一方面,在关键阶段4,2000年课程变革之后,英国政府将《1988年教育改革法》确立的法定课程如历史、地理、设计与技术等改为非法定课程,即授权课程。2008年英国政府进一步对《国家课程》进行修订,修订后的《国家课程》将授权课程的范围扩展到艺术、设计与技术、人文和现代外语四大授权课程领域,增加了职业资格课程。关键阶段4普职融通的课程架构至此基本完成,形成三条学习路径:学术(人文、现代外语)、技术(设计与技术、艺术)和职业学习路径。

另一方面,英国政府对关键阶段5的课程改革也在同时进行。这场改革主要体现在《2000年课程指南》当中。① 该指南设计了三条路径:一是学术路径,提供A Level课程(包括AS/A2);二是混合路径(Combined Programme)提供关键技能资格课程,A Level部分模块与普通国家职业资格部分模块组合的混合课程;三是高级职业教育证书课程,AVCE。职业路径的高级职业教育证书课程与A Level课程相当,这表明,选择职业路径的人也有机会凭借此证书进入大学或者就业。至此,英国形成了"必修课程+学习路径"的课程结构。②

这样,无论是在关键阶段4,还是在关键阶段5,英国高中阶段国家课程都不再是整齐划一的学术科目,而是走向了一种由法定课程与授权领域(学习路径)组成的普职融通的课程结构。

三、强化学术基础课程与延后技术教育课程并举

英国2011年的《资格与学分框架》确立之后,资格证书的种类和数量增多。2010年卡梅伦领导的联合政府执政后,颁布教育白皮书《教学的重要性》鼓励"学校提供一套广阔的学术科目,无论将来选择职业路径还是学术路径,都要学习到16岁。"③2011年发表的《沃尔夫报告》将中等职业教育置于整个高中阶段教育背景下进行审视,建议"保障学生获得共同核心的机会,作为进步的基础"。④ 2016年英国政府颁布《16岁后技能计划》,将学术路径、职业路径、技术路径合并为

① Qualification and Curriculum Authority. Curriculum Guidance for 2000[R]. London: QCA, 1999:5—30.
② 倪小敏. 美英两国高中普职融通政策发展的共同趋势——从制度融通到课程整合[J]. 比较教育研究,2019,41(10):52—59.
③ Department for Education. The Importance of Teaching [R]. London: Her Majesty Stationary Office, 2010:12.
④ Wolf A. Review of Vocational Education — The Wolf Report [R]. London: DfE, 2011:113.

"学术选择"（Academic Option）和"技术选择"（Technical Option）两条路径，"技术选择"被延迟到16岁后。此外，该计划还强调技术教育应建立在所有学生学习核心课程和广泛而平衡的课程基础上。否则，技术教育将被看作"容易"的选择，得不到尊重①。可见，英国在高中阶段国家课程变革进程中在不断强化学术基础课程，并将技术教育课程延至16岁之后，提高了技术教育质量。

四、强调学术教育和技术教育的区分与沟通

英国政府在资格体系发展完善过程中，不断提升职业资格的地位，以便与学术资格并驾齐驱，但是也出现问题。《沃尔夫报告》指出："虽然多年以来人们一直呼吁学术资格和职业资格应该受到'平等尊重'，但实际上这种做法是在使实践性的东西更为学术化，对两者都不利。"②沃尔夫教授得出这样的结论主要是基于以下三点原因：第一，与学术教育相比，职业教育可以提供不同的内容，不同的技能，不同形式的教学。第二，良好的职业教育方案是比较宝贵的，也是值得被尊重的，同时也应该成为英国教育体系的重要组成部分。第三，职业教育为许多年轻人提供了通往成功的就业或高等教育的途径，但是英国还有数十万人没有学习这类课程。因此，沃尔夫教授建议："任何年轻人的学习方案，无论是'学术的'还是'职业的'，不管是现在还是今后的生活中，都应该为学生提供今后进入劳动力市场的途径和教育发展。"③

2016年《16岁后技能计划》颁布之后，英国高中在关键阶段5的课程选择不再是通过选择学术路径、职业路径和混合路径的其中一条进行，而是要在学术选择和技术选择中选择其一。塞恩斯伯里爵士在《独立小组关于技术教育的报告》中曾指出："两种技术选择通过任何一种学习方式进行，都需要与学术选择明确划分，因为它们是为不同的目的而设计的。"④由此可见，英国高中阶段课程结构变革开始关注技术教育和学术教育的区分。前者更加强调对接科技发展和劳动力市场需求，强调技术的内在价值；而后者强调学术性学习，但两者之间存在沟通的桥梁。

① Department for Business, Innovation and Skills, Department for Education. Post 16 Skills Plan [R]. London: Her Majesty Stationary Office, 2016:15—17.
② Alison Wolf. Review of Vocational Education — The Wolf Report [R]. London: DfE, 2011:6.
③ Alison Wolf. Review of Vocational Education — The Wolf Report [R]. London: DfE, 2011:8.
④ Sainsbury D. Report of the Independent Panel on Technical Education [R]. London: BIS, 2016:17.

第九章　英国现代学徒制的雇主主导模式、运作机制与特征

英国现代学徒制是英国 80 年代来职业技术教育改革的重要成果,其独特的转型历程、雇主主导模式、运作机制在对接劳动力市场需求和技术发展趋势的变革中牢牢扎根下来,并成为全球国家竞相学习的典范。本章将在梳理英国传统学徒制向现代学徒制转型历程基础上,分析现代学徒制层次类型和雇主主导模式,探讨其背后的驱动因素与运作机制,总结其发展趋势和特征。

第一节　英国传统学徒制向现代学徒制转型的历程

英国现代学徒制的发展与传统的学徒制有千丝万缕的联系,了解英国现代学徒制的形成要追溯它是如何从传统学徒制一步步走向现代学徒制的。

英国现代学徒制可以溯源到中世纪的基尔特制度和注重技能的手工行业。学徒制之所以在中世纪开始流行,是因为学徒制作为"工业行会的一种重要的职业培训形式"满足了当时手工业和商业发展的需要。为了规范学徒制的发展,1563 年,英国女王伊丽莎白一世(Elizabeth I)颁布《工匠法》(*Statute of Artificers*),对学徒制作了法律规定。学徒制一度成为英国培养手工业劳动力的重要途径,但这种传统的学徒制以技能为中心、以现场学习、模仿和实践为主;采取个别教学方式,效率不高,一般情况下,一个师傅一次只准带一个徒弟;[1]学徒期长,有的甚至长达 7 年。此外,传统学徒因缺乏国家层面的资助和监督,不重视文化学习,缺乏考核与验收。随着工业革命胜利和机器大生产的推广,学校职业技术教育的兴起,英国传统学徒制逐渐走向衰落。学徒制的复苏则在 20 世纪六七十年代,应时代发展而逐步转型为"现代学徒制"(Modern Apprenticeship)[2],其发展历程大致经历三个阶段:1979—1992 年自由放任阶段、1992—2010 年政府主导阶段以及 2010 年至今雇主主导阶段。

---

① 石伟平. 比较职业技术教育[M]. 上海:华东师范大学出版社,2001:5—6.

② 关晶,石伟平. 现代学徒制之"现代性"辨析[J]. 教育研究,2014,35(10):97—102.

一、现代学徒制的自由放任阶段

20 世纪 70 年代英国经济衰退,加之经济结构调整,失业率飙升。为了重振经济,撒切尔领导的保守党政府摒弃了两党共识时期的凯恩斯国家干预主义主张,转而接受了哈耶克新自由主义的经济学观点。在经济改革措施上,提倡勤俭节约,放松国家对经济生活的干预,提倡自由竞争的市场经济,鼓励人们独立自主创造财富。① 因此,在培训政策上,市场化成为撒切尔政府教育和培训改革的指导原则,其上台伊始便宣布,希望恢复培训中的"自愿主义",以自由市场机制取代过去的干预主义战略,政府对包括学徒制的教育培训的支出大幅度降低。② 20 世纪 80 年代初议会通过保守党政府提交的《1981 年产业培训法》(*The Industrial Training Act of 1981*),旨在减少政府对技能训练的干预,交由"非法定的自愿培训组织"(Non-Statutory Voluntary Training Organizations,简称 NSTVOs)进行技能培训。与此同时,在撒切尔政府推行私有化的过程中,大批原本是开展学徒制主力军的国有企业,变为私有企业后,不再大规模招募学徒。③ 并且该时期经济结构调整导致劳动力市场对低技能学徒的需求下降,学徒制培养的人才规格不能满足产业升级的需求。④ 失去经济支持且受到经济转型冲击的学徒制发展规模逐渐萎缩,且发展空间变小。⑤ 这一时期的学徒制体现出政策支持不够充分;培训没有统一的标准,零散、不成体系;且与其他国家相比,中级水平上存在着巨大的技能差距等特点。⑥

二、现代学徒制的政府主导阶段

进入 20 世纪 90 年代后,英国经济增长仍然缓慢,同时知识经济时代的到来,导致经济格局发生了急剧的变化。英国的中、高级技能人才的储备远远没能够满足企业的需求。⑦ 为解决英国关键技能短缺问题,接替撒切尔夫人的约翰·梅杰首相一改过去放任自由的做法,开始对职业技术教育和技能培训进行干预,于 1993 年 11 月宣布:"实施'现代学徒制'计划,并于次年 9 月首次在 14 个行业部门试行。"⑧此时,学徒制实施的对象主要为 18—19 岁年轻人,完成训练的人可以获得 3 级水平的国家资格证书。这为政府主导学徒制奠定了基础。

① 李柏槐. 英国首相撒切尔夫人[M]. 成都:四川人民出版社,1997:424.
② 王雁琳. 政府和市场的博弈:英国技能短缺问题研究[M]. 杭州:浙江大学出版社,2013:2.
③ Gamble A. Thatcherism, and the British State [J]. Journal of Law and Society, 1988,16(1):1—20.
④ 殷企平. 英国高等科技教育[M]. 杭州:杭州大学出版社,1995:69.
⑤ Junakar D N. From School to Unemployment? The Labour Market for Young People [M]. London: The MacMillan Press Ltd, 1987:235.
⑥ Gospel H. The Revival of Apprenticeship Training in Britain? [J]. British Journal of Industrial Relations, 1998,36(3): 435—457.
⑦ David B. Education into Employability: The Role of the DfEE in the Economy [EB/OL]. (2012 - 07 - 03)[2023 - 07 - 19]. https://view. officeapps. live. com/op/view. aspx? src＝https%3A%2F%2Fdera. ioe. ac. uk%2Fid%2Feprint% 2F3668%2F1%2FEducation_into_employability. docx&-wdOrigin=BROWSELINK.
⑧ Fuller A, Unwin L. Gender Segregation, Apprenticeship and the Raising of the Participation Age in England: Are Young Women at a Disadvantage [R]. London: Centre for Learning and Life Chances in Knowledge Economies and Societies, 2013:8.

以布莱尔为领导人的工党在 1997 年上台后,更是将学徒制作为技能培训的重要组成部分加以重视,开始主导学徒制的发展与改革。此后,英国议会于 2000 年通过了《学习与技能法案》(*Learning and Skills Act*),成立学习与技能委员会(LSC),强化政府对学徒制的监管。2001 年英国教育和就业部授权发布的《现代学徒制:通向工作之路》(*Modern Apprenticeship:The Way to Work*)对学徒制的概念、内容、资格等进行重新界定,将学徒制框架标准化,并颁发技术证书(Technical Certificates)作为学徒制的重要资格证书之一,为学徒制课程体系的完善打下基础。①2004 年 5 月,"英国教育和技术大臣查尔斯·克拉克(Charles Clarke)宣布,英国将实行彻底的学徒制"②,同年,英国引进二级学徒制,修改了三级学徒制,取消了学徒年龄限制,25 岁及以上的成年人都可以成为学徒。2006 年引进了高级水平学徒制(Higher Level Apprenticeship)。2007 年,英国创新、大学和技能部(Department for Innovation, University & Skills)发表白皮书《世界一流技能——英格兰实施里奇技能评论》(*World Class Skills: Implementing the Leitch Review of Skills in England*),对《里奇技能评论》(*Leitch Review of Skills*)的建议作了回应,表示要从 2008 年开始到 2020 年的 12 年中每年培训 50 万学徒。

2009 年英国议会通过了学徒制专门法《学徒制、技能、儿童与学习法案》(*Apprenticeships,Skills,Children and Learning Act*),明确了学徒制的法律地位,规范了学徒资格证书、学徒制框架、学徒制标准、学徒制协议四大重要内容;调整了学徒制行政管理体系,整合了学徒制的课程、考评与资格。同年,英国还建立了国家学徒服务中心(*Natiuonal Apprenticeship Service,NAS*)。

2011 年发布的《沃尔夫报告》充分肯定了学徒制在技能培训方面的重要作用,特别是在提高青年学徒的规模,改善学徒制培训框架,满足雇主需要方面作出的贡献。报告指出,"低水平的职业资格证书,特别是国家职业资格证书(NVQs)对于他们的持有者而言绝对毫无经济价值,除非他们能够完成学徒制训练。"③这一阶段,政府从政策法规、组织管理、质量保障等方面,主导了现代学徒制的改革与发展。

三、现代学徒制的雇主主导阶段

2010 年卡梅伦领导的联合政府开始执政。由于受 2008 年经济危机影响,导致英国政府赤字和国债激增,其冲击也逐渐波及到学徒制领域,政府为减少公共支出削减了学徒制经费。同时,技能短缺、供需不匹配的问题一直困扰着英国经济的发展。④ 2012 年教育部联合商务、创新与技能部(DfE & BIS)共同发布《理查德学徒制评论》(*the Richard Review of Apprenticeships*),报告

① John C. Modern Apprenticeships: The Way to Work: The Report of the Modern Apprenticeship Advisory Committee [EB/OL].(2012 - 07 - 03)[2023 - 07 - 17].https://dera.ioe.ac.uk/id/eprint/6323/1/MA_The_Way_to_Work.pdf.
② 贺国庆,朱文富,等.外国职业教育通史(下卷)[M].北京:人民教育出版社,2014:22.
③ Wolf A. Review of Vocational Education-The Wolf Report [R]. London: DfE, 2011:33.
④ UK Commission for Employment and Skills. UK Commission's Employer Skills Survey 2011: UK Results [R]. London: UKCES, 2012:52.

对学徒制进行了全面审查,指出"政府主导的学徒制存在完成率低、中小企业参与不够积极、雇主和政府需求的不对等"等问题,报告建议将学徒制的发展主导权归还给雇主,由最懂行的雇主们负责制定新的学徒资格体系。① 报告一经提交,便受到了政府的重视和采纳。根据该报告的建议,政府于 2013 年 3 月发布了《英格兰学徒制的未来:理查德评论的下一步》(*The Future of Apprenticeships in England: Next Steps from the Richard Review*),明确雇主在学徒制系统中的核心地位;接着当年 10 月,又发布了《英国学徒制的未来:执行计划》(*The Future of Apprenticeship in England: Implementation Plan*)确定实施新一轮的改革,赋予雇主在学徒制标准与评估标准制定、培训项目或课程开发等方面的主导权。成立了由雇主组成的称作"开拓者"(Traiblazers)的小组来编制新学徒制标准。工作分三个阶段展开。在第一阶段,"开拓者计划"(Traillazer Programme)2013 年 10 月先在 8 个行业展开。2014 年 3 月,"开拓者小组"制定出了 11 个学徒制标准以及其中大部分的评估方案。第二阶段,在 2014 年 4 月,"开拓者小组"又编制了另外的 29 个行业标准。第三阶段,即在 2014 年 10 月,"开拓者小组"制定的标准已经超过 75 个,覆盖 37 个行业。② 同年,商务、创新与技能部(BIS)发布了《英国学徒制资助改革:支付机制和资助原则》(*Apprenticeship Funding Reform: Payment Mechanism and Funding Principle*),明确由雇主直接控制学徒制经费。2015 年商务、创新与技能部(BIS)发布的《英国学徒制:2020 愿景》(*English Apprenticeship; Our 2020 Vision*)同样是对《理查德学徒制报告》的进一步回应,承诺要在五年期间新增 300 万个学徒岗位,同时要进一步提升学徒培训的质量。接着,英国议会于 2016 年通过了《学徒税法案》(*Apprenticeship Levy Financial Bill*),宣布实施学徒税政策,以提升雇主参与学徒培训的积极性。这一时期的改革从《理查德学徒制评论》出台以来,经由英国政府对该报告的一系列回应来加大雇主的主导权,使得英国学徒制最终转向雇主主导。

第二节　英国现代学徒制的层次类型与雇主主导模式

经过系列改革和制度完善,英国现代学徒制层次类型形成体系,雇主主导模式独具特色。英国政府在 2018 年向国际经合组织递交的一份关于学徒制审查报告指出,"像许多国家一样,英国发现,作为一种经受住了时代考验的且与现代经济需求密切相关的学徒制是职业学习的样板。"③

① Department for Business, Innovation and Skills. Richard Review of Apprenticeships: main report [EB/OL]. (2012 - 11 - 27) [2023 - 05 - 08]. https://assets. publishing. service. gov. uk/media/5a79cfb1ed915d042206b345/richard-review-full. pdf/preview.

② House of Commons Education Committee. Apprenticeship and traineeships for 16 to 19 year-olds: Sixth Report of Session 2014 - 15 [R/OL]. (2015 - 03 - 09) [2021 - 06 - 23]. https://publications. parliament. uk/pa/cm201415/cmselect/cmeduc/597/597. pdf.

③ OECD. Apprenticeship in England, United Kingdom [R/OL]. (2018 - 04 - 11) [2023 - 01 - 10]. https://doi. org/10. 1787/9789264298507-en.

因此,有必要对其层次类型进行分析并对其雇主主导模式进行解构,有助于我们深入了解英国现代学徒制是如何运作的? 又是如何对接劳动力市场需求的?

一、英国现代学徒制的层次类型

现今英国现代学徒制与技术教育体系已融为一体,但具有相对独立体系,其层次类型分为:中级学徒制(Intermediate Apprenticeship)、高级学徒制(Advanced Apprenticeship)、高等学徒制(Higher Apprenticeship)和学位学徒制(Degree Apprenticeship)四个层次。如表 9-1 所示,为每一层次对应的职业资格和教育水平。

表 9-1 英国现代学徒制等级与职业资格和教育水平对应表

等级名称	国家职业资格水平	教 育 水 平
中级学徒制	2 级	通过普通教育证书(GCSE)5 门课程考试
高级学徒制	3 级	通过高级水平普通教育证书(A Level)的两门课程考试
高等学徒制	4,5,6,7 级	基础学位及以上
学位学徒制	6,7 级	学士学位或硕士学位

资料来源:*The Complete Guide to Higher and Degree Apprenticeships* [EB/OL]. (2020-09-09) [2023-07-30]. https://www. richardhale. herts. sch. uk/wp-content/uploads/2020/08/WHICH-Apprenticeship-Guide. pdf.

1. 中级学徒制的培养目标与达成标准

中级学徒制的目标旨在培养相当于拥有国家二级职业资格等级水平的技能人才。根据英国政府在 2018 年发布的最新《英格兰学徒制标准规范》(*Specification of Apprenticeship Standards for England*)[①],中级学徒框架规定一名中级学徒必须在规定资格框架(the Regulated Qualifications Framework, RQF)中获得至少 37 个学分以及二级能力资格和单独的技术知识资格。此外,在可迁移技能培养方面,中级学徒必须在英语和数学上获得基本技能(Functional Skills)一级或关键技能(Key Skills)一级资格,以及在信息和通信技术(Information and Communications Technology, ICT)方面的一级或二级基本技能资格证书。一般情况下,通过了中级学徒制的考核,相当于通过普通教育证书(GCSE)5 门课程考试,即获得相应证书后,可以进一步申请高级学徒制的培训。

2. 高级学徒制的培养目标与达成标准

高级学徒制的目标旨在培养相当于拥有国家三级职业资格等级水平的技能人才。在 2018 年的《英格兰学徒制标准规范》中,高级学徒框架与中级学徒框架相同,规定学徒必须在规定资格框

[①] Department for Education. Specification of Apprenticeship Standards for England [EB/OL]. (2018-08-17) [2023-05-08]. https://assets. publishing. service. gov. uk/media/5b75564140f0b60be2544caa/Specification_of_apprenticeship_standards_for_England. pdf.

架中获得至少37个学分,但在能力资格以及可迁移技能方面具有更高的要求:一个高级学徒需要获得三级能力资格和单独的技术知识资格,在英语和数学资格方面达到基本技能二级或关键技能二级,在信息和通信技术方面获得二级基本技能资格证书。通过了高级学徒制,即能表明学徒通过了高级水平普通教育证书(A Level)的两门课程考试。

3. 高等学徒制的培养目标与达成标准

高等学徒制主要是针对高新技术领域培养人才,旨在培养相当于拥有国家四、五、六、七级职业资格等级水平的技术人才。在2018年的《英格兰学徒制标准规范》中,高等学徒框架规定一名四级和五级高等学徒必须在规定资格框架或其他高等教育机构资格框架或本行业认可的专业资格上获得至少90个学分;同时需要获得相应四级或五级能力资格和单独的技术资格。而一名六级和七级高等学徒必须在规定资格框架或其他高等教育机构资格框架或本行业认可的专业资格上获得至少120个学分。同样的,一个六级或七级高等学徒需要获得相应的六级或七级能力资格和单独的技术资格。高等学徒可以获得基础及以上学位,是高级职业资格证书和高等学历证书的结合。

4. 学位学徒制的培养目标与达成标准

高等学徒制中的六级和七级属于学位学徒制,旨在培养相当于拥有国家六、七级职业资格等级水平的高级技术人才,分别对应学士学位与硕士学位。但其对申请者的基本学术能力具有一定要求,需要申请者具有普通教育高级证书(A Level)或英国商业与技术教育委员会(Business & Technology Council, BTC)颁发的资格证书。其在学分与技术资格方面要达成的标准与一名六级和七级高等学徒一致。学位学徒制在学徒培养的过程中加入了学位教育的要素,因而学徒可以获得完整的学士或硕士学位。[①] 学位学徒制融合了英国最好的高等教育和技术教育,是高等学位证书和高级职业资格证书的结合。

二、英国现代学徒制的雇主主导模式

从教学组织形式看,英国上述四种不同层次类型的现代学徒制可分为两种不同的雇主主导模式:即中、高级学徒制的雇主主导模式以及高等、学位学徒制的雇主主导模式。其中,中、高级学徒制主要采取企业与继续教育学院、私人培训机构等联合、合作的方式培训学徒,而高等、学位学徒制的学徒培训则是企业与大学等高等教育机构的密切合作,下面分别图解它们不同的雇主主导的模式。

1. 中级学徒制与高级学徒制的雇主主导模式

中级学徒制与高级学徒制都在企业与继续教育学院或私人培训机构之间进行,尽管在达成

---

① HM Government. The Future of Apprenticeships in England:Guidance for Trailblazers-from standards to starts[EB/OL]. (2015 – 03 – 01)[2023 – 07 – 30]. https://dera.ioe.ac.uk/id/eprint/22610/.

目标水平上有所差异,但其培养过程中的雇主主导模式大致相同(见图 9-1)。中、高级学徒的培训期至少需要一年,以保证学徒在一份工作中具备充分的职业能力。① 中级与高级学徒在学徒期内必须完成在职培训(On-the-Job Training)和离岗培训(Off-the-Job Training)两部分内容,两部分总共要达到至少 280 个指导学习时间(Guided Learning Hours, GLH)。在职培训部分占 180个或 70%GLH,由企业负责,必须在工作中进行,企业必须保障学徒有真正参与工作的机会以获得必要的知识、技能和行为,主要培养学徒其特定职业的实践技能和就业能力,并需要得到明确的证明;而学徒的离岗培训占 100 个或 30%GLH,一般交由继续教育学院、私人培训机构等培训提供者进行,离岗培训内容包括理论教学与实践训练两部分,②注重学徒的理论基础知识以及英语、数学等基本技能和个人学习与思维技能(Personal Learning and Thinking Skills, PLTS)的发展,重视提升中级和高级学徒的读写和计算能力。离岗培训还负责许多雇主要求其学徒具备类似共通的"核心"或"关键"技能,如沟通能力、信息技术、解决问题能力和团队合作等个人技能的培训,为学徒提供能够在劳动力市场转移的广泛技能训练。

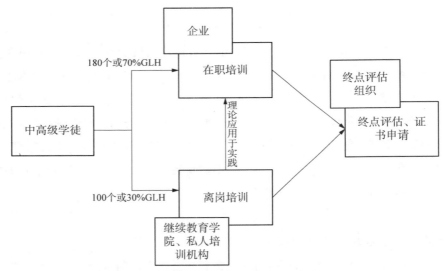

图 9-1 英国中、高级学徒制的雇主主导模式图

强调理论知识在实践中的应用是中、高级学徒制的产教融合培养人才的重要组成部分。学徒的实践技能主要还是通过工作场所的实践来进行培养,但尤其强调离岗培训中习得的知识与技能能够在实际工作场所,即在职培训中得以应用,如将英语和数学等的学习与在职培训结合起

---

① HM Government. The Future of Apprenticeships in England: Implementation Plan [EB/OL]. (2013-10-29)[2021-06-04]. https://assets.publishing.service.gov.uk/government/uploads/system/uploads/attachment_data/file/253073/bis-13-1175-future-of-apprenticeships-in-england-implementation-plan.pdf.
② Kucezera M, Field S. Apprenticeship in England, United Kingdom, OECD-Reviews of Vocational Education and Training [R]. Paris: OECD Publishing, 2018:15.

来,确保学徒有机会在工作场所应用他们所学的英语和数学,帮助巩固学徒的读写能力和计算能力。

中、高级学徒制的最后阶段是终点评估(EPA),评估由学徒行业的雇主设计,由终点评估组织(EPAOs)的独立机构负责实施。终点评估是对学徒是否发展了学徒标准中概述的技能、知识和行为,并能够将它们自如应用到实际工作环境中的一种公正评估,因而终点评估往往采用项目式评估或笔试与实际操作相结合的方式进行考核。一旦学徒成功完成学徒期并通过评估,终点评估组织(EPAO)将代表雇主为学徒申请相应的中级或高级学徒证书。①

2. 高等学徒制与学位学徒制的雇主主导模式

高等学徒制与学位学徒制的人才培养主要在企业和大学等高等教育机构之间进行(见图9-2)。其课程主要分为技能要素课程与知识要素课程两部分。② 技能要素课程培养主要在工作场所中进行,由企业负责。作为一名高等或学位学徒,其身份是员工而非学生,因此一般来说其仍需要将一周的大部分时间(至少30个小时)花在工作场所观摩、学习。③ 学徒通过沉浸在工作环境来获得职业行业相关的专业知识,同时向企业行业各个层次的同事学习,尤其是要与具有资深工作经历的人密切合作,并且通过他们的评估与指导不断增进自己的技能。而知识要素课程由大学或高等教育机构提供,比起中、高级学徒制,高等学徒制与学位学徒制更加重视理论知识的学习以及知识本位的学位课程。大学或其他培训提供者提供的课程往往是灵活的,不仅有线下教学还有在线教学。

对于学徒在大学等高等教育机构学习的学位课程,企业能够按照自己的发展需求向高等教育培训机构"定制"课程,由雇主与大学等高等院校通力合作共同设计制定相关学徒标准,引入了大学在开发课程内容和设计适当的评估方式等方面的专业知识和经验指导,将发展学徒在工作场所所需的职业技能与学位学习结合起来,通过大学教育自身的优势与经验对课程和教学方法加以创新。

高等学徒制与学位学徒制同样采取终点评估的方式进行考核,而高等教育机构由于其在人才培养方面的经验与优势,能够同时担任培训提供者和终点评估机构的角色,并且评估员将独立于所提供的培训,确保公正的评估。④

① Education and Skills Funding Agency. Guidance Apprentice Guide to Assessment [EB/OL]. (2021 - 09 - 28) [2023 - 06 - 02]. https://www.gov.uk/guidance/apprentice-guide-to-assessment.

② Department for Business, Innovation & Skills. Specification of Apprenticeship Standards for England (SASE) [EB/OL]. (2015 - 02 - 27) [2023 - 05 - 03]. https://assets.publishing.service.gov.uk/media/5a7f685fed915d74e33f63db/bis-15-15-specification-of-apprenticeship-standards-for-england-SASE-guidance.pdf.

③ National Apprenticeship Service. The Complete Guide to Higher and Degree Apprenticeships [EB/OL]. (2020 - 08 - 20) [2023 - 05 - 03]. https://www.richardhale.herts.sch.uk/wp-content/uploads/2020/08/WHICH-Apprenticeship-Guide.pdf.

④ Education and Skills Funding Agency. Guidance Apprentice Guide to Assessment [EB/OL]. (2021 - 09 - 28) [2023 - 06 - 02]. https://www.gov.uk/guidance/apprentice-guide-to-assessment.

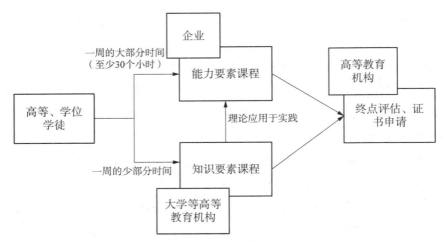

图 9-2 英国高等、学位学徒制的雇主主导模式图

第三节 英国现代学徒制的驱动机制

美国学者约翰·布莱森(John Bryson)指出,任何公共和非营利组织成功之关键是使主要的利益相关者们感到满意。① 在英国学徒制发展历程中曾遭遇企业参与程度不高、经费短缺、供需不匹配、学徒完成率低等问题,英国政府不断地对学徒培养的制度进行重新设计,充分考虑四方利益相关者从学徒制中受益。从政府主导转向雇主主导,挖掘政府、雇主、培训提供者与学徒个人的潜能,协调利益相关者的不同诉求,驱动现代学徒制良性运作。

一、驱动因素

在英国政府设计的雇主主导模式中,政府、雇主、培训提供者与学徒个人的需求得到较好满足,它们既是稳定型的利益相关者②,又是驱动现代学徒制运行的主要因素,从根本上推动学徒制良性发展。

1. 政府的政策支持是学徒制不断发展的强大推力

对政府而言,学徒制投入少而回报巨大。英国学徒制研究所在一份报告中指出,"政府在2级或3级水平学徒制每投资1英镑,会产生26或28英镑的回报,远远高于投资在继续教育资格方面所产生的回报,在后者投入的1英镑只能产生20英镑的回报。"③由于看到了巨大的利益回报,英国政府持续

---

① Bryson M J. What to Do When Stakeholders Matter: Stakeholder Identification and Analysis Techniques[J]. Public Management Review, 2004,6(1):21—53.

② 郭晨,吕路平. 利益相关者视角下的现代学徒制研究[J]. 工业技术与职业教育,2019,17(04):54—59.

③ Institute for Apprenticeships. Driving the Quality of Apprenticeship in England[R/OL]. (2017 - 04 - 10)[2021 - 05 - 22]. https://www.instituteforapprenticeships.org/media/1247/ifa_driving_quality.pdf.

不断地出台相关政策并不断完善相关政策,为现代学徒制营造了良好的法律与社会环境,激励雇主、培训提供者以及年轻人参与,在年轻人与雇主之间搭建桥梁,促进了整个现代学徒制系统蓬勃发展。

(1) 健全法律保障与监管制度

2007 年《里奇技能评论》发布之后,英国政府致力于构建学徒制的法律体系,明确指出"要通过立法消除现有学徒制存在的任何不确定性","要赋予学徒制协议法律效应"以规范雇主和学徒的权责义务。[①] 2009 年颁布了《学徒制、技能、儿童和学习法案》等一系列法案,对学徒制的定义、学徒协议的内容、学徒制的资格与标准以及各方的权责义务等做出详细规定,为学徒制发展提供法律保障。此外,英国政府建立了明确的问责和监管制度。2020 年修订的《外部质量保证框架》(*Framework of External Quality Assurance*)通过具备丰富先进的行业知识的独立行业评论员以及具备专业评估知识的教育顾问对终点评估组织(EPAO)进行前期质量审核;资格与考试管理局(The Office of Qualifications and Examinations Regulation,Ofqual)与学生办公室(The Office for Students,Ofs)对终点评估组织(EPAO)评估过程进行中期质量控制以及后期质量改进,确保终点评估结果的质量与雇主信度,实现对学徒制的质量监管。[②]

(2) 建立专项资金库

为了促使更多企业,特别是一些中小企业持续积极参与学徒制,2016 年 10 月 25 日,英国政府发布了《英格兰学徒制资助:始于 2017 年 5 月》(*Apprenticeship funding in England from May 2017*),提出"资助政策以学徒税制度为基础,用以支持英格兰学徒制经费支付方式的改革"[③],将控制学徒制经费的权力让渡给雇主,并于次年开始正式实施学徒税制度,通过对每年薪资支付超过 300 万英镑的公司企业征收其年支付账单的 0.5% 作为学徒税,建立学徒培训的专项资金库,设立学徒制服务账户。该专项资金库首先为进行学徒培训的企业提供专项资金,每年 1.5 万英镑的学徒税津贴,[④]资金只能用于学徒培训与评价,不得用于学徒工资等学徒制其他的费用。其次,对培训提供者符合条件的成本进行资助,将学徒制服务账户中的资金用于一部分离岗培训的费用。最后,在激励年轻人参与方面,通过颁布国家年度学徒奖等活动,庆祝学徒们的成功,致力于提高学徒的形象,改变年轻人及其父母认为学徒制是次于学术路线的"二流"选择的过时观念。

2. 雇主主导并深度参与是学徒制规模扩展的直接动力

雇主愿意提供一个工作场所、一个工作岗位是任何学徒计划发生的必要条件。目前中小企

① Department for Innovation, Universities and Skills & Department for Children, Schools and Families. World-Class Apprenticeship: Unlocking Talent, Building Skills for All [EB/OL]. (2008 - 02 - 06) [2023 - 05 - 03]. https://webarchive. nationalarchives. gov. uk/20100515234347/http://www. dius. gov. uk/publications/world _ class _ apprenticeships. pdf.

② 张斌,武翠红. 英国现代学徒外部质量保证体系的建构——基于《外部质量保证框架》的分析[J]. 中国职业技术教育,2023(06):88—96.

③ Department for Education. Apprenticeship Funding in England from May 2017[R]. London: DfE, 2015:5,3.

④ Powell A. Apprenticeships and Skills Policy in England [EB/OL]. (2023 - 01 - 20) [2023 - 07 - 17]. https://researdbriefings. files. parliament. uk/doauments/SN03052/SN03052. pdf.

业和微型公司等企业在数量上主导了英国目前的学徒市场,行业企业参与现代学徒制较为主动、积极,主要体现在雇主制定学徒制标准和主导培训内容与评估。

（1）制定学徒制标准定制人才

企业依据 2013 年英国政府公布的《英国学徒制的未来:执行计划》(*The Future of Apprenticeships in England: Implementation Plan*),设计新的学徒制标准和评估程序,成为学徒制项目的主导者。这种"学徒制开拓者"模式以雇主开发的学徒标准为中心,规定了学徒必须具备行业领头企业所充分认可一项职业所需的全部能力,还不断对学徒的英语、数学等基础知识作出要求。2017 年成立了由雇主主导的学徒制和技术教育研究所(IfATE),开发、批准、审查和修改学徒制和技术资格,以雇主为核心的方式改造和改进技能体系,确保学徒制具有最高质量,助力每个雇主和个人获取所需的技能。通过制定新学徒制标准,行业企业清晰深刻地表达其关于人才的诉求,打造真正适合企业行业发展的学徒队伍。

（2）主导培训内容与评估

雇主主导学徒制服务账户内资金的使用,使得雇主处于支付和选择学徒培训的核心位置。这主要体现在两个方面:一方面,雇主有权决定经费的投入方向和使用规模,可以根据需要决定由哪家培训机构提供服务,以及什么时候支付经费。因此可以保证学徒制专项资金流向符合质量标准、具有稳定性的培训提供者,促使培训提供者积极打造符合雇主需求的相关培训课程与体系,为学徒提供在真实工作场所中所需的理论、技能培训,并突出理论培训部分在实践中的切实应用,使得教育和工作世界之间建立起更直接的联系。另一方面,雇主能够根据自身需要,自主选择学徒制评估机构,决定购买什么样的评估服务。雇主在学徒培训前,决定选择哪个终点评估组织(EPAO)进行评估;在培训中,为学徒制定与评估要求明确相关的目标,与培训提供者合作开发模拟评估;在培训结束后,对学徒的终点评估进行反馈,确保在需要时对评估进行调整与优化。此外,现代学徒制可以让学徒了解和传承企业得以生存的知识和文化,有助于企业持续和稳定地发展,因为雇主可以通过学徒制发现和雇佣心仪的员工,从而保证企业持续稳定发展的需求。

总之,学徒制有助于弥补技能缺口,提供掌握技能的劳动力,"87％的雇主对学徒制表示满意。"[1]雇主对学徒制表示满意的现象符合劳动经济学的理论:"企业培训的直接影响是使受训员工的技术更加熟练,增加劳动知识和劳动技能等人力资本存量,提高员工的劳动生产率,其最终收益是使企业获得更多的利润,并在竞争中处于有利的地位"。[2] 据一份调查,"72％的雇主说学徒制改进了他们的产品和服务的质量,68％的雇主报告说学徒制提升了他们的生产率。"[3]

① Institute for Apprenticeships. Driving the Quality of Apprenticeship in England[R/OL]. (2017 - 04 - 10)[2021 - 05 - 22]. https://www.instituteforapprenticeships.org/media/1247/ifa_driving_quality.pdf.
② 董志强. 现代劳动经济学[M]. 北京:教育科学出版社,2016:109.
③ House of Commons Education Committee. Apprenticeship and traineeships for 16 to 19 year-olds: Sixth Report of Session 2014—15[R/OL]. (2015 - 03 - 09)[2021 - 06 - 23]. https://publications.parliament.uk/pa/cm201415/cmselect/cmeduc/597/597.pdf.

3. 培训提供者的需求驱动变革是学徒制成功的强大助力

在英国,第三方即培训提供者在提供学徒培训方面发挥着重要的作用。英国的学徒培训机构主要由私人培训机构、继续教育学院和高等教育机构三类组成。随着英国高等学徒制和学位学徒制迅速发展,继续教育学院和高等教育机构越来越深入地参与到学徒制当中来。同时,培训提供者这种基于雇主需求的变革,也提高了培训提供者的教学质量。

（1）对接雇主需求培养人才

大多数雇主,尤其那些规模较小的雇主,认为他们的培训提供者是企业能够顺利实施学徒制的重要合作伙伴。在一个小公司,学徒往往不能够获得充分的技能培训,而培训提供者可以基于企业需求帮助企业制作学徒广告、管理学徒的招聘以及相关的文书工作,为学徒设计结构化的在职培训项目,实现对学徒的充分培训。在学徒期开始前,培训机构首先去评估企业的需求,将企业的需求与相关的学徒制标准进行比较,然后,求助企业经理与课程专家支持,以期为学徒制定一个真正符合企业需要的学徒计划。切实从企业需求出发,提供理论以及专业技能的培训。

（2）对接学徒发展提供培训

培训机构要确保学徒所做的工作与所接受的培训项目一致,保证企业不能只是把学徒看作是廉价劳动力,而应看作是学习职业技能的青年工人。培训提供者的参与能够增加学徒制的灵活性,满足学徒的需要,在培训之初对学徒个人能力做初始评估,在培训过程中根据学徒的反馈及时调整学徒培训的内容与方式。在培训机构进行的知识理论方面的培训,还包括英语、数学等核心技能以及基本理论知识的培训,注重对进行学徒培训的青年人的可转移技能的培养,从促进学徒发展的角度出发,拓宽青年人将来的职业选择。

（3）培训机构的自身发展的需要

对高校而言,开设高等学徒制和学位学徒制是大学寻求发展的一个重要选项,可以拓宽大学专业发展的路径,促使大学与企业的联系,强化大学社会服务功能,同时也可以增加大学的收入。学徒制"为大学扩大招生增加收入提供了重要的渠道和机会。调查表明,高校与大型企业的关系因学位学徒制而得到加强"。[①] 所以,许多英国大学积极参与现代学徒制培训,其中不乏在全世界享有声誉的著名大学。到 2021 年时,英国已有 87 所大学或学院参与了高等学徒制和学位学徒制的培训,如剑桥大学、伯明翰大学、谢菲尔德大学、利兹大学、巴斯大学、赫尔大学、杜伦大学、雷丁大学、诺丁汉大学、阿斯顿大学和西伦敦大学等。[②]

4. 个人发展是学徒制成功的重要内驱力

英国政府相信,英国可以而且应该有一个扩大的学徒计划,其中有一个重要原因就是有明确

---

① 刘育锋. 英国学位学徒制:内容、原因及借鉴中国职业教育[J]. 中国职业技术教育. 2020(36):58—64.
② National Apprenticeship Service. The Complete Guide to Higher and Degree Apprenticeships. new. 2019/20:10[EB/OL]. (2019 - 10 - 20)[2021 - 05 - 03]. http://assets. publishing. service. gov. UK/government/uploads/system/uploads/attachment_data/file/781848/Uni_Appr_guide2019_web2. pdf.

的证据表明,想要成为学徒的人比目前多得多。^① 英国现代学徒制为那些在基于工作的学习中学习最成功的青年人提供了额外的选择,许多年轻人在发现学习的乐趣同时,也获得了经济利益、职业发展以及自我价值的实现。

(1)获取经济利益

与传统学徒制不同,现代学徒制是一种可以获得工资报酬的"工作",有最低工资收入。年轻人参加现代学徒制成为学徒,可以获得企业所支付的工资,以及与在职员工同等的福利待遇。对学徒而言,在英国,"学徒制是社会流动的重要驱动力,如果一个人完成了 4 级水平的教育和学徒制,那么学徒制对个人终身职业生活有着显著的金融回报(高达 15 万英镑多)。92%的接受过学徒制培训的学徒说,学徒制改善了他们的职业前景,97%的学徒说他们的工作能力得到了提高。"^②具体说来,人们可以从学徒制得到的益处主要有以下五个方面:①接受训练的同时可以获得工资报酬和在职员工的福利;②获得全国认可的资格证书;③获得免费的培训(Debt-free Training);④获得工作经验,就业前景看好。根据一份调查,"89%的学徒报告说他们从学徒制中学到的技能和知识可以应用于跨行业部门的工作;87%的学徒说他们的生计前景大为改观;68%的学徒说他们的读写能力和计算能力得到了改善"。^③ ⑤通过高等学徒制和学位学徒制还可以免费获得大学的学位。阿斯顿大学(Aston University)明确告诉学生,参加学徒制培训有 4 个益处,其中的第一个就是可以免费获得学位(Debt-free Degree),费用完全由雇主和政府支付。

由于既能获得资格又能够从中获取经济支持,许多人喜欢学徒学习,特别是学位水平的学徒,学徒制成为来自较低的社会背景人群接受职业教育甚至是高等教育的一个可行选择。同时与雇主签订的学徒制协议明确了学徒在完成学徒生涯后有资格担任什么工作角色,也就是说,在完成学徒期时,学徒将被雇佣,直接为其提供了就业保障。

(2)得到职业发展

选择工资较低的学徒培训路径,而非从事全职工作,主要原因是经过时间的推移,学徒的职业能力能够得到提升,并且职业发展路径非常清晰。首先,学徒进入现代学徒制体系进行学习,就意味着获得了雇员的身份,实现了就业,能够获得所在行业企业的相关工作经验。其次,现代

① Department for Innovation, Universities and Skills & Department for Children, Schools and Families. World-Class Apprenticeship:Unlocking Talent, Building Skills for All[EB/OL]. (2008 - 02 - 06)[2023 - 05 - 03]. https://webarchive. nationalarchives. gov. uk/ukgwa/20100515234347/http://www. dius. gov. uk/publications/world_class_apprenticeships. pdf.

② Institute for Apprenticeships. Driving the Quality of Apprenticeship in England[R/OL]. (2017 - 04 - 10)[2021 - 05 - 22]. https://www. instituteforapprenticeships. org/media/1247/ifa_driving_quality. pdf.

③ House of Commons Education Committee. Apprenticeship and traineeships for 16 to 19 year-olds:Sixth Report of Session 2014—15[R/OL]. (2015 - 03 - 09)[2021 - 06 - 23]. https://publications. parliament. uk/pa/cm201415/cmselect/cmeduc/597/597. pdf.

学徒制是一种"既重视技能训练又重视教育"的培训,不仅着眼于学徒当前的就业需要,还关注学徒未来职业生涯发展的需要,强调基础文化课程的学习,为学徒的长远发展做准备。

（3）实现自我价值

学徒参与企业学徒制的收益远超薪酬和福利。一方面,组织的愿景、使命和核心价值观到工作体验、团队、文化氛围等,都能够帮助学徒在学徒期间获得独特的价值。另一方面,在继续教育学院或者大学的相关理论知识的学习以及氛围的熏陶,将使学徒接触到企业以外的人和想法,帮助他们发展自我意识和职业价值观。学徒期对于学徒来说不仅是增长工作技能与学习能力的时期,更是挖掘自我潜能、获得自我成长,最终实现自我价值的关键途径。

二、驱动机制

英国现代学徒制的四大驱动因素,即政府、雇主、培训提供者以及学徒个人,彼此之间有不同的利益诉求,但通过政府让渡和协调,围绕"培养满足雇主需求的学徒"这一共同目标,实现合作共赢,推动现代学徒制良性运作(见图9-3)。

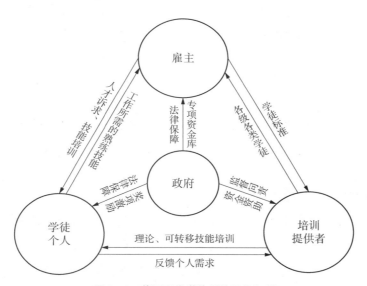

图9-3 英国现代学徒制的运作机制

英国现代学徒制中,政府以解决就业问题、促进经济持续发展为核心利益诉求;雇主以企业效益为核心利益诉求;培训提供者以提高教学质量为核心利益诉求;学徒个人以自我发展为核心利益诉求。英国现代学徒制得以发展,也正是因为各个利益相关者的以上核心利益诉求得以协调与兼顾,四方在目标上达成一致,即培养满足雇主需求的学徒。其中政府将发展学徒制的主导权让渡给雇主,在宏观上立法保障,并通过财政税收激励雇主、培训提供者以及个人参与,统筹学徒制的发展;雇主通过制定学徒制标准、参与技能培训的方式主导学徒制培养的技术技能及与之匹配的理论知识;培训提供者依据雇主需求实行理论和专业技能的培训,满足雇主、学徒个人需求;学徒个人从学徒制中受益的同时,为雇主提供生产性劳动。四方合作形成合作共赢、利益共享的运作机制。

随着现代学徒制日臻完善,英国政府试图对学徒制给出一个比较权威的界定。2020 年 8 月,英国教育技能资助署(Education & Skills Funding Agency)"所做出如下界定:[①]首先,学徒制是一份在岗训练的工作(A Job with Training)。通过学徒制的训练,学徒将获得目前就业和未来生涯发展所需要的相关技能、知识和实践经验并养成职业行为(Behaviors)。学徒要将通过离岗培训(Off-the-job Training)和其他机会学到的新技能在实际工作环境——在岗培训(On-the-job Training)中加以应用。其次,这样一份在岗培训的工作必须具有生产性的目的。雇主必须为学徒提供适当的支持并履行监督责任,确保学徒有机会获取并巩固所需要的知识、技能和行为。最后,学徒培训提供者(Provider)必须在培训之初对学徒个人能力做初始评估,内容包括:学徒履行其学徒专业角色所需要的重要的新知识、技能和行为;学徒接受的训练必须符合基金所要求的最低学徒期限和在岗训练的相关规则;雇主所做的训练方案必须得到学徒和学徒培训提供者的同意,训练方案与批准了的学徒标准相一致,在多数情况下,要标明重要的学习内容。[②]

上述界定基本涵盖了学徒制的四大要素及其驱动机制。

第四节 英国现代学徒制的发展趋势及其特征

英国现代学徒制经过 40 多年发展,经历了自由放任到政府主导再到雇主主导三个发展阶段,表现出以下发展趋势与特征。

一、英国现代学徒制的发展趋势

1. 从层次看,高等学徒制受欢迎度逐渐走高。随着英国学徒制的发展,英国的四个层次的学徒制受欢迎的程度发生了变化,表现为,接受低层次的人数在不断减少,从 2017/18 学年的 16.1 万人降低到 2019/20 学年的 9.9 万人;接受高级学徒制的人数稳定中略有降低,从 2017/18 学年的 16.6 万人降低到 2019/20 学年的 14.1 万;而接受高等学徒制的人数明显上升,从 2017/18 学年的 4.8 万人上升到 2019/20 学年的 8.2 万,将近翻了 1 倍,见表 9 - 2。

---

① 这个界定具有权威性,因为不符合这个界定的学徒和雇主是无法得到资助的。

② Education & Skills Funding Agency. Apprenticeship funding rules and guidance for employer: August 2020 to July 2021. Verson 5[EB/OL]. (2021 - 04 - 30)[2023 - 10 - 16]. https://assets. publishing. service. gov. uk/media/6065d7118fa8f515ac2ed926/2021_Employer_Rules_Version_5v1.0_FINAL__002_.pdf.

表 9 - 2　英格兰学徒制不同层次入学人数的变化比较表　　　　　　　　单位：千人

	中级学徒制	高级学徒制	高等学徒制
2017/18 学年	161	166	48
2018/19 学年	144	175	75
2019/20 学年	99	141	82

资料来源：House of Commons-Library. *Apprenticeship Statistics*. Briefing Paper [EB/OL]. No. 06113, 30. 12. (March 2021)[2021 - 05 - 04]. https://www.parliament.uk/commons-library|intranet.parliament.uk/commons-library.

2. 从招收学徒的行业看，"现代"行业招收的学徒最多：如商务、管理和法律，健康、公共服务和护理，工程与制造技术，零售与商业企业，建筑、规划与环境，信息与通信技术，见表 9 - 3。这一现象表现出了现代学徒制的"现代性"特征，即现代学徒制是以满足现代社会和经济发展学徒需求量大的行业和部门的需要为目标的一种培训制度。①

表 9 - 3　英国不同行业学徒制入学人数变化（2011/12——2019/20 学年）表　　　　单位：千人

行业＼学年	11/12	12/13	13/14	14/15	15/16	16/17	17/18	18/19	19/20
商务、管理和法律	165	160	126	143	143	138	111	119	94
健康、公共服务和护理	109	123	109	130	132	139	88	98	82
工程与制造技术	70	66	65	74	78	75	61	60	52
零售与商业企业	108	101	87	90	85	75	52	51	33
建筑、规划与环境	14	14	16	18	21	21	23	23	22
信息与通信技术	19	14	13	16	16	15	18	21	18
休闲、旅行和观光业	20	14	11	13	15	14	9	7	5
农业、园艺与动物护理	8	7	7	7	8	7	7	7	6
教育与培训	8	8	5	7	8	9	6	7	8
艺术、媒体和出版	1	1	1	1	1	<1	<1	1	1
科学与数学	<1	<1	<1	<1	<1	<1	<1	<1	<1

资料来源：House of Commons-Library. *Apprenticeship Statistics*. Briefing Paper [EB/OL]. No. 06113, 30. 22. (March 2021)[2021 - 05 - 04]. https://www.parliament.uk/commons-library|intranet.parliament.uk/commons-library.

3. 从参与和完成学徒制培训的人数看，参加和完成学徒制培训的人数都曾有较快上升的阶段。从所掌握的数据看，参加学徒制培训的人数在 2002/03 学年至 2019/20 年间有明显增长。2002 年时，参加培训的人数只有 37. 7 万，到 2016/17 学年度时达到了高峰，有 90. 9 万；之后几年虽略有下降，但也维持在 70 万以上，其中最低的 2019/20 学年也达 71. 9 万，见图 9 - 4。

---

① 关晶，石伟平. 现代学徒制之"现代性"辨析[J]. 教育研究. 2014(10)：64—65.

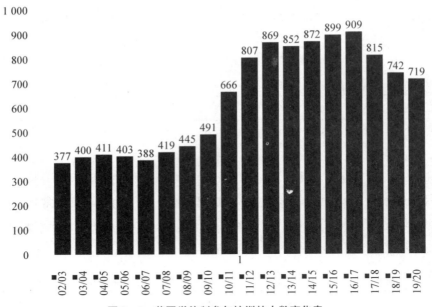

图 9 - 4 英国学徒制参与培训的人数变化表

（2002/03 学年—2019/20 学年） 单位：千人

资料来源：House of Commons-Library. *Apprenticeship Statistics*. Briefing Paper ［EB/OL］. No. 06113,30.25.（March 2021）［2021 - 05 - 04］. https://www. parliament. uk/commons-library｜intranet. parliament. uk/commons-library.

完成学徒制的人数在 2002/03 学年至 2019/20 学年间，人数有明显增长，2002/03 学年时，只有 4.2 万人完成学徒制培训，之后完成人数一直上升，到 2016/17 学年度，达到 27.8 万人，之后才出现略微下降的现象（见图 9 - 5）。参与和完成学徒制人数明显的上升能够说明学徒制是受到欢迎的。

4. 从参加学徒制的学徒性别比看，两性比例大致持平。在 2009/10 至 2019/20 学年间的 11 个学年里，女生在 8 个学年里所占比例略高于男生，但差距不大，差距最大的是 2012/13 学年，女生为 54.7%，男生为 45.3%，相差 9.4 个百分点；女生比例低于男生的只有 3 个学年，但差距非常小，女生比例只是略微低一点，如 2009/10 学年女生比例 49.6%，与男生（50.4%）相比只有 0.8 个百分点的差距，2017/18 学年女生 49% 与男生（51%）相比差 2 个百分点，2019/20 学年度女生 48.8%，与男生差距也只有 2.4 个百分点，见表 9 - 4。这一现象说明学徒制在男女两性中都受到欢迎。

表 9 - 4 英格兰不同性别学徒入学情况（2009/10—2019/20 学年）表 单位：%

性别	09/10	10/11	11/12	12/13	13/14	14/15	15/16	16/17	17/18	18/19	19/20
女	49.6	53.8	53.1	54.7	52.9	53.0	52.8	53.5	49.0	50.1	48.8
男	50.4	46.2	46.9	45.3	47.1	47.0	47.2	46.5	51.0	49.9	51.2

资料来源：House of Commons-Library. *Apprenticeship Statistics*. Briefing Paper ［EB/OL］. No. 06113,30.17.（March 2021）［2021 - 05 - 04］. https://www. parliament. uk/commons-library｜intranet. parliament. uk/commons-library.

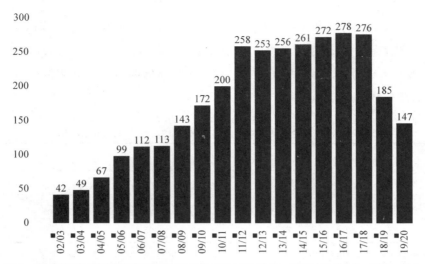

图 9-5 英国完成学徒制训练的人数变化(2002/03 学年—2019/20 学年) 单位:千人

资料来源:House of Commons-Library. *Apprenticeship Statistics*. Briefing Paper〔EB/OL〕. No.06113,30.24.(March 2021)〔2021-05-04〕. https://www.parliament.uk/commons-library∣intranet.parliament.uk/commons-library.

5. 从参与学徒制的种族(Ethnicity)看,参加学徒制的白人居多,占比例高,见表 9-5。如 2010/11 学年,白人有 40.7 万人参与学徒制,在学徒总数 45.7 万人中占比比例 89%,与其他种族差距显著。

表 9-5 英格兰不同种族①学徒入学情况(2010/11——2019/20 学年)表 单位:千人

	10/11	11/12	12/13	13/14	14/15	15/16	16/17	17/18	18/19	19/20
亚裔/不列颠亚裔	19	21	20	19	22	21	22	17	21	18
黑人/非洲人/加勒比海人/不列颠黑人	15	17	17	14	17	18	18	12	14	12
混合	8	10	10	9	11	11	11	9	11	9
白人	407	465	455	391	442	449	434	328	338	274
其他	3	3	3	3	4	4	4	3	3	3
不清楚	5	4	5	4	4	7	4	6	7	6
BAME	46	51	50	45	54	54	55	41	49	42
合计	457	520	510	440	500	510	493	375	394	322
白人占比(%)	89	89	89	89	88	88	88	87	86	85

资料来源:House of Commons-Library. *Apprenticeship Statistics*. Briefing Paper〔EB/OL〕. No.06113,30.19.(March 2021)〔2021-05-04〕. https://www.parliament.uk/commons-library∣intranet.parliament.uk/commons-library.

---

① 表中混合民族包括多民族群体(Multiple Ethnic Group)。"其他"是指其他民族群体(Other Ethnic Group)。"BAME"是黑人(Black)、亚裔(Asian)和少数民族(Minortity Ethnic)英文首字母的组合。另,数字中,白人所占比例为本章作者根据表中数字计算出来的(四舍五入)。

6. 从参加学徒制的学徒年龄看,19 岁以下参加学徒制的人数比 19—24 岁以及 25 岁以上都要少。特别值得注意的是,19 岁以下参与者与 25 岁以上参与者之间差距较大,如 2017/18 学年,19 岁以下的参与人数为 10.66 万人,而 25 岁以上达 15.55 万人,而且这种差距态势在 2018/19 学年和 2019/20 学年依旧,见表 9-6。

表 9-6　英格兰学徒入学年龄的变化(2017/18—2019/20 学年)表　　　　单位:千人

	19 岁以下	19—24 岁	25 岁及以上
2017/18 学年	106.6	113.7	155.5
2018/19 学年	97.7	116.0	179.7
2019/20 学年	76.3	95.3	151.0

资料来源:House of Commons-Library. *Apprenticeship Statistics*. Briefing Paper [EB/OL]. No. 06113, 30. 12. (March 2021)[2021-05-04]. https://www. parliament. uk/commons-library|intranet. parliament. uk/commons-library.(根据原图资料整理)

二、英国现代学徒制的特征

英国学徒制研究所 2017 年发布的报告中指出,"学徒制所涵盖的职业是得到公认的劳动市场真正需要的职业"。[1] 所培训的学徒是劳动力市场中主流行业部门急需的,一旦完成培训能产生立竿见影的效果。英国现代学徒制表现出以下特征:

(一)雇主深度参与学徒制培训

这是英国现代学徒制对接劳动力市场的重要表现。在英国的学徒制培训中,雇主深度参与培训,在学徒制中扮演着重要的角色。雇主深度参与的表现有二:一是学徒制培训方案由雇主制定,由雇主根据需要有的放矢地确定学徒学习的知识和技能。二是雇主必须履行相应的责任,做到以下 7 点:[2]

(1) 必须为学徒提供一项真正的工作(Genuine Job)。所谓"真正的工作"是指学徒必须有真正参与工作的机会以获得必要的知识、技能和行为;同时,在培训中,雇主必须支持和督导学徒的工作。

(2) 必须审查学徒的资格(Eligibility),比如学徒有没有在英国工作的资格,相关成绩有没有达到规定的要求。

(3) 必须选定一个学徒培训提供者(Provider)并谈好价格。雇主和学徒培训提供者必须就包

---

[1] Institute for Apprenticeships. Driving the Quality of Apprenticeship in England[R/OL]. (2017-04-10)[2021-05-22]. https://www. instituteforapprenticeships. org/media/1247/ifa_driving_quality. pdf.

[2] Education & Skills Funding Agency. Apprenticeship funding rules and guidance for employer: August 2020 to July 2021. Version 5[EB/OL]. (2021-04-30)[2023-10-16]. https://assets. publishing. service. gov. uk/media/6065d7118fa8f515ac2ed926/2021_Employer_Rules_Version_5v1.0_FINAL__002_. pdf.

括训练和其他转包训练(Subcontracted Training)以及结业评估费用在内的全部费用达成一致意见。

（4）必须对学徒制主要的学习内容作认真仔细的考虑和安排。雇主需要详细说明训练的内容、标准和评估方案且能确保学徒训练至少持续进行一年；雇主必须拿到一份由雇主、学徒和主要提供机构三方签订的承诺声明，并以此决定训练的内容；必须定期检查学徒训练的进展情况。

（5）必须对学徒训练过程做详细的全程记录。

（6）必须向学徒提供者提供学徒每周工作的小时数和工作模式变换的证据，也必须为支付学徒额外报酬提供证据（比如，年龄方面的证据），必须在学徒制开始时向学徒提供者提供学徒资格的证据。

（7）必须与学徒签订合约(Agreement)。[①]

（二）大学参加学徒制培训

劳动力市场要求大学参与学徒制培训来提高培训层次、提升员工素质进而提升企业的竞争力。从这一方面来说，大学参与培训也是与劳动力市场对接的表现。英国目前有近 90 所大学或学院参加学徒制培训。这里仅以剑桥大学、伯明翰大学和诺丁汉大学为例做一介绍，以求"窥斑知豹"，大概了解英国大学参加学徒制培训的情况。

剑桥大学是英国两所最古老的大学之一，建于 1209 年，是人们熟知的世界著名大学。该校 2020/21 年度招收颁发 7 种资格证书的学徒制，资格水平涉及中级、高级、高等和学位学徒制。费用从 1 500 到 27 000 英镑不等，由学徒税支付，培训的时间长短不一，招收的对象和培训的标准有规定，见表 9-7。

表 9-7 剑桥大学 2020/21 学年学徒制资格招生一览表

学徒制资格	水平	训练期限	标准
会计，税收专业人员(Taxation Professional)	7 级	36 个月	完成训练后的学徒有资格申请成为某个或某几个英国专业机构[②]成员
领导(Leadership)	5 级	14 个月	使学徒成为有经验的团队或项目经理，能够在自己的领域提供操作性方案且具有应变能力

[①] 这种制度 2012 年开始实施。2020 年之前，雇主和学徒之间签订的叫《雇佣合同》(Employment Contract)，2020 年 8 月作了调整，叫《学徒制合约》(Apprenticeship Agreement)。英国人认为，这种名称更加准确。具体内容大致包括：学徒必须参加在岗培训，培训的相关的标准，培训的起止时间，离岗培训的时间（小时数）等，另外还要附上相关说明，包括合约的性质、为什么要签合约、合约何时生效、实践的时间、在什么情况下可以不签合约、谁需要签合约、合约一旦签订必须履行、签订合约时要了解什么信息等。

[②] 这些专业机构包括"特许管理会计师公会"(The Chartered Institute of Management Accountants，简称 CIMA)，"特许公认会计师公会"(The Associatiob of Chartered Certified Accountants，简称 ACCA)和"英国特许公共财政与会计协会"(Chartered Institute of Public Finance and Accountancy，简称 CIPFA)等。

学徒制资格	水平	训练期限	标准
高级领导(Senior Leader)	7 级	24 个月	对象为管理、专业或技术岗位经验不足 3 年的同事(Colleagues),使他们能够领导、组织和指导团队,能够取得成果、管理复杂事务和鼓动改革
项目副经理(Associate Project Manager)	4 级	13 个月	对象为项目的规划和组织者、资源使用者,以使他们了解需要什么,怎样满足需要,项目团队实现目标所需要的成本和时间
设施管理主管(Facilities Management Supervisor)	3 级	18—24 个月	对象为工作环境的管理者
改进实践者(Improvement Practitioner)	4 级	13—15 个月	对象为从事工作改进、效率提升和管理改革的从业者,使其能够开创新局面或者改善目前的知识结构
团队领导(Team Leader)	3 级	12 个月	完成训练后能够胜任最重要的管理角色的工作,包括负责项目操作、团队管理,取得既定的目标成果

资料来源:University of Cambridge. Apprenticeship for 2020/21 [EB/OL]. [2021 - 05 - 31]. https://www. apprenticeships. admin. cam. ac. uk/prospective-apprentices-overview/existing-staff/apprenticeships-202021.

从表 9 - 7 中,我们可以发现一个值得注意的现象,特别是,剑桥大学举办"设施管理主管"和"团队领导"两个学徒制仅相当于高级水平普通教育证书的水平。

伯明翰大学建于 1852 年,是 19 世纪英国建立的最早的城市学院之一,1900 年升格为大学,出过 11 名诺贝奖获得者,是具有世界声誉的名校。该校在 2021 年泰晤士大学排名中为 107 位。[①]。目前该校举办两种学徒制,一种是研究生水平的"特许的城镇规划师 7 级学位学徒制"(Chartered Town Planner Level 7 Degree Apprenticeship),学习期限为 48 个月,完成学习者可获得"都市和区域规划"领域的科学硕士学位(MSc),费用全部由学徒税支付。教学方法包括讲座、小组教学、习明纳、以学生为导向的实习(Student-led Workshops)和导师指导。教学方法注重参与式方法,强调为学生提供"真实世界的感觉"(Real World Feel),为此,该校将伯明翰市和西米德兰兹郡作为"学习的实验室"。[②] 获得的证书得到皇家城镇规划研究所(Royal Town Planning Institute)认可。另一种是学士学位水平的"计算机科学与数字技术伙伴关系学位——与 PwC[③] 合作的学徒制"(Computer Science with Digital Technology Parternship-Degree Apprenticeship with PwC),学习期限 4 年,可授计算机科学学士学位(the BSc in Computer Science),费用全部由

---

① International Education Specialists. The University Ranking for 2020—2021[EB/OL]. [2021 - 06 - 03] https://www. idp. com/uae/university-rankings/.

② University of Birmingham. Chartered Town Planner Level 7 Degree Apprenticeship[EB/OL]. [2021 - 06 - 02]. https://www. birmingham. ac. uk/study/postgraduate/subjects/urban-and-regional-planning-courses/chartered-town-planner-level - 7-degree-apprenticeship.

③ PwC(全称"Price Waterhouse Coopers",中文为"普华永道会计师事务所"),是一家国际会计审计专业服务机构,由普华和永道于 1998 年合并组建而成,是四大国际会计师事务所之一。

学徒税支付。4年的学习内容大致如下:第一学年,在校学习计算机科学基础理论,属于打基础阶段;第二学年,学习程序设计语言、专业的软件工程、编辑 Java 语言项目,如网络多人游戏(Multiplayer Networked Game);第三学年,到企业(PwC)顶岗工作,其间可以获得各种指导和支持;第四学年可以在相当宽泛的模块中根据个人兴趣选择一个作为个人项目,应用所获得的计算机技术编写软件或做研究。[1]

诺丁汉大学建于 1881 年,起初也是一所城市学院,1948 年升格为大学,也是一所世界知名大学,出过 3 位诺贝尔奖得主,在 2021 年泰晤士大学排名中为 158 位。[2] 该校开办了 7 种学徒制,见表 9 - 8。

表 9 - 8　诺丁汉大学学位学徒制资格招生一览表

学徒制资格	水平	培训期限	授予学位
高级临床实践者（Advanced Clinical Practitioner）	7 级	30 个月	科学硕士
高级临床实践者(兽医)	7 级	50 个月	科学硕士
建筑师	7 级	50 个月	建筑学硕士
生物信息学家(Bioinformatics Scientist)	7 级	30 个月	研究硕士(MRes)
数据科学家(Data Scientist)	6 级	48 个月	科学学士学位(荣誉学位)
机电工程师(Electro-mechanical Engineer)	6 级	66 个月	工学学士(荣誉学位)
实验室科学家(化学路线)（Laboratory Scientist-chemical Science Route）	6 级	66 个月	科学学士

资料来源:University of Nottingham. Degree apprenticeships [EB/OL]. [2021 - 06 - 03]. https://www. nottingham. ac. uk/workingwithbusiness/services/degree-apprenticeships. aspx.

英国大学参与学徒制培训不仅可以提升学徒制的质量,将学徒制提升到本科和研究生层次,而且极大地提升了学徒制的社会声誉,改变了人们对学徒制的看法。当人们看到剑桥大学、伯明翰大学和诺丁汉大学等世界著名大学都参加了学徒制培训,自然会对学徒制另眼相看,学徒制在人们的印象便会改变,不再是传统印象中手工业作坊中的学徒情景了。

(三)重视在岗培训以获得工作经验

劳动力市场需要招收有经验的员工,招工时企业往往实行有经验者优先的原则。英国学徒制强调在岗培训显然应对接劳动力市场这一需求。英国教育与技能资助署明确要求:全日制的

---

① University of Birmingham. BSc Computer Science with Digital Technology Partnership-Degree Apprenticeship with PwC [EB/OL]. [2021 - 06 - 02]. https://www. birmingham. ac. uk/undergraduate/courses/computer-science/computer-science-pwc.

② Internation Education Specialists. The University Ranking for 2020—2021[EB/OL]. [2021 - 06 - 03]. https://www. idp. com/uae/university-rankings/.

学徒必须接受不得少于 12 个月的连续性工作和训练。为了达到这个标准,学徒每周至少工作 30 个小时(也包含一定的离岗培训的时间)。如果是部分时间制学徒制(需要得到批准),培训的起止时间则需要延长。培训提供者和学徒要签订合同,采取两种时间方案中的一种来满足培训时间的最低要求,一种是以月为单位,12 个月,每周工作 30 小时;另一种以周为单位,每学年 52 周,每周工作 30 个小时。[1]

(四) 加强学徒制质量研究和质量监控

这是劳动力市场对学徒制质量的要求。没有质量的学徒制是不受劳动力市场欢迎的。为了监控和提高学徒制培训的质量,英国 2017 年 1 月成立了学徒制研究所,该所以"促进英国学徒制质量的提升(Driving the Quality of Apprenticeship)"为办所目的。成立当年该所就宣布了 3 项核心任务,其中两项和质量有关:一是支持编制学徒制标准和评估方案,二是确保评估项目结束时评估报告和所颁发的证书的质量。[2] 2017 年 4 月,该所还在回复人们的咨询报告中对雇主设计的培训标准提出了如下具体要求:培训方案应当简明扼要,培训的内容和方式足以提升学徒所需要的行业技能、知识和行为;标准必须得到包括小型企业雇主在内的雇主的支持;培训时间不能少于一年,其中 20% 用于离岗培训。[3] 为此,该所还专门成立了"质量保证委员会"(Quality Assurance Committee)。为了保证评估的公正性,该委员会 5 个成员中有 3 个是独立成员。该委员会主要的职责是研究学徒制终结性评估报告的质量,监控质量数据。[4] 除了学徒制研究所之外,教育与技能资助署(ESFA)也肩负学徒制质量保证的任务。该机构负责学徒制训练提供者和评估组织的注册,在质量保证体系中作用重大,道理十分简单,如果培训提供者和评估组织质量不过关,学徒制的质量保证就无从谈起。

(五) 中、高级学徒制重视提升学徒的读写和计算能力

这是劳动力市场对员工基本能力的要求。英国工人技能相对落后,20 世纪末时与美国、法国和德国相比依然处于落后状态,表现为:劳动力中高级职业资格证书持有者只有 15.4%,占比明显落后于美国(27.7%);低级资格证书持有者达 56.9%,占比过高,明显高于法国(32.4%)和德国(20.0%),见表 9-9。

① Education & Skills Funding Agency. Apprenticeship funding rules and guidance for employer: August 2020 to July 2021. Verson 5[EB/OL]. (2021-04-30)[2023-10-16]. https://assets. publishing. service. gov. uk/media/6065d7118fa8f515ac2ed926/2021_Employer_Rules_Version_5v1.0_FINAL__002_.pdf.

② Institute for Apprenticeships. Driving the Quality of Apprenticeship in England[R/OL]. (2017-04-10)[2021-05-22]. https://www.instituteforapprenticeships.org/media/1247/ifa_driving_quality.pdf.

③ Institute for Apprenticeships. Driving the Quality of Apprenticeship in England: Response to the Consultation[R/OL]. (2017-04-30)[2021-06-06]. https://core.ac.uk/download/pdf/77602629.pdf.

④ Revenue and Customs Digital Technology Services. Annual Report and Accounts for Year Ended 31 March 2019[R/OL]. (2019-07-18)[2023-10-19]. https://assets. publishing. service. gov. uk/government/uploads/system/uploads/attachment_data/file/818266/RCDTS_Annual_Report_and_Accounts_2018-19.pdf.

表 9 - 9　四国经济总量中的劳动力技能比较(1999 年)表

	不同水平资格证书持有者所占比例(%)			
	高级(Higher)	中级(Intermidiate)	低级(Low)	相对技能(relative skill)英国＝100
美国	27.7	18.6	53.7	100.5
法国	16.4	51.2	32.4	105.5
德国	15.0	65.0	20.0	105.3
英国	15.4	27.7	56.9	100

资料来源：Department for Work and Pensions. *21st Century Skills: Realising Our Potential—Individuals, Employers, Nation*〔R〕.(2003 - 07 - 10)〔2021 - 04 - 25〕.https://core.ac.uk/reader/4154579.

　　导致英国工人技术能力低的原因是英国工人的读写能力和计算能力不如其他国家。根据OECD 组织 2012 年公布的一份调查报告,英国工人的读写能力只达到该组织国家的平均分(273分),远低于一些国家的工人的平均分,如低于日本(296)、芬兰(288)、澳大利亚(280)、瑞典(279)和挪威(278)等国家。① 在计算能力方面,英国低于 OECD 国家的平均分(269),只有 262 分,低于日本(288)、芬兰(282)、荷兰(280)、瑞典(279)、挪威(278)、丹麦(278)、斯诺伐克共和国(276)、捷克共和国(276)、奥地利(275)、爱沙尼亚(273)、德国(272)、澳大利亚(268)、加拿大(265)和塞浦路斯(265)、韩国(263)。② 这一状况引起了英国人对学徒的英语和数学学习的重视。英国议会下院教育委员会在 2015 年公布的报告《学徒制和 16 至 19 岁训练方案:2014—15 年度第 6 次报告》(*Apprenticeships and traineeships for 16 to 19 year-olds: Sixth Report of Session 2014—15*)中明确提出,参加国家资格 2 级证书学徒制训练的学徒必须通过普通教育证书(GCSE)的英语和数学 1 级水平考试,或者通过基础能力评估达到同等水平。实施"开拓者计划"的必须达到 2 级水平(GCSE A—C,或相等水平)。③ 英国的这一做法表明英国人深刻意识到没有基本的英语和计算能力作为基础能力,工人的技术能力难以提高。

(六) 高等、学位学徒制重视基本理论和知识的学习

　　英国为了满足劳动力市场的长远需求,十分重视参加高层次学徒制培训学徒的基本理论和

---

① Department for Business Innovation & Skills. The International Survey of Adult Skills 2012: Adult Literacy, Numeracy and Problem Solving Skills in England〔R/OL〕.(2013 - 10 - 11)〔2021 - 06 - 26〕.https://assets. publishing. service. gov. uk/government/uploads/system/uploads/attachment _ data/file/246534/bis-13-1221-international-survey-of-adult-skills-2012. pdf.

② Department for Business Innovation & Skills. The International Survey of Adult Skills 2012: Adult Literacy, Numeracy and Problem Solving Skills in England〔R/OL〕.(2013 - 10 - 11)〔2021 - 06 - 26〕.https://assets. publishing. service. gov. uk/government/uploads/system/uploads/attachment _ data/file/246534/bis-13-1221-international-survey-of-adult-skills-2012. pdf.

③ House of Commons Education Committee. Apprenticeship and Traineeships for 16 to19 Year-olds: Sixth Report of Session 2014—15〔R/OL〕.(2015 - 03 - 04)〔2021 - 06 - 23〕. https://publications. parliament. uk/pa/cm201415/cmselect/cmeduc/597/597. pdf.

知识的学习。一般而言,大型的有实力的企业招收员工,一方面要看应聘员工能否满足即刻的需求,另一方面还会考虑企业长远发展的需求。这就要求员工有发展的潜力和空间。高等学徒制和学位学徒制对基本理论学习的重视正是与这种需求的对接。在这方面,阿斯顿大学(Aston University)的做法值得参考。该校"数字与技术解决方案学徒制科学学士学位"(Digital and Technology Solutions BSc Degree Apprenticeship)期限为 4.5 年,分三个阶段进行:[①]第一阶段以按照 4 级国家资格证书进行教学(Taught at Level-4),期限 16 个月,内容包括基础技术、解决方案、专业实践、问题解决、计算机系统和网络、系统开发(System-Development)、商业组织导论(Introduction to Business Organisation)和互联网计算(Internet Computing)。第二和第三阶段,前 18 个月按国家资格证书 5 级水平教学,后 18 个月按 6 级水平教学。课程分三部分,其中第一部分为必修课程,包括商业分析(Business Analytics)、会计导论(Introduction to Accounting)、商业经济学导论、系统和软件分析;第二部分为软件工程专业方向专题,含计算机专业数学(Mathematics for Computing Professionals)、软件工程、编程语言概念(Programming Language Concepts)、操作系统、Java 程序设计(Java Program Construction);第三部分为选修模块,包括高级数据库系统(Advanced Database System)、企业计算战略(Enterprise Computing Strategies)、有效管理咨询(Effective Management Consultancy)、国际化运营(International Operation)、移动开发(Mobile Development)、企业应用技术(Enterprise Application Technology)和地理信息系统(Geographic Information Systems)等。又如,该校"数字与技术解决方案专家科学硕士学位学徒制"(Digital and Technology Solutions Specialist BSc Degree Apprenticeship)为期两年的课程有 4 条路线:数据分析家、IT 项目经理、IT 战略专家和软件工程师。学习培训分两个阶段:在第一阶段,要学 3 个模块课程,即技术管理(Technology Management)模块、领导与变革模块(Leader and Change)、数据分析与 IT 战略及 IT 项目管理模块或者软件工程模块。此外,专业实践贯穿整个阶段。第二阶段为项目模块,通过自己设计的项目来展示个人在各模块的学习中习得的技能和知识。在这一阶段,学徒要从事全日制的工作,并在工作外时间或通过在线习明纳方式,偶尔也到校讨论。[②]

① Aston University. Digital and Technology Solutions Degree Apprenticeship BSc (Hons)[EB/OL].[2021－06－06]. https://www.aston.ac.uk/study/courses/digital-and-technology-solutions-degree-apprenticeship-bsc.
② Aston University. Digital and Technology Solutions Specialist Degree Apprenticeship MSc[EB/OL].[2021－06－06]. https://www.aston.ac.uk/study/courses/digital-technology-solutions-specialist-degree-apprenticeship-msc/september-2025.

第十章 英国"双对接"的职业技术教育制度机制形成与变革的经验与影响因素

职业技术教育作为独特类型教育对推动生产力发展和经济社会进步的重要作用已成为各国政府的共识。随着科技发展对社会经济发展贡献度的日益增大,职业技术教育如何对接科技发展和劳动力市场需求,提升国家在全球经济体中竞争力,是政府和学术界正在探索的热点问题。本研究在考察 20 世纪 80 年代以来英国经济社会发展和科技发展状况下的职业技术教育政策发展走向的基础上,系统分析了英国"双对接"的职业技术教育制度机制的形成与变革历程,包括治理机制、资格开发机制、组织运行机制、技能供需匹配机制以及国家资格制度、高校考试招生制度、普职融通的课程制度以及现代学徒制等相互关联的制度机制,剖析这些连接制度机制的特征,从中提炼经验,分析影响因素,从而为我国建立"双对接"的现代职业教育体系提供经验借鉴。

第一节 英国"双对接"的职业技术教育制度机制形成与变革的经验

英国在"双对接"的职业技术教育制度机制形成和变革过程中走过了曲折的道路,积累了许多经验教训,这里将主要经验提炼如下:

一、英国国家资格制度是"双对接"的职业技术教育制度机制的核心制度

自上个世纪 80 年代以来英国职业技术教育对接劳动力市场和对接科技发展的"双对接"制度机制发展日臻完善,其中,国家资格制度是核心制度,发挥连接劳动力市场和职业技术教育的"桥梁"作用,主要体现以下三方面:

首先,国家资格制度拥有强大的包容性。根据 OECD 界定[①],资格制度(Qualifications System)是一个国家促成承认学习活动的所有方面。这些制度包括制定和实施关于资格及其体

---

① Mike Coles. A Review of International and National Developments in the Use of Qualifications Frameworks [R]. Amsterdam: the European Training Foundation, 2006:7.

制安排、质量保证程序、考试和授予程序、技能确认以及将教育和培训与劳动力市场联系起来其他机制的政策手段。一个国家比较成熟的资格制度，既包括普通学历证书，也包括职业资格证书，且在两者之间建立一定联系，因此，它具有足够宽度容纳多样化的劳动力市场需求和学习者的学习成果。

其次，国家资格制度具有严密的逻辑性。这体现在两个方面：一是资格制度、资格框架和职业资格是一种嵌套结构。资格制度的核心部分是资格框架(Qualifications Framework)，往往是对资格制度与学习者、教育提供者和招聘人员的联系方式进行明确而简要的说明，它是根据一套学习水平标准开发和分类资格的工具。而资格是构成框架的基石，隐含了职业分类、标准和能力水平等要素。① 这样独特的嵌套结构使得资格制度对改进一国及国际上资格的质量、可获得性、联系或流通以及劳动力市场认可奠定了基础。二是职业资格将职业标准转换为教学标准。英国学者大卫·拉斐尔(David Raffe)指出，职业资格的作用可能由两种截然不同的制度逻辑决定：分别是就业逻辑和教育逻辑②。从就业逻辑来看，所有资格都必然涉及结果，在这个意义上，它们代表了持有者知道什么、能够做什么以及所有学习结果。因为在大多数社会中，学生、受训人员、雇员、雇主和招生导师都把资格作为某人知道和能够做什么的表征，以及劳动力市场上的一种"货币"，资格表示的学习越多，就越可以"买"和"卖"。③ 资格之所以能够在劳动力市场流动，最为关键的是，资格被植入了"职业标准"和"资格标准"两个元素。英国的国家职业标准(NOS)从能力角度进行定义，是指人们运用技能和知识完成某一功能的能力。"职业标准"是制定资格标准的基础。"资格标准"规定从事某一职业的人们需要学习的内容以及对学习内容和质量的评价方法。因此，资格将学习成果与工作能力通过严密的逻辑关系建立了关联。一方面它代表学习成果，包含学习过程和课程，另一方面联系劳动力市场的就业价值，兼具升学和就业的功能。

最后，国家资格制度是设立相关管理、服务机构的基础。为了实施国家资格制度，需嵌入必要的机构，使之正常运转。英国学者大卫·拉斐尔(David Raffe)指出，一个成功的框架必须嵌入那些"制度逻辑"以及资格框架目标相一致的机构。这些"制度逻辑"决定了进入学习，转移和进展的程度等是基于框架级别的。这反过来又需要机构嵌入、利益相关者参与、迭代的开发过程、松散的设计和补充的政策措施。④ 因此，资格制度是联系劳动力市场需求的重要制度，同时也是推动教育系统变革的驱动力。诚如麦克·科尔(Mike Cole)所言，资格框架及其相关制度往往被视为推动更广

① Coles M. A Review of International and National Developments in the Use of Qualifications Frameworks [R]. Amsterdam: the European training foundation, 2006:5—7.

② Raffe D. First Count to Five: Some Principles for the Reform of Vocational Qualifications in England[J]. Journal of Education and Work，2015，28(2)：147—164.

③ Young M. National Vocational Qualifications in the United Kingdom: Their origins and legacy [J]. Journal of Education and Work, 2011, 24(3-4):259—282.

④ Raffe D. Can National Qualifications Frameworks be Used to Change Education and Training Systems? [EB/OL]. (2009-06-30)[2021-04-26]. https://www.ces.ed.ac.uk/PDF%20Files/Brief048.pdf.

泛的系统性变革的催化剂。① 从英国国家资格制度发展历程来看，几次重大变革确实促成了职业技术教育体系的重大变革。如，2000 年改革拆除普通教育和职业教育之间的藩篱，提高了"职业教育"地位，使"职业教育"和普通教育有着同等的地位，2008 年《资格与学分框架》颁布，延伸了资格梯度，与高等教育衔接，丰富资格类型，满足青少年与成人的潜能发展需要。2015 年《规范资格框架》推出，迎来全新的技术资格，对接科技发展，促进英国"职业教育"向"技术教育"转型。

二、英国"双对接"的职业技术教育治理机制的形成是"流程再造"过程

纵观 20 世纪 80 年代以来，英国对接科技发展和劳动力市场需求机制的形成和发展历程，不难发现英国政府治理职业技术教育的机构变动频繁，通过机构改革包括增设或撤并，不断地调整工作世界与教育系统之间的连接机制，使其更加畅通、更加高效。从政策学视角看，这是围绕国家资格制度建设与实施而进行的"流程再造"过程。

"流程再造"是 20 世纪 80—90 年代西方国家兴起的工商管理理论与技术，其核心思想是：通过对企业原有业务流程的重新塑造，借助信息技术，使企业由传统的以职能导向型转变为以流程为中心的流程导向型，实现企业经营方式和管理方式的根本转变，最终提高企业竞争力。"流程再造"是一个持续改革、不断完善的过程。该理论引入公共管理领域后，是指以信息技术为基础，围绕政府目标，改革原有的工作流程、组织结构，重新设计整个体系。② 也指在一定的政治框架内强调重新审视提供公共产品和公共服务的过程，并不断寻求最适合的方式，以谋求最大限度地满足公众需求。③ 20 世纪 80 年代，撒切尔政府为了摆脱政府财政危机、提高政府效率，以"新公共管理"思维取代传统的公共行政模式。1987 年，英国政府颁布的《改变政府管理：下一步行动方案》中倡导采用更多的商业管理手段改善执行机构、提高公共服务效率。

在职业技术教育管理领域，20 世纪 80 年代之前，英国虽然有小规模的职业技术教育，但是并没有对接劳动力市场需求的机制，导致高失业率、高辍学率。撒切尔政府执政后，为了发展职业技术教育，培养企业所需劳动力，围绕《国家职业资格框架》建设，在国家层面上，成立了"国家职业资格委员会"，与"继续教育委员会""人力服务委员会"建立横向联系，形成"就业导向"的技术和职业教育治理机制。布莱尔领导的工党政府执政后，为了提升"职业教育"质量，促进普职融通，在世纪之交，将"国家职业资格委员会"与"学校课程评审局"合并成立"资格与课程管理局"。该机构与新成立的"行业技能委员会""学习与技能委员会"建立横向联系，形成"普职一体化治理机制"；2007 年工党政府为了提升技能战略，促进中等"职业教育"从二级资格为主向三级资格延伸，畅通中等"职业教育"与大学的衔接，将发展中等"职业教育"的职能转移到"创新、大学与技能

① Coles M. A Review of International and National Developments in the Use of Qualifications Frameworks [R].
   Amsterdam: the European Training Foundation, 2006:1.
② 陈振明，等. 政府工具导论[M]. 北京大学出版社，2009:225.
③ 褚宏启. 教育政策学[M]. 北京：北京师范大学出版社，2011:142.

部"。该部下设"就业与技能委员会"监管"行业技能委员会",与"技能资助局""资格与考试管理局"建立横向联系,形成"技能导向"治理机制。2016年特蕾莎·梅领导的保守党执政后,为了满足智能化时代对高级技术技能人才的需求,对接产业转型升级,促进"职业教育"向"技术教育"转型,成立了专事对接国家产业战略开发"职业地图"和"技术资格"的"学徒制与技术教育研究所",最终形成了"工业联合会+行业技能委员会+学徒制与技术教育研究所+资格与考试管理局+教育与技能资助署"横向联系的"技术导向"治理机制,形成产业界、政府、社会共同参与的职业技术教育治理的格局,将产业转型升级需求上升为国家产业战略,再转化为资格,进而对资格进行投资;在纵向上,由"中央管理机构(教育部)—资格和考试管理局—颁证组织—职业技术教育机构"形成纵向关系的职业技术教育治理体系,将劳动力市场所需资格转化为课程大纲等学习资料,进入职业技术教育和培训领域,教育与培训机构输出劳动力市场所需的技术技能人才。

三、英国"双对接"的职业技术教育机制由"市场需求"和"产业战略"双轮驱动

国家资格制度尽管会传递外部需求,推动教育系统改革,但其本身的驱动力是有限的。英国学者拉斐尔对英国资格制度审查后指出,《国家资格框架》本身是变革的微弱驱动力,其执行情况和影响取决于相辅相成的政策和促进其使用的其他驱动因素。[①] 21世纪初,英国政府成立25个行业技能委员会(SSC),涵盖英国彼时行业主要部门,同时成立"雇主主导"的就业与技能委员会,发展和领导行业技能委员会,目标是通过设立一个新的"就业与技能委员会"加强雇主的"声音",同时通过其行业技能委员会,赋予雇主更大的职业资格审批和设计权力,并且推动行业技能委员会与设计单元和资格的颁证组织建立密切联系。最终形成"市场需求→行业技能委员会(行业职业标准开发)→颁证组织(开发资格)→职业技术院校(课程)"这一市场需求驱动机制。这表明英国职业技术教育培训体系由"供给驱动"向"雇主主导"的"需求驱动"的教育培训体系转变。政府期望雇主抓住这些新的机会,发挥其影响力,并增加自己在技能、培训和资格方面的投资,从而促成一系列国家资格目标,旨在到2020年使英国在经合组织各技能水平(基本水平2,3和4)排行榜上名列前八。但是雇主主导、"需求驱动"的教育培训体系有着难以克服的弱点。[②] 一方面,政府假定所有雇主,即所有公司都需要进入"高端市场"并获得更高水平的技能,但事实并非如此。许多公司是在低技能、低附加值产品战略的基础上竞争成功,因此,存在所谓的"低技能均衡"现象。这与政府期望雇主增加自己在技能、培训和资格方面参与投资存在差距。另一方面,政府几乎没有什么手段来缩小政策制定者在提高国家技能方面所希望达到的水平,与理性行事的雇主可能准备的贡献和支付水平之间的差距。

---

① Raffe D. Can National Qualifications Frameworks be Used to Change Education and Training Systems? [R]. This Briefing is Based on a Workshop Presentation to the SCQF Partnership International Conference, (Glasgow), 2009:2.

② Payne J. Sector Skills Councils and Employer Engagement — Delivering the 'Employer-led' Skills Agenda in England [J]. Journal of Education and Work, 2008,21(2):93—113.

2015年特蕾莎·梅接替卡梅伦上台执政，正值智能化时代的到来，梅政府与往届政府不同，在经济政策和教育政策上采取更为主动的战略，以维持英国作为世界科学超级大国的地位。在任期间，颁布系列产业发展战略，采取水平和垂直相结合政策[①]，除了继续加强生产力的五大基础（创意、人才、基础设施、商业环境和场所）的方法来提高整体的生产力和已经拥有优良的创新体系与世界领先的产业，包括金融服务业、先进的制造业、生命科学和创意产业四大支柱产业，确定人工智能和大数据、清洁能源增长、未来的流动性以及满足老龄化社会需求这四个领域引领全球科技革命。[②] 英国政府的《产业战略》与"T Level 计划"几乎同步推出，迫切需要一个强有力的机构来弥合雇主期望与政府在产业战略上的差距。2017年英国政府根据《2017年技术和继续教育法案》，宣告设立"学徒制研究所"，同年颁布的《T Level 行动计划》将其职能扩展至推广学徒制与技术教育的权威政府机构，更名为"学徒制与技术教育研究所"，主要负责设计技术资格、"职业地图"以及学徒制项目。技术资格均为三级水平与15条职业线路相联系（包括"创意与设计""数字""工程与制造""法律、金融与会计"等中高端行业领域），以获得高质量的技能就业，进入技术或专业职业。尽管"T Level 开发小组"仍由雇主主导，但毫无疑问，政府权力开始介入资格类型发展，引导研究所开发国家产业战略中的中高端产业所需的技术资格。由此可见，英国职业技术教育对接科技发展机制由单一的"市场需求"驱动转向"市场需求"和"产业战略"双轮驱动，对接科技发展趋势与劳动市场需求更加"主动"与"精准"。

四、英国职业技术教育人才培养目标从"就业能力""技能人才"转向"技术技能人才"

英国职业技术教育人才培养目标主要通过资格框架来实现。20世纪80年代为了解决重创英国经济的高失业率，撒切尔-梅杰政府建立《国家职业资格框架（NVQ）》，与此匹配，建立了与普通教育并驾齐驱的"就业导向"的技术和职业教育治理体系。通过开发国家职业资格，对学习合格者授予相应的资格证书，引导学习者获得胜任某种岗位所需的知识、技能和理解，也包括在不可预测的实际情况中应用技能和知识的能力，旨在塑造适应工作世界的灵活的劳动力。

进入21世纪，布莱尔政府修订《国家资格框架》，建立普职融通的资格体系，让青少年获得工作和生活所需技能：包括基本技能和通用技能。基本技能（Basic Skills）包括英语、数学和信息与通讯技术技能。通用技能包括个人技能、学习技能和思维技能。此外，开辟了普职混合学习路径，即关键技能资格，学习内容主要为计算技能、语言沟通技能、信息技术技能等可迁移技能，导入"职业教育"系统，拓宽"职业教育"的能力范围。在人才培养层次上，努力从二级资格提升到三级资格，培养持有中高水平技能的劳动力。布莱尔政府认为，面对日益激烈的国际竞争，企业的

① 张蓓. 约翰逊政府产业政策［R］//. 王展鹏、徐瑞珂. 英国发展报告（2019—2020）. 北京：社会科学文献出版社，2020：168—253.
② HM Government. Industrial Strategy: Building a Britain Fit for the Future［R］. London: Department for Business, Energy & Industrial Strategy, 2017.

成功越来越取决于它们能够吸引的技能型劳动力(Skilled Workforce)。技能型工人能够更好地适应新技术和市场机会。他们带来的更高水平的技能可以推动创新,促进投资,提高领导力和管理水平。技能与职业能力相比,具有更大的流动性。政府相信:"一个技能更好的劳动力就是一个更有生产力的劳动力。""技能是支持企业提高生产率的手段。"①但 2011 年《沃尔夫报告》显示,"大量 16 岁后的青少年从学徒制之外获得的二级职业资格证书很少或根本没有劳动力市场价值"②这说明尽管英国政府在工作世界与教育领域建立了对接机制,但是这种对接关系还是比较"宽泛的""脆弱的"。

随着智能化时代的到来,未来"人才",特别是"中层"技术人才需要重新定义:什么知识在未来才真正有用,什么技能才是未来雇主所需的技能。德国学者乔治·斯波特(Georg Spöttl)和拉斯·温德尔班德(Lars Windelband)认为③,"工业 4.0"是基于数字技术的制造技术自动化和数据交换的当下趋势,它包括"网络物理系统(CPS)"、物联网(IoT)和云计算,对所有经济部门都有影响。在"工业 4.0"的背景下,工作组织和工作流程将随着持续的自动化和面向生产的实时控制而改变。这种变化与"车间"和中层就业人员的资格要求尤为密切。因为他们是实现技术的"关键点"。这就是为什么有关资格认证的要求将发生重大变化,以便与生产过程组织的变化相匹配。他们观察到"智能工厂"环境下技术工人承担任务发生了根本性变化。"危险的""非常困难的""沉闷的"或"容易执行的"任务被自动化机器接管,将复杂的"机械加工结构"转化为数字和虚拟操作工具将改变工作流程。人类和机器可以通过不同的接口一起工作。这对参与这一过程的雇员的活动和抽象思维能力产生了相当大的影响。他们得出结论是,适应"智能工厂"的中层技术人员的有关能力包括以下三方面:一是新基础(广泛的能力),包括学会从软件开始思考,了解网络结构,学习如何掌握大数据技术,学习如何使用各种数据格式,理解和掌握流程等软件和数据方面的知识和技能。二是特定环境的能力,包括解决问题,了解综合系统及其相互联系;连接不同的系统控制;跨学科思考和工作;参与新的任务,应用计算机技术作为工具,必须通过流程来思考,掌握流程,对"智能工厂"各部分联系及流程有整体认知和理解。三是抽象思维能力,包括创造力、批判性思维;沟通、协作(团队);建模技能、分析精神;数据收集和挖掘等科学的推理能力。正因如此,英国政府从 2017 年起陆续发布四个《T Level 行动计划》,推出 T Level 资格的评价标准主要包括知识和技能两方面要求。在知识方面达到三方面要求:具有理解一个主题或工作领域的事实、程序和理论知识,以完成任务并解决虽然界定清晰但具有一定复杂性的、非常规的问题;能解释和评价相关信息和想法;能认识到学习或工作领域的本质;能认识到学习或工作领域

① Department of Education and Skills. 21st Century Skills: Realising Our Potential [R]. London: Her Majesty's Stationery Office, 2003:18,21.
② Wolf A. Review of Vocational Education-The Wolf Report [R]. London: DfE, 2011:73.
③ Spöttl G, Windelband L. The 4th Industrial Revolution — Its Impact on Vocational Skills [J]. Journal of Education and Work, 2021,34(1):29—52.

内的不同观点或方法。而在"技能"上也应达到三点要求：识别、选择和使用适当的认知和实践技能、方法和程序来解决虽然界定清晰但具有一定复杂性的、非常规的问题；使用适当的调查为行动提供指导；审查行为和方法的有效性。① 概言之，智能化时代，雇主对中层技术人才（在英国国家资格制度中相当于三级资格或高级资格）的能力需求更趋于对整个工作流程的理解能力、参与能力、维护系统能力、维修能力、数据管理能力、解决问题的思维能力、合作能力和创新能力等。这些能力与之前履行某种职业岗位的技能和能力有很大的差别。

五、英国"双对接"的职业技术教育制度机制的形成是中等教育整体变革的"加速器"

英国职业技术教育对接市场需求与科技发展的"双对接"机制的形成过程，加速了英国整个中等教育的变革。其中布莱尔政府时期的"中等学校转型"和梅政府时期的"技术教育转型"是在"市场需求"和"产业战略"驱动下的两次重大变革。

布莱尔政府时期轰轰烈烈的"中等学校转型"运动发生在 21 世纪初。在此之前，英国公学、文法中学教育质量闻名世界，尤其是 A Level 考试被视为选拔人才进入大学的"黄金标准"，但考试课程主要是老三门（数学、物理、拉丁语），这使得上述中等教育机构主要传授这三门学术性课程。70 年代发展起来的综合中学虽然解决了青少年上中学问题，但办学模式上基本上效仿文法中学的办学模式，因此，只有极少数毕业生在 18 岁毕业时能够获得 A Level 证书，进入大学学习，属于精英型教育。大批 16—19 岁青少年没有获得任何证书就离开了学校，流向劳动力市场②。尽管英国政府对中等教育进行了多次改革，但未能触动根深蒂固的学术传统根基。而另一方面，科技发展对英国经济和劳动力市场影响逐步显现，特别是第三次工业革命带来的信息技术革命，使企业、公司、商场等经济实体普遍采用信息技术，使得没有受过任何技术训练的青年劳动力大批失业；而雇主抱怨招不到合适员工，这一突出矛盾迫使英国政府对教育及其治理体系做出变革。20 世纪 80—90 年代撒切尔-梅杰政府通过《1988 年教育改革法》和《国家职业资格框架》（NVQ），建立起现代技术和职业教育体系，与原有的普通教育体系并驾齐驱，形成双轨制中等教育。双轨制的中等教育阻碍了英国经济发展所需的技能型人才培养。进入 21 世纪，布莱尔政府发布《21 世纪的技能：实现我们的潜能》，提出消除职业教育和普通教育之间的体制性障碍，实现中等教育转型目标。③ 通过推行特色学校政策，促进所有普通中学和职业技术学院转变为特色中学，每一所中学在艺术、语言、运动、技术、科学、工程、商业、数学、信息技术、人文（包含历史、地理或英国史）和音乐 11 个特色学科中选择一个学科领域作为学校发展特色，并且要求普通中学与职业技术学

---

① Ofqual. Qualification and Component Levels Requirements and Guidance for All Awarding Organisations and All Qualifications ［R］. London: Ofqual, 2015:5—7.

② Department for Education and Skills. Five Year Strategy for Children and Learners ［R］. London: Her Majesty's Stationery Office, 2004: Foreword.

③ Department of Education and Skills: 21st Century Skills: Realising Our Potential ［R］. London: Her Majesty's Stationery Office, 2003:22.

院结成伙伴关系,共享课程资源,为学生提供灵活的、多样化的选择。^① 教育治理结构也由"双轨"运作模式转向普职"一体化"运作模式。这场改革英国政府宣告在 2011 年完成。这是一次较为彻底的中等教育转型,对接劳动力市场需求的机制起到重要的"加速器"作用。

梅政府推动的"技术教育转型"则在 2016 年开启,在《产业战略》的推动下,英国政府在《16 岁后技能计划》中提出中等教育改革方案,所有与"职业"相关的技术教育延至 16 岁之后,16 岁之前学习英语、数学、科学、历史或地理等核心学术科目和广泛均衡的课程,获得 GCSE 证书。16 岁之后开始分流,分为学术选择和技术选择两条学习路径。学术选择,在 GCSE 证书(或技术证明)基础上,继续进阶 A Level 或应用型普通资格,进入高等教育。而技术选择,有两条路径可选:一是在 GCSE 证书(或技术证明)基础上,进入学院为基础的技术教育(包括企业实践),进阶 4—5 级水平的高等教育;二是就业为基础的技术教育(即现代学徒制学习,包括 20% 的理论教育),进阶学徒制高等教育,获得学徒制学位。^② 这一全新培养模式,英国政府称之为"职业教育"向"技术教育"转型。这次中等教育变革意图非常明显,落实《T Level 行动计划》,实现《产业战略》提出的"全球英国"战略目标。因此,英国职业技术教育对接劳动力市场需求和对接科技发展的"双对接"机制对整个中等教育变革又一次发挥了"加速器"的作用。

六、英国"双对接"的职业技术教育制度形成与变革是路径依赖和渐进转型并存的过程

英国职业技术教育"双对接"制度包括职业资格制度、高校招生制度、课程制度和现代学徒制,这些制度的形成和变革表现出明显的路径依赖和渐进转型并存的特征。以高校考试招生制度为例,英国职业技术教育高校考试招生制度是在传统的具有"黄金标准"之称的普通高校招生制度下发展起来。一方面,英国职业技术教育高校考试招生制度变革表现出明显的路径依赖的特征。首先,20 世纪 90 年代普通国家职业资格证书的设计复制了国家职业资格证书的能力模式。因此,其在考试内容上更多的是考察职业性内容,普通知识不足;在评估方式上,沿用了国家职业资格证书的"档案袋评估",又为应对升学功能引入了外部评估,^③一定程度上继承了学术性资格评估的传统;在录取上,也依赖于学术资格的录取传统,需要参考一门 A Level 的成绩。其次,"课程 2000"改革推出的高级职业教育证书更多地采取学术资格的标准和评估方式。在考试内容上,普通教育内容增多,表现出明显的学术化倾向,职业性削弱;在评估方式上,也继承了学术资格注重外部评估的特点,增加了外部评估的比例、提高了评估标准,评级上也和 A Level 保持

---

① 倪小敏,张源源.特色学校:英国中等学校的转型——基于公平与效率关系的视角[J].教育研究,2012,393(10):152—156.

② Department for Business, Innovation and Skills, Department for Education. Post-16 Skills Plan [R]. London: Her Majesty's Stationery Office, 2016:16.

③ Raggatt P, Williams S. Government Markets and Vocational Qualifications: An Anatomy of Policy [M]. London: Taylor & Francis Group Falmer Press, 2002:130.

一致,整体上表现出明显的"学术漂移"。再次,2005 年推出的文凭制虽然旨在纠正高级职业教育证书的弊端,但其考试内容依然过于学术化,专业性和职业性不强;在评估方式上,虽然引入了"控制性评估",但其外部评估的比重并没有下降;行业实习的时间过短,且录取上也仍然依赖于"额外和专业学习"中的学术资格,本质上并没有摆脱对学术资格的路径依赖。最后,2017 年推出的 T Level 证书制度虽然是变动最大的一次改革,但它从文凭制那里继承了学习框架和重视文化素养的传统,也同样重视外部评估。总体上来看,英国职业技术教育高校考试招生制度变革,虽然在制度框架上有所调整,但在内容和方法上仍然对先前制度有所继承,这是制度锁定自我优势后的再生产。

另一方面,英国职业技术教育高校考试招生制度变革同时也开始出现制度的渐进转型。首先,普通国家职业资格证书的开发虽然基于国家职业资格证书的能力模式,但它不同于国家职业资格证书的完全"就业导向"的性质,而是兼具"升学和就业"的功能,打开了职业教育领域学生通往高等教育的通道,标志着新制度——英国职教高校考试招生制度的初创。其次,为了促进普职融通,鼓励职业单元和学术单元相结合的学习,2000 年课程改革推出以单元为基础的高级职业教育证书直接替换了旧的高级普通国家职业资格证书,英国职教高校考试招生制度表现出"替换"式的制度变迁特征。此外,文凭制并不是一种全新的资格证书,而是一种综合资格,大部分由现有的资格或具备这种资格的单元构成。文凭并不取代现有资格而是与它们并存,依据"技能导向"的目标,作为一种学习框架将新的元素渗透到现有的资格中,逐渐改变现有制度的结构和内容,表现出"转变"式的制度转型特征。最后,T Level 证书虽然同样兼具升学与就业的双重功能,但它不再走"中间道路",而是走一条明确的技术路线,强调对接"市场需求"和"产业发展战略",重视实践技能的培养和行业实习,在升学时也摆脱了 A Level 的阴影,可独立申请大学。2020 年英国政府发布的文件《英格兰 16 岁以上学生 3 级资格审查:第二阶段》(*Review of post-16 qualifications at level 3 in England: Second Stage*)宣布取消资助与 T Level 重叠的职业资格考试,这表现出制度变迁的"替换"式特征,成为和 A Level 并驾齐驱的招生制度。

制度形成与变革以路径依赖和渐进转型并存方式推进,有利于职业技术教育的发展在保持体系平稳中追求创新。

七、普职融通是英国政府提升职业技术教育质量和地位的主要途径

英国 20 世纪 80 年代职业技术教育大发展,尽管提升了青少年就业率,促进了经济复苏,但是职业技术教育与普通教育之间的不平等也在加剧。"技术与职业教育"作为不能上大学的青少年接受中等教育的"替代模式"而备受诟病。20 世纪 90 年代,英国学者麦克·杨(Mike Yong)从知识分层的视角对英国中学课程进行了分析,他说:"表明课程与社会分层关系的一个重要例子是学术与职业的分离。职业课程总被视为比学术课程的地位低。更有甚者,它们被与能力低的学

生联系在一起。"①普通教育和职业技术教育地位上不平等、质量上差距巨大,不仅带来教育机会不平等的社会问题,而且也无法达到进一步扩展职业技术教育,提振经济的目的。为了解决职业技术教育和普通教育之间不平等的问题,英国政府在国家资格框架上促进普职等值。如,1991年颁布的《21世纪的技能与训练》在"目的"部分指出:"我们务必使职业资格与学术性资格在地位上完全平等,使它们在青年人取得未来职业所需的技能和资格方面做出充分的贡献。""我们需要建立一个同样受到重视的现代学术资格和职业资格的体系。"这份白皮书确立了职业教育和普通教育"平等尊重"的原则,并且推出了五级制的国家资格框架的雏形,其中普通国家职业资格3级证书与A Level证书等值、普通国家职业资格2级证书与GCSE证书等值。"课程2000"改革,修订了国家资格框架,更是为普通教育与职业教育提供了一套共同的资格等级标准体系,并提供课程模块上混合规则,促进了学习内容上普职融通。2008年《资格与学分框架》颁布,引入了学分工具,使从普通教育轨转入职业教育轨,或职业教育轨转入普通教育轨更为方便。其次,为了解决普通教育和职业教育融通在体制上的障碍,英国政府进行治理机构改革。1997年布莱尔政府成立资格与课程管理局,合并国家职业资格委员会与学校课程评审局的职能,这意味着职业教育资格和学术性资格均由同一个部级机构管理,形成职业教育与普通教育"一体化"治理机制。最后,尽管2016年英国政府在《16岁后技能计划》中推出技术教育和学术教育两条学习路径,强调职业技术教育和学术教育区分,但实质上在资格考试内容、课程内容上采取项目化形式实现学术知识和职业技能的整合,走向深度的普职融合。②

八、英国"镶嵌型"市场机制是复杂的"双对接"机制中的重要匹配机制

在英国职业技术教育对接科技发展和劳动力市场需求的"双对接"机制形成和变革过程中,市场机制发挥着不可忽视的作用。英国是一个自由市场高度发达国家,但是,20世纪80年代撒切尔政府开始将市场机制引入教育领域,是学术界颇有争议的话题。然而,争议归争议,英国政府最终将市场机制嵌入"双对接"机制中。具体而言,一是职业资格认证市场;二是劳动力市场供需信息系统的外延机制。

英国职业资格认证市场在20世纪80年代之前是一个自愿的、无序的,与政府财政没有任何联系的自由市场。撒切尔夫人上台执政后,成立了国家职业资格委员会,并推出了一个宽松的五级制的《国家职业资格框架》,将符合职业标准要求的资格纳入框架,并进行资助,资格市场开始走向有序;世纪末,工党政府完善《国家资格框架》,加强了对资格认证的管理,特别是《学分与资格框架》推出,对颁证组织约束加强,导致资格认证市场失灵(2011年《沃尔夫报告》指出,大量职业资格没有劳动价值)。联合政府执政后,开始放松对资格认证市场的管制,以相对独立的资格

① 麦克·扬.未来的课程[M].谢维和,王晓阳,等,译.上海:华东师范大学出版社,2003:62—65.
② 倪小敏.美英两国高中普职融通政策发展的共同趋势——从制度融通到课程整合[J].比较教育研究,2019,41(10):52—59.

与考试管理局取代了官方性质的资格与课程委员会,并于 2010 年开始在官网上公布"资格认证市场年度报告",以增加市场透明度;2015 年推出《规范资格框架》,赋予颁证组织设计资格的更大自主权。在当前资格认证市场运作机制中,颁证组织作为供应商负责开发、提供职业资格及其衍生服务;教育与培训提供者,从颁证组织购买职业资格证书相关课程资料和考试服务,它们就是最直接的客户。而职业资格自然就成为了被出售的产品。颁证组织作为赢利机构,为了在资格认证市场争取到更多客户(教育培训机构),必须提供受市场欢迎的高质量的资格。由此可见,现今英国资格认证市场在政府宽松政策引导和外部监管下运作。

英国劳动力市场供需信息系统也"嵌入"了市场机制,具体而言,就是 2011 年《沃尔夫报告》发布之后政府斥巨资建设的"全民劳动力市场信息数据库"(LMI for All),是一个开放的、更加广泛的利益相关者参与的、多接口的劳动力市场供需信息匹配系统(职业技术教育输出人才构成劳动力市场供给的主体部分)。这个系统独特之处在于其是政府投资创办,由教育部主管,委托第三方营运,向全民开放的劳动力供需信息平台。其运作机制如下:首先,政府部门与产业界权威部门负责收集并初步分析劳动力供需的基础信息;其次,教育部负责管理"全民劳动力市场信息数据库"(具体由华威大学负责技术支持与运营),它连接并标准化了现有的劳动力市场信息来源,劳动力市场信息可以向任何组织和个人流动,实现了全民共享劳动力市场信息。最后,"全民劳动力市场信息数据库"设有外联机制。该系统设有多种接口,免费提供给第三方开发人员(开发者、应用程序制造者、网页设计师等),以便他们将其整合到网站和应用程序中,方便他们以提供职业技术教育与培训的匹配服务获得赢利。也就说,在劳动力市场供需信息系统运行过程中,尤其是在供需信息匹配阶段,英国政府特别注重释放社会活力,运用市场机制,鼓励雇主、院校、基金会和私营公司等多方利益主体共同参与该系统的运作。可见,英国劳动力市场供需信息系统的外联机制实质上也是市场机制,它提高了劳动力市场供需信息匹配度。

上述分析表明,在政府难以对就业需求做出精准预测的领域,如职业资格供给、劳动力供需信息匹配等复杂的微观领域,英国政府选择了市场机制来调节。诚如英国学者沃尔夫所言,"经济和职业的快速变化是不言而喻。不幸的是,人们往往对这种变化的本质产生误解或把握不准。经济变革具有快速性以及不可预测性质",社会就像大型的"搅拌机",将拥有不同技能的人匹配各种岗位上。[①] 因此,他建议在资格供给领域,政府应放松管制,让颁证组织发挥更大作用。同样,劳动力市场供需信息系统的外联机制,其本质就是引入市场机制,让社会力量(赢利机构)参与数据挖掘,提供就业与教育培训的匹配服务。市场机制优点就是能够提供有效率的资源配置并能够激发创新,市场主体往往以创新方式满足雇主或用户的需求。美国学者大卫·哈维将这种市场机制称之为"镶嵌型自由主义",它的市场进程和企业公司活动处于社会和政府约束的网络之中,处于监管的环境之中——这种网络和环境有时限制了市场活力,但更多情况下是引导了

---

① Wolf A. Review of Vocational Education-The Wolf Report [R]. London: DfE, 2011:36.

经济和产业策略。①

第二节　英国"双对接"的职业技术教育制度机制形成的影响因素

　　纵观英国政府四十年来发展职业技术教育的历史轨迹以及着力架构的对接科技发展和劳动力市场需求的"双对接"制度机制,可以发现其背后的驱动因素有以下几个方面。

一、提升国家竞争力是英国"双对接"的职业技术教育制度机制形成的直接动因

　　英国在二战结束之后,有过近20年经济繁荣期,但很快进入经济"滞涨"期,高失业率给经济带来毁灭性打击。当撒切尔夫人主政时,英国正处于绝对的经济困境之中,在其第一届任期中,就业率降低近25%。1979年末到1982年中期,失业率翻了1.5倍,在1979年5月全国有120万人没有就业,这个数字在1980年年末上升到了200万,而在1982年,失业者的数量飙升到了300万,在这之前,英国劳动力市场从未有过如此惨淡的景象。至此,英国经济迎来了自1931年以来的最严重的"寒冬",整个英国的经济和工业发展陷入了最低谷,经济产值和工业产值严重缩水。②昔日的大英帝国除面临德法等欧洲国家的挑战之外,还面临东南亚国家及其他地区的竞争对手。1979年撒切尔夫人领导的保守党执政后,强调重塑中等教育与产业界之间的关系,为了解决经济衰退和高失业率问题,颁布了一系列职业技术教育培训倡议,授权人力资源服务部组织和实施"TVEI"计划,而非教育科学部。此后还专门成立"国家职业资格委员会"联合"行业技能委员会"发展职业标准、开发国家职业资格证书以更好地满足劳动力市场需求。由此,对接市场需求的英国国家职业资格制度得以诞生。英国学者杰里米·海厄姆(Jeremy Higham)等认为:"在国际竞争和全球化日益加剧的时代,占主导地位的政策话语权绝大部分都是经济方面的,并且在适度的人力资源发展方面表现出来。"③

　　撒切尔夫人卸任后,英国历任政府仍将促进经济增长作为职业技术教育改革的主要目标。新工党政府面临金融危机和低技能劳动力与市场需求不匹配所导致的生产率放缓问题时,加大了对教育的投资,采取技能促进经济增长战略,确立了"技能导向"的职业教育治理机制和职业资格开发机制。特蕾莎·梅领导的保守党为解决脱欧和长期以来的产业结构失衡所带来的经济增速放缓和不确定性增强的问题,制定产业发展战略,确立了对接科技发展和劳动力市场需求的"技术导向"的治理机制和技术资格开发机制,促进"职业教育"向"技术教育"转型。可见,促进经济发展,提升国家竞争力,是英国职业技术教育"双对接"制度机制形成的直接动因。

① [美]大卫·哈维. 新自由主义简史[M]. 王钦,译. 上海:上海译文出版社,2010:13.
② 毛锐. 撒切尔政府经济与社会政策研究[M]. 济南:山东人民出版社,2014:37.
③ Higham J, Yeomans D. Thirty Years of 14—19 Education and Training in England: Reflections on Policy, Curriculum and Organization [J]. London Review of Education. 2011,9(2):217—230.

二、塑造更加公平的社会是英国"双对接"的职业技术教育制度机制形成的社会因素

塑造更加公平的社会是英国"双对接"制度机制形成的社会因素。更加公平的社会不仅指受教育机会公平,还包括就业机会公平和每个人潜能得到发展。受教育机会公平关系到社会公正,正如学者亚瑟·科恩(Arthur Cohen)所言,赋予不同社会阶层的人们向上流动的信心是教育的重要价值之一。① 然而,在英国,向上流动的机会长期被学术考试(A Level)所垄断,许多社会下层的青少年被排除在高等教育之外。在英国政府构建"双对接"职业技术教育制度机制过程中,为接受职业技术教育的青少年拓宽了升学和就业的渠道,缩小了职业技术教育与学术教育之间的差距。首先,英国政府于1991年推出的普通国家职业资格证书考试(GNVQ),首次为职业技术教育体系中的青少年提供了上大学的机会,一定程度上促进了教育机会平等。然而,职业技术教育大发展带来学术教育与职业技术教育之间不平等的加剧,英国学者麦克·杨(Mike Yong)从知识社会学的角度对这一现象进行了批判,他说:"表明课程与社会分层关系的一个重要例子是学术与职业的分离。职业课程总被视为比学术课程的地位低。更有甚者,它们被与能力低的学生联系在一起"。为了弥合这一鸿沟,梅杰政府提出了"平等尊重"口号,布莱尔政府进一步将这一口号落实到资格制度改革之中,1997年颁布了囊括职业资格和学术资格的《国家资格制度》,促进普职融通,建立普职一体化治理机制,提升职业教育地位。进而通过改革高中课程结构,形成"必修课程+学习路径"普职融通课程结构②,以此为基础,推行特色学校政策,促进中等学校向特色学校转型③。从此,高中阶段职业技术教育与普通教育从垂直分层走向同一水平上的多样化。其次,布莱尔政府还注重通过推行"从福利到工作"的新政措施,通过向特定的失业群体提供培训、补贴就业和志愿工作来减少失业④,促进就业机会公平。这一时期政府发布的白皮书《21世纪的技能——实现英国的潜能》着重阐述技能对于个人、企业和国家经济发展的重要意义,要以"技能"为核心整合个人、企业和国家三方面利益,形成促进国家经济发展的合力。⑤ 实现每个人的潜能成为社会公平的新内涵,英国因此构建了"技能导向"的治理机制。最后,2016年,英国"技术教育"的T Level证书的推出更是满足了学生对接受高质量职业技术教育的要求,职业路线和行业实习的设置为学生提供广泛的就业机会,核心知识和职业专长的设置保证每个人的潜能得到发展。接受技术教育学生认为,T Level为所有学生提供行业实习的机会,这使就业市场更加公平,它还为学生提供上大学的机会,因

---

① Cohen M A. The Shaping of American Higher Education [M]. California: Jossey-BassI-nc, 1998:297.

② 倪小敏.美英两国高中普职融通政策发展的共同趋势——从制度融通到课程整合[J].比较教育研究,2019,41(10):54.

③ 倪小敏,张源源.特色学校:英国中等学校的转型——基于公平与效率关系的视角[J].教育研究.2012,393(10):152—156.

④ Zaidi A. Welfare-to-Work Programmes in the UK and Lessons for Other Countries [R]. Vienna: European Centre for Social Welfare Policy and Research, 2009.

⑤ Department for Education and Skills. 21st Century Skills: Realising our Potential: Individuals, Employers, Nation [R]. London: Her Majesty's Stationery Office, 2003:12.

此它不仅关系到经济发展,还关系到社会公正。[1]

三、科技发展是影响英国"双对接"的职业技术教育制度机制形成和变革的现实因素

从 20 世纪 70 年代起,以信息技术与生物技术为核心的新科技革命席卷全国,青年劳动力市场逐步消失,即对完全靠出卖体力为生或从事低技术含量的体力劳动者的需求越来越少,而对掌握信息技术的人才的需求日益增长。但 20 世纪 70 年代英国的职业技术教育不但规模很小,而且质量低下,根本无法满足劳动力市场对技术人员的需求。因此,撒切尔政府大力发展职业技术教育,颁布了一系列培训倡议,包括"技术与职业教育试点计划(TVEI)""青年培训计划(YTS)""职前教育证书(CPVE)"等短期方案,专门成立国家职业资格委员会联合行业技能委员会发展职业标准、开发国家职业资格证书以更好地满足劳动力市场需求。由此,对接市场需求的英国国家职业资格制度得以诞生,形成"岗位能力资格"开发机制和基于"学院学习"的组织运行机制。

到了 20 世纪末 21 世纪初,西方发达资本主义国家逐步迈入知识经济时代,科学技术的进步使得产业发展步入后工业时代,传统的第二产业没落,第三产业崛起。带动经济增长的产业部门逐渐从制造业转向信息与通讯、金融、商业服务等新兴行业。这些行业的特点是拥有相对较高比例的技术工人,产业结构的转型升级需要中高级技能人才的参与。技能型人才不仅拥有过硬的专业技能,而且具有现代工作场所看重的可转移技能。这里的可转移技能也被称为"21 世纪技能"或"非认知技能",包括语言交流、数字素养、解决问题、团队合作及创业等。[2] 因此,布莱尔-布朗领导新工党政府以技能战略应对科技发展带来的产业发展对人才的需求,坚信技能促进经济增长。确立了对接市场需求的"技能资格"开发机制和基于"伙伴关系"的组织运行模式。

随着第四次工业革命到来,科技、数字化技术平台、技术和创新成为维持一国经济繁荣、实现生产率增长突破及吸引优势资源的重要资本来源。英国政府为了使中高端产业得以平衡发展进而稳步升级,更加重视技术和科技的创新,制定产业发展战略,并同步颁布"T Level 计划",成立"学徒制与技术教育研究所"专门负责技术资格的开发,绘制与中高端产业连接的职业线路图,促进对接科技发展的"技术资格"开发机制和基于"与雇主合作"组织运行机制的形成,至此,英国职业技术教育对接科技发展与市场需求的"双对接"制度机制形成。由此可见,科技发展是影响英国"双对接"的职业技术教育制度机制形成和变革的现实因素。

四、职业技术教育理论发展是影响英国"双对接"的职业技术教育制度机制形态的内隐因素

英国职业技术教育对接科技发展与劳动力市场需求制度机制形成和变革深受职业技术教育

① Earlam A. T-levels aren't just about economic sense but social justice too [EB/OL].(2019 - 12 - 07)[2023 - 10 - 19]. https://feweek.co.uk/t-levels-arent-just-about-economic-sense-but-social-justice-too/.

② 联合国教科文组织编. 反思教育:向"全球共同利益"的理念转变?[M].联合国教科文组织中文科,译.熊建辉,校译.北京:教育科学出版社.2017:52.

理论发展的影响,反过来说,由于英国职教改革困难重重,促进了职教理论的发展,进而理论成果促进了职教改革实践的发展。其中,五种职教理论对英国职业技术教育政策产生重大影响:一是 20 世纪 80 年代发展起来的"新职业主义";二是 20 世纪 90 年代发展起来的"技能形成理论";三是 20 世纪 80 年代兴起的建构主义教学理论;四是 20 世纪 90 年代兴起的循证教育理论;五是 21 世纪初诞生的连接主义学习理论。

1. 新职业主义理论兴起及其影响

新职业主义理论兴起与西方发达国家的工业从"福特主义"进入"后福特主义"的背景密切相关。在英国,工业联合会(CBI)于 20 世纪 70 年代末发布《工业联合会观点》被认为是新职业主义的初现。该报告提出,"我们的繁荣不再取决于我们的双手,而是取决于我们的脑力。让我们的企业获得优势的是创新能力。21 世纪成功的组织将是那些所有雇员都在不断学习新技能,以进一步实现企业目标的组织。"英国学者穆雷(M Murray)认为这段话概括了 1970 年代后期和 1980 年代工作性质发生变化的一些主张,这些变化支撑了新职业主义的发展。[1] "新的工作组织"也被称为"后福特主义"。"后福特主义"与 20 世纪 20 年代发展起来的大规模生产流水线的"福特主义"工作方式不同。后者主要依赖大批非熟练或半熟练工人在工头监督下工作的组织方式,主要依靠体力。而前者依赖的是灵活的生产系统,这种生产系统往往基于规模小得多的企业,能够迅速调整,以满足新的消费需求,并依靠那些已经适应了这种变化的工人。[2] 灵活性是"后福特主义"的关键组织概念。信息技术和计算机控制的形式是促进这种灵活性的基本要素。[3] 英国新职业主义代表人物菲利普·布朗(Phillip Brown)和休·劳德(Hugh Ldude)强调[4],新的劳动力将不仅更有技能,而且更负责:他们将有能力行使高度的自由裁量权,与管理层的关系将更多地建立在信任的基础上,而不是传统的福特派人物对领班的监视。英国政府于 20 世纪 80 年代推出的 TVEI 项目等被认为是对产业界要求变革教育和培训呼吁的相应举措,特别是针对 14—18 岁年龄组。这些课程强调解决问题的能力、可转移的技能和团队合作的能力。这些项目构成了新职业主义的成果。但是学者们认为英国当时学术教育和职业技术教育分开的制度,不利于发展以技能为基础的创新文化。如肯·斯彭斯和马歇尔·杨(Ken Spours & Michael Young)提出应将学生的工作经验与所有学科的教学联系起来,而不仅仅是职业教学。他们认为当前的经济变化使得概念和执行、思想和手工、"学术"和"职业"之间的分歧更有可能被克服。改革的方案:一是

---

① Murray M. The CBI View: Putting Individuals First, in Education: Putting the Record Straight [M]. Stafford: Network Educational Press, 1992:62.

② Jones K. Richard Hatcher. Educational Progress and Economic Change: Notes on Some Recent Proposals [J]. British Journal of Educational Studies, 1994,42(3):245—260.

③ William R, David Yeomans. The New Vocationalism Enacted?The Transformation of the Business Studies Curriculum [J]. The Vocational Aspect of Education, 1994,46(3):221—239.

④ Brown P, Lauder H. Education for Economic Survival: From Fordism to Post-fordism? [M]. London: Routledge, 1992:4.

改革结构,二是重新绘制 16 岁后教育和资格地图。① 由此可见,20 世纪 80 年代新职业主义理论的发展直接推动英国职业技术教育治理机制"一体化"的改革。

2. 技能形成理论的主张及其影响

技能形成理论是 20 世纪西方政治经济学者在研究教育体系与劳动力市场关系过程中,发展起来的一种聚焦于国家技能形成的理论,称为"技能形成理论"。在政治经济学的研究视野中,技能意味着经济收益,技能对国家经济增长具有绝对的核心作用,技能与生产力之间存在密切的联系,是生产力提高的必要条件。"技能形成"(skill formation)指,国家各部门(教育部门、产业部门等)以集体的方式培育社会经济发展所需技能的体系及活动,它是一个社会在学习、开发、创新和提高生产力方面所具有的能力,劳动者获得的技能不单纯是一种个体意义上的、私有的技术和技巧能力,更是一种国家层面的、集体意义上的社会能力。② 技能可以通过职业技术教育和培训这一途径形成。在国际比较研究中,英、美被划归于"低技能均衡"的国家,而德国被划归于"高技能"国家。这使得英国学者聚焦于"实现高技能"条件的研究,比较著名的是英国学者大卫·阿什顿(David Ashton)和弗朗西斯·格林(Francis Green)的研究成果,提出高技能形成的六个必要的制度条件。2001 年,菲利普·布朗(Phillip Brown)总结了实现高技能形成所需的七大因素:一是政府、雇主和工会共同致力于技能形成,且在技能形成方式方法上达成共识;二是产业、企业要具有创新和变革的能力,努力提高国家在国际上的竞争力;三是技能形成要具有普惠性,要使大部分人能够从技能形成、技能升级中受益;四是实现技能供应与需求匹配;五是国家的各个经济部门均需采用高技能发展战略,使高技能在国家的行业企业中广泛存在、传播、流动;第六,技能形成的各行动主体要进行合作,并在社会制度结构中建立信任关系;第七,推行全纳性技能形成政策,增加社会弱势群体在教育、培训、劳动力市场上的参与机会。③ 这些探究成果对英国的技能系统改革产生深远影响。2003 年英国教育和技能部颁布了白皮书《21 世纪的技能:实现我们的潜能——个人、雇主和国家》,开启了长达十年之久的"技能战略",旨在通过投资技能的教育与培训促进经济增长。在这份文件中,个人的技能被视为国家的财富与企业的生产力,因此,可以将个人、雇主和国家三方面力量整合起来,推动技能体系的发展。这集中体现了技能形成理论对政策走向的影响,导致"技能导向"的治理机制、"技能资格"开发机制、基于"伙伴关系"的组织运行机制以及普职融通资格制度和课程结构的形成。

3. 建构主义理论在职业技术教育中的广泛应用

建构主义是在皮亚杰、布鲁纳、维果茨基的思想上发展起来的一种学习和教学理论。建构主义对英国 21 世纪初的职业技术教育产生了重要影响,尤其是在培养"技能"人才方面。布朗政府

① Spours K, Young M. Beyond Vocationalism: A New Perspective on the Relationship Between Work and Education [J]. British Journal of Education & Work, 1988,2(2):5—14.
② 李玉珠. 技能形成制度的国际比较研究[M].北京:社会科学文献出版社.2018:2.
③ 许竞.英国教育领域关于劳动者技能形成研究现状综述[J].比较教育研究,2007(12):85-89.

执政时期推出文凭制以应对知识经济的需求,注重发展个人的技能。这一"技能"概念并不是指狭隘的职业技能,而是包括理论和学科知识、就业技能、可转移技能以及创造性的应用知识的能力在内的广义的概念,它克服了新职业主义容易走向"技能培训"的弊端,非常重视理论和学科知识在培养人的反思力、批判性思维、解决问题的能力以及发展积极知情的公民身份、促进社会融合和公平方面的作用。① 显然,培养这种"技能"需要摒弃狭隘的职业训练,采用建构主义教学法。建构主义认为知识不是简单地从教师传递给学生,而是在学习者的头脑中积极构建的。学习是认知者在原有知识经验的基础上,在与外界的相互作用中,主动对新信息进行加工处理、建构新的理解的过程。建构主义强调以学生为中心,情境教学以及协作学习,重视学习活动中学生的主体性作用以及学生面对具体情境进行意义的建构。因此,在学习上,文凭制尤其强调个人想要在以创新应用知识为特征的经济中发展,不能仅仅只是吸收和反馈信息,而是必须利用他们所有的学习经验,以新的和创造性的方式应用他们所学到的东西,为此,文凭制为学生提供项目学习和10 天的工作经验;在教学法上,文凭制提倡应用学习、经验学习和情境学习。② 这都与建构主义的学习理念和教学理念相一致。此外,项目学习被认为是一种将建构主义付诸实践的非常全面的教学方法,③而项目学习正是文凭制的特色,并在此后的技术资格中得以进一步发展。

4. 循证教育理论的主要内容及其影响

循证教育(Evidence-based Teaching)是 20 世纪 90 年代在循证医学的影响下兴起的教育改革运动。1996 年,英国学者大卫·哈格里夫斯(David Hargraves)在教师培训署所作的学术报告中首次将医学领域的循证实践引入教育领域。他指出:"教学目前不是一种以研究为基础的职业。如果将循证实践引入教学,它会更有效、更令人满意"。④ 因此,他建议将循证的方法应用到教育领域,教学与教育研究应该以证据为基础,循证教育理念由此诞生,引起学术界的广泛探讨和英国政府的重视,并成为一项促进教育变革的有用战略。英国政府成立有效教育研究所(The Institute for Effective Education)、教育捐赠基金会(Education Endowment Foundation)、教师培训资源库(Teacher Training Resource Bank)、研究知情的实践网站(The Research-Informed Practice Site)等机构和资源库支持循证教育。2016 年,英国政府发布白皮书《教育卓越无处不在》(*Educational Excellence Everywhere*,2016)表示,英国打算通过增加教师获得和使用"高质量证据"来支持循证教学。⑤ T Level 作为英国 2016 年以来技术教育改革的核心,也体现出循证教育

---

① Qualification and Curriculum Authority. The Diploma and its Pedagogy [R]. London: QCA, 2008:3.

② Qualification and Curriculum Authority. The Diploma and its Pedagogy [R]. London: QCA, 2008:4.

③ Learning Zone. Project-Based Learning (PBL) [EB/OL]. [2023 - 3 - 30.] https://bsherry. wordpress. com/thinking-about-learning-2/project-based-learning-pbl/.

④ Hargreaves D. Teaching As a Research-based Profession: Possibilities and Prospects [R]. London: Teacher Training Agency Annual Lecture, 1996:5.

⑤ Department for Education. Educational Excellence Everywhere [R]. London: Her Majesty's Stationery Office, 2016: 11—13.

的理念。T Level 的教学、学习与评价都特别重视高质量、有效证据的产生。T Level 雇主设置的项目设有 5 项评估目标，项目以简介的形式呈现给学生，项目任务以窗口的形式向学生开放，学生需要在规定时间内完成任务。项目考核要求学生将项目成果的证据以电子档案袋的形式提交给颁证组织，教师的观察笔记也将作为重要的证据提交给颁证组织，学生考核全程录像保存。T Level 职业专长采取在行业实习中进行结构化观察的方式。颁证组织派一位主持人陪同学校的评估员在行业实习中对学生进行结构化观察。主持人将使用与学校相同的方法作出评估判断，所有的记录和发现将由学校的评估员分别记录保存，以确保这两组结果可以进行可靠地比较。T Level 考核明确的评估目标和注重证据的特点一定程度上弥补了建构主义理念中项目评估难的问题。

5. 连接主义理论的出现及其影响

连接主义(Connectivism)理论是由加拿大教育家乔治·西蒙斯(George Siemens)于 2004 年提出的一种学习理论，被认为是互联网时代的一个里程碑理论。西蒙斯认为，互联网时代，知识呈指数级增长，不停地被众多的人创造、传播、完善、更新和扬弃，知识的寿命变短，他引入"知识流"和"知识半衰期"的概念，知识由传统的静态的层级和结构转变为今天的动态的网络和生态。因而，他指出认知主义和建构主义将学习视为发生在个人内部存在局限性，认为学习是一个发生在不断变化的核心元素的模糊环境中的过程——并不完全在个人的控制之下。学习可以存在于我们自身之外(在一个组织或数据库中)，它关注于连接专门的信息集合，学习如何进行更多的连接比我们当前学习的知识更重要。他提出连接主义的 8 个原则：学习和知识存在于多样的观点中；学习是一个连接专门节点或信息源的过程；学习可能存在于非人类器具中；了解更多的能力比目前已知的更为重要；培养和保持联系是促进持续学习所必需的；能够看到领域、想法和概念之间的联系是一项核心技能；现时性(准确的，最新的知识)是所有连接主义学习活动的目的；决策本身就是一个学习过程。选择学习什么以及接收信息的意义是通过一个不断变化的现实的镜头来看的。虽然现在有一个正确的答案，但是由于影响决策的信息环境的变化，今天正确的答案明天就可能是错误的。[①] 在技术变革背景下推出的 T Level 吸收了连接主义的理念。首先，T Level 的设计体现现时性的原则。15 条技术教育路线是基于大量劳动力市场数据，通过预测劳动力市场对未来技能的需求而制定的，与未来产业对接，随产业需求动态更新，从设计上保证学习内容的现时性，长时间的行业实习和雇主设置的项目也保证学生参与进行业最新实践。其次，T Level 对高级技术技能人才的能力要求吸收了连接原则，强调对整个工作流程的理解能力、参与能力、维护系统能力、维修能力、数据管理能力、解决问题的思维能力、合作能力和创新能力等。

---

① Siemens G. Connectivism: A Learning Theory for the Digital Age [J]. International Journal of Instructional Technology and Distance Learning, 2005,2(1):1—9.

第十一章　英国经验对我国深化产教融合改革的启示

现阶段我国职业教育已从规模发展进入高质量发展阶段。"职业教育供给与经济社会发展需求高度匹配"是高质量职业教育的重要内涵。但在我国职业教育的历史变迁中,职业院校和行业企业之间不仅出现"中间地带",而且变得难以跨越和弥合,导致了人才培养供给和需求的链条发生断裂。[①] 职业型人才供需长期处于结构性矛盾中。[②] 为了克服职业人才培养与产业需求之间"两张皮"的问题,我国政府提出"产教融合"政策,作为解决职业教育人才培养和产业需求存在的结构性矛盾,破解制约产教融合的体制机制瓶颈,以人才发展引领产业转型升级的国家战略。2018 年 11 月,在全面深化改革委员会第五次会议上,习近平总书记强调:"要把职业教育摆在更加突出的位置,对接科技发展趋势和劳动力市场需求,……,为促进经济社会发展和提高国家竞争力提供优质人才资源支撑。"习总书记关于职业教育"双对接"指导思想,明确了我国产教融合的方向。自 2013 年政府官方文件正式提出"产教融合"[③]概念以来,产教融合政策已走过了 10 多个年头,国家已颁布了 83 份相关政策文件,有力推动了产业界与职业教育的融合发展,但是,目前仍然存在教育链、人才链与产业链、创新链不衔接问题,"两张皮"问题还未从根本上消除。英国政府四十年来在发展职业技术教育对接科技发展和劳动力市场需求上所做改革而积累的经验,可以为我国构建有中国特色的产教融合制度机制提供一些有益借鉴。

第一节　我国产教融合政策的发展

我国产教融合政策走过的 10 多个年头,经历了"十二五""十三五""十四五"三个历史时期,因此,大致可将我国产教融合政策划分为三个历史阶段:2013—2017 年产教融合政策形成时期("十二五")、2017—2020 年产教融合政策深化时期("十三五")、2020—2023 年产教融合政策的高质量

---

① 张培,夏海鹰. 我国职教 1+X 证书制度的理论阐释、逻辑框架与推进路向[J]. 清华大学教育研究,2022,43(1):78—85.

② 刘玉山,汪洋,吉鹏. 我国政府购买职业教育服务的运行机理、实践困境和发展路径[J]. 教育发展研究,2014(19):13—20.

③ 教育部. 关于 2013 年深化教育领域综合改革的意见[EB/OL]. (2013 - 01 - 29)[2024 - 02 - 05]. http://www.moe.gov.cn/srcsite/A27/zhggs_other/201301/t20130129_148072.html.

发展时期("十四五"),三个阶段表现出不同政策目标和政策的侧重点。

一、2013—2017年产教融合政策形成阶段的政策发展

"产教融合"概念在我国政策文件中出现,正值国民经济和社会发展实施第十二个五年计划期间,是全面建设小康社会的关键时期。"十二五"规划设定了"经济平稳较快发展;结构调整取得重大进展,工业结构继续优化,战略性新兴产业发展取得突破"。而职业教育显然不能为新兴产业发展提供支撑。国务院明确指出,当前职业教育存在的主要问题是职业教育与职业教育体系仍不能完全适应经济社会发展的需要。①

为了迎接我国经济社会发展和产业转型升级对人才队伍建设提出的新挑战,我国亟需对职业教育进行改革,构建产教融合的现代职业教育体系。在教育部于2013年出台《深化教育领域综合改革的意见》(简称"2013年《意见》")至2017年国务院出台产教融合专项政策之前的四年间,我国政府共发布了产教融合相关文件23份,其中,中共中央以及国务院共发布了7份纲领性文件,教育部发文10份,人力资源保障部发文1份,多部门联合发文5份。党和国家将"产教融合"一词贯穿在职业教育、高等教育改革的任务要求当中,协调相关部门推进产教融合政策。

(一)国务院提出产教融合"五对接"目标

自从教育部在"2013年《意见》"中首次提出"完善职业教育产教融合制度"之后,党中央高度重视,同年在《关于加快发展现代职业教育的决定》(简称"2013年《决定》")要"加快现代职业教育体系建设,深化产教融合、校企合作,培养高素质劳动者和技能型人才,"②"产教融合"开始纳入到党的纲领性文件中。2014年,国务院出台了《关于加快发展现代职业教育的决定》与《高等职业院校适应社会需求能力评估暂行办法》两份专门提升职业教育与经济适应性的文件。特别是"2014年《决定》"将"加快现代职业教育体系建设,深化产教融合、校企合作,培养数以亿计的高素质劳动者和技术技能人才"作为指导思想,在原先"2013年《决定》"的"培养技能型人才"目标加入了"技术"两字,成为"培养技术技能人才",同时提出了"推动专业设置与产业需求对接,课程内容与职业标准对接,教学过程与生产过程对接,毕业证书与职业资格证书对接,职业教育与终身学习对接"等"五对接"产教融合目标。③ 因此,这一文件被学界称作"加快发展现代职业教育"的纲领性文件。④ 此外,在中共中央办公厅和国务院办公厅联合颁布的《关于深化人才发展体制机制改革的意见》以及《关于深化教育体制机制改革的意见》等政策文件在"改进人才培养支持机制"和

① 国务院.关于加快发展现代职业教育的决定[EB/OL].(2014 - 06 - 22)[2023 - 10 - 23].https://www.gov.cn/zhengce/content/2014-06/22/content_8901.htm.

② 中共中央.关于全面深化改革若干重大问题的决定[EB/OL].(2013 - 11 - 15)[2024 - 01 - 22].https://www.gov.cn/jrzg/2013-11/15/content_2528179.htm.

③ 国务院.关于加快发展现代职业教育的决定[EB/OL].(2014 - 06 - 22)[2023 - 10 - 23].https://www.gov.cn/zhengce/content/2014-06/22/content_8901.htm.

④ 董仁忠.《国务院关于加快发展现代职业教育的决定》若干亮点[J].职教论坛,2014(17):1.

"完善提高职业教育质量的体制机制,改进产教融合、校企合作的办学模式""改革创新驱动教育发展"继续要求"推行产教融合的职业教育模式"①上提出了指导意见。

(二)教育部提出集团化办学、现代学徒制等产教融合育人模式

2013年,教育部首次在政策文件中提及"产教融合制度"一词,此时的产教融合只是作为职业教育改革路径提出,2014年自国务院颁发"2014年《决定》"提出产教融合"五对接"目标,协调各部委落实"五对接"目标。2014—2016年,教育部出台了《关于开展现代学徒制试点工作的意见》《关于深入推进职业教育集团化办学的意见》《中等职业学校校长专业标准》《职业院校管理水平提升行动计划(2015—2018年)》等7份专项文件,通过推行现代学徒制、职业教育集团化办学、教学改革、校长任职标准以及治理改革,来推进产教融合、协同育人机制,创新人才培养模式。

(三)人力资源保障部同步推进技工教育的产教融合

由于产教融合是一项涉及产业和教育"跨界"合作的改革,作为国家管理人力资源的"人力资源社会保障部",积极响应国务院提出的产教融合指导思想和目标任务,专门颁布了1份产教融合政策文件,即2016年12月《关于印发技工教育"十三五"规划的通知》。该文件为贯彻落实产教融合"五对接"目标,针对技工教育面临"社会重视程度和支持力度不足;法律和政策环境不够完善"等突出问题,提出要"构建与经济社会发展相适应的现代技工教育体系""推进技工院校专业设置与产业需求对接、课程内容与职业标准对接、教学过程与工作过程对接",②对"十三五"期间的技工教育作出具体规划。

(四)教育部与多部门合作推动产教融合向本科教育层次延伸

产教融合政策推进需要多部门支持,提供政策保障。因此,需要多部门合作。这一阶段多部门联合发布了7份产教融合政策文件。其中,比较重要的是教育部、国家发改委、财政部等六部门于2014年6月联合编制的"《现代职业教育体系建设规划(2014—2020年)》",解决我国"职业教育体系不适应加快转变经济发展方式的要求"等诸多问题,提出"坚持政府统筹规划、市场需求导向、产教融合发展、各级各类教育协调发展"的基本原则,对现代职业教育体系建设的"基本架构、重点任务、制度保障、机制创新以及保障实施"作出了规划。③

在经费保障上,财政部、教育部颁发了专项文件"进一步加大高职教育财政投入,逐步健全多渠道筹措高职教育经费的机制"④。在职业继续教育上,教育部、人力资源社会保障部两个部门联

---

① 中共中央办公厅,国务院办公厅.关于深化教育体制机制改革的意见[EB/OL].(2017-09-24)[2024-01-22]. https://www.gov.cn/zhengce/2017-09/24/content_5227267.htm.

② 人力资源社会保障部.关于印发技工教育"十三五"规划的通知[EB/OL].(2016-12-09)[2024-02-13]. https://www.mohrss.gov.cn/SYrlzyhshbzb/rencairenshi/zcwj/jinengrencai/201612/t20161216_262120.html.

③ 教育部,国家发展改革委,财政部,等.关于印发《现代职业教育体系建设规划(2014—2020年)》的通知[EB/OL].(2014-06-12)[2024-02-05]. http://www.moe.gov.cn/srcsite/A03/moe_1892/moe_630/201406/t20140623_170737.html.

④ 财政部,教育部.关于建立完善以改革和绩效为导向的生均拨款制度加快发展现代高等职业教育的意见[EB/OL].(2014-10-30)[2024-02-13]. http://www.moe.gov.cn/jyb_xxgk/moe_1777/moe_1779/201502/t20150209_185746.html.

合颁发专项文件,将职工继续教育定义为"继续教育的重要组成部分和现代职业教育的重要内容"①以推动企业职工全员参与、终身学习,推动职业教育与终身学习对接。在高等教育上,教育部、发改委、财政部三部门联合发布专项文件,针对高等教育存在的"同质化倾向严重,毕业生就业难和就业质量低,人才培养结构和质量尚不适应经济结构调整和产业升级的要求"等问题,指出要将"部分地方普通本科高校向应用型转变","转到产教融合校企合作上来,转到培养应用型技术技能型人才上来,转到增强学生就业创业能力上来",②促进中等职业教育与高等教育更好衔接。此外,为对接产业发展战略,2016年教育部、人力资源社会保障部以及工业和信息化部三部门联合印发《制造业人才发展规划指南》,针对制造业"人才结构性过剩与短缺并存、人才培养与企业实际需求脱节"等突出问题,提出要"以创新体制机制为动力,以深化产业与教育融合为抓手,对接制造强国建设战略任务和重点领域,提升人才服务先进制造业发展的能力,健全多层次多类型人才培养体系,为实现中国制造由大变强的战略任务提供坚实的人才支撑"。③ 这是第一个教育部与产业部门联合发布的根据产业发展需求规划人才培养的文件。

总体而言,这一时期我国产教融合政策重点放在职业人才培养过程与产业界建立对接关系,并明确了对接的五个维度:专业设置对接产业需求、教学内容对接职业标准、教学过程对接生产过程、毕业证书对接资格证书,并进一步延伸到职业教育对接终身教育,这五个维度从纵向上形成人才培养过程"链",因此,政策意图是构建一个产教融合的"教育链"。

二、2017—2020年产教融合政策深化阶段的政策发展

2017年国务院出台产教融合专项政策《关于深化产教融合的若干意见》,将产教融合提升到国家战略高度,开启深化产教融合改革时期,直至2021年我国职业教育进入高质量发展阶段。2017—2020年处于我国国民经济和社会发展实施第十三个五年规划期间。我国经济社会发展目标从"十二五"的"全面建设小康社会"转向"全面建成小康社会"。为此,在经济方面设定了"经济保持中高速增长;产业迈向中高端水平,工业化和信息化融合发展水平进一步提高,先进制造业和战略性新兴产业加快发展;创新驱动发展成效显著,科技与经济深度融合,重点领域和关键环节核心技术取得重大突破,迈进创新型国家和人才强国行列"。面临我国经济社会发展、科技发展和产业转型升级的需要对人才队伍建设提出新要求,职业教育领域依然存在"人才培养供给侧和产业需求侧在结构、质量、水平上还不能完全适应"问题,中央与相关部门发布了产教融合相关

① 教育部,人力资源社会保障部.关于推进职业院校服务经济转型升级面向行业企业开展职工继续教育的意见[EB/OL].(2015-06-18)[2024-02-15].https://www.gov.cn/xinwen/2015-07/16/content_2898254.htm.
② 教育部,国家发展改革委,财政部.关于引导部分地方普通本科高校向应用型转变的指导意见[EB/OL].(2015-10-21)[2024-02-13].http://www.moe.gov.cn/srcsite/A03/moe_1892/moe_630/201511/t20151113_218942.html.
③ 教育部,人力资源社会保障部,工业和信息化部.制造业人才发展规划指南[EB/OL].(2017-02-24)[2024-02-15].https://www.gov.cn/xinwen/2017-02/24/content_5170697.htm.

文件 32 份。其中,中共中央以及国务院共发布了 6 份纲领性文件,教育部发文 8 份,人力资源保障部发文 1 份,多部门联合发文 17 份,总数较上一阶段有所增加,且增量集中在多部门联合发文上。

(一)中共中央、国务院提出"构建教育和产业统筹融合发展格局"政策目标

在深化产教融合时期,中共中央、国务院颁布的 6 份纲领性文件中,比较重要的是"2017 年产教融合专项政策"与 2019 年国务院颁布的"职教二十条"。

"2017 年产教融合专项政策"围绕"构建教育和产业统筹融合发展格局"总目标将产教融合目标拓展为五个维度:同步规划产教融合与经济社会发展;统筹职业教育与区域发展布局;促进高等教育融入国家创新体系和新型城镇化建设;学科专业建设与产业转型升级相适应;健全需求导向的人才培养模式。① 从社会系统视角出发,五个维度中"同步规划产教融合与经济社会发展""统筹职业教育与区域发展布局"和"促进高等教育融入国家创新体系和新型城镇化建设"三大子目标均涉及国家顶层设计和资源调配,故纳入宏观层面,并将其概括为"统筹职业教育、高等教育与经济社会融合发展";"学科专业建设与产业转型升级相适应"则居于中观层面;而"健全需求导向的人才培养模式"属于教育子系统,则居于微观层面。与前阶段相比,这一阶段产教融合政策扩展了产教融合政策调整的范围,虽然"五对接"变成了宏观、中观和微观三个层面,但产教融合的范围大大扩展了。其中,宏观层面涉及国家政策的顶层设计和跨地域的资源调配,是新增的对接(或融合)层面,"学科专业建设与产业转型升级相适应"取代"专业设置与产业需求对接",并从人才培养模式范畴中独立出来,从专业设置"适应"产业需求转向学科专业建设"引领"产业转型升级;"需求导向的人才培养模式"涵盖了"课程内容与职业标准对接""教学过程与生产过程对接""毕业证书与职业资格证书对接"以及"职业教育与终身学习对接"四个维度。

2019 年,国务院发布"职教 20 条"明确提出"职业教育与普通教育是两种不同教育类型,具有同等重要地位",并明确"经过 5—10 年左右时间,职业教育基本完成由政府举办为主向政府统筹管理、社会多元办学的格局转变,由追求规模扩张向提高质量转变,由参照普通教育办学模式向企业社会参与、专业特色鲜明的类型教育转变。"②这份文件提升了职业教育地位,并明确了职业教育多元主体办学体制的改革方向。

(二)教育部以学徒制、校企合作项目等策略构建需求驱动的育人模式

教育部为落实中共中央、国务院有关深化产教融合的部署,发布了 8 份产教融合政策文件,聚焦推进产教深度融合,构建需求导向的人才培养模式。这些政策涉及六个方面内容:一是继续推

---

① 国务院办公厅. 关于深化产教融合的若干意见[EB/OL]. (2017 – 12 – 19)[2024 – 02 – 20]. https://www.gov.cn/zhengce/content/2017-12/19/content_5248564.htm.

② 国务院. 关于印发国家职业教育改革实施方案的通知[EB/OL]. (2019 – 02 – 13)[2024 – 02 – 20]. https://www.gov.cn/zhengce/content/2019-02/13/content_5365341.htm.

进学徒制试点工作,并"总结现代学徒制试点成功经验和典型案例,在国家重大战略和区域支柱产业等相关专业,全面推广政府引导、行业参与、社会支持、企业和职业学校双主体育人的中国特色现代学徒制"。① 二是教育部颁布了专项"校企深度合作项目建设工作"的文件,以健全校企合作项目建设机制,推进校企深度合作;推动职业院校面向市场办学,促进新技术、新标准、新规范及时融入教学,提升专业内涵②。三是颁布《全国职业院校教师教学创新团队建设方案》,鼓励职业院校开展教师教学创新团队建设。四是对职业院校制定人才培养方案提出指导意见。五是颁布《关于加强和改进新时代中等职业学校德育工作的意见》,对中等职业学校的德育工作提出要求。六是印发了《教育部产学合作协同育人项目管理办法》,完善产学合作协同育人项目管理办法,旨在"通过政府搭台、企业支持、高校对接、共建共享,深化产教融合,促进教育链、人才链与产业链、创新链有机衔接,以产业和技术发展的最新需求推动高校人才培养改革"。③

(三)人力资源保障部同步推进技能人才评价制度改革

人力资源社会保障部于 2020 年发布《关于支持企业大力开展技能人才评价工作的通知》。该文件指出要"按照党中央、国务院'放管服'改革要求,加快政府职能转变,充分发挥市场在资源配置中的决定性作用,激发市场主体活力,向用人主体放权",支持"企业自主开展技能人才评价、自主确定评价范围、自主设置职业技能等级"等,以深化技能人才评价制度改革。

(四)多部门协作推动产教融合向研究生教育层次延伸

这一阶段,教育部联合多部门发布了 17 份产教融合政策文件,这些文件均涉及跨部门合作或跨地区资源流动。大致分为三类:一是宏观层面上的产教融合。2019 年,发改委、教育部、工业和信息化部等部门联合印发了《建设产教融合型企业实施办法(试行)》,开展产教融合城市建设融入区域经济社会发展规划的试点,在国家层面推进物质形态的产教融合平台建设。二是中观层面上的产教融合。2020 年,教育部办公厅、工业和信息化部办公厅联合印发了《特色化示范性软件学院建设指南(试行)》和《现代产业学院建设指南(试行)》。前者是针对"软件产业的产业学院建设"④,后者是产业学院建设的专门文件,旨在推动学科专业建设与产业转型升级相适应。三是微观层面上产教融合,即围绕构建需求驱动的人才培养模式的产教融合。这个层面上政策出台较多,涉及多方面:首先是构建从中等职业教育到专业学位教育的现代职教体系,为产业转型升级提供人才支撑,这是政策的重点。2020 年,教育部、国家发改委、工业和信息化部等九部门联

① 教育部办公厅.关于全面推进现代学徒制工作的通知[EB/OL].(2019 − 06 − 04)[2024 − 02 − 20].http://www.moe.gov.cn/srcsite/A07/s7055/201906/t20190603_384281.html.

② 教育部办公厅.关于开展职业教育校企深度合作项目建设工作的通知[EB/OL].(2018 − 12 − 31)[2024 − 02 − 20].https://www.gov.cn/zhengce/zhengceku/2018-12/31/content_5441510.htm.

③ 教育部办公厅.关于印发《教育部产学合作协同育人项目管理办法》的通知[EB/OL].(2020 − 01 − 20)[2024 − 02 − 20].http://www.moe.gov.cn/srcsite/A08/s7056/202001/t20200120_416153.html.

④ 教育部办公厅,工业和信息化部办公厅.关于印发《特色化示范性软件学院建设指南(试行)》的通知[EB/OL].(2020 − 06 − 19)[2024 − 02 − 20].http://www.moe.gov.cn/srcsite/A08/s7056/202006/t20200619_466895.html.

合印发了《职业教育提质培优行动计划（2020—2023 年）》①以及两份关于研究生教育改革的文件。②③ 前者旨在构建纵向贯通中等职业教育、专科高职、应用型本科直至专业硕士、博士学位，横向产教融通的现代职业教育体系，为提高国家竞争力提供多层次高质量的技术技能人才支撑。而后者旨在大力发展专业学位教育，为产业转型升级提供人才支撑，改变长期以来研究生培养为科研院所服务的现状。其次，是保障校企合作的法规出台。2018 年，教育部等六部委联合发布《职业学校校企合作促进办法》，旨在推进校企主导、政府推动、行业指导、学校企业双主体实施的合作机制，在人才培养、技术创新、就业创业、社会服务、文化传承等方面开展合作。为职业教育实施校企合作、产教融合发展提供了具体操作性依据和法律保障。④ 此外，多部门还联合发布实施"学历证书＋若干职业技能等级证书"制度、"双师型"师资队伍建设、"产教融合型企业"建设等专项文件。

三、2020—2023 年产教融合政策向高质量发展阶段的政策发展

中共中央、国务院于 2021 年 10 月印发《关于推动现代职业教育高质量发展的意见》（简称 2021 年《高质量意见》"）提出"强化职业教育类型特色、完善产教融合办学体制、创新校企合作办学机制、深化教育教学改革、打造中国特色职业教育品牌"⑤以推动现代职业教育高质量发展。我国的产教融合也由"深化融合"阶段步入"高质量发展"阶段。

2021—2023 年，处于我国国民经济和社会发展实施第十四个五年规划期间，我国经济社会发展目标从"全面建成小康社会"转向"全面建设社会主义现代化国家"的战略安排，为此，在经济方面的目标是，"经济实力、科技实力、综合国力将大幅跃升，经济总量和城乡居民人均收入将再迈上新的大台阶，关键核心技术实现重大突破，进入创新型国家前列。"在教育方面，要"构建高质量的教育体系，促进人的全面发展"。在职业教育方面要"增强职业技术教育适应性，突出职业技术（技工）教育类型特色，深入推进改革创新，优化结构与布局，大力培养技术技能人才"。⑥ 为了落实现代职业教育高质量发展目标，解决职业教育仍存在"人才培养结构与社会需求契合度不够，

① 教育部，国家发展改革委，工业和信息化部，等. 关于印发《职业教育提质培优行动计划（2020—2023 年）》的通知[EB/OL]. （2020 - 09 - 29）[2024 - 02 - 20]. https://www.gov.cn/zhengce/zhengceku/2020-09/29/content_5548106.htm.

② 教育部，国家发展改革委，财政部. 关于加快新时代研究生教育改革发展的意见[EB/OL]. （2020 - 09 - 22）[2024 - 02 - 20]. http://www.moe.gov.cn/srcsite/A22/s7065/202009/t20200921_489271.html.

③ 国务院学位委员会，教育部. 关于印发《专业学位研究生教育发展方案（2020—2025）》的通知[EB/OL]. （2020 - 09 - 30）[2024 - 02 - 20]. http://www.moe.gov.cn/srcite/A22/moe_826/202009/t20200930_492590.html.

④ 石伟平，王启龙. 促进校企规范合作　全面推进产教融合——《职业学校校企合作促进办法》解读[J]. 中国职业技术教育，2018，（10）：15—18.

⑤ 中共中央办公厅，国务院办公厅. 关于推动现代职业教育高质量发展的意见[EB/OL]. （2021 - 10 - 12）[2024 - 02 - 21]. https://www.gov.cn/zhengce/2021-10/12/content_5642120.htm.

⑥ 中共中央. 中华人民共和国国民经济和社会发展第十四个五年规划和 2035 年远景目标纲要[EB/OL]. （2021 - 03 - 13）[2024 - 02 - 01]. https://www.gov.cn/xinwen/2021-03/13/content_5592681.htm.

产教融合体制机制尚不健全"①等问题,打通产教融合"最后一公里",我国政府共发布了产教融合相关文件26份,其中,中共中央以及国务院共发布了5份纲领性文件,教育部发文10份,人力资源保障部发文2份,教育部与多部门联合发文9份。

(一)中共中央、国务院构架"产教融合高质量发展的框架"

"建设高质量教育体系"的目标要求,也是产教融合高质量发展的目标任务。为此,中央共发布了5份产教融合纲领性政策文件,从国家层面部署产教融合高质量发展。其中,比较重要的是以下三份文件:

1. 中共中央办公厅和国务院办公厅联合印发《关于推动现代职业教育高质量发展的意见》,推动产教融合随着职业教育进入高质量发展阶段也随之进入"高质量发展阶段"。该文件主要整合了前期产教融合取得的成果,内容包括:(1)强化职业教育类型定位,构建纵向不同层次贯通横向不同类型教育融通的现代职教体系;(2)完善产教融合办学体制,形成多元办学格局,协同推进产教深度融合,产教融合列入经济社会发展规划;(3)丰富职业学校办学形态、拓展校企合作形式内容,优化校企合作政策环境,完善"金融+财政+土地+信用"激励机制;(4)深化教育教学改革,创新教学模式与方法,改进教学内容与教材,完善"岗课赛证"综合育人机制,完善质量保证体系,强化双师型队伍建设,等等。该文件架构了产教融合高质量发展的框架。

2. 2022年修订的《中华人民共和国职业教育法》。该修订案将以下几方面的产教融合改革成果以法律形式确定下来。首先,确立了"职业教育是与普通教育具有同等重要地位的教育类型",并将"产教融合"写入法律总则要求"职业教育必须坚持产教融合、校企合作"。其次,确立企业办学主体地位。鼓励企业利用资本、技术、知识等要素,举办或联合举办职业学校;奖励参与产教融合的企业,给予产教融合型企业政策性支持;鼓励行业、企业参与职业教育教学资源开发,对企业建设产教融合实习实训基地予以用地、财政支持。再次,行业主管部门按照行业、产业人才需求加强对职业教育的指导、定期发布人才需求信息。最后,确立职业教育"实行政府统筹、分级管理、地方为主、行业指导、校企合作、社会参与"的治理方式。②

3. 2022年12月中共中央办公厅和国务院办公厅联合印发的《关于深化现代职业教育体系建设改革的意见》(简称"2022年《职教体系建设》"),强调现代职业教育体系建设要以"深化产教融合为重点,以推动职普融通为关键,以科教融汇为新方向……",并以"探索省域现代职业教育体系建设新模式、打造市域产教联合体、打造行业产教融合共同体,"③作为现代职业教育体系建设

① 国家发展改革委,教育部,人力资源社会保障部. 关于印发《"十四五"时期教育强国推进工程实施方案》的通知[EB/OL]. (2021-05-20)[2024-02-01]. https://www.gov.cn/zhengce/zhengceku/2021/05/20/content_5609354.htm.

② 全国人大常委. 中华人民共和国职业教育法(2022修订)[EB/OL]. (2022-10-12)[2024-02-21]. https://www.66laws.com/fagui/1981.html.

③ 中共中央办公厅,国务院办公厅. 关于深化现代职业教育体系建设改革的意见[EB/OL]. (2022-12-21)[2024-02-21]. https://www.gov.cn/zhengce/2022-12/21/content_5732986.htm.

改革的战略任务。

进入产教融合高质量发展阶段,中央的纲领性文件在短时间内紧密出台,从政策关注的重点来看,中共中央加紧了现代职业教育体系的构建,该体系的构建以产教融合的联合体建设为重点,由此可见,产教融合是高质量职业教育体系重要构成部分,仍是国家战略重点。

(二)教育部以"一体两翼"建设为核心推动产教融合高质量发展

教育部作为落实中共中央、国务院有关产教融合高质量发展的主要责任部门,在这一阶段发布了 10 份产教融合政策文件。主要聚焦以下几个方面的改革:一是在本科层次职业教育专业设置方面,教育部办公厅于 2021 年印发了专项文件,指出本科层次职业教育专业设置应"体现职业教育类型特点,坚持高层次技术技能人才培养定位,进行系统设计,促进中等职业教育、专科层次职业教育、本科层次职业教育纵向贯通、有机衔接,促进普职融通"。[①] 二是职业院校的师资队伍建设。教育部发布了《关于开展职业教育教师队伍能力提升行动的通知》《关于进一步加强全国职业院校教师教学创新团队建设的通知》《关于做好职业教育"双师型"教师认定工作的通知》《关于实施新时代职业学校名师(名匠)名校长培养计划的通知》《国家级职业教育教师和校长培训基地管理办法(试行)》《全国职业教育教师企业实践基地管理办法(试行)》六份专项文件,对职教教师"标准框架、培养质量、培训体系、培训模式"以及"畅通职教教师校企双向流动"等方面提出要求;[②]明确了"着力打造一批德技双馨、创新协作、结构合理的创新团队,形成'双师'团队建设范式,为全面提高复合型技术技能人才培养质量提供强有力的师资支撑"[③];对"双师型"教师的"认定范围、标准要求、组织实施、监督评价"等方面做出了规定。[④] 三是加紧"一体两翼"的建设。其中,"一体"是指省域产教融合体系;"两翼"是指市域产教联合体和行业产教融合共同体。为贯彻落实"2022 年《职教体系建设》",教育部颁布了《关于开展市域产教联合体建设的通知》对产教联合体的条件要求、组织实施以及建设指标做出规定;而《关于加快推进现代职业教育体系建设改革重点任务的通知》,则以打造"市域产教联合体和行业产教融合共同体"、建设"开放型区域产教融合实践中心、职业教育专业教学资源库、职业教育信息化标杆学校、职业教育示范性虚拟仿真实训基地、较高国际化水平的职业学校"为重点任务,推进现代职业教育体系建设。[⑤]

(三)人力资源保障部颁布"技能中国行动"和"技工教育发展规划"

这一阶段,人力资源保障部共发布了《"技能中国行动"实施方案》与《技工教育"十四五"规

---

① 教育部办公厅. 关于印发《本科层次职业教育专业设置管理办法(试行)》的通知[EB/OL]. (2021 - 01 - 29)[2024 - 02 - 21]. http://www. moe. gov. cn/srcsite/A07/zcs_zhgg/202101/t20210129_511682. html.

② 教育部办公厅. 关于开展职业教育教师队伍能力提升行动的通知[EB/OL]. (2022 - 05 - 24)[2024 - 02 - 21]. http://www. moe. gov. cn/srcsite/A10/s7034/202205/t20220523_629603. html.

③ 教育部办公厅. 关于进一步加强全国职业院校教师教学创新团队建设的通知[EB/OL]. (2022 - 09 - 20)[2024 - 02 - 21]. http://www. moe. gov. cn/srcsite/A10/s7034/202210/t20221011_668830. html.

④ 教育部办公厅. 关于做好职业教育"双师型"教师认定工作的通知[EB/OL]. (2022 - 10 - 28)[2024 - 02 - 21]. http://www. moe. gov. cn/srcsite/A10/s7034/202210/t20221027_672715. html.

⑤ 教育部办公厅. 关于加快推进现代职业教育体系建设改革重点任务的通知[EB/OL]. (2023 - 07 - 17)[2024 - 02 - 21]. http://www. moe. gov. cn/srcsite/A07/zcs_zhgg/202307/t20230717_1069319. html.

划》两份产教融合政策文件。前者对"技能中国行动"的"指导思想、目标任务、基本原则、主要任务以及实施保障"作出了"以培养形成一支基本满足我国经济社会高质量发展需要的技能人才队伍"①规定。后者为贯彻落实"2021 年《高质量意见》",制定了《技工教育"十四五"规划》,指出在"技能人才培养规模和质量需要进一步加强,发展不平衡问题比较突出"的背景下,"技工教育必须围绕国家重大战略部署,瞄准科技革命、产业变革和促进就业需求,从已有条件和自身特点出发,加快技能人才培养,满足高质量发展需求"。②

(四)多部门协同推进"产教融合赋能提升行动"

这一阶段,多部门联合发布了 9 份产教融合政策文件。这些政策文件涉及多部门合作、协同克服产教融合推进过程中的重点难点问题以及产教融合体系化。首先是产教融合的宏观层面上,为贯彻落实"2022 年《职教体系建设》",2023 年 6 月,国家发展改革委、教育部等八部门联合印发了《职业教育产教融合赋能提升行动实施方案》,指出要以"推动形成产教融合头雁效应、夯实职业院校发展基础、建设产教融合实训基地、深化产教融合校企合作"等为重点任务,促进职业教育产教融合赋能提升行动的实施。③ 为落实"十四五"规划,2021 年 5 月,国家发改委、教育部、人力资源社会保障部三部门联合印发了《"十四五"时期教育强国推进工程实施方案》,文件以"巩固基础教育脱贫攻坚成果,深化职业教育产教融合,促进高等教育内涵发展"④为建设任务,推进教育强国建设。同年 6 月,人力资源社会保障部、财政部等五部门印发了《关于全面推行中国特色企业新型学徒制 加强技能人才培养的指导意见》,对中国特色企业新型学徒制培养的"对象和模式、目标和主要方式、内容、主体职责"做出了明确规定。⑤ 同年,多部门还联合印发了《关于实施职业院校教师素质提高计划(2021—2025 年)的通知》、关于印发《职业学校学生实习管理规定》、《关于深化技工院校改革 大力发展技工教育的意见》的通知(2021 修订)分别对职业院校的教师素质提高、学生实习管理以及技工院校的教育改革作出了规定。于 2022 年印发了《关于实施职业教育现场工程师专项培养计划的通知》,计划推进培养"一大批具备工匠精神,精操作、懂工艺、会

① 人力资源社会保障部. 关于印发"技能中国行动"实施方案的通知[EB/OL]. (2021 - 07 - 06)[2024 - 02 - 21]. https://www.gov.cn/zhengce/zhengceku/2021-07/06/content_5622619.htm.
② 人力资源社会保障部. 关于印发技工教育"十四五"规划的通知[EB/OL]. (2021 - 11 - 11)[2024 - 02 - 21]. https://www.gov.cn/zhengce/zhengceku/2021-11/11/content_5650239.htm.
③ 国家发展改革委,教育部,工业和信息化部,等. 职业教育产教融合赋能提升行动实施方案(2023—2025 年)[EB/OL]. (2023 - 06 - 08)[2024 - 02 - 21]. https://www.gov.cn/zhengce/zhengceku/202306/P020230613387957242656.pdf.
④ 国家发展改革委,教育部,人力资源社会保障部. 关于印发《"十四五"时期教育强国推进工程实施方案》的通知[EB/OL]. (2021 - 05 - 20)[2024 - 02 - 21]. https://www.gov.cn/zhengce/zhengceku/2021-05/20/content_5609354.htm.
⑤ 人力资源社会保障部,财政部,国务院国资委,等. 关于印发《关于全面推行中国特色企业新型学徒制 加强技能人才培养的指导意见》的通知[EB/OL]. (2021 - 06 - 23)[2024 - 02 - 21]. https://www.mof.gov.cn/zhengwuxinxi/caizhengxinwen/202106/t20210623_3722988.htm.

管理、善协作、能创新的现场工程师"。①

此外，多部门联合还印发了《全国职业院校技能大赛执行规划（2023—2027年）》《职业学校兼职教师管理办法》（2023修订）、《普通高等教育学科专业设置调整优化改革方案》，对职业院校的技能大赛执行、兼职教师管理以及高等教育学科专业设置作出了规划。

第二节　我国深化产教融合改革面临的挑战

我国产教融合政策密集出台，推动产教融合不断深化。从政策形成阶段的职业教育人才培养过程"五对接"到深化阶段"构建教育和产业统筹融合发展格局"，再到高质量发展阶段"产教融合的高质量发展格局"搭建，取得了一系列成就：一是在法律上确立了职业教育是类型教育的性质与地位，即"与普通教育具有同等地位，不同类型的教育"；突破体制上的障碍，形成"政府统筹、行业指导、校企合作、社会参与"的职业教育治理模式；使企业、社会力量参与职业教育的潜力得到释放，学校办学自主权在"放管服"改革中扩大了；同时，职业教育走"市场化道路"也逐渐明朗。二是架构了从中等、专科、本科直至研究生层次的产教融合的现代职业教育体系。三是基本形成宏观层面的"统筹职业教育、高等教育与经济社会融合发展"、中观层面的"学科专业建设与产业转型升级相适应"以及微观层面"健全需求导向的人才培养模式"三个层次产业与教育融合格局。四是在不同层面创设了不同规模的产教融合体：省域产教融合联合体、市域产教联合体和行业产教融合共同体（简称"一体两翼"），为产教融合提供了物质形态的平台。但是从对接科技发展和劳动力市场需求来看，目前我国现阶段产教融合尚属粗放阶段，进一步深化融合还面临以下几方面挑战：

一、连接产业界需求的国家基本制度依然缺失

从法律上确立职业教育类型特色，从本质上说，我国职业教育的逻辑起点从学科开始转向职业，这是具有里程碑意义的变革。教育与职业世界建立联系，需要在国家层面上进行制度设计。我国学者徐国庆指出，"与西方发达国家的职业教育相比，我们的差距是什么？如果说20年前差距首先体现在职业院校的基本办学条件，那么到了今天，差距主要体现在国家基本制度的完善与否。""从国际比较角度看，缩短与部分发达国家在国家制度构建层面的差距，应该是下一阶段我国职业教育现代化的核心内容。"②从英国经验来看，目前产教融合搭建的框架依然缺失两个连接产业界需求的重要制度：一是国家资历框架，二是国家统一的职教高考制度。

---

① 教育部办公厅，工业和信息化部办公厅，国资委办公厅，等.关于实施职业教育现场工程师专项培养计划的通知[EB/OL].（2022-09-15）[2024-02-21]. http://www.moe.gov.cn/srcsite/A07/s7055/202211/t20221104_932353.html.

② 徐国庆.职业教育实现现代化的关键是完善国家基本制度[J].华东师范大学学报（教育科学版），2021,39(02):1-14.

1. "国家资历框架"缺失

在英国,国家资格框架是连接职业技术教育与劳动力市场需求、促进普职融通、衔接中高等职业技术教育以及对接科技发展趋势的"桥梁"制度。20世纪80年代以来,除了英国,世界各国都在积极推进资格框架及相关制度建设,目前全世界至少有150个国家已经建立了国家资格框架,还形成了欧洲资格框架和欧洲高等教育领域资格框架等7个世界区域资格框架。[①] 建立资格框架以促进职业教育高质量发展是世界各国职业技术教育改革的重要趋势,是构建现代化职业技术教育体系的关键制度举措。

国家资格框架以国家职业标准为基础建立起学习成果导向的学习方案,为各级各类教育的纵向衔接和横向沟通搭建了"立交桥",有利于提高教育和培训的质量,促进普职融通,深化产教融合,畅通人才培养的通道,满足学习者、雇主、高等院校等多方利益主体的需求,也是职教高校招生制度的前置制度或条件制度。我国目前在国家职业资格目录的规范管理下共有72项资格,主要由人社部监管。从2019年"职教二十条"颁布后,我国开始推行"1+X"证书,其中X证书已有447个,数量还在进一步增长。但是我国目前还没有统一的管理各类资格的资历框架及相关制度。我国政府于2016年《中华人民共和国国民经济和社会发展第十三个五年规划纲要》中正式提出建设资历框架,2019年《国家职业教育改革实施方案》《关于推动现代职业教育高质量发展的意见》以及2020年《职业教育提质培优行动计划(2020—2023)》等政策文件中均提出推进国家资历框架及相关制度建设。然而,我国建立国家资历框架困难重重,目前尚未形成国家层面的资历框架及相关制度。

2. 国家统一的"职教高考"制度缺失

目前"职教高考"由省级统筹,各省的运行机制、考核内容、评价方式以及招生方式存在很大差别。有学者指出,"职教高考"缺乏辐射全国的统筹规划,[②]仅让各省进行改革很难达到捋清"职教高考"发展脉络的目的,[③]也不利于实现其衔接中、高等职业教育、促进普职融通、形成技术应用型人才培养体系的制度愿景。其次,标准化建设是统领职业教育发展的突破口,职业教育要严把毕业学生质量标准这一重要关口,[④]需要发挥"职教高考"人才质量监控阀的作用。目前,我国高职分类考试包括春季高考、单独招考、自主招生、中高职衔接、注册入学、免试申请入学等多种方式,招考种类较多,却没有统一的招录标准。[⑤] 有学者指出,这些途径本质上都是自主招生,即高

① European Training Foudation. National and Regional Qualifications Frameworks Overview for CINTERFOR Training [EB/OL]. (2021－07－29)[2023－10－25]. https://www.cinter.org/sites/default/files/file_publication/NQF-RQF_Overview%20CINTERFOR Training-ETF.pdf.
② 鄢彩玲. 关于建设我国"职教高考"制度的建议与思考——德国经验借鉴[J]. 高教探索,2021(08):98－116.
③ 杜濡,杨满福. 我国"职教高考"政策比较研究——以华东地区相关政策为例[J]. 中国职业技术教育,2022,(9):11－15.
④ 国务院. 关于印发国家职业教育改革实施方案的通知[EB/OL]. (2019－02－13)[2021－06－03]. http://www.gov.cn/zhengce/content/2019－02/13/content_5365341.htm.
⑤ 苏教. 全国人大代表、省教育厅厅长葛道凯:建议"职教高考"全国统一[N]. 江苏科技报,2022－03－09.

职院校自行制定标准和流程，具有随意化、无序化的弊端，[1]对统一标准起到解构作用，影响了"职教高考"的科学性和公平性。

此外，"职教高考"作为高考制度形成所需要的一些制度条件，在国家层面尚处于缺失状态，如统一规划的考试课程及其标准，经过统一协调安排的录取名额分配，[2]对各类学习成果进行认证、积累和转换的国家资历制度等，这些重要制度均处于缺失状态。由于考试标准的缺失，目前，在升学导向下，"职教高考"内容与考核方式逐步与普通高考趋同。一方面，中职学校为了提高升学率开设升学班、高考班，加强了对文化课教学和考核的分量；另一方面，职业技能测试未受到足够的重视。比如，浙江省"职教高考"从2021年开始技能测试从全省统考改为由县市组织，成绩计分从原来实际得分（满分150分）转变为过关考试，95％以上学生可以过关，得满分150分。这样"考试指挥棒"下，中职学校纷纷调整课程结构。在本课题组走访的浙江20所中职学校（见附件），都会在课程教授过程中减少一部分的实训技能课程，将学生的实训环节转换为在校内实训基地进行实习，而非进入企业之中进行长时间的轮岗、顶岗实习，同时，当前中等职业学校也越来越重视如语文、数学、专业理论知识等笔试课程的教授。

由于国家统一的"职教高考"制度缺失，中职生的升学渠道比普通生狭窄得多。尽管中职生升学渠道比较多元，但这些途径为学生提供的学校及其专业的选择面比较狭窄。学生只能选择特定专业和特定学校，主要是职业专科院校和数量有限的职业本科院校。近年来，国家鼓励普通本科向应用型本科转型，是拓展中职生升学渠道的重要举措，这在一定程度上扩大学生的学校和专业选择面，但中职生依然没有和普高生一样同等的考入普通高校以及知名大学的机会。从本质上讲，这还是因为普通高校对中职生学业表现并不认可，各省各类"职教高考"成绩尚不能和普通高考成绩等值。提供进一步的受教育机会是"职教高考"制度存在的最重要的目的，若中职生不能和普通高考生获得同等的升学机会，职业教育和普通教育地位同等就只是空谈。

二、连接劳动力市场供需匹配的信息服务平台尚未建立

我国职业教育人才培养供给与产业需求不匹配是当前职业教育改革迫切需要解决的问题。如何将需求侧的信息传递到供给侧，并落实到人才培养过程中，是职业教育对接市场需求的关键。在智能化时代背景下，劳动力市场供需信息的匹配系统建设将大大节约供需交易成本。从英国经验来看，英国在2011年《沃尔夫报告》发表后，积极筹建"全民劳动力市场信息数据库"（LMI for All），将之前分散劳动力市场信息数据整合到统一平台，向公众开放了对公共资助数据集的访问，扩大了高质量劳动力市场信息的使用。这一平台由政府财政投入与统筹规划，华威大学负责营运和技术支持。从平台的运行机制来看，政府部门与产业界权威部门负责收集和分析

① 朱晨明，朱加民. 现代职业教育高质量发展背景下"职教高考"制度建设研究[J]. 教育与职业，2022(06)：21-28.
② 徐国庆. 作为现代职业教育体系关键制度的职业教育高考[J]. 教育研究，2020,41(04)：95-106.

劳动力供需的基础信息；教育部负责劳动力供需信息整合平台建设，也即"全民劳动力市场信息数据库"的建设和监管；外联机制发挥供需信息的匹配作用，也即公共机构、私营部门参与劳动力市场供需信息匹配与传播。这样，劳动力市场供需信息的匹配改变了以往使用劳动力市场信息在政府部门、公共机构、私营组织、院校以及个人之间垂直流动，而且"全民劳动力市场信息数据库"是一个开放的在线信息共享的平台，具有信息权威性、用户需求导向、全民共享、个性化服务等特征，劳动力市场需求侧的技能技术要求经过多次分析、整合传递到教育机构和学习者的供给侧，为学习者开展个性化学习提供支持。

从我国产教融合政策推进来看，政府日益重视产教融合信息服务平台建设。2017 年，国务院办公厅在《深化产教融合的若干意见》中提出建设市场化、专业化、开放共享的"产教融合信息服务平台"。目前，我国部分省市已完成平台建设，主要提供地方产教融合、校企合作项目、地方企业招聘等相关的信息。国家层面的产教融合信息服务平台还在建设中，主要提供产教融合政策法规、公示信息和地方动态等相关信息。显然，产教融合服务平台不同于国家层面的劳动力市场信息共享服务平台。2017 年，教育部印发的《关于进一步推进职业教育信息化发展的指导意见》提出，建构以"1 个职教大脑·数字驾驶舱系统、2 个二级平台、4 个子系统和 4 个分中心"为主体的"国家职业教育智慧教育平台"。由此可见，我国职业教育的供需信息服务平台还是分功能搭建，并没有一个整体的架构设计，也没有将原有的国家统计局、教育部和人社部收集的劳动力供给和需求信息纳入产教融合平台，这表明劳动力市场供需信息未能建立有效联系，也未能通过信息系统进行匹配并传递到教育系统为个性化学习提供支持。

三、连接职业教育供需匹配的市场机制尚未形成

英国经验显示，在职业技术教育治理体系中嵌入适度的市场机制，是促进职业技术教育供需精准匹配的重要机制。2017 年国务院办公厅颁布的《深化产教融合的若干意见》提出，促进产教供需双向对接，规范发展市场服务组织。积极培育市场导向、供需匹配、服务精准、运作规范的产教融合服务组织。可以说，我国职业教育"市场化"改革方向已经明朗，实践上也迈出了坚实的步伐。自 2019 年"职教二十条"颁布以来，我国开始推行"1＋X"证书制度，以社会化机制招募职业教育培训评价组织，开发职业技能等级标准和证书。[①] 目前，我国已经招募到 301 家培训评价组织作为职业技能等级证书的提供者，类似于英国职业资格市场中的颁证组织，说明我国的职业资格认证市场中的供应商要素初步形成。

根据英国经验，资格认证市场除了供应商负责开发资格，其产品是资格及其衍生产品（课程大纲等），还有客户则是提供职业教育的院校，它们构成职业资格认证市场的三大要素。此外，职

---

① 教育部，国家发展改革委，财政部，等.《关于在院校实施"学历证书＋若干职业技能等级证书"制度试点方案》的通知 [EB/OL]. (2019－04－16)[2022－07－14]. http://www.moe.gov.cn/jyb_xwfb/gzdt_gzdt/s5987/201904/t20190416_378206.html.

业院校向供应商购买资格及其服务,供应商之间形成竞争关系,推动供应商提升资格质量,甚至根据市场需求创新资格。

但是从我国当前X证书开发和交付情况来看,市场机制尚未形成。首先,买卖关系尚未建立,目前政府采取财政转移支付形式,向职业教育"培训评价组织"支付开发经费,而并非由职业院校向其购买资格及其服务。招募的"培训评价组织"分工明确,尚没有形成竞争关系。因此,要推动X证书高质量发展以满足产业界需求,需要进一步培育市场要素。

四、职普融通的高中课程结构尚未建立

我国现阶段非常重视职业教育的类型特色。"职教二十条"、新修订的《职业教育法》都强调了"职业教育与普通教育是两种不同教育类型,具有同等重要地位"。这是要求我们关注职业教育和普通教育之间差别,职业教育与经济社会联系更加密切。但是从英国经验来看,英国政府在重建职业技术教育与工作世界之间关系,构建对接市场需求与科技发展趋势的制度机制过程中,非常重视职普融通。如,1986年成立国家资格委员会,1991年推出《职业资格框架》,1997年推出《国家资格框架》,将职业教育资格与普通学历资格纳入其中,并建立等值关系;2008年颁布《学分与资格框架》,彻底打通高中职普课程结构,建立"必修课程+学习路径"的选择模式,形成学术、技术和职业学习三条路径。2016年颁布的《16岁后计划》,尽管强调了技术选择和学术选择的区分,但同时,强调16岁之前(高中低段)学习共同的学术基础课程,并且在18岁设置沟通"技术选择"与"学术选择"两条学习路径的"桥梁课程"。该文件指出,技术教育应建立在所有学生学习核心课程和广博而平衡课程的基础上。否则,技术教育将被视为"容易"的选择而得不到所需的尊重。[1] 因此,职普融通不仅可以消除"知识分层"造成的社会不平等,更是提升职业教育地位,对接科技发展趋势和劳动力市场需求的必要途径。正如美国学者西奥多·刘易斯(Theodor Lewis)认为:"工作场所面临的新状况与全球经济竞争加剧需要我们更加关注高中课程的学术性。"[2]随着智能化时代的到来,工作岗位对高技术人才的需求加大,英国职业技术教育中的学术基础课程包括数学、语言、科学等核心课程的地位得到加强,职普融通的学习项目普遍开展,且职普融通有向高等教育领域延伸之势。[3] 因此,职普融通势在必行。

我国政府在《职业教育法》修正案中也强调:"推进职业教育国家学分银行建设,促进职业教育与普通教育的学习成果融通、互认"。二十大报告强调"推进职普融通、产教融合、科教融汇,优化职业教育类型定位"。报告首次将职普融通与类型定位优化结合在一起,但我国职普融通采用

① Department for Business, Innovation and Skills, Department for Education. Post 16 Skills Plan [R]. London: Her Majesty's Stationary Office, 2016:15—17.

② [英]西奥多·刘易斯. 美国学校改革:杜威的理念能否拯救高中职业教育[G]. 琳达·克拉克,克里斯托弗·温奇. 职业教育:国际策略、发展与制度. 翟海魂等,译. 北京:外语教学与研究出版社,2001:87—97.

③ 倪小敏. 美英两国高中普职融通政策发展的共同趋势——从制度融通到课程整合[J]. 比较教育研究,2019,41(10):52—59.

何种模式,高中阶段的课程结构如何改革等,尚无明确思路和方案。

五、需求导向的职业教育治理体系尚未理顺

凸显职业教育的类型特色,从其质的规定性上讲,职业教育与经济社会发展的联系更为密切,服务于经济社会发展的能力更强,其目的是培养经济社会发展所需要的技术技能人才。这一人才培养目标决定了"职业教育人才培养的逻辑起点是职业,而非学科"。[①] 因此,构建需求导向的人才培养模式是深化产教融合目标,这决定了职业教育的管理链很长,要从产业企业对人才的要求直至教育过程的结束,而现代产业又是以集群方式存在,不同产业群对职业岗位有不同要求或职业标准,而且产业在科技快速变化下不断升级转型,旧的产业消失、新的产业出现,处于动态变化之中。而人才培养目标(或职业资格)也要能够根据产业需求变化进行更新迭代,人才培养过程、内容也相应地做出适度调整,因此,职业教育的治理模式是跨越产业界和教育界的链式的治理体系与灵活运作机制。

从英国经验来看,英国政府构建职业技术教育对接科技发展趋势和劳动市场需求的治理体系与运作机制,是一个流程再造过程,经历了三个阶段:20世纪80—90年代,英国政府通过设立国家职业资格委员会、人力服务委员会以及继续教育拨款委员会构成"就业导向"职业技术教育治理体系,与普通教育治理体系并行,构成"双轨"治理机制。20世纪90年代至2010年,英国进行两次机构改革,第一次改革发生在1997—2003年,英国政府成立资格与课程管理局,合并了国家资格委员会与学校课程评审局的职能,增设负责职业教育拨款的学习与技能委员会和行业技能委员会,形成普职"一体化"治理体系;2003年—2010年第二次机构改革,将职业教育划归到管理高等教育的"创新、大学与技能部"(后来改称"商务、创新与技能部"),以加强中等职业教育与高等教育的衔接,形成"技能导向"的治理机制。2010年以来英国政府,为了推动技术教育,再次进行机构改革,增设了负责开发职业地图与技术资格的"学徒制与技术教育研究所",由"工业联合会+行业技能委员会+学徒制与技术教育研究所+资格与考试委员会+教育与技能资助署"构成"技术导向"的治理体系,这一变革历程说明了治理体系要围绕职业技术教育的发展需要进行调整和重塑,且管理链拉长,需要多部门合作。

反观我国职业教育治理体系,目前面临以下几个问题:一是职业教育与普通教育治理体系"双轨"并行,不利于职普融通。职业教育由教育部的职业教育与成人教育司掌管,与管理普通教育的基础教育司是同级机构,与英国20世纪80—90年代治理体系相似;二是职业教育与成人教育司(简称"职成教司")同人力资源和社会保障部(简称"人社部")职能重叠,主要体现在两个方面:一方面国家职业资格证书长期以来由人社部管理与颁发,现在教育部又推出一套"1+X"证书,两套证书目前都在使用;让职业院校、公众感到困惑;另一方面全日制职业教育由教育部职成

---

① 徐国庆.什么是职业教育——智能化时代职业教育内涵的新探索[J].教育发展研究,2022,42(01):20—27.

教司负责管理,但全日制的技师与技工教育归人社部管理,导致这部分毕业生的学历虽然国家认可,但不属于国民教育系列。由于存在部门之间职能重叠,十分不利于优质技师学院升格为高等院校。三是我国连接产业界的机构缺失,如代言各行业需求、制定职业标准的行业委员会、制定职业线路图和根据职业标准开发职业资格的研究所以及专门管理、发展资格框架等机构,而审核颁证机构和资格的管理机构有教育部和人社部,两者职能重叠。因此,迫切需要重构对接科技发展和市场需求的职业教育治理机制。

第三节　英国经验对我国深化产教融合改革的启示

我国职业教育是在中国特色社会主义市场经济背景下发展起来,在职业教育体系、管理体制及其发展历史与英国有很大差异,不能直接移植英国职业技术教育的发展模式。但两国在谋求对接科技发展和劳动力市场需求的过程中有着共同诉求和相似的困难。英国作为西方发达国家在发展职业技术教育的四十年探索历程中,积累的经验可以给我们以下几方面启示:

一、建立国家资历制度,发展职业资格标准

国家资历制度作为联系工作世界与教育领域的"桥梁"制度,是对接科技发展和劳动力市场需求,落实职业教育与普通教育具有同等地位而类型不同的关键制度。

然而,目前教育部大力推进教学标准建设,尽管在标准建设过程中做了大量行业需求调查,但仍然属于教育领域提出的"教学标准",而非行业制定"职业标准"。因此,欲将体现职业能力的"职业标准"与"学习成果"建立关联,须通过"职业资格标准"建设。实践中,"岗课赛证"一体化培养模式的探索,可以说是弥合"职业标准"与"教学标准"之间差距的努力,但难以产生大面积的效应。因此,这就需要从国家层面上推进国家资历框架及其相关制度的建设,将职业教育评价标准的建设重心从"教学标准"转移到"职业资格标准"建设上。

从英国经验看,《国家资格框架》通过统一的职业资格标准,加强了职业教育与劳动力市场的联系,在普通教育与职业教育之间建立等值,衔接了中高等职业教育,成为英国"职教高考"制度、课程制度、现代学徒制度得以建立的前提和基础,同时为相关管理机构的设置提供制度基础。

借鉴英国经验,我国应加快推进国家资历制度建设,通过资历框架等级标准明确职业教育的评价标准。目前,我国正在推行"1+X"证书,X证书具有职业技能等级标准,这为构建国家资历框架提供了新的契机。X证书的职业技能等级标准目前由职业教育培训评价组织所开发,反映了行业企业的需求,以该标准作为职业教育评价标准的基础,既能解决技能考核难以标准化问题,又能够凸显职业教育培养劳动力市场所需人才的类型特色。因此,我国资历制度的建设应该从现有的X证书为基础搭建一个初始框架,依据现有职业教育专业目录对其他各类各级资格证书进行审查,将符合职业标准的资格以及学历教育证书纳入其中,实现初步的普职沟通和中高等

教育衔接的资历框架搭建,之后不断完善,使其更加科学和灵活,成为促进职业教育供给与劳动力市场需求更加匹配的制度设计。

二、建立国家统一的"职教高考"制度,畅通中职生升学渠道

"职教高考"制度是促进我国职业教育进入高质量发展阶段的关键制度。要建立国家统一的"职教高考"制度,应从评价标准、考试内容、考试方式以及考试结果使用的链式关系进行架构,在国家资历制度为"职教高考"提供统一的评价标准前提条件下,我们可以在考试内容、考试方式以及考试结果使用三个环节借鉴英国经验。

首先,基于"职业群"设计"职教高考"的专业类别和考试内容。我国近年来以专业大类为单位实施"职教高考",以便与高等教育专业对接,扩大学生的升学空间。但学科专业大类的设计起点仍属于学科思维,并非"就业逻辑",难以反映经济社会发展的需要。从英国经验来看,英国政府专门成立学徒制与技术教育研究所专攻职业岗位分析,基于15个"职业群"制定了15条技术教育路线。由于"职业群"共享高水平知识、技能和行为,每条路线具有共同核心知识与技能,路线下设职业专长,由此架构"核心知识+职业专长"的技术资格考试内容结构。这一重新设计确保学生既有广泛的行业相关的基础知识和技能,又能在一门或多门职业岗位进行更深入、专业化的学习,有利于培养学生的可迁移能力,应对技术变革背景下工作岗位大规模交叉融合的变化趋势。因此,我国构建"职教高考"制度时,应责成有关部门进行职业岗位的分析,加快推进"职业群"建设,从"学科逻辑"转向"就业逻辑",基于"职业群"设计"职教高考"的专业类别与内容结构,确保所培养的人才能够应对不断变化的经济社会,胜任某一职业临近的多种工作岗位。

其次,采取在真实情境下考核职业能力的考核方式。技术知识实践性特征要求"职教高考"必须注重在真实情境下考核学生的职业能力。借鉴英国经验,我国"职教高考"中的"职业技能"(包括专业理论知识和技能测试)应采取笔试和实践任务考核结合的方式。专业理论知识可采取书面笔试,由各省考试院组织实施。技能测试是实践能力要求,最能突出"职教高考"的类型特色,因此必须落实到位。针对技能测试难以标准化、执行困难,由谁制定,由谁考核的问题,目前,我国正在推行的"1+X"证书制度,其中,X证书以社会需求、企业岗位(群)需求和职业技能等级标准为依据,对学习者职业技能进行综合评价,如实反映学习者的职业技术能力,能够独立地承担技术或技能评价功能。[①] 可将X证书归入到"职业群"下的相关专业中,由X证书承担技能测试评价功能,即技能测试由X证书的设计和颁发组织——职业教育培训评价组织来承担。目前所遴选的职业教育培训评价组织通常是品牌龙头企业,便于提供技能考核所需的真实任务情境,企业参与评价也有利于确保学生的职业能力符合未来工作的需要。当然这需要建立在我国国家资历框架确立并将"1+X"证书纳入该框架的基础上。

---

① 孙善学. 对1+X证书制度的几点认识[J]. 中国职业技术教育,2019,39(07):72—76.

最后，建立普职成绩等值的"高校招生分数转换"制度。建立"高校招生分数转换"制度，是构建公平、合理的高校考试招生录取制度，拓展中职生升学渠道的基础性制度，其重要性并不亚于国家资历框架。随着职教类型特色的逐步显现，职业教育与普通教育成果的等值转换制度显得尤为重要。英国高等院校招生服务处运用"高校招生分数转换系统"将资格框架中的三级资格证书的成绩转换成分数，从而实现不同资格证书的等值互换。目前技术教育资格证书所兑换的学分相当于三门 A Level，许多知名大学向持有技术教育资格证书学生敞开了大门，提高了职业技术教育的吸引力和地位。因此，"高校招生分数转换系统"是拓宽中职生升学渠道的关键制度。

借鉴英国经验，我国可将"1+X"证书及其他职业技能证书纳入职教高校招生录取制度，拓宽中职生的升学渠道。一是由国家教育主管部门制定相关高校招生规定，统一高校招生的最低要求、程序和监督办法，确保高校招生工作公正、公平；二是由教育部建立"高校招生分数转换"制度，为高校招生提供规范要求和技术支持，借助国家资历框架和职业教育国家学分银行建设契机，对各类资格证书的学习量和水平进行认定，并建立赋分系统；三是学习者的文化素质考试成绩等级和职业资格证书等级可在"高校招生分数转换系统"中兑换相应分数，该分数可作为申请大学的基本凭据；四是普通高校和知名大学的部分应用型专业可以向中等职业院校投放招生名额，可通过设置附加条件，如，文化素质考试的等级要求和含金量高的职业资格证书录取优秀中职生，通过名校影响力吸引优秀学生进入职业教育领域，提高职业教育的地位。

三、培育职业资格认证市场，挖掘职业资格市场的创新潜力

我国政府在政策中言明培养市场导向的中介组织，实践上已经招募了一批职业教育培训评价组织，开发 X 资格证书，正在探索建立职业资格认证市场。借鉴英国重塑资格认证市场经验，要做出以下努力：

首先，培养职业资格认证市场要素。我国引入职业资格市场化运行机制，培育职业资格认证市场要素是关键：

一是培育供应商。职业资格认证市场的供应商即职业资格证书的提供者。以往我国职业资格证书主要由人社部认可或颁发，虽然国家背书使职业资格具有较强的严谨性，但政府的直接管理导致职业资格在劳动力市场认可度低、对市场反应不够灵敏。自 2019 年"职教二十条"颁布以来，我国开始推行"1+X"证书制度，落实"放管服"改革要求，以社会化机制招募职业教育培训评价组织，开发职业技能等级标准和证书。[①] 过去由政府管理的一部分职能将由社会中介机构承担。这些中介机构将成为政府—社会—学校相互联结和沟通的重要纽带。[②] 目前，我国已经招募

[①] 教育部，国家发展改革委，财政部，等.《关于在院校实施"学历证书＋若干职业技能等级证书"制度试点方案》的通知[EB/OL]. (2019－04－16)[2022－07－14]. http://www.moe.gov.cn/jyb_xwfb/gzdt_gzdt/s5987/201904/t20190416_378206.html.

[②] 李成勋. 2020 年的中国：对未来经济技术社会化生态环境的展望[M]. 北京：人民教育出版社，1999：410.

到301家培训评价组织作为职业技能等级证书的提供者,类似于英国职业资格认证市场中的颁证组织,说明我国的职业资格认证市场中的供应商要素初步形成。

二是培育产品,供应商提供的产品即职业资格证书及其衍生服务。我国目前推行的"1+X"证书制度中的职业技能等级证书由企业根据劳动力市场需求开发的,职业技能等级证书及其教育服务,是职业资格市场中的主要产品,也是上文所说的"产品链",包括课程大纲和课程资料、师资培训服务、评价标准和质量保障的设计与实施以及资格证书授予四个方面,体现了职业教育的本质特征。目前,我国已推出447个职业技能等级证书。职业技能等级证书引入竞争机制,不同的培训组织可设置相同或类似的证书,这要求培训组织不断吸取企业真实人才需求,使证书更符合企业需要。①

三是培育消费者。在职业资格市场中,产品的价值由用户来衡量,中等职业学校、学生、高等院校以及雇主,都是职业技能等级证书的消费者。刺激购买者的需求可从以下两方面入手:一是鼓励中高等职业院校积极参与到"1+X"证书制度的推行中,与企业合作,购买职业技能等级证书服务,将职业技能等级标准融入到专业人才培养方案和课程体系中。② 二是加强向学生、企业与普通高等院校的宣传力度,使知名大学、知名企业也成为职业技能等级证书的消费者,通过品牌效应提高职业技能等级证书的吸引力,从而吸引更多消费者。

其次,赋予培训评价组织以市场主体的地位。英国职业资格认证市场改革的经验显示,颁证组织市场主体地位得到确立,才能避免市场失灵,资格认证市场匹配技能供需的功能才得以更好发挥。市场主体是指在市场上从事交易活动的个人或组织。在现代市场经济中,市场主体具有经济性、独立性、平等性的基本特征,即市场主体从事经营活动,具有独立的经济利益、独立自主地参与市场经济活动,并且能够平等地参与市场竞争。③ 我国要建立职业资格认证市场,必须赋予培训评价组织市场主体地位:一是通过立法明确培训评价组织的合法性地位,明晰其权利与义务,使培训评价组织进入主流评价体系,消除民众对其合法性和权威性的质疑;二是落实"放管服"改革要求,使培训评价组织成为具有独立法人资质的企业,独立地从事经营活动。培训评价组织作为职业技能等级证书及标准建设的主体,对证书质量、声誉负总责;三是引入竞争机制,允许培训评价组织盈利。作为市场主体的企业是自负盈亏的经济法人,追求盈利是企业活动的动力和目标,这是有别于其他经济主体的一个重要特征。企业的盈利性是推动社会技术进步,加速商品流通的动力源泉。④ 因此,应允许培训评价组织通过职业技能等级证书颁发适当盈利,允许不同的培训评价组织开发相同或类似的证书,在同一领域自由竞争,由证书的质量决定各培训评价组织所占的市场份额。

① 吴南中,夏海鹰.1+X证书制度下职业院校变革逻辑与推进策略[J].教育与职业,2020(8):5—12.
② 李寿冰.高职院校开展1+X证书制度试点工作的思考[J].中国职业技术教育,2019(10):25—28.
③ 洪功翔.政治经济学[M].合肥:中国科学技术大学出版社,2012:290.
④ 刘莉.转换企业经营机制——大力培育市场主体[J].辽宁大学学报(哲学社会科学版).1993(01):27—31.

最后,发挥政府统筹和监管职能。政府的放权让利是形成职业资格认证市场运行机制的必备条件。在英国职业资格认证市场运行模式重塑后,资格与考试管理局退出对资格的直接管理,转向对资格市场的外部监管,使市场既能有序发展又富有活力和创新能力。我国引入职业资格认证市场运作机制,政府的职能也需要发生转变。一是,由政府直接管理转向政府统筹和宏观调控。将原来由政府机构承担的职业资格证书的开发、考核与颁发职能交由培训评价组织承担。政府则主要负责立法、执法、制定政策、统筹职业教育的大政方针方面的工作。二是,政府应加强对职业资格认证市场的监管、弥补市场不足、促进社会公平。借鉴英国经验,一方面,我国可由专门政府机构,如职业教育和成人教育研究所监管职业资格市场,编写《资格认证市场年度报告》在其官网上公布,增加职业资格认证市场透明度,以帮助大众了解当前的资格市场,并通过市场份额排名增强培训评价组织之间的良性竞争;另一方面还可以委托第三方组织对职业资格认证市场运行效果进行评估,反映各职业领域资格及培训评价组织存在的优势与不足,为政府制定调控政策提供科学依据。

四、建设劳动力市场信息共享系统,建立职业教育供需信息匹配机制

从对英国职业技术教育供需信息系统匹配机制的政策发展、运行方式的分析可以看出,该机制具有政府主导、用户导向、全民共享、个性化服务的特征。具体表现为:政府主导建立了供需信息提供者及其合理职能分工的体制框架、协调的业务机制以及与私营部门行为者互动的外联机制;共享平台——"全民劳动力市场信息数据库"改变了以往使用劳动力市场信息的方式,实现了全民共享劳动力市场信息;公私合营机构、私营机构、雇主、院校等多元社会主体共同参与促进供需信息匹配,提供个性化服务。我国职业教育人才培养供给与产业需求不匹配是当前深化产教融合改革迫切需要解决的问题,可借鉴英国劳动力市场供需信息匹配系统的建构经验。

首先,发挥政府主导作用。劳动力市场供需信息系统的建设和成功运行,需要政府对系统各要素建设的大力支持。目前,我国劳动力市场供需信息系统的基本结构要素还不健全。虽然有国家统计局负责实施劳动力调查,人力资源和社会保障部门负责全国范围内的劳动力市场信息的收集与分析,教育部发布《中国高等教育发展报告》提供高校人才供给信息,教育部学生服务与素质发展中心提供大学生毕业去向信息等,但尚未建立合理的职能分工的体制框架以及统一的、国家层面的劳动力市场信息共享服务平台,劳动力市场信息依然多为垂直流动,从而致使其未能充分发挥应有的效能。此外,我国参与促进供需信息匹配的结构要素发展还不够成熟。因此,要完善我国职业教育供需信息系统及其匹配机制,健全其基本结构要素,务必发挥政府的主导作用。一是健全提供权威供需信息的政府部门,进一步明确各部门在收集和分析供需信息方面的职能分配,并建立关联合作机制。二是大力支持国家劳动力市场信息共享服务平台的建设,为其提供人力、技术及资金支持,开放政府各部门的权威数据,供平台使用。三是培育服务于校企两端的中介组织,使其在校企之间分析、整合与传递供需信息、促进产教供需匹配。

其次，建设国家劳动力市场信息共享服务平台。可靠的、最新的劳动力市场供求信息和数据是促进职业教育供需匹配的关键。我国职业教育供需不匹配的一个重要原因就是信息不对称。借鉴英国经验，我国应建设统一的、国家层面的劳动力市场信息共享服务平台，打破信息不对称，促进职业教育供需信息的结构性对接。

为了落实《国务院办公厅关于深化产教融合的若干意见》的要求，我国部分省市已完成产教融合信息服务平台建设，主要提供地方产教融合、校企合作项目、地方企业招聘等相关的信息，国家层面的产教融合信息服务平台还在建设中。但是，我国正在建设的产教融合信息服务平台仍不是整合、共享职业教育供需信息的平台，平台信息呈现地方化、碎片化的特点，未能充分发挥其应有的效能。未来，国家劳动力市场信息共享服务平台的建设可从以下几个方面着手：一是以政府为引导，联合社会多方力量参与平台打造。仅以政府为主导进行职业教育供需信息的分配与传播，信息资源的配置效率较低。因此，政府应充分发挥引导作用，领导和组织相关教育行政部门、研究机构、行业企业、职业院校等多方力量共同参与国家劳动力市场信息共享服务平台的建设，由平台更高效地传播供需信息。二是基于当前产教融合信息服务平台建设的技术经验，充分利用大数据、云计算等技术支持国家劳动力市场信息共享服务平台系统的建设。打通各政府部门数据库、权威研究机构数据库以及相关信息资源平台与国家劳动力市场信息共享服务平台之间的数据传输通道，并实现平台专业化管理。三是建设权威、系统、全面的信息数据库，充分利用来自政府部门及其他权威研究机构的数据源。四是整合平台信息、实现信息兼容，研发职业指导工具，增强平台的职业教育服务功能，为院校、企业及个人提供个性化、专业化职业教育服务。

最后，加强对产业需求信息的数据收集与科学分析。对需求侧信息进行科学细致的分析是建立职业教育供需信息匹配机制的重要前提和保障。目前我国对产业需求的分析还比较薄弱，对新兴产业不断衍生带来的产业聚集和产业结构转型升级分析不足，专业设置未能对接产业群[①]。而英国在促进供需信息匹配上，采用定量和定性相结合的方法，开展技能需求预测，明确未来对技能的需求，为技能教育和培训体系提供了更多信息[②]。借鉴英国经验，我国未来应加强对产业需求信息的科学分析与预测。一是加强相关部门对基础需求信息的收集和分析。目前，国家统计局和人社部提供基础的劳动力市场需求信息数据，在此基础上，我国应进一步加强对需求信息的分析，尤其是对新兴产业、职业的需求预测，尝试基于全面的分析模型和科学的分析方法，提供全国各地区、各行业、详细的、长期的需求预测，以协助供给侧制定相应的教育和培训政策与规划，指导个人的职业选择。二是鼓励研究机构、公益组织、产教融合服务组织等第三方组织对基础需求信息进行分析，形成劳动力市场情报。劳动力市场情报指的是针对不同受众和使用目

---

① 朱德全.职业教育促进区域经济高质量发展的战略选择[J].国家教育行政学院学报,2021(5):11—19.
② 贾旻,韩阳阳.21世纪以来英国国家技能战略生成动因、内容框架及启示[J].职教论坛,2024,40(1):119—128.

的,对劳动力市场数据和信息进行的解释。劳动力市场情报对职业指导者和教师进行职业指导有很大帮助,所以,我国应向第三方组织免费开放基础的国家劳动力市场数据,鼓励其开发利用这些数据形成劳动力市场情报,并为其研发职业指导和职业教育服务工具提供一定的政策支持,充分发挥其利用劳动力市场情报沟通校企两端、促进供需信息匹配的作用。

五、加强制度机制建设强化校企合作,完善中国特色的现代学徒制

目前,我国现代学徒制正在试点推广过程中,现有的实证研究表明,在前期学徒制试点中存在内外部制度保障体系不健全、企业主动参与面临障碍、教学质量水平整体不高、学生学徒角色冲突明显等问题。[①] 对英国现代学徒制的运作机制研究表明:政府将发展学徒制主导权让渡给雇主,在宏观上立法保障,并通过财政税收激励雇主、培训提供者以及个人参与,统筹学徒制的发展;雇主通过制定学徒制标准、参与技能培训的方式主导学徒制培养的技术技能及与之匹配的理论知识;培训提供者依据雇主需求实行理论和专业技能的培训,满足雇主、学徒个人需求;学徒个人从学徒制中受益的同时,为雇主提供生产性劳动。四方合作形成合作共赢、利益共享的运作机制。借鉴英国经验,完善我国现代学徒制,需要做好以下几方面工作:

(一)设立学徒制专门法

我国的现代学徒制法律建设尚处于初步探索阶段,目前学徒制相关制度仍停留在倡导阶段,规范化、制度化不足,尤其在专门立法方面存在缺位。反观英国,其在以立法的形式规范学徒制方面相当成熟,尤其是专门法《学徒制、技能、儿童与学习法案》(2009)的出台,使得英国现代学徒制有法可依,走上法治化的道路。借鉴英国经验,我国需要对现代学徒制进行专门立法。首先,要在法律法规中清晰界定我国现代学徒制的内涵、涉及对象及其法律地位;其次,要明确学生学徒的学习培训达成标准、所要完成的课程、具体实行的程序以及如何进行评估考核等;最后,要明确实行现代学徒制的各主体如政府、职业院校、企业及学生学徒等的权责义务,如,教育部职业院校中国特色学徒制教学指导委员会等相关部门的职责作用。同时相关法规政策并不是一成不变的,必须与时俱进,并不断修订与完善。

(二)设立学徒制专项经费

英国现代学徒制的成功很大程度上是因为解决了经费问题。英国通过征收学徒税设立学徒制服务账户这一专项资金的方式为学徒制提供经济保障,吸引了小企业的积极参与。现代学徒制在我国仍属于新生事物,需要政府加大经费支持力度。中央政府可以通过设立学徒制专项经费的方式对实行现代学徒制的企业与职业院校给予财政补贴。此外,《教育部办公厅关于全面推进现代学徒制工作的通知》中明确指出,要根据地方经济社会发展需求系统规划现代学徒制试点

---

① 周晨栋,郝天聪. 现代学徒制发展为何困难重重? ——基于现代学徒制试点验收总结报告的分析[J]. 职业技术教育,2022,43(36):15—20.

工作。① 除中央的财政补贴外，各地可结合实际情况，投入一定的资金到学徒制专项经费，给予实行现代学徒制的单位相关经费支持。严格规定学徒制专项经费只能用于补贴实行学徒制的相关成本。在资金分配的过程中，加大对产业发展急需、技术性强、办学成本高的相关专业的补贴力度。对于难以维持现代学徒制的地方区域，各政府也要及时提供资金帮助。

（三）构建需求驱动的校企合作育人模式

为主动适应我国经济发展新常态，主动融入产业转型升级和创新驱动发展，提高现代学徒制服务地方经济社会发展的能力，需要不断加强产教融合、校企合作，给予企业一定自主权，构建需求驱动的产教融合育人模式，促进企业参与积极性。英国的现代学徒制虽为企业主导，但仍能为我国构建现代学徒制产教融合模式，实现校企双主体协同育人提供一定的借鉴。

1. 专业设置对接产业需求

我国现在的职业院校大都是按照专业对学生进行组织教学和专业训练，专业是院校根据社会劳动分工需要和学科体系内在逻辑而划分的学科门类。然而，我国职业教育专业对接经济社会产业的程度并不高，专业设置滞后于产业体系的转型，导致学生所学并非产业、企业所需。② 英国的学徒制根据职业群设置专业路线，紧跟经济发展与改革的步调，根据产业需求不断提升学徒制的层次，在学位学徒制中开设管理、数字技术、工程技术等专业。③ 借鉴英国经验，我国职业院校在进行专业设置的时候，也要切实洞察市场需求，应让产业代表参与到实行现代学徒制的职业院校的专业设计中来，从产业需求出发，建立紧密对接产业链、创新链的专业体系，使得专业设置围绕产业需求，专业结构紧密对接产业结构。位于不同地区的职业院校应主动对接当地的产业需求，优化校内的专业结构和布局，服务区域、行业的发展需求，形成具有特色优势的专业群，使人才培养更好地与当地创新要素资源对接，与经济开发区、产业聚集区的创新发展对接。

2. 课程内容对接职业标准

我国大部分职业院校的校企合作开发课程是由专业教师和相关企业工作人员合作进行的，然而课程建设培养目标在全面性和发展性方面与行业或企业对接存在偏差，在针对学生未来就业能力储备方面欠缺有效性，对企业的切实人才需求缺乏反馈。④ 在这方面，英国政府邀请雇主们参加以雇主为基础的称作"开拓者"（Trailblazers）的小组来编制新学徒制标准（New Apprenticeship Standards），确定学徒制的内容与标准，而学位层次学徒制，企业还可以参与到职业院校的课程设计当中。我国在对课程进行设计时也可以参照企业团队的意见，或是让企业代

① 教育部办公厅. 关于全面推进现代学徒制工作的通知［EB/OL］.（2019－06－04）［2023－06－20］. http://www.moe.gov.cn/srcsite/A07/s7055/201906/t20190603_384281.html.

② 朱德全. 职业教育促进区域经济高质量发展的战略选择［J］. 国家教育行政学院报，2021，281（05）：11—19.

③ Universities UK. The Future of Degree Apprenticeship［EB/OL］.（2016－03）［2023－06－20］. https://dera.ioe.ac.uk/26180/1/FutureGrowthDegreeApprenticeships.pdf.

④ 张胜玉. 高职院校校企合作开发课程的实践研究——评《高等职业院校校企合作文化建设研究》［J］. 中国高校科技，2023，416（04）：115.

表直接参与到相关课程的设计中来,把行业企业的一线需要融入到职业院校的课程改革上来,推进课程体系需求传导式的改革,使得毕业生能够具备行业企业所要求的职业能力,在人才培养层面建立起稳定的校企合作关系。此外,英国现代学徒制注重培养中、高级学徒的读写和计算能力以及沟通、解决问题能力等"核心"或"关键"技能;注重培养高等学徒和学位学徒的理论知识。在产业技术不断升级改造的今天,我国现代学徒制课程设计时也要注重学生学徒的理论学习,培养其读写、计算等可转移的能力。

3. 教学过程对接生产过程

培养应用型技术技能型人才是我国现代学徒制的职责使命,因而必须以实践能力培养为重点,加强人才培养中的实验、实训、实习环节,防止出现理论知识与实际相脱节的现象,培养出具有良好职业操作技能和较强实践能力的人才。在英国实行现代学徒制的过程中,无论哪种层次类型的学徒,其在工作场所中的时间总是占比较大,采用终点评估的方式对学徒进行考核,尤其注重在实际工作中发展学徒的能力。因此,我国一方面要加强职业院校实验实训实习基地建设,根据生产、服务的真实技术和流程构建知识教育体系、技术技能训练体系和实验实训实习环境;另一方面,加强校企合作,使得学生学徒能够长时间进入真实的企业环境进行实践学习,掌握课堂中所没有的隐性知识,获得在真实工作场所中必备的技术技能。在培养学生的读写能力和计算能力等基础能力时,也应考虑到与实践教学相结合,确保学生有机会能够在工作场所应用所学习的内容,达到学以致用。在对学徒进行评价时也应注重理论与实践相结合。

(四)加强对学生学徒的引导与保障

从学生学徒发展情况来看,我国现代学徒制存在学生对现代学徒制认可度低、学生学徒相关保障不足的问题。[①] 参考英国实行现代学徒制的经验,学生学徒是现代学徒制的重要参与者,该群体的积极参与是学徒制能够持续发展的重要因素,要进一步关注该群体的诉求。首先要消除学生对现代学徒制的模糊认识。可以让现代学徒制走进中学进行宣传,让学生以及家长提早认识到现代学徒制这一人才培养模式,打消学生与家长的顾虑。其次在学徒期,要给予学生学徒经济上的保障。切实维护学生的利益,在保证学生有最低工资及其他福利等经济收益的同时,做好未成年人的法律保障工作;政府也可设置一些例如优秀学徒奖项对学生进行激励。最后,要让学生学徒得到身心发展上的保障。要保证学生学徒无论在工作场所还是学校,都能够有充分的学习时间。同时企业与职业院校要共同为学生学徒做好职业规划,教授可转移的技能,保证其长远的发展。

(五)大力发展本硕层次学徒制

英国的现代学徒制正在不断往高层次发展。从层次看,学位学徒制受欢迎度逐渐走高,如从

---

① 周晨栋,郝天聪. 现代学徒制发展为何困难重重? ——基于现代学徒制试点验收总结报告的分析[J]. 职业技术教育,2022,43(36):15—20.

2017/18学年的4.8万人上升到2019/20学年的8.2万,将近翻了1倍。[①]从培养机构看,大学越来越多地参与培训。[②]学位学徒是对学徒应用型综合技能的全面开发的一种人才培养模式,是产业界与教育界的进一步深度融合,这种人才培养方式能够保障英国高等学徒制与普通高等教育的相互沟通和等值。在经济不断发展,技术不断革新的今天,我国的学徒制也应该向高层次发展,拓展学徒制层次,促进大学等高等教育机构加入到学生学徒的培养中,利用高等教育在人才培养方面的优势,与企业共同合作,积极探索发展本硕层次的学徒制,让高等教育机构参与到本硕层次的学生学徒评价当中来。一方面满足经济转型与技术升级的需要,一方面满足学生学徒升学的期望,培养高水平的应用型人才。同时要做好各个层次类型的学徒制之间的衔接工作,打造一套具有中国特色的现代学徒制进阶与评价体系。

六、构建需求导向的职业教育治理体系,建立横向联系的工作机制

建立需求导向的人才培养模式,是凸显职业教育类型特色具体体现。职业教育的需求导向,就是对接科技发展和市场需求。党的十九大报告也提出,要转变政府职能,建设人民满意的服务型政府。因此,随着构建需求导向人才培养模式的提出,我国职业教育治理体系及其运作机制也要做相应的调整,建立需求导向的职业教育治理体系。

根据英国经验,20世纪80—90年代,撒切尔夫人主政时期,为了解决高失业率,促进经济复苏,英国政府积极构建就业导向的职教体系,其职业技术教育的治理体系也从行政导向向就业导向转变,形成"工业联合会+国家资格委员会+继续教育委员会+人力资源委员会"横向联系的治理体系,1995年英国教育和就业部取代教育和科学部;进入21世纪,随着知识经济时代的到来,英国政府推行技能战略,试图通过提升技能水平,促进经济增长,积极构建普职融通的技能导向的职业教育体系,此时,英国政府的治理体系积极向技能导向的治理体系转型,形成"工业联合会+行业技能委员会+资格与课程管理局+学习与技能委员会"横向联系的治理体系,2001年教育和技能部取代教育和就业部;进入智能化时代,英国政府促进"职业教育"向"技术教育"转型,治理体系相应地转向"技术导向"治理体系,形成"工业联合会+行业技能委员会+学徒制与技术教育研究所+资格与考试管理局+教育与技能资助署"横向联系治理体系。由此可见,中央管理部门应该根据职教改革目标变化做出适时适当的调整,理顺政府机构职能,发展政府统筹的多元主体参与的链式的治理体系。借鉴英国经验,治理链的始端是产业部门的代言机构,然后是分行业代言机构、根据行业"职业标准"开发"职业标准"和发展资格制度的研究机构、发展资格制度和审核资格的管理部门、颁发资格的教育管理部门,最后是财政拨款部门。为此,我国构建需求导

① House of Commons-Library. Apprenticeship Statistics. [EB/OL]. (2021 - 03)[2021 - 05 - 04]. https://www.parliament.uk/commons-library|intranet.parliament.uk/commons-library.
② 朱镜人.英国现代学徒制的经验和启示——基于对接劳动力市场的视角[J].教育科学研究,2022(01):73—78.

向的职业教育治理体系，需要做好以下几方面工作：

首先是培育产业界的代言机构，能够为产业界的技能需求发声。目前我国产业界全国性的社会性组织有"中国工业合作协会（简称：中国工合 CIC）"，是具有经济性、统战性、国际性、综合性的全国性社会组织。其任务是：搭建信息化大背景下政府与企业、企业与企业间的桥梁与平台，为制造业转型升级赋能，促进新兴产业加快发展；以团标为契机，抓好标准、检测、认证三位一体工作，助推"标准化＋"行动，提升产品和服务品质，服务供给侧改革。① 其性质与任务类似英国的工业联合会。但与英国工业联合会在职业技术教育和培训中发挥的作用相比，我国政府还需进一步放权赋能，使其能够发挥以下职能：一是研究我国产业分布状况，划分"职业群"。目前，英国划分了 15 个职业群，而美国划分了 16 个职业群。未来"职业群"必然取代"专业大类"，因为"专业大类"基本上从学科逻辑出发，而职业群则从"职业逻辑"出发，可使职业教育类型特色真正落地。二是发布技能需求调查报告，提出技能教育改革的建议。按照英国经验，英国工业联合按年度发布的《教育与技能调查报告》，标题都依据该年度调查的结果与结论而厘定，聚焦当下商业企业最亟待解决、最突出的教育和技能问题。"新职业主义"思想最初就是源于英国工业联合会的报告，后来风靡全球。三是开发职业标准框架和岗位能力分析方法。中国工业合作协会作为各行业的领导机构，有开发"团标"基础，应该开发一个适用所有职业群的《职业标准框架》和等级描述法，指导各行业代言机构开展岗位能力分析，并开发行业职业标准。

其次是培育行业代言机构。行业代言机构如同英国"行业技能委员会"，接受工业合作协会的领导，其涵盖的企业应该属于同一"职业群"，群内的企业恰好形成"产业链"。产业链，是指各类组织为完成某项生产任务而在上下游不同环节建立业务关系的链式网络。② 这样有利于促进"产业链"与"教育链"对接。其主要职责是在工业合作协会指导下开发本行业的职业标准，将本行业的技能需求转化为职业标准，制定本行业的职业线路图。如英国"数字"行业职业群的职业线路图，包含数字化生产、设计与开发、数字商业服务、数字支持服务三条职业路径；职业路径下设业专长，数字支持服务路径下设：数字基础设施、网络电缆、通用通信和数字化支持四个职业专长。对各类职业专长人才需求作出预测，并进行长期监测和动态更新。

再次，设立根据行业"职业标准"开发"职业资格标准"与职业资格制度的研究机构。根据"职业标准"开发"职业资格标准"，并发展资格制度。根据英国经验，目前由学徒制与技术教育研究所开发技术资格。这需要行业专家、技术员、教育专家共同参与研发，因此，最好设置专门的标准办公室或研究所来承担这项工作。目前，我国人社部和教育部职成教司都在开发资格，而发展管理资格的资格制度的重任无处着落。应该将这部分专家整合到一个研究所，共同开发国家资历

① 中国工业合作协会.中国工业合作协会简介［EB/OL］.［2023 - 12 - 20］. http://www. chinagungho. org/site/content/188. html.
② 邓志新.适应性背景下现代产业学院的运行机制研究——论产业链、教育链、人才链、创新链的关系［J］. 中国职业技术教育,2023(31):47—53.

框架与职业资格标准。

最后，理顺管理职业教育机构的权责。目前人社部和教育部职能交叉，如果两机构职能从"重叠"走向"衔接"将大大提高工作效能。人社部具有规范人力资源市场、完善职业资格制度的经验，可由人社部牵头研究所、工业合作协会和行业代言机构，制定"国家资历框架"及其相关制度，开发职业资格标准，培育职业教育培训评价组织，发展"1＋X"证书等工作；由教育部承担职业教育和培训工作，包括全日制职业教育和技师、技工培养，根据资格证书，开发教学标准、大纲、课程，颁发资格证书。

综上，通过相互衔接的产业界、研究所、中介组织、教育管理等部门承担管理链上各环节职责，构建需求导向的职业教育治理体系，才能真正落实职业教育的类型特色，才能真正实现深度的产教融合。

附　录

"升学"转型背景下中等职业教育面临的问题与对策研究
——基于温州地区 20 所中职学校的实证调查

倪小敏　叶加德　张凯程

【摘要】中等职业教育正处在从"就业"导向向"升学"导向转型的历史转折点上,对当前中职教育发展现状、面临问题和对策研究十分必要。本研究对温州地区 20 所中等职业学校进行了实证调查,结果表明:当前温州区域中职教育现状呈现多样化发展态势、社会认可度逐步提升、中职学校分布及专业设置与产业基本匹配、产教融合模式创新等特征。同时也面临传统专业转型升级困难、学校经费使用存在障碍、企业参与产教融合积极性不高等问题。针对上述问题,提出地方政府引导中等学校确立合理定位和长远规划;建立政府、中职学校、企业和中介组织"多元治理"格局;设置本土职业教育研究所,在企业和中职学校之间架设"桥梁";完善校企三元、工学一体的校企合作模式,加快区域公共实训产业园建设等建议。

中等职业教育从"就业"为主向"升学"为主转型,这是我国职业教育高质量发展的需要,也是我国中等职业教育发展历程中的重要转折点。这一政策转向,不仅关乎毕业生去向,而且关乎中职学校转型。从"就业"为主转向"升学"为主,意味着中职学校从对接工作"岗位"向对接升学"专业"转型,中职学校如何应对这一转型?存在怎样的困难?需要怎样的配套政策予以支持?为此,我们开展了一项对温州中等职业学校办学现状的实地调研,为政府和中等职业院校高质量发展中等职业教育的提出对策建议。

一、调查对象和方法

本次调研对象是温州地区的 20 所中等职业学校,类型上兼顾公办、民办学校,地区分布上覆盖温州市各县市区,在样本选择上具有一定代表性。在调研方法上,采用半结构式访谈法,访谈对象为调研学校的校长、副校长、教导主任、实训处处长以及温州市教育局职成教处负责人。调研时间为 2021 年 8 月 6 日至 2021 年 9 月 15 日;2023 年 8 月再次回访个别学校。

二、调查内容

本次调查内容分四部分:1.学校基本情况,包括专业设置、招生情况、毕业生的就业和升学情况;2.专业设置与地方产业发展的匹配情况,包括传统专业的转型升级以及新办专业情况;3.人才培养上的创新模式,包括校企合作与学徒制上的实践探索;4.当前学校发展中遭遇的困难。

（一）温州市中等职业学校发展现状

根据走访的 20 所中职学校访谈内容,结合学校网站信息以及温州市教育局职成教处负责人访谈和网站信息,得到温州地区中职学校发展现状如下:

1. 温州市中等职业学校多样化发展趋势明显

调研发现,当前温州地区中职学校的发展表现出"多样化"的特征。办学主体、区域经济状况、专业设置等条件不同以及地方教育主管部门的引导下造就了中职学校之间多样化的发展格局和各异的校园特色,使温州地区中职学校办学呈现"百花齐放"的态势。

首先,温州中职学校办学主体多样性发展。温州市现有中等职业学校与技师学院共计 44 所,其中公办学校 35 所,民办学校 9 所。办学主体相当多元,除政府办学外,还涉及公民个人办学、社会组织办学(教育集团)、社会团体办学(工会)、企业办学等,不同的办学主体为中职学校带来了独特的校园文化与管理模式,避免了中职学校出现"千校一面"的景象。

第二,中职学校为学生提供了多样化的发展路线。调研的大部分中职学校都设有升学班、就业班和中高职一体班等不同种类的班级,根据学生的中考和入学考试成绩进行初步的分流。升学班的学生在掌握技术技能的同时加强文化课和专业理论知识的学习,可以通过社会考生身份参考普通高考或"单招单考"升入高职或本科院校深造学习。而就业班的学生在经过 2 年的技能学习并考取职业技能证书后可以进入合作企业进行一年的顶岗实习,为毕业后的就业发展铺平道路。而中高职一体班则为学生提供了中职和高职无缝衔接。此外,中职学校之间也开展合作项目,以"1+2"的办学模式共同培养专业人才,如苍南县职业中等专业学校和温州护士学校合办护理专业、龙港市职业中等专业学校和温州市职业中等专业学校缔结"1+1"办学联盟等。中等职业教育灵活的学制安排和多样化的路径,给予学生更多的选择,打造出了不同于普通教育的多样化发展轨道。

2. 中等职业教育质量社会认可度日益提升

普通教育与职业教育是具有同等地位,不同类型的教育。但是由于传统观念的影响,职业教育在大众心目中是义务教育阶段后"无奈的选择",职业教育的发展也因此受限。本次调研中,我们非常关注公众(家长和考生)对职业教育的认可度。考察的指标是各中职学校新生中超过普高分数线学生所占的比例及其变化趋势。

我们发现温州地区的中等职业教育质量社会认可度日益提升。中考分数高于普高最低控制线的学生愿意放弃入学普通高中的机会,进入中等职业学校就读的比例不断上升。如温州市职业中等专业学校在2021年招生中,有超过50%的学生中考分数高于普通高中最低控制线,其中新能源汽车运用与维修、电子商务、数控技术应用等实验班学生最高分数甚至可以达到560分,超过控制线40余分;温州市瓯海职业中专集团学校同样受学生和家长青睐,2021年招生中共有200余位普高分数线上的学生报考工业机器人、数字媒体技术、电子商务等重点专业。其他各县域头部中等职业学校招生分数高于普高控制线的生源大都占25—30%左右。可以发现,近年来家长与学生对于中等职业学校的认可程度正不断提高,并且仍然呈现上升的趋势,越来越多的学生愿意在普通高中和中职学校之间选择中等职业学校的优势专业就读,这在很大程度上为中等职业学校提供了优质生源,推动中职学校健康发展。

3. 中职学校分布及其专业设置与区域产业分布基本吻合

中等职业教育相较于普通高中教育最大的特点在于,学校专业设置对接地方社会经济发展提供人才支持。在本次调研过程中,调研学校的专业设置在对接地方产业发展上表现良好,各所中职学校根据地方支柱产业设置学校特色专业,为地方产业发展输送人才;同时根据温州新时代产业发展趋势积极探索新型专业建设,力争做到"用明天的技术教育今天的人才",为区域产业升级注入新的动力。具体体现在以下几个方面:

首先,学校布局上,温州中等职业学校布局与温州市产业园分布基本吻合。截至2021年,温州市已初步形成了"3+12+N"产业平台体系:其中3是指浙南产业集聚区、瓯江口产业集聚区和浙南科技城;12是指温州市12个主要的经济开发区、工业园区等平台,园区面积共计165平方公里,园区内部共有2075家规上企业,分布于温州各个县市区。而温州中等职业学校分布情况与温州产业平台体系分布基本吻合,为产业平台、园区的发展提供了强有力的后备人才支持(见图1)。

其次,专业设置上,各学校根据地方支柱产业、企业布局安排专业设置,调整、升级学校传统专业,同时根据地方发展需求创办新兴专业,如平阳县是数控、箱包、宠物等产业集聚地,平阳职业中等专业学校开设数控、汽修、电子电工、机械等对口专业,其中数控专业取得省级特色专业;乐清市虹桥职业技术学校依托地方机电产业发展优势,开设机电机械类、信息技术类、财经商贸类三大专业群,支持地方工业发展,并在此基础上创设增材制造技术、工业机器人、网络信息安全等新技术专业;龙港市职业中等专业学校抓住地方印刷产业发展契机,开办平面印刷媒体技术专业,并与北京印刷学院合作设立函授学院,打通人才发展立交桥;温州技师学院全面对接温州"5+5"新产业布局,积极探索平面设计、康养餐饮、跨境电商、智能装备制造、人工智能技术应用、新能源汽车等新兴专业;温州市职业中等专业学校也在原有专业的基础上,新开设物联网、电子数控技术、网络信息安全等专业支持滨江经济开发区产业发展;温州市瓯海职业中专集团学校开

温州市中等职业技术学校与产业园分布图

平台、学校 行政隶属	工业园区或平台(个)	中等职业技术学校(所)
鹿城区/市属职业学校	1	15
瓯海区	1	1
龙湾区	3	1
洞头区	2	1
瑞安市	2	6
乐清市	2	5
永嘉县	1	3
平阳县	1	4
苍南县	1	5
龙港市	1	1
文成县	0	1
泰顺县	0	1
合计	15	44

图1　温州市中等职业技术学校与产业分布图

设眼镜工艺与设计、物联网技术应用(智能锁)、现代物流等专业,支持瓯海区特色产业发展。各个学校结合区域支柱产业开办特色专业,凸显办学特色。

4.中职学校在产教融合、校企合作中发展创新模式

各所中职学校开展的校企合作、产教融合机制也是当前温州中等职业教育支持地方经济产业发展的重要模式。有学者将我国当前职业教育校企合作模式分为浅层合作、专项深度合作、全面深度合作三类[①],在对温州市20所中等职业学校进行深入访谈之后,我们发现这三类模式在当前的温州中等职业学校中普遍存在。

浅层合作中,企业与中职学校的合作关系表现为短暂的、临时性的合作,例如企业为中职学校的专业设置提供建议意见,组织学生到企业内进行短期的参观学习,安排企业高级工程师、企业领导等人员为学生进行授课或讲演;专项深度合作模式中,企业与学校在某一方面开展层次较深的合作,其中以订单班为代表模式,中职学校实践教学与企业招生招工一体化;全面深度合作中,合作方式不再仅局限于某一专业班级的人才培养,而深入到学校教育的方方面面。近年来,温州中职学校与企业的合作方式也在进行不断地创新,涌现出如"厂中校"和"校中厂"等新颖的模式,构建校企利益共同体。如温州市瓯海职业中专集团学校开设眼镜设计与工艺专业,在校内与企业合作建立了9个国内领先的实训中心,涵盖眼镜设计、研发、生产、检验的各个阶段,除了引入企业先进的流水线生产设备外,设立首个浙江眼镜质量检测中心,为企业提供质量检测服务;

---

① 王文槿.关于校企合作的企业调查报告[J].中国职业技术教育,2009(02):23—25+41.

又如,平阳县职业中等专业学校计划与三星配件公司开展合作,将配件生产线引入校内,一方面解决了学校实训设备投入的问题,另一方面解决了企业用工荒的问题,一线师傅可以直接莅临现场进行教学,学生足不出校便可以学习生产一线的技术技能。

此外,我们也发现了许多学校在校企合作、产教融合方面开展了创新性的尝试,构成了温州中等职业教育支持地方经济发展的创新模式,在校企合作的基础上引入高职院校这一主体,形成了"三元融合"的新模式。

乐清市虹桥职业技术学校与吉利集团、浙江汽车职业技术学院合作,学生通过"3+2"中高职贯通培养的方式进入虹桥职业技术学校就读,完成中职 3 年学习任务后即可升入浙江汽车职业技术学院进一步就读。而在 5 年的学习期间,学生都可以前往吉利集团汽车生产车间进行专业实训,吉利集团也为学生提供了丰富的学习资源,这样的合作模式在保证学生学业发展的同时,也可以为企业输送更多的职业技术人才。瑞安市职业中等专业教育集团学校与温州职业技术学院及地方企业在电子、电商等专业开展中职学校、高职学校、地方企业"三元融合"的现代学徒制,突破了校企合作 3 年的时间限制,为瑞安当地的企业提供了长学制培养的优质劳动力资源,将中等职业教育中人的发展与经济发展两大目标紧密融合。

5. 当前温州地区中职毕业生以升学为主流

本次调研过程之中,虽然调研的中等职业学校在办学主体、发展方向、专业设置等方面的发展现状各不相同,但是以升学为导向、逐渐减少就业班的数量是当前中等职业学校发展过程中的共同趋势。在调研的 20 所学校之中,除了温州市里仁科技职业学校因为经费、场地限制全部举办就业班之外,其余中职学校每年升学人数均超过就业人数,如平阳县职业中等专业学校的升学与就业人数比为 7∶3,其中 30% 的学生通过中高职一体化培养直接升学,40% 的学生通过职教高考的模式进一步升入高等教育,且高考升学率为 96.7%;温州市龙湾区职业技术学校每年升学人数占年级总人数的 80%,并且学生的升学成绩优异,在部分班级之中,学生参加职业教育高考的本科率可达 20%—30%;而在地方龙头职业学校中,升学人数占总人数达到 95%,每年招生的 2 000名学生之中,仅有 100 人会选择在毕业之后直接就业,其余的学生都会通过各种渠道,如职教高考、高职提前招生、中高职一体化培养("3+2")、中本一体化培养("3+4")等模式升入高等教育阶段进一步学习,即使是选择直接就业的学生,大部分在工作一段时间后也会选择通过高校扩招、成人教育、函授教育等方式进一步学习,愿意坚守在就业岗位上的学生人数少之又少。

三、中职生"升学"转型背景下中职学校面临的困境

此次调研过程之中,涌现出了许多新颖的中职学校发展模式和创新机制,但是中职学校在招生、专业建设、校企合作的过程之中仍然面对许多困难,特别是中职生从就业为主向升学为主转型中,中职学校从积极与企业对接、合作,"掉头"寻找与高职院校、本科院校合作,遇到前所未有的困难和挑战。具体梳理如下:

1. 中等职业教育传统专业转型困难

在本次调研中,虽然龙头学校每年都可以定额甚至超额完成招生任务,但是大部分学校在传统优势专业招生过程之中存在生源不足,专业"冷""热"不平衡现象严重。热门专业如电子商务类、计算机类、电子电工类等专业受到家长的普遍欢迎,往往招生通道开放几个小时后便可以完成招生,但是如烹饪类、汽车维修、财务会计、市场营销等传统"热门"专业在当下招生正在趋于"冷门",出现招生人数无法招满的情况。

在对这些招生存在困难的专业进行分析之后,可以发现其大致可分为以下两类:第一类专业已经不符合经济发展需求,无法适应地方产业升级,因而被视为"夕阳"专业,无法吸引学生家长报名,这类专业需要淘汰或是进行一定的专业升级以扭转这种招生局面;第二类专业具有良好的发展前景和师资、设备配置,但是由于家长对于职业教育的认知不够深入,仍然不被广大学生选择,如烹饪专业、家政服务专业、印刷媒体技术等专业,虽然在当下这些专业仍然具有广阔的发展空间,但是大部分学生家长对于专业的认知仍然停留在旧有阶段,如认为烹饪专业就是当厨师、印刷专业的工作环境就是脏、乱、差,家政专业就是当"保姆",这种认知偏差使得家长在报名时既不愿意选择此类专业,也不愿意对该专业进行进一步的了解,导致招生遇到困境。

此外,一些学校在对专业进行撤并、转型的过程之中也并非一帆风顺。首先,专业转型意味着原先专业的一部分师资无处可去,不同于普通教育简单的学科设置,从事职业教育的教师大多具有很强的专业性,其所教授的课程只适用于某一特定的专业,专业撤并或是进行升级意味着教师要么不能继续进行教学工作,要么则需要进一步学习新的专业技能培训以配合专业升级发展,这对于职业教育的教师而言无疑是一件具有挑战性的事情。其次,专业升级过程中原有设备废弃现象严重,而新办专业设备经费投入缺口较大,职业教育相较于普通教育而言需要更大的经费投入,从调研情况来看,除了瓯海区政府对瓯海职业中专集团学校的眼镜设计与工艺专业进行较大投入外,其他县市的财政难以供学校进行大规模的专业升级,这也成为当前职业教育专业发展的障碍之一。

2. 学校经费使用存在阻碍

在温州市的中等职业教育系统之中,公办学校占据了主导的地位,如前文所述,温州44所中等职业学校(含技术学院)中,公办学校有35所,占总量的近80%。公办学校的办学经费由地方政府财政直接拨款,教职人员受教育局统一管理,这在一方面意味着公办学校相较于民办学校拥有更加稳定的经费来源和体制内的人员编制,但是另一方面也意味着在财政经费使用方面公办学校有着诸多的限制。

首先在设备采购上,职业学校受到的限制较大。中等职业学校不同于普通高中,需要大量的设备投入以供学生进行技术技能学习,而所需的设备大多具有一定的品牌、型号、功能要求,才可以满足学生教师的日常使用。但是目前体制下的财政拨款意味着中等职业学校在设备采购上受到财政规定的诸多限制,各个中等职业学校并不具有采购的自主权,只能按照政府规定的型号进行采购,而这样的设备往往无法满足专业技能教学的特殊化需求,中等职业学校便陷入所需要的设备无法采购,而采购的设备又无处使用的尴尬局面。同时中等职业教育在实训过程中往往需要大量的消耗性材料投入,材料的价格随市场变动较大,但是财政预算是提前做好的,也就意味着无法预见市场的变动情况,导致中等职业学校常常出现采购资金不足的情况。学校经费使用自主性的缺乏严重阻碍了中等职业学校的发展。

其次在校企合作中,中等职业学校也面临着困境。当前中等职业学校的产教融合、校企合作机制大多停留在浅层合作阶段,其中一主要原因便是深度合作中学校与企业的资金投入、盈利后分成存在较大问题。以"校中厂"为例,企业想要在学校内部设立生产流水线,意味着需要占用学校的场地,同时需要耗费一定的水电费用,并且会在生产过程之中有一定的利润产生。如果企业不支付学校投入的成本,则意味着学校使用公共资源为企业创造了收益,涉及到"国有资产流失"的相关问题;但另一方面,假如企业愿意支付学校水电等相关的成本费用,学校又没有接受的渠道,意味着这一笔资金是无法申报说明的;此外,当生产线产生利润,学校可否分享部分"盈利"也是颇具争议的问题。这些边界不清的问题,使中等职业学校在开展深度产教融合的过程中往往多方面受阻,一不小心便会构成违法行为。当中职学校囿于"国有资产流失"问题不敢进行尝试时,校企合作项目的实施开展自然受到阻碍。

3. 产教融合企业参与积极性较低

虽然在此次调研过程中我们发现了较多职业学校的创新机制,但是在产教融合、校企合作方面仍然存在一定的不足,除了前文中提到的资金问题阻碍了中等职业学校进行创新尝试以外,企业缺乏合作积极性也是当前校企合作中的瓶颈。学校与企业开展合作更多依靠的是校长的面子而不是企业自主自愿的行动,是当前中职学校中普遍存在的问题。

中职学生的外流问题也是当前校企合作难以开展的重要因素。以现代学徒制为例,在现代学徒制开展的过程之中,学校负责对于学生进行基础的文化课、专业理论课程教授,企业则为学生的技能实训提供场地,并配备经验丰富的技术工人进行指导,而这样的合作模式得以开展的前提便是,中等职业学校的学生在毕业之后会有一部分进入企业工作,成为企业的优质劳动力。这样基于人才培养的互助关系才可以促成现代学徒制的开展。但是在当前的中等职业学校实践中,学生在毕业后大部分选择继续升学,即使是订单班的学生也有很大一部分会违反入学时与企业签订的协议,选择升学而非直接工作,这也就意味着企业在现代学徒制的合作过程之中,既需要付出大量的人力、物力成本,甚至干扰正常的生产工作秩序,但是又没有财政补贴与支持,甚至在学生毕业后也无法获得优秀的技术工人,这样的情况就导致了校企合作的"动力"缺失。

最后,温州地区的企业缺乏一定的"前瞻性"也是校企合作难以开展的原因之一。温州当下有众多的小微企业,其在企业规模和资金实力等方面尚处于初级发展阶段,对于企业也缺乏一定的长远规划,部分生产者仍然以"企业利润"作为企业发展的唯一导向,而忽视人才培养的社会价值和长远利益,只有大型企业往往会重视技术人才培养的相关工作,如瑞立集团、永久集团等企业创办自己的中等职业学校为企业培养后备人才,但是这样的企业办学在温州地区尚未形成"潮流"。

4. 企业用工环境不尽人意

企业对于中职人力资源的不规范使用也成为中职学生毕业后选择升学而非就业的一大原因。在调研中我们也发现,虽然中职毕业生直接就业可以获得一定的薪资,但是加班、用工超时的问题较为普遍,许多学生就业单位为私人企业,规模较小,管理体制、制度不健全,容易出现不规范用人的现象。有学者通过数据分析发现,浙江省就业的中职毕业生中有近 20% 的没有享受任何社会保险,侧面反映出用人单位雇佣不规范,中职学生就业层次仍然较低的问题①。对于就业后用工环境的担忧会促使中职学生选择继续升学而非直接就业,即使直接就业的学生,因为年纪较小,社会经历浅、承受能力弱等原因,往往无法长久留在企业之中,从而形成了大量的人才流失。

四、对策建议

从上述调研结果和原因分析来看,温州市中等职业教育要高质量发展,遭遇不少困难,但也迎来了职教大发展的机遇。2021 年教育部明确,温州和台州两市职业教育整合推进,打造"部省共建"的"温台职教高地",其主要政策指向是"形成政府统筹管理、社会多元办学的格局,以制度创新推进温台职业教育与民营经济融合发展"。政策利好、制度空间打开、资源投入,这些举措不仅缓解当前中职面临的问题,也为温州市中职教育转型升级打开空间。因此,如果抓住这一机遇,按照职业教育内在发展逻辑,借鉴国际职业教育改革的经验,对我市中职教育体系进行重构和塑造。本研究提出以下对策建议:

1. 地方政府引导中等职业学校确立合理的办学定位和长远发展规划

从调研结果来看,中等职业教育培养目标从"就业"为主掉头转向"升学"为主,给企业、中等职业学校带来不少压力,高等职业教育的质量也难以保障。一些学校领导,也表达了困惑。随着实践推进,国家层面上政策解读日趋明朗,教育部职成教司在 2022 年工作重点中指出,"当前,中职教育存在办学定位不适配,……要调整定位。中等职业教育是职业教育的起点而不是终点,推动中职学校多样化发展,从单纯'以就业为导向'转变为'就业与升学并重',抓好符合职业教育特点的升学教育,在保障学生技术技能培养质量的基础上,加强文化基础教育,扩大贯通培养规模,打开中职学生的成长空间,让中职学生就业有能力、升学有优势、发展有通道。②"这说明,中职教育的目标定位从"就业"导向转向"就业和升学并重",而非"一刀切"的"升学"。国家政策打开了

---

① 俞佳飞. 高等教育普及化进程中的中等职业教育:现状、困境与对策——基于浙江省中职毕业生发展状况的调查[J]. 职业教育(下旬刊),2020,19(05):3—12.
② 教育部职业教育与成人教育司. 关于 2022 年职业教育重点工作介绍[EB/OL]. (2022 - 02 - 23)[2023 - 10 - 27]. http://www.moe.gov.cn/fbh/live/2022/53982/sfcl/202202/t20220223_601491.html.

中职"升学"空间，同时为"就业"也留足了"余地"，这为地方政府谋划中等职业教育多样性发展拓展了空间。从国际经验来看，现代职业教育体系服务于产业链全链条，技能供给要适应区域经济社会多层次发展需求。温州区域"5＋5"产业发展规划，传统五大产业升级重塑，同时培育智能化、数字化新产业，尽管需要大量高等职业院校培养的高级技术技能人才，同时仍需大批中级"蓝领人才"充实到传统产业的生产、服务一线。温州市里仁科技职业学校坚持就业导向，发挥计算机专业教育优势，毕业生受用人单位青睐，说明温州区域对中级人才需求依然旺盛。因此，在这一转型期，地方政府应该引导中等职业学校根据市场需求、自身办学条件以及学生和家长意愿，合理设置升学或就业班额，切忌过度追求"升学率"，关注"升学率"的同时，也关切"就业率"和"就业质量"。而中等职业学校更不能追求"升学率"而削弱技术技能教学和训练，应该借助《温州市中等职业学校基础能力达标提升三年行动计划（2021—2023 年）》，提升学校硬件设施建设，结合考虑区域产业发展规划制定学校长远发展规划，实现办学质量质的飞跃。

2. 建立地方政府、中职学校、企业和社会组织的多元治理的格局

职业教育主要特征是与工作世界密切联系，并随工作世界的变化而变化，只有这样职业教育才能为地方经济、企业提供优质劳动力。本次调研中发现，各校遭遇的问题基本聚焦于中职学校与企业合作产生"利润分配问题""国有资产流失问题""中职学校经费使用权限问题""企业参与产教融合积极性不高"以及"中职学校传统专业转型、升级困难"，这些可归结为"政府失灵"。要从根本解决这些问题，急需建立政府、中职学校和企业和社会组织之间的"多元治理"的格局。在实践上，就是落实国务院提出的"放管服"，提升政府治理职业教育的能力。多元治理，就是政府向学校、企业和社会组织分权①。让政府"管不到""管不好"的事务分给其他相关主体，进行共同管理，分担责任，推动职业教育健康发展。

首先，地方政府还要进一步放权。此次调研中，中等职业学校的自主权缺乏是限制中等职业学校发展的重要原因。比如，"中职学校经费使用权限问题"急需突破，政府应退出诸如经费使用等学校内部管理事务，赋予中职学校在购买实训设备、聘请企业骨干劳务费等方面自主权，从审批制向监管制转变，激发中职学校办学主动性、积极性和创造性。

其次，地方政府运用税收优惠政策激励企业参与校企合作。当前企业参与校企合作的积极性不高，很大程度上由于企业在校企合作中得不到直接实惠，且人才"外溢"严重，即自己参与培养人才可能被同行企业"挖墙脚"。根据国际经验，政府予以企业一定税收优惠甚至补贴，能够有效提高企业参与校企合作。比如，英国政府 20 世纪 90 年代推行现代学徒制，一开始并不受企业欢迎，由于建立了岗位补贴制度，并与税费减免挂钩，企业参与合作、提供学徒岗位的积极性大大激发。因此，地方政府应制定相关政策，根据校企合作、产教融合、现代学徒制协议，给予相应的税收优惠，激励企业参与校企合作、产教融合和现代学徒制的模式创新。

---

① 褚宏启.绘制教育治理的全景图:教育治理的概念拓展与体系完善[J].教育研究,2021,42(12):105—119.

再次,地方政府要培育社会中介组织,作为联系企业和学校的纽带。在调研过程中,中职学校普遍反映"传统专业转型、升级困难""开办新专业无从下手"等问题。其原因在于我国目前职业教育治理体系缺失行业协会、职业教育研究所(智库)等社会中介组织的连接,这是我国长期实行计划经济形成的管理格局。学者徐国庆指出,对学校而言,没有中间机构能够提供企业的人才需求信息,人才培养目标及规格滞后,课程设置落后,教材内容陈旧等问题层出不穷:一旦市场需求发生变化,没有任何组织能够提供相关的预警信息,这大大增加了职业院校的办学难度。[①] 因此,地方政府需要培育行业协会(或学会),以及职业教育研究所等中介组织参与到职业教育治理中。

最后,地方政府还要进一步发挥"元治理"作用。在调研中,研究者发现温州地方政府在学校专业设置上发挥了积极引导作用,并取得了一定实效,如学校多样性、特色化发展的格局。但是随着校企合作深入,还是有许多政策空白地带以及原有政策与实践发展不相适应的地方,因此,地方政府发挥"元治理"作用,就是出台相关政策条例,明晰资产产权、使用权、利益分配、学生权益保护等关系,营造安全、健康、可持续发展的职教发展政策环境。

3. 建立本土职业教育研究所,在企业和中职学校之间架设"桥梁"

上文从多元治理体系的角度提出建立职业教育研究所等中介组织的必要性,这里进一步展开讨论本土职业教育研究所可以发挥的作用。

首先,建立本土职业教育研究所(智库)利于提升企业人才需求与中职院校的教育供给的匹配度。温州地区企业大多为中小企业,随着智能化时代的到来,对于新技术发展趋势、所需人才应具备哪些技能大多不能准确预测与描述,很难直接与中、高等职业学校直接对接;加之我国不像欧美国家,行业协会作为企业的代言者将企业需求反馈到职业院校,这里就非常需要建立沟通企业需求与职业教育供给发挥"桥梁"作用的研究机构或智库。本土职业教育研究所一方面可以为企业提供专业技术人才需求分析、管理模式升级建议以及指导企业开展技术创新,另一方面可以将企业需求信息加以整合,定期发布地方产业发展人才需求报告,增加劳动力市场需求透明度。

其次,本土职业教育研究所对中等职业学校开展专业创新或专业转型升级提供专业支持。随着温州地方经济不断转型升级,对于中等职业学校的专业设置也提出了更高的要求。仅凭借中等职业学校本身开办新专业以及专业转型升级较为困难。在英国,开办新专业或者专业转型升级,不仅需要做大量前期的产业发展需求的调研工作,还需要对未来产业发展需求进行预测,对工作场所中承担任务和工作流程进行解码和分析,开发新的职业标准和培养方案,是由专业教育公司的课程团队在国家"学徒制和职业教育技术研究所"指导下开发,开发周期为3年。[②] 在调

---

① 徐国庆.中介组织参与职业教育改革的机制分析——以美国为例[J].教育发展研究,2021,41(7):53—60.

② Crossfields Institute. How to Develop a Qualification? [EB/OL]. (2017 - 09 - 16) [2023 - 10 - 27]. https://crossfieldsinstitute. com/qualification-development/.

研中,我们也发现一些职业技术学校高校学校寻求专业培养方案修订意见,说明这方面中职院校有着强劲的需求。如果建立本土职业教育研究所(智库),在专业学者、业内人士以及中职学校教师的共同努力下,温州职业教育的供给与需求的匹配度将大大提升。只有实现"(企业)市场需求—专业机构分析与指导—学校专业与课程调整"的良性循环体系,才可以真正使职业教育培养模式与用人市场需求、职业教育毕业生的就业质量问题的目标紧密结合。

4. 完善校企三元、工学一体的校企合作模式

当前中职学校的合作模式主要有两种,在升学方面,以中高职合作为主流模式,开展"3＋2"贯通制升学,帮助学生在不接受职业高考的条件下便可以升入高等院校进行进一步的学习。就业方面,以校企合作为主流模式,学生可以到合作企业中顶岗实习,学习企业先进的技术技能,接触前沿装备,为将来的就业打下基础。但是在当前中职学校的发展过程中,两种合作模式都受到了一定的阻力。高职学校为了进一步升格成为本科院校,逐年减少中职学生录取比例,中高职一体化培养模式近年来正逐渐缩减规模;同时校企合作方面因为中职学生以升学作为毕业后的主流选择,学校难以为企业输送人才,企业合作动力不足,难以推进深度合作。

为了应对这两种合作模式的逐步消失,部分中等职业学校正在探索"校企三元 工学一体"的三方育人模式。"校企三元"指中职学校、高职院校和合作企业,"工学一体"指学校招生即招工,学生与高职、中职、企业签订协议,在中高职进行 5 年制的专业学习,期间企业提供部分课程技能教学以及实训机会,毕业后学生直接在合作企业就业,如乐清市职业中等专业学校在电子技术应用专业开展合作,乐清市虹桥职业技术学校在工业机器人专业上开展三元合作,这种创新模式在满足学生发展需要的同时,既确保了学校和企业的共同利益,也有助于将学生引流回到地方,支持地方经济发展,解决当前中等职业教育从就业为主向升学为主转变过程之中的矛盾,地方政府应进一步探索、完善中高职三元合作模式,并加以大力推广。

5. 加快建设区域公共实训产业园

实训教学是中等职业教育中最具特色的部分,技能实训既可以培养学生的实践能力,同时也可以让学生提前了解企业的生产模式,为今后的就业工作奠定基础。当前中等职业学校的实训模式主要是校企合作,企业比较欢迎半年至一年的实训模式。由于中职学校转向升学为主导,导致中职人才培养方案中增加语文、数学等文化课教学时间,缩短实训时间,目前多数学校安排学生在企业生产线上开展 2—3 周的轮岗实训。但是这样的实训方式,企业参与的积极性更低。这对学校安排实训形成了较大压力,部分学校转为校内实训,实训的质量较难得到保障。因此建立一个由政府牵头,大型企业为主体,小型企业与学校共同参与的公共实训产业园区是相当有必要的。

公共实训产业园区建设,已经有多个地区开展了尝试,如乐清市域有正泰集团计划建立的物联网产业园区,不仅可以汇聚各个物联网企业,共用基础设施,推动产业发展,还可以为中等职业学校提供统一的实训场地,保障人才培养的质量。同样,温州技师学院计划在学校内建立公共实

训产业园区,投入资金购买先进智能设备,向全市中等职业学校开放,为中等职业教育提供优质的公共服务。

公共实训园区的建立,政府的投入、引导和制度创新是至关重要的。形成政府提供土地,企业投入设备并提供实训指导,中等职业学校付费使用场地设备,让提供公共实训园区的企业适当盈利的制度供给,不仅提升企业参与职业教育的积极性,也为各地中等职业学校开展实训提供便利并保障实训质量。

6. 优化用工环境

在此次的调研过程之中,我们发现虽然中等职业学校的学生就业率较高,普遍达到了95%以上,意味着只要想就业的学生都可以在毕业之后直接就业,但是学生就业质量参差不齐。整体上看,当前中等职业教育毕业生就业仍然面临就业薪酬低、工作劳动强度大、工作表现不佳遭体罚等用工"粗暴"问题,导致中职生留岗工作时间不长等现象。这集中表现在"订单班"学生在毕业后离职率很高,留岗比例仅为10%左右,其中,部分中职生辞职离开用人单位,并选择进一步提升自身的学历居多。这样的选择无疑对订单制的培养模式乃至整个中等职业教育体系的发展都造成了巨大的阻碍,究其原因,主要在于企业不重视《劳动法》,政府监管力度不够。针对以上现象,优化中职学生用工环境是十分必要的举措。

首先,应当强化政府宏观管理职能,做好产业引导和企业帮扶工作,各级政府应加强对于区域内企业用人情况的依法监察,对于存在不合规范用人现象的企业要求其及时整改,中职学校也可以与企业结成互助同盟,帮助企业实现管理体制升级和技术创新;其次,要积极创造高质量的就业岗位,高质量就业岗位的创造需要依靠地方经济发展提质增效和产业结构的转型升级,优化的产业结构将不断促进社会保障完善、薪酬待遇提高、工资条件改善。温州政府应当进一步推动"5+5"产业战略升级,加快革新五大传统产业,同时助力五大新兴产业发展,为学生创造更加广阔的发展空间[1];最后,应当建立政府授权的以专业研究所为主体的职后就业质量监测体系,运用信息化手段动态监测学生毕业后的就业状况,开展就业质量与生涯追踪工作,客观评估每家就业单位的就业质量,真正关注到学生的生涯发展,为其提供更好的就业环境服务。

7. 建立温州区域各类人才供需信息平台

随着中等职业教育毕业生去向选择转向升学,中职毕业生就业人数正在急剧减少,然而中职毕业生在当前的就业市场上仍然是炙手可热的人才,企业招聘长期面临着难以招到优秀技术人才的困境。有学者研究发现,当前我国中等职业学历人才仍然受到市场的热烈欢迎,并且大部分企业雇主也表达出对于中职学历人才职业素养的认可[2],可见中等职业教育的毕业生在我国产业发展中发挥着重要作用。虽然人才市场表现出对于中等职业人才的高度认可,但是当前部分中

---

① 张阳. 高职学生高质量就业的困境与对策研究[J]. 教育与职业,2021(18):60—63.
② 欧阳俊,卜涛. 雇主对中职学生用工满意度:成就、问题与建议——基于全国中等职业教育满意度调查及评测[J]. 中国职业技术教育,2021(1):14—21.

等职业学校学生仍然面临就业对口率低、薪酬待遇不满意的窘境。此外，由于扩招政策突然放开，高职毕业生就业潮也很快到来，就业形势将十分严峻。而另一方面，"企业对于高级技术人才一人难求"现象依然存在，其主要原因在于职教的供给与人才需求信息不对称。因此，中职毕业生需求信息平台的建设十分必要，考虑到人才需求信息的公共性、普惠性、共享性和多样性，建议政府建立囊括中、高级职教毕业生以及普通高校毕业生的"温州区域各类人才供需信息平台"。具体来说：

首先，温州区域各类人才供需信息平台的建设应由政府牵头建设，成为政府人力资源部门的强大数据资源，同时服务于企业、求职者、各院校、研究者等利益相关者。目前，尽管市场上有政府的人才交流中心以及各种私立人才介绍所、猎头公司等求职服务机构，但各区域上没有打通，基本上低、小、散，因此，迫切需要建立政府作为信息主体、私立机构参与的温州区域各类人才供需信息平台。从理论上讲，私立机构能够提供这类信息，但是这类信息有公共物品方面的属性，加之公众对政府提供信息在质量和公正性上的信任，政府牵头建立温州地区各类人才供需信息平台十分重要，而且与打造"数字浙江"战略目标高度一致，从长远发展眼光来看，有可能融入国家人才供需信息平台网络。从国际上看，英国于2014年建立了全国性的、向所有个人、机构、企业免费开放的"全民劳动力市场信息数据库"（LMI for ALL），该系统为人力服务机构、研究机构预留了许多接口，以便进行数据整合、分析、挖掘，为求职者和企业提供个性化服务。[①] 而美国的 O＊NET Resource Centre 与英国 LMI for ALL 具备类似功能。因此，我市及早布局和投入人才供需平台建设十分必要。

其次，温州区域各类人才供需信息平台建立将有利于职业教育供给和人才需求的匹配度。该信息平台不同于现有人才交流中心仅起收集企业岗位需求信息和求职人员信息的作用，其重要功能还包括对供需信息进行匹配、信息整合和市场预测功能，有利于利益相关者（包括政府）获得本土劳动力市场供求信息，经过职业教育研究所的分析与挖掘，为中高职院校的新专业设置和传统专业转型升级提供行动指南。对于不符合市场需求的、人才冗余的专业，学校应当及时调整专业设置，对于传统专业进行撤并或者升级，以满足劳动力市场的人才需求。对于市场缺少的相关专业人才，职业教育研究所应引导学校组织建立相关专业，根据自身师资、设备的相关情况适当扩张专业规模，为地方经济提供对口人才。只有实现"专业设置—企业反馈—毕业生反馈—专业机构分析与指导—课程专业调整"的良性循环体系，才可以真正使职业教育培养模式与用人市场需求相匹配，与解决职业教育毕业生的就业质量问题的目标紧密结合。

---

① Department for Education. Labour Market Information (LMI) for ALL—Stakeholder Engagement and Usage, Data and Technical Developments (Research Report)［EB/OL］.（2018－06－07）［2023－10－27］. https://assets. publishing. service. gov. uk/media/5b190c1ced915d2cc0270caf/Labour_market_information_for_all.pdf.

五、结语

本次调研发现,当前温州地区的中等职业教育发展状况良好,学校正在创新职业教育办学模式,逐步实现多样化、高质量办学,为地区输送大量高素质、高技术、高技能人才。但中等职业学校的发展也正在面临转型,由过去的以就业为导向的发展路线逐步转向"为升入高职院校打基础",同时,面临对接温州"5+5"产业发展战略需求,因此,温州区域的中等职业教育面临前所未有的压力,老的问题尚未解决好,新的问题接踵而来,既是发展契机也是重大挑战,走好这一步棋,对温州地区产业发展、经济社会发展将提供强大支撑。因此,政府需要引导中职学校合理定位,建立政府、学校和企业"多元"治理格局,完善"校企三元、工学一体"的校企合作创新模式,加大和发挥公共集训园区、信息基础设施、科研院所建设等方面的投入和引领作用,助力温州地区中等职业教育高质量发展。

主要参考文献

一、英文参考文献

（一）白皮书与政府报告

［1］ Bridget W, Waugh J. Rationalising VET Qualifications: Selected International Approaches ［R］. Adelaide: NCVER, 2020.

［2］ Claire J, Hillage J, et al. Evaluation of National Skills Academies［R］. London: BIS, 2011.

［3］ Coles M. A Review of International and National Developments in the Use of Qualifications Frameworks［R］. Amsterdam: the European Training Foundation, 2006.

［4］ Department for Business, Innovation and Skills. Skills Investment Strategy 2010－2011［R］. London: BIS, 2009.

［5］ Department for Business Innovation and Skills. New challenges New chances: Further Education and Skills System Reform Plan: Building a World Class Skills System［R］. London: BIS, 2011.

［6］ Department for Business, Innovation and Skills. Current Models of Collaboration Post-14 Further Education［R］. London: BIS, 2015.

［7］ Department for Business, Innovation and Skills and Department for Education. Post-16 Skills Plan［R］. London : Her Majesty's Stationery Office, 2016.

［8］ Department for Business, Energy & Industrial Strategy. Industrial Strategy: Building a Britain Fit for the Future［R］. London: Department for Business, Energy & Industrial Strategy, 2017.

［9］ Department for Education. The Importance of Teaching: The Schools White Paper 2010 ［R］. London: Her Majesty's Stationery Office, 2010.

［10］ Department for Education. Apprenticeship Funding in England from May 2017［R］. London: DfE, 2015.

[11] Department for Education. Educational Excellence Everywhere[R]. London: Her Majesty's Stationery Office, 2016.

[12] Department for Education. Careers Strategy: Making the Most of Everyone's Skills and Talents[R]. London: DfE, 2017.

[13] Department for Education. T Level Action Plan2018[R]. London: DfE, 2018.

[14] Department for Education. Construction: Design, Surveying and Planning – T Level Outline Content: Final Version for Inclusion in ITT[R]. London: DfE, 2018.

[15] Department for Education. Implementation of T Level Programmes — Government Consultation Response Technical Annex[R]. London: DfE, 2018.

[16] Department for Education. Apprenticeship Off – the – job Training [R]. London: DfE, 2019.

[17] Department for Education. Apprenticeships Programme[R]. The National Audit Office, 2019.

[18] Department for Education. Labour Market Information (LMI) for All 2017 to 2018[R]. London: DfE, 2019.

[19] Department for Education. Developing and Enhancing a Labour Market Information Database: LMI for All Stakeholder Engagement and Usage, Data and Technical Developments(2018 – 2019)[R]. London: DfE, 2020.

[20] Department for Education. Enhancing a Labour Market Information Database: LMI for All Stakeholder Engagement and Usage, Data and Technical Developments (2019 – 2020)[R] London: DfE, 2021.

[21] Department for Education. Enhancing a Labour Market Information Database: LMI for All [R]. London: DfE, 2021.

[22] Department for Education. Skills for Jobs: Lifelong Learning for Opportunity and Growth [R]. London: DfE, 2021.

[23] Department for Education. T Level Action Plan 2020[R]. London: DfE, 2021.

[24] Department for Education and Employment. Learning to Succeed: A New Framework for Post-16 Learning[R]. London: Department for Education and Employment, 1999.

[25] Department for Education and Skills. Schools: Achieving Success [R]. London: Her Majesty's Stationery Office, 2001.

[26] Department for Education and Skills. 14 – 19 Education: Extending Opportunities, Raising Standards[R]. London: Her Majesty's Stationery Office, 2002.

[27] Department for Education and Skills. 14 – 19: Opportunity and Excellence[R]. London: Her

Majesty's Stationery Office, 2003.

[28] Department for Education and Skills. 21st Century Skills: Realising Our Potential: Individuals, Employers, Nation[R]. London: Her Majesty's Stationery Office, 2003.

[29] Department for Education and Skills. 14 - 19 Education and Skills [R]. London: Her Majesty's Stationery Office, 2005.

[30] Department for Education and Skills, et al. Department for Education and Skills Departmental Report 2005[R]. Norwich: Her Majesty's Stationery Office, 2005.

[31] Department of Education and Skills. Further Education: Raising Skills, Improving Life Chances[R]. London: Her Majesty's Stationery Office, 2006.

[32] Department of Employment. A New Training Initiative [R]. London: Her Majesty's Stationery Office, 1981.

[33] Ertl H, Stanley J, Huddleston P, et al. Reviewing Diploma Development: Evaluation of the Design of the Diploma Qualifications[R]. London: Department for Children, School and Families, 2009.

[34] Further Education Unit. Introducing General National Vocational Qualifications [R]. London: FEU, 1993.

[35] Further Education Unit. General National Vocational Qualifications and Progression to Higher Education[R]. London: FEU, 1995.

[36] Fuller A, Unwin L. Gender Segregation, Apprenticeship and the Raising of the Participation Age in England are Young Women at a Disadvantage[R]. London: Centre for Learning and Life Chances in Knowledge Economies and Societies, 2013.

[37] Frontier Economics. Assessing the Vocational Qualifications Market in England [R]. London: Department for Education, 2017.

[38] HM Government. Open Data White Paper - Unleashing Potential [R]. London: Her Majesty's Stationery Office, 2012.

[39] HM Government. Industrial Strategy: Building a Britain Fit for the Future[R]. London: Department for Business Energy&Industrial Strategy, 2017.

[40] HM Treasury. Build Back Better, Our Plan for Growth [R]. London: Her Majesty's Stationery Office, 2021.

[41] House of Commons Children, Schools and Families Committee. National Curriculum, Fourth Report of Session 2008—09 VolumeI[R]. London: Her Majesty's Stationery Office, 2009.

[42] House of Commons Education and Skills Committee. 14 - 19 Diplomas[R]. London: Her

Majesty's Stationery Office, 2007.

[43] Kucezera M, Field S. Apprenticeship in England, United Kingdom, OECD-Riviews of Vocational Education and Training[R]. Paris: OECD Publishing, 2018.

[44] Leitch S. Prosperity for All in the Global Economy – world Class Skills[R]. London: Her Majesty's Stationery Office, 2006.

[45] Long R, Danechi S, Roberts N, et al. University Technical Colleges [R]. House of Commons Library, 2020.

[46] Office for Standards in Education. Vocational A levels: The First Two Years[R]. London: Ofsted, 2004.

[47] Ofqual. Regulatory Arrangements for the Qualifications and Credit Framework [R]. London: Office of the Qualifications and Examinations Regulator, 2008.

[48] Ofqual. 2010 Annual Qualifications Market Report[R]. Coventry: Ofqual, 2010.

[49] Ofqual. The 2010 Evaluation of the Qualifications and Credit Framework(QCF) Regulatory Arrangement[R]. London: Office of the Qualifications and Examinations Regulator, 2011.

[50] Ofqual. Qualification and Component Levels Requirements and Guidance for All Awarding Organisations and All Qualifications[R]. London: Ofqual, 2015.

[51] Ofqual, CCEA & QAA. Referencing the Qualifications Frameworks of England and Northern Ireland to the European Qualifications Framework[R]. Coventry :Ofqual, 2019.

[52] Ofqual. Referencing the Qualifications Frameworks of England and Northern Ireland to the European Qualifications Framework[R]. Coventry: Ofqual, 2019.

[53] Ofqual. Annual Qualifications Market Report :2019 to 2020 Academic Year[R]. Coventry: Ofqual, 2021.

[54] Qualifications and Curriculum Authority. The National Curriculum — Handbook for Secondary Teachers in England[R]. London: Her Majesty's Stationery Office, 1999.

[55] Qualifications and Curriculum Authority. Qualifications 16 – 19: A Guide to the Changes Resulting from the Qualifying for Success Consultation[R]. London: QCA, 1999.

[56] Qualification and Curriculum Authority. Curriculum Guidance for 2000 [R]. London: Her Majesty's Stationery Office, 1999.

[57] Qualifications and Curriculum Authority. Arrangements for the Statutory Regulation of External Qualifications in England, Wales and Northern Ireland[R]. London: QCA, 2000.

[58] Qualifications and Curriculum Authority. The Second Year of Curriculum 2000: Experience Compared with Objectives[R]. London: QCA, 2002.

[59] Qualifications and Curriculum Authority. 14 – 19 Specialised Diplomas. Guidance for

Diploma Development Partnerships, 2nd[R]. London: QCA, 2005.

[60] Qualifications and Curriculum Authority. The Specialised Diploma [R]. London: QCA, 2006.

[61] Qualifications and Curriculum Authority. Criteria for Accreditation of Specialised Diploma Qualifications at levels 1,2 and 3[R]. London: QCA, 2006.

[62] Qualification and Curriculum Authority. The Diploma: An Overview of the Qualification [R]. London: QCA, 2008.

[63] Qualification and Curriculum Authority. The Diploma and its Pedagogy[R]. London: QCA, 2008.

[64] Qualifications and Curriculum Authority. Annual Qualifications Market Report [R]. London: QCA, 2009.

[65] Qualifications and Curriculum Authority. Controlled Assessment in Diploma Principal Learning: A Consortium Guide[R]. London: QCA, 2009.

[66] Qualification and Curriculum Authority. Getting Ready for the Diploma – The Essential Guide for the Exams Office[R]. London: QCA, 2009.

[67] Qualifications and Curriculum Development Agency. The Qualifications and Credit Framework (QCF) and Higher Education[R]. London: QCDA, 2010.

[68] Sainsbury D. Report of the Independent Panel on Technical Education [R]. London: Department for Business Innovation and Skills, 2016.

[69] Smithers A, Robinson P. Changing Colleges: Further Education in the Market Place[R]. The Council for Industry and Higher Education, 1993.

[70] Snelson S, Deyes K. Understanding the Further Education Market in England[R]. London: BIS, 2016.

[71] Tomlinson M. 14 – 19 Curriculum and Qualifications Reform Final Report of the Working Group on 14 – 19 Reform[R]. London: DfES, 2004.

[72] UK Commission for Employment and Skills. UK Commission's Employer Skills Survey 2011: UK Results[R]. London: UKCES, 2012.

[73] UK Commission for Employment and Skills. NOS Strategy 2010 – 2020 [R]. London : UKCES, 2011.

[74] University of Warwick. Labour Market Information and Its Use to Inform Career Guidance of Young People-An Overview of the Labour Market Information System for Careers Guidance in England[R]. London: Gatsby Charitable Foundation, 2021.

[75] Wolf A. Review of Vocational Education – The Wolf Report[R]. London: Department of

Education, 2011.

（二）著作

［1］ Billett S. Vocational Education: Purposes, Traditions and Prospects［M］. Springer Science & Business Media, 2011.

［2］ Brown P, Lauder H. Education for Economic Survival: From Fordism to Post-Fordism? ［M］. Routledge, 1992.

［3］ Cohen M A , Kisker C B. The Shaping of American Higher Education: Emergence and Growth of the Contemporary System［M］. John Wiley & Sons, 2009.

［4］ Fletcher S. Competence & Organizational Change: A handbook［M］. London: Kogan Page Publishers, 1998.

［5］ Gasskov V. Managing Vocational Training Systems: A Handbook for Senior Administrators ［M］. International Labour Organization, 2000.

［6］ Hodgson A, Spours K. Beyond A-levels: Curriculum 2000 and the Reform of 14 – 19 Qualifications［M］. Routledge, 2003.

［7］ Hood C, James O, Jones G, et al. Regulation Inside Government: Waste-watchers, Quality Police and Sleazebusters［M］. OUP Oxford, 1999.

［8］ Hurley J. Managing GNVQ Development. Frameworks for Managing Learning Series［M］. Staff College, Coombe Lodge, Blagdon, Bristol BS18 6RG, England, United Kingdom (55 British pounds), 1995.

［9］ Murray M. The CBI View: Putting Individuals First in Education Putting the Record Straight［M］. Stafford: Network Educational Press, 1992.

［10］ Ollin R, Smith E. Planning, Delivering and Assessing GNVQs: The Complete Guide to the GPA Units［M］. Routledge, 1996.

［11］ Pavitt K. Technical innovation and British Economic Performance［M］. London: Macmillan, 1980.

［12］ Peck J. Constructions of Neoliberal Reason［M］. Oxford: Oxford University Press, 2010.

［13］ Raggatt P, Williams S. Government, Markets and Vocational Qualifications: An Anatomy of Policy［M］. London: Taylor & Francis Group Falmer Press, 1999.

［14］ Warner D, Palfreyman D. The State of UK Higher Education: Managing Change and Diversity［M］. London: Open University Press, 2001.

［15］ Whitty G. Making Sense of Education Policy: Studies in the Sociology and politics of education［M］. London: Paul Chapman Publishing, 2002.

［16］ Willis R. Testing times: A History of Vocational, Civil Service and Secondary Examinations in England since 1850[M]. Sense Publishers, 2013.

（三）期刊论文

［1］ Attwell G, Hughes D. Learning About Careers: Open Data and Labour Market Intelligence
[J]. RIED-Revista Iberoamericana de Educación a Distancia, 2019,22(1).

［2］ Bell K, West A. Specialist Schools: An Exploration of Competition and Co-operation[J].
Educational Studies, 2003,29(2-3):273-289.

［3］ Bloomer M. 'They Tell You What to Do and Then They Let You Get on with It': The
Illusion of Progressivism in GNVQ[J]. Journal of Education and Work, 1998,11(2):167-
186.

［4］ Bryson M J. What to Do When Stakeholders Matter: Stakeholder Identification and Analysis
Techniques[J]. Public Management Review, 2004,6(1):21-53.

［5］ Chapman C, Salokangas M. Independent State-funded Schools: Some Reflections on Recent
Developments[J]. School Leadership & Management, 2012,32(5):473-486.

［6］ Cliffe S. The National Council for Vocational Qualifications [J]. British Journal of
Occupational Therapy, 1989,52(4):145-47.

［7］ Crisp V, Green S. Controlled Assessments in 14 - 19 Diplomas: Implementation and
Effects on Learning Experiences[J]. Educational Research and Evaluation, 2012,18(4):
333-351.

［8］ Foot G E. 1994: The Year That GNVQs Hit Higher Education[J]. Measurement and
Control, 1995,28(6):176-182.

［9］ Gamble A. Privatization, Thatcherism, and the British State[J]. JL & Soc'y, 1989,16: 1.

［10］ Gewirtz S, Whitty G, Edwards T. City Technology Colleges: Schooling for the Thatcher
Generation?[J]. British Journal of Educational Studies, 1992,40(3):207-217.

［11］ Gospel H. The Revival of Apprenticeship Training in Britain? [J]. British Journal of
Industrial Relations, 1998,36(3):435-457.

［12］ Hargraves G. The Review of Vocational Qualifications, 1985 to 1986: An Analysis of its
Role in the Development of Competence-based Vocational Qualifications in England and
Wales[J]. British Journal of Educational Studies, 2000,48(3):285-308.

［13］ Highman J, Yeomans D. Thirty Years of 14 - 19 Education and Training in England:
Reflections on Policy, Curriculum and Organization[J]. London Review of Education, 2011,
9(2):217-230.

［14］ Hodgson A, Spours K. Specialised Diplomas: Transforming the 14 - 19 Landscape in
England?[J]. Journal of Education Policy, 2007,22(6):657-673.

[15] Hodgson A, Spours K. Vocational Qualifications and Progression to Higher Education: The Case of the 14 – 19 Diplomas in the English System[J]. Journal of Education and Work, 2010,23(2):95 – 110.

[16] Hodgson A, Spours K. The Learner Experience of Curriculum 2000: Implications for the Reform of 14 – 19 Education in England[J]. Journal of Education Policy, 2005,20(1):101 – 118.

[17] Hyland T, Weller P. Monitoring GNVQs: a National Survey of Provision and Implementation[J]. Educational Research, 1996,38(1):37 – 45.

[18] Hyland T. Silk Purses and Sows' Ears: NVQs, GNVQs and Experiential Learning[J]. Cambridge Journal of Education, 1994,24(2):233 – 243.

[19] Jessup G. Characteristics of the GNVQ Model[J]. British Journal of Curriculum and Assessment, 1995,5(3):8 – 11.

[20] Jones K, Hatcher R. Educational Progress and Economic Change: Notes on Some Recent Proposals[J]. British Journal of Educational Studies, 1994,42(3):245 – 260.

[21] Keith S. The UK Economy in the Late 1980s: Trends and Prospects[J]. International Review of Applied Economics, 1988,2(1):94 – 119.

[22] Lester S. The UK Qualifications and Credit Framework: A Critique[J]. Journal of Vocational Education and Training, 2011,63(2):205 – 216.

[23] Nicholls A. GNVQs: Challenging the "Gold Standard"[J]. Education+ Training, 1994,36 (1):25 – 28.

[24] O'Brien R. The Rise and Fall of the Manpower Services Commission[J]. Policy Studies, 1988,9(2):3 – 8.

[25] Payne J. Sector Skills Councils and Employer Engagement – delivering the 'Employer - led' Skills Agenda in England[J]. Journal of Education and Work, 2008,21(2):93 – 113.

[26] Perez C. Technological Revolutions and Techno-economic Paradigms[J]. Cambridge Journal of Economics, 2010,34(1):185 – 202.

[27] Raffe D. First Count to Five: Some Principles for the Reform of Vocational Qualifications in England[J]. Journal of Education and Work, 2015,28(2):147 – 164.

[28] Ross P, Maynard K. Towards a 4th Industrial Revolution[J]. Intelligent Buildings International, 2021,13(3):159 – 161.

[29] Shackleton J R, Walsh S. The UK's National Vocational Qualifications: the story so for [J]. Journal of European Industrial Training, 1995,19(11):14 – 27.

[30] Smith V. The General national Vocational Qualification Experience: An Education or Just a

Qualification?[J]. Research in Post-Compulsory Education, 1997,2(2):217 – 228.

[31] Spöttl G, Windelband L. The 4th Industrial Revolution – its Impact on Vocational Skills [J]. Journal of Education and Work, 2021,34(1):29 – 52.

[32] Spours K, Young M. Beyond Vocationalism: A New Perspective On the Relationship Between Work and Education[J]. British Journal of Education and Work, 1988,2(2):5 – 14.

[33] Terry F, Masters R, Smith T. National Vocational Qualifications [J]. Public Money & Management, 1992,12(2):47 – 51.

[34] Thompson P J. Competence-based learning and qualifications in the UK[J]. Accounting education, 1995,4(1):5 – 15.

[35] Wellings D, Spours K, Ireson J. Advanced GNVQs, AVCEs and Level 3 Diplomas in England: A Motivational Analysis[J]. Research in Post – Compulsory Education, 2010,15 (4):387 – 403.

[36] Wheelahan L. Knowledge, Competence, and Vocational Education[J]. The Wiley Handbook of Vocational Education andNTraining, 2019: 97 – 112.

[37] White H C. Where Do Markets Come From?[J]. American Journal of Sociology, 1981,87 (3):517 – 547.

[38] Williams R, Yeomans D. The new vocationalism enacted? The Transformation of The business Studies Curriculum[J]. The Vocational Aspect of Education, 1994,46(3):221 – 239.

[39] Williams S. The Paradox of Assessment: The Effectiveness of the GNVQ as a Preparation for Higher Education[J]. Journal of Education and Work, 2000,13(3):349 – 365.

[40] Wolf A, Jenkins A, Vignoles A. Certifying the Workforce: Economic Imperative or Failed Social Policy?[J]. Journal of Education Policy, 2006,21(5):535 – 565.

[41] Wolf A. Portfolio Assessment as National Policy: The National Council for Vocational Qualifications and Its Quest fora Pedagogical Revolution [J]. Assessment in Education: Principles, Policy & Practice, 1998,5(3):413 – 445.

[42] Yeomans D. Exploring Student – centred Learning in GNVQs: Case – studies of Classroom Practice[J]. Curriculum Journal, 1999,10(3):361 – 384.

（四）网络文献

[1] Aston University. Digital and Technology Solutions Degree Apprenticeship BSc (Hons)[EB/ OL]. [2021 – 06 – 06]. https://www. aston. ac. uk/study/courses/digital-and-technology- solutions-degree-apprenticeship-bsc.

[2] Aston University. Digital and Technology Solutions Specialist Degree Apprenticeship MSc

[EB/OL]. [2021 – 06 – 06]. https://www. aston. ac. uk/study/courses/digital-technology-solutions-specialist-degree-apprenticeship-msc/september-2025.

[3] CEDEFOP. Labour market information and guidance[R/OL]. (2016 – 10 – 25)[2021 – 07 – 08]. https://www. cedefop. europa. eu/files/5555_en_case_study_england. pdf.

[4] Dearing R. The National Curriculum and Its Assessment: An Interim Report[R/OL]. (1993 – 12 – 30)[2023 – 05 – 18]. https://www. stem. org. uk/resources/physical/resource/206980/national-curriculum-and-its-assessment-interim-report.

[5] Dearing R. The National Curriculum and Its Assessment: Final Report[R/OL]. (1994 – 12 – 30) [2023 – 05 – 18]. https://www. semanticscholar. org/paper/The-national-curriculum-and-its-assessment%3A-Final-Dearing/c6d1e51540d25f4420d459e8bd7c67037459d5ea.

[6] Dearing R. Review of Qualifications for 16 – 19 Year Olds: Summary report[EB/OL]. (1996 – 05 – 30)[2021 – 02 – 27]. https://files. eric. ed. gov/fulltext/ED403388. pdf.

[7] Department for Innovation, Universities and Skills & Department for Children, Schools and Families. World-Class Apprenticeship: Unlocking Talent, Building Skills for All[EB/OL]. (2008 – 02 – 06) [2023 – 05 – 03]. https://webarchive. nationalarchives. gov. uk/ukgwa/20100515234347/http://www. dius. gov. uk/publications/world_class_apprenticeships. pdf.

[8] Department for Business, Innovation and Skills. Richard Review of Apprenticeships: main report[EB/OL]. (2012 – 11 – 27)[2023 – 05 – 08]. https://assets. publishing. service. gov. uk/media/5a79cfb1ed915d042206b345/richard-review-full. pdf/preview.

[9] Department for Business Innovation & Skills. The International Survey of Adult Skills 2012: Adult Literacy, Numeracy and Problem Solving Skills in England[R/OL]. (2013 – 10 – 11) [2021 – 06 – 26]. https://assets. publishing. service. gov. uk/government/uploads/system/uploads/attachment_data/file/246534/bis-13 – 1221-international-survey-of-adult-skills-2012. pdf.

[10] Department for Business, Innovation & Skills. Specification of Apprenticeship Standards for England (SASE)[EB/OL]. (2015 – 02 – 27)[2023 – 05 – 03]. https://assets. publishing. service. gov. uk/media/5a7f685fed915d74e33f63db/bis-15 – 15-specification-of-apprenticeship-standards-for-england-SASE-guidance. pdf.

[11] Department for Education. Labour Market Information (LMI) for ALL — Stakeholder Engagement and Usage, Data and Technical Developments [R/OL]. (2018 – 06 – 07) [2023 – 10 – 27]. https://assets. publishing. service. gov. uk/media/5b190c1ced915d2cc0270caf/Labour_market_information_for_all. pdf.

[12] Department for Education. Specification of Apprenticeship Standards for England[EB/OL]. (2018 – 08 – 17) [2023 – 05 – 08]. https://assets. publishing. service. gov. uk/media/

5b75564140f0b60be2544caa/Specification_of_apprenticeship_standards_for_England. pdf.

[13] Department for Education. T-Levels Accountability Statement[EB/OL]. (2019 - 03 - 08) [2023 - 04 - 13]. https://www. gov. uk/government/publications/t-level-accountability-statement.

[14] Department for Education. Working Futures 2017 - 2027: Long-run labour market and skills projections for the UK[EB/OL]. (2020 - 02 - 28)[2023 - 04 - 13]. https://assets. publishing. service. gov. uk/government/uploads/system/uploads/attachment _ data/file/863506/Working_Futures_ Main_Report. pdf.

[15] Department for Education. T Level Industry Placements: Delivery Guidance[EB/OL]. (2020 - 07 - 03)[2023 - 01 - 10]. https://www. gov. uk/government/publications/t-level-industry-placements-delivery-guidance/t-level-industry-placements-delivery-guidance.

[16] Department for Education. Providers that Have Confirmed T Levels Suitable for Entry on one Course[EB/OL]. (2023 - 01 - 27)[2023 - 02 - 16]. https://www. gov. uk/government/publications/t-level-resources-for-universities/providers-that-have-confirmed-t-levels-suitable-for-entry-on-one-course.

[17] Department for Digital, Culture, Media & Sports, Deparement for Science, Innovation & Technology. UK digital strategy 2017[EB/OL]. (2022 - 03 - 25)[2023 - 09 - 11]. https://www. gov. uk/government/publications/uk-digital-strategy/uk-digital-strategy.

[18] Edexcel. Edexcel Level 3 Principal Learning in Engineering[Z/OL]. (2011 - 07 - 25)[2023 - 04 - 17]. https://qualifications. pearson. com/content/dam/pdf/Principal-Learning/DP029273%20Principal%20Learning%20in%20Engineering%20%20L3%20 Phase%201 %20Issue%204%20300611. pdf.

[19] Education & Skills Funding Agency. Business Plan for the Financial Year 2017 to 2018[EB/OL]. (2017 - 08 - 30) [2021 - 09 - 23]. https://assets. publishing. service. gov. uk/government/uploads/system/uploads/attachment_data/file/638379/ESFA_Business_Plan_2017_to_2018. pdf-10.

[20] Education & Skills Funding Agency. Apprenticeship funding rules and guidance for employer: August 2020 to July 2021. Verson 5[EB/OL]. (2021 - 04 - 30)[2023 - 10 - 16]. https://assets. publishing. service. gov. uk/media/6065d7118fa8f515ac2ed926/2021 _ Employer_Rules_Version_5v1. 0_FINAL__002_. pdf.

[21] Education & Skills Funding Agency. Guidance Apprentice Guide to Assessment[EB/OL]. (2021 - 09 - 28) [2023 - 06 - 02]. https://www. gov. uk/guidance/apprentice-guide-to-assessment.

[22] Gillard D. Education in the UK: A History[EB/OL]. [2022 - 02 - 12]. http://www. educationengland. org. uk/history/chapter15. html.

[23] Goldstone R. The origins of further education in England and Wales[EB/OL]. (2019 - 05 - 01)[2023 - 04 - 10]. https://www. bera. ac. uk/blog/the-origins-of-further-education-in-england-and-wales.

[24] The Government Office for Science. The Future of Manufacturing: A New Era of Opportunity and Challenge for the UK[R/OL]. (2013 - 10 - 30)[2023 - 03 - 14]. https:// www. gov. uk/government/publications/future-of-manufacturing.

[25] HM Government. The Future of Apprenticeships in England: Implementation Plan[EB/OL]. (2013 - 10 - 29)[2021 - 06 - 04]. https://assets. publishing. service. gov. uk/government/uploads/system/uploads/attachment_data/file/253073/bis-13 - 1175-future-of-apprenticeships-in-england-implementation-plan. pdf.

[26] HM Government. The Future of Apprenticeships in England: Guidance for Trailblazers-from standards to starts[EB/OL]. (2015 - 03 - 01)[2023 - 07 - 30]. https://dera. ioe. ac. uk/id/eprint/22610/.

[27] HM Government. Education Act 2011[EB/OL]. (2020 - 06 - 28)[2023 - 03 - 18]. https:// education-uk. org/documents/acts/2011-education-act. html.

[28] HM Government. Learning and Skills Act 2000[EB/OL]. (2020 - 07 - 17)[2023 - 03 - 18]. http://www. educationengland. org. uk/documents/acts/2000-learning-skills-act. html.

[29] HM Government. Further and Higher Education Act 1992 [EB/OL]. (2020 - 08 - 22) [2023 - 03 - 18]. http://www. educationengland. org. uk/documents/acts/1992-further-higher-education-act. html#02.

[30] HM Government. EducationAct1997[EB/OL]. (2020 - 09 - 29)[2023 - 03 - 18]. http:// www. educationengland. org. uk/ documents/acts/1997-education-act. html.

[31] HM Treasury. Autumn Statement 2014[EB/OL]. (2014 - 12 - 30)[2021 - 06 - 13]. https://www. gov. uk/government/uploads/system/uploads/attachment_data/file/382327/44695_Accessible. pdf.

[32] House of Commons Education Committee. Apprenticeship and traineeships for 16 to 19 year-olds: Sixth Report of Session 2014 - 15[R/OL]. (2015 - 03 - 09)[2021 - 06 - 23]. https:// publications. parliament. uk/pa/cm201415/cmselect/cmeduc/597/597. pdf.

[33] IfATE. Occupational Maps[EB/OL]. [2023 - 07 - 20]. https://www. instituteforapprenticeships. org/occupational-maps/.

[34] Innovate UK. Digital Economy Strategy 2015 - 2018 [R/OL]. (2015 - 02 - 16)[2021 - 03 -

27]. https://www.ukri.org/publications/digital-economy-strategy-2015-to-2018/.

[35] Institute for Apprenticeships. Driving the Quality of Apprenticeship in England[R/OL]. (2017 − 04 − 10)[2021 − 05 − 22]. https://www.instituteforapprenticeships.org/media/1247/ifa_driving_quality.pdf.

[36] Institute for Apprenticeships. Driving the Quality of Apprenticeship in England: Response to the Consultation[R/OL]. (2017 − 04 − 30)[2021 − 06 − 06]. https://core.ac.uk/download/pdf/77602629.pdf.

[37] Institute for Apprenticeships & Technical Education. IfATE's Role[EB/OL]. [2021 − 09 − 24]. https://www.Instituteforapprenticeships.org/t-levels/t-levels-the-institutes-role-news-updates/the-institute-s-role/.

[38] Institute for Apprenticeships & Technical Education. Approved Providers[EB/OL]. [2022 − 01 − 05]. https://www.instituteforapprenticeships.org/t-levels/students-providers-and-employers/providers/.

[39] Institute for Apprenticeships & Technical Education. Annual Report and Accounts 2020 − 21, Performance report[R/OL]. (2022 − 03 − 31)[2023 − 03 − 18]. https://www.britishcouncil.org/sites/default/files/annualreport_2020 − 21.pdf.

[40] John C. Modern Apprenticeships: The Way to Work: The Report of the Modern Apprenticeship Advisory Committee[EB/OL]. (2012 − 07 − 03)[2023 − 07 − 17]. https://dera.ioe.ac.uk/id/eprint/6323/1/MA_The_Way_to_Work.pdf.

[41] LMI for All. Building a website using the LMI for All API: Skills Match London[EB/OL]. [2023 − 08 − 14]. https://www.lmiforall.org.uk/designers/skillsmatch/

[42] National Apprenticeship Service. The Complete Guide to Higher and Degree Apprenticeships [EB/OL]. (2020 − 08 − 20)[2023 − 05 − 03]. https://www.richardhale.herts.sch.uk/wp-content/uploads/2020/08/WHICH-Apprenticeship-Guide.pdf.

[43] National Occupational Standards for Project. Control(2004)[EB/OL]. [2021 − 03 − 18]. http://www.icoste.org/ACostE%20&%20ECITB%20Standards.pdf.

[44] OECD. Apprenticeship in England, United Kingdom[R/OL]. (2018 − 04 − 11)[2023 − 01 − 10]. https://doi.org/10.1787/9789264298507-en.

[45] Office for National Statistics. Annual Survey of Hours and Earnings: 2017 provisional and 2016 revised results[EB/OL]. (2017 − 10 − 26)[2021 − 04 − 13]. https://www.ons.gov.uk/employmentandlabourmarket/peopleinwork/earningsandworkinghours/bulletins/annualsurveyofhoursandearnings/2017provisionaland2016revisedresults.

[46] Office for National Statistics. UK Business Register and Employment Survey: provisional

results 2017, revised results 2016[EB/OL]. (2018 - 09 - 27)[2021 - 04 - 13]. https://www. ons. gov. uk/employmentandlabourmarket/peopleinwork/employmentandemployeetypes/bulletins/businessregisterandemploymentsurveybresprovisionalresults/provisionalresults2017revisedresults2016.

[47] Office for National Statistics. Labour Force Survey[EB/OL]. [2021 - 06 - 06]. https://www. ons. gov. uk/surveys/informationforhouseholdsandindividuals/householdandindividualsurveys/labourforcesurvey.

[48] Ofqual. Regulated Qualifications Framework: A Postcard(2015)[EB/OL]. (2015 - 09 - 17) [2022 - 01 - 26]. https://assets. publishing. service. gov. uk/government/uploads/system/uploads/attachment_data/file/753486/RQF_Bookcase. pdf.

[49] Ofqual. After the QCF: A New Qualifications Framework-Decisions on Conditions and Guidance for the Regulated Qualifications Framework(RQF)[EB/OL]. (2015 - 10 - 22) [2023 - 03 - 18]. https://www. gov. uk/government/consultations/after-the-qcf-a-new-qualifications-framework.

[50] Ofqual. Annual Qualifications Market Report England, Wales and Northern Ireland Academic year 2015/16 [R/OL]. (2017 - 07 - 20) [2023 - 04 - 13]. https://assets. publishing. service. gov. uk/media/5a81e540ed915d74e6234b15/Annual-qualifications-market-report-England-Wales-and-Northern-Ireland-2015-16. pdf.

[51] Ofqual. Annual Qualifications Market Report: Academic Year 2019 to 2020[EB/OL]. (2021 - 02 - 11) [2023 - 08 - 14]. https://www. gov. uk/government/statistics/annual-qualifications-market-report-academic-year-2019-to-2020.

[52] Ofqual. Ofqual Handbook: Technical Qualifications. [EB/OL]. (2021 - 09 - 23)[2023 - 03 - 18]. https://www. gov. uk/guidance/ofqual-handbook-technical-qualifications/about-these-rules-and-guidance.

[53] Ofqual. Qualification Descriptions[EB/OL]. [2021 - 03 - 07]. https://www. gov. uk/government/publications/types-of-regulated-qualifications/qualification-descriptions.

[54] Pearson. T Level: Technical Qualification in Digital Production, Design and Development[Z/OL]. London: Pearson, 2020: 42[2023 - 02 - 16]. https://qualifications. pearson. com/content/dam/pdf/TLevels/digital/2020/specification-and-sample-assessments/t-level-tq-in-digital-production-design-and-development-specl. pdf.

[55] Powell A. Apprenticeships and Skills Policy in England[EB/OL]. (2023 - 01 - 20)[2023 - 07 - 17]. https://researchbriefings. files. parliament. uk/documents/SN03052/SN03052. pdf.

［56］ Qualifications and Curriculum Development Agency. An introduction to the Qualifications and Credit Framework［EB/OL］. (2011 - 02 - 15)［2023 - 03 - 18］. https://www. bolc. co. uk/downloads/QCF-Introduction5711304684993. pdf.

［57］ Qualifications and Curriculum Authority. The Natinal Qualifications Framework (NQF)［EB/OL］. ［2023 - 04 - 17］. https://theppra. org. za/download. php?data_id＝159.

［58］ Raffe D. Can National Qualifications Frameworks be Used to Change Education and Training Systems? ［EB/OL］. (2009 - 06 - 30)［2021 - 04 - 26］. https://www. ces. ed. ac. uk/PDF%20Files/Brief048. pdf.

［59］ RCU. Quality statement［EB/OL］. ［2023 - 10 - 17］. https://www. rcu. co. uk/about/.

［60］ School Curriculum and Assessment Authority. The National Curriculum and Its Assessment: Final Report ［R/OL］. (2010 - 10 - 01)［2023 - 03 - 14］. http://www. educationengland. org. uk/documents/dearing1994/index. html.

［61］ School Curriculum and Assessment Authority. Review of Qualifications for 16 - 19 year olds ［R/OL］. (2014 - 03 - 03)［2023 - 03 - 14］. http://www. educationengland. org. uk/documents/dearing1996/dearing1996/html♯03.

［62］ Sector Skills Development Agency. Sector Skills Agreements［EB/OL］. (2007 - 12 - 01)［2023.03 - 18］. https://www. ssda. org. uk/pdf/SSAbookletv3. pdf.

［63］ SSCs. UK Sector Skills Councils & World Class Skills［EB/OL］. (2015 - 03 - 18)［2021 - 11 - 25］. https://www. britishcouncil. mk/sites/default/files/uk _ sector _ skills _ councils. pdf.

［64］ The Education and Training Foundation. T Level Glossary［EB/OL］. (2020 - 11 - 26)［2023 - 02 - 16］. https://www. et-foundation. co. uk/wp-content/uploads/2020/11/T-Level-Glossary-1. 00. pdf.

［65］ University of Birmingham. Chartered Town Planner Level 7 Degree Apprenticeship［EB/OL］. ［2021 - 06 - 02］. https://www. birmingham. ac. uk/study/postgraduate/subjects/urban-and-regional-planning-courses/chartered-town-planner-level-7-degree-apprenticeship.

［66］ Universities UK. The Future Growth of Degree Apprenticeship［EB/OL］. (2016 - 03 - 30)［2023 - 06 - 20］. https://dera. ioe. ac. uk/id/eprint/26180/1/FutureGrowthDegreeApprenticeships. pdf.

［67］ UK Commission for Employment and Skills. National Occupational Standards(NOS)［EB/OL］. (2014 - 04 - 24)［2021 - 11 - 25］. https://www. gov. uk/government/publications/national-occupational-standards.

［68］ UK Commission for Employment and Skills. Labour Market Intelligence: Enabling Better Decisions［EB/OL］. (2015 - 12 - 10)［2023 - 04 - 13］. https://www. gov. uk/government/

publications/labour-market-intelligence-enabling-better-decisions.

［69］UK Parliament. Apprenticeships, Skills, Children and Learning Bill［EB/OL］.（2009 - 11 - 20）［2023 - 03 - 18］. https://www. education-uk. org/documents/bills/2009-apprenticeships-etc-bill. pdf.

［70］Warwick Institute for Employment Research. Working Futures［EB/OL］.［2023 - 04 - 13］. https://warwick. ac. uk/fac/soc/ier/research/wf/.

［71］Waterhouse P. Employment National Training Organisation［EB/OL］.（1998 - 11 - 11）［2021 - 10 - 11］. https://www. sheilapantry. com/fulltext/oshi/intc/ento. pdf.

［72］Wibrow B, Waugh J. International Models to Rationalise VET Qualifications, Including Occupational Clusters: Case Studies — Support Document［J/OL］. Australia: NCVER, 2020［2023 - 02 - 16］. https://www. pdfdrive. to/dl/eric-ed608326-international-models-to-rationalise-vet-qualifications-including-occupational-clusters-case-studies-support-document.

二、中文参考文献

（一）译著与著作

［1］王展鹏、徐瑞珂. 英国发展报告（2019—2020）［R］. 北京:社会科学文献出版社,2020.

［2］王展鹏. 英国发展报告（2010—2013）——国际金融危机背景下的英国［C］. 北京:社会科学文献出版社,2013.

［3］［德］克劳斯·施瓦布. 第四次工业革命转型的力量［M］. 李菁,译. 北京:中信出版社,2016.

［4］［英］哈耶克. 通向奴役之路［M］. 王明毅,冯兴元,等,译. 北京:商务印书馆,1962.

［5］贺国庆,朱文富. 外国职业教育通史（上卷·下卷）［M］. 北京:人民教育出版社,2014.

［6］李柏槐. 英国首相撒切尔夫人［M］. 成都:四川人民出版社,1997.

［7］李成勋. 2020 年的中国:对未来经济技术社会文化生态环境的展望［M］. 北京:人民出版社,1999.

［8］李玉珠. 技能形成制度的国际比较研究［M］. 北京:社会科学文献出版社,2018.

［9］联合国教科文组织反思教育:向"全球共同利益"的理念转变?［M］. 联合国教科文组织中文科,译,熊建辉,校译. 北京:教育科学出版社,2017.

［10］鲁昕主编. 技能促进增长——英国国家技能战略［G］. 鲁昕,主译. 北京:高等教育出版社,2010

［11］吕达、周满生主编. 当代外国教育改革著名文献（英国卷·第一册）［G］. 汪利兵,等,译,北京:人民教育出版社,2004.

［12］吕达、周满生主编. 当代外国教育改革著名文献（英国卷·第二册）［G］. 王承绪,等,译,北京:人民教育出版社,2004.

[13] 罗志如，厉以宁. 二十世纪的英国经济:"英国病"研究[M]. 北京:商务印书馆，2003.

[14] [英]麦克·扬. 未来的课程[M]. 谢维和，王晓阳，等，译. 上海:华东师范大学出版社，2003.

[15] 马丁·鲍威尔. 新工党，新福利国家？——英国社会政策中的"第三条道路"[M]. 林德山，等，译. 重庆:重庆出版社，2010.

[16] 毛锐. 撒切尔政府经济与社会政策研究[M]. 济南:山东人民出版社，2014.

[17] [美]大卫·哈维. 新自由主义简史[M]. 王钦，译. 上海:上海译文出版社，2010.

[18] 倪小敏. 向有差异的平等迈进——英国基础教育公平政策发展研究[M]. 北京:中国社会科学出版社，2015.

[19] 钱乘旦，陈晓律，潘兴明，等. 日落斜阳——20世纪英国[M]. 上海:华东师范大学出版社，1999.

[20] 石伟平. 比较职业技术教育[M]. 上海:华东师范大学出版社，2001.

[21] [英]琳达·克拉克，克里斯托弗·温奇. 职业教育:国际策略、发展与制度[G]. 翟海魂，等，译. 北京:外语教学与研究出版社，2001.

[22] 王皖强. 国家与市场:撒切尔主义研究[M]. 湖南:湖南教育出版社，1999.

[23] 王雁琳. 政府和市场的博弈:英国技能短缺问题研究[M]. 杭州:浙江大学出版社，2013.

[24] 瞿葆奎，主编. 教育学文集·英国教育改革[G]. 吴雪萍，译，王承绪，校. 北京:人民教育出版社，1993.

(二) 期刊论文

[1] 褚宏启. 绘制教育治理的全景图:教育治理的概念拓展与体系完善[J]. 教育研究，2021，42(12):105-119.

[2] 邓志新. 适应性背景下现代产业学院的运行机制研究——论产业链、教育链、人才链、创新链的关系[J]. 中国职业技术教育，2023，(31):47-53.

[3] 杜澔，杨满福. 我国"职教高考"政策比较研究——以华东地区相关政策为例[J]. 中国职业技术教育，2022，(09):11-15.

[4] 关晶，石伟平. 现代学徒制之"现代性"辨析[J]. 教育研究，2014，35(10):97-102.

[5] 郭晨，吕路平. 利益相关者视角下的现代学徒制研究[J]. 工业技术与职业教育，2019，17(04):54-59.

[6] 何家军. 英国高校招生管理体制及运作模式研究[J]. 教育与考试，2007，(02):34-44.

[7] 贾旻，韩阳阳. 21世纪以来英国国家技能战略生成动因、内容框架及启示[J]. 职教论坛，2024，40(01):119-128.

[8] 李寿冰. 高职院校开展1+X证书制度试点工作的思考[J]. 中国职业技术教育，2019(10):25-28.

[9] 刘莉. 转换企业经营机制——大力培育市场主体[J]. 辽宁大学学报(哲学社会科学版)，

1993,(01):27－31.

[10] 刘玉山,汪洋,吉鹏.我国政府购买职业教育服务的运行机理,实践困境与发展路径[J].教育发展研究,2014(19):13－19.

[11] 刘育锋.英国学位学徒制:内容、原因及借鉴[J].中国职业技术教育,2020,(36):58－64.

[12] 倪小敏,张源源.特色学校:英国中等学校的转型——基于公平与效率关系的视角[J].教育研究,2012,33(10):152－156.

[13] 倪小敏.美英两国高中普职融通政策发展的共同趋势——从制度融通到课程整合[J].比较教育研究,2019,41(10):52－59.

[14] 欧阳俊,卜涛.雇主对中职学生用工满意度:成就、问题与建议——基于全国中等职业教育满意度调查及评测[J].中国职业技术教育,2021,(1):14－21.

[15] 孙绵涛,康翠萍.教育机制理论的新诠释[J].教育研究,2006,(12):22－28.

[16] 孙善学.对1＋X证书制度的几点认识[J].中国职业技术教育,2019,39(07):72－76.

[17] 王文槿.关于校企合作的企业调查报告[J].中国职业技术教育,2009,(02):23－25＋41.

[18] 王展祥.发达国家去工业化比较及其对当前中国的启示——以英国和美国为例[J].当代财经,2015,(11):3－13.

[19] 吴南中,夏海鹰.1＋X证书制度下职业院校变革逻辑与推进策略[J].教育与职业,2020(8):8:5－12.

[20] 徐国庆.什么是职业教育——智能化时代职业教育内涵的新探索[J].教育发展研究,2022,42(1):20－27.

[21] 徐国庆.职业教育实现现代化的关键是完善国家基本制度[J].华东师范大学学报(教育科学版),2021,39(02):1－14.

[22] 徐国庆.作为现代职业教育体系关键制度的职业教育高考[J].教育研究,2020,41(04):95－106.

[23] 许竞.英国教育领域关于劳动者技能形成研究现状综述[J].比较教育研究,2007,(12):85－89.

[24] 鄢彩玲.关于建设我国"职教高考"制度的建议与思考——德国经验借鉴[J].高教探索,2021,(08):98－116.

[25] 张斌,武翠红.英国现代学徒制外部质量保证体系的建构——基于《外部质量保证框架》的分析[J].中国职业技术教育,2023(6):88－96.

[26] 张培,夏海鹰.我国职教1＋X证书制度的理论阐释,逻辑框架与推进路向[J].清华大学教育研究,2022,43(1):78－86.

[27] 周英文,徐国庆.中介组织参与职业教育改革的机制分析——以美国为例[J].教育发展研究,2021,41(07):53－60.

［28］朱晨明,朱加民.现代职业教育高质量发展背景下"职教高考"制度建设研究[J].教育与职业,2022,(06):21-28.

［29］朱德全.职业教育促进区域经济高质量发展的战略选择[J].国家教育行政学院学报,2021,(5):11-19.

［30］朱镜人.英国现代学徒制的经验和启示——基于对接劳动力市场的视角[J].教育科学研究,2022,(01):73-78.

(三)网络文献

［1］财政部,教育部.关于建立完善以改革和绩效为导向的生均拨款制度加快发展现代高等职业教育的意见[EB/OL].(2014-10-30)[2024-02-13].http://www.moe.gov.cn/jyb_xxgk/moe_1777/moe_1779/201502/t20150209_185746.html.

［2］国家发展改革委,教育部,人力资源社会保障部.关于印发《"十四五"时期教育强国推进工程实施方案》的通知[EB/OL].(2021-05-20)[2024-02-01].https://www.gov.cn/zhengce/zhengceku/2021-05/20/content_5609354.htm.

［3］国家发展改革委,教育部,工业和信息化部,等.职业教育产教融合赋能提升行动实施方案(2023—2025年)[EB/OL].(2023-06-08)[2024-02-21].https://www.gov.cn/zhengce/zhengceku/202306/P020230613387957242656.pdf.

［4］国务院.关于加快发展现代职业教育的决定[EB/OL].(2014-06-22)[2023-10-23].https://www.gov.cn/zhengce/content/2014-06/22/content_8901.htm.

［5］国务院.关于印发国家职业教育改革实施方案的通知[EB/OL].(2019-02-13)[2024-02-20].https://www.gov.cn/zhengce/content/2019-02/13/content_5365341.htm.

［6］国务院办公厅.关于深化产教融合的若干意见[EB/OL].(2017-12-19)[2024-02-20].https://www.gov.cn/zhengce/content/2017-12/19/content_5248564.htm.

［7］国务院学位委员会,教育部.关于印发《专业学位研究生教育发展方案(2020—2025)》的通知[EB/OL].(2020-09-30)[2024-02-20].http://www.moe.gov.cn/srcsite/A22/moe_826/202009/t20200930_492590.html.

［8］教育部.关于2013年深化教育领域综合改革的意见[EB/OL].(2013-01-29)[2024-02-05].http://www.moe.gov.cn/srcsite/A27/zhggs_other/201301/t20130129_148072.html.

［9］教育部,国家发展改革委,财政部,等.关于印发《现代职业教育体系建设规划(2014—2020年)》的通知[EB/OL].(2014-06-12)[2024-02-05].http://www.moe.gov.cn/srcsite/A03/moe_1892/moe_630/201406/t20140623_170737.html.

［10］教育部,人力资源社会保障部.关于推进职业院校服务经济转型升级面向行业企业开展职工继续教育的意见[EB/OL].(2015-06-18)[2024-02-15].https://www.gov.cn/xinwen/2015-07/16/content_2898254.htm.

[11] 教育部,国家发展改革委,财政部.关于引导部分地方普通本科高校向应用型转变的指导意见[EB/OL].(2015-10-21)[2024-02-13].http://www.moe.gov.cn/srcsite/A03/moe_1892/moe_630/201511/t20151113_218942.html.

[12] 教育部,人力资源社会保障部,工业和信息化部.制造业人才发展规划指南[EB/OL].(2017-02-24)[2024-02-15].https://www.gov.cn/xinwen/2017-02/24/content_5170697.htm.

[13] 教育部,国家发展改革委,财政部.关于加快新时代研究生教育改革发展的意见[EB/OL].(2020-09-22)[2024-02-20].http://www.moe.gov.cn/srcsite/A22/s7065/202009/t20200921_489271.html.

[14] 教育部,国家发展改革委,工业和信息化部,等.关于印发《职业教育提质培优行动计划(2020—2023年)》的通知[EB/OL].(2020-09-29)[2024-02-20].https://www.gov.cn/zhengce/zhengceku/2020-09-29/content_5548106.htm.

[15] 教育部办公厅.关于开展职业教育校企深度合作项目建设工作的通知[EB/OL].(2018-12-31)[2024-02-20].https://www.gov.cn/zhengce/zhengceku/2018-12-31/content_5441510.htm.

[16] 教育部,国家发展改革委,财政部,等.《关于在院校实施"学历证书＋若干职业技能等级证书"制度试点方案》的通知[EB/OL].(2019-04-16)[2022-07-14].http://www.moe.gov.cn/jyb_xwfb/gzdt_gzdt/s5987/201904/t20190416_378206.html.

[17] 教育部办公厅.关于全面推进现代学徒制工作的通知[EB/OL].(2019-06-04)[2023-06-20].http://www.moe.gov.cn/srcsite/A07/s7055/201906/t20190603_384281.html.

[18] 教育部办公厅.关于印发《教育部产学合作协同育人项目管理办法》的通知[EB/OL].(2020-01-20)[2024-02-20].http://www.moe.gov.cn/srcsite/A08/s7056/202001/t20200120_416153.html.

[19] 教育部办公厅,工业和信息化部办公厅.关于印发《特色化示范性软件学院建设指南(试行)》的通知[EB/OL].(2020-06-19)[2024-02-20].http://www.moe.gov.cn/srcsite/A08/s7056/202006/t20200619_466895.html.

[20] 教育部办公厅.关于印发《本科层次职业教育专业设置管理办法(试行)》的通知[EB/OL].(2021-01-29)[2024-02-21].http://www.moe.gov.cn/srcsite/A07/zcs_zhgg/202101/t20210129_511682.html.

[21] 教育部办公厅.关于开展职业教育教师队伍能力提升行动的通知[EB/OL].(2022-05-24)[2024-02-21].http://www.moe.gov.cn/srcsite/A10/s7034/202205/t20220523_629603.html.

[22] 教育部办公厅.关于进一步加强全国职业院校教师教学创新团队建设的通知[EB/OL].

（2022 - 09 - 20）［2024 - 02 - 21］. http：//www. moe. gov. cn/srcsite/A10/s7034/202210/t20221011_668830. html.

［23］ 教育部办公厅,工业和信息化部办公厅,国资委办公厅,等. 关于实施职业教育现场工程师专项培养计划的通知［EB/OL］.（2022 - 10 - 09）［2024 - 02 - 21］. http：//www. moe. gov. cn/srcsite/A07/s7055/202211/t20221104_932353. html.

［24］ 教育部办公厅. 关于做好职业教育"双师型"教师认定工作的通知［EB/OL］.（2022 - 10 - 28）［2024 - 02 - 21］. http：//www. moe. gov. cn/srcsite/A10/s7034/202210/t20221027_672715. html.

［25］ 教育部办公厅. 关于加快推进现代职业教育体系建设改革重点任务的通知［EB/OL］.（2023 - 07 - 17）［2024 - 02 - 21］. http：//www. moe. gov. cn/srcsite/A07/zcs_zhgg/202307/t20230717_1069319. html.

［26］ 教育部职业教育与成人教育司. 关于 2022 年职业教育重点工作介绍［EB/OL］.（2022 - 02 - 23）［2023 - 10 - 27］. http：//www. moe. gov. cn/fbh/live/2022/53982/sfcl/202202/t20220223_601491. html.

［27］ 全国人大常委. 中华人民共和国职业教育法（2022 修订）［EB/OL］.（2022 - 10 - 12）［2024 - 02 - 21］. https：//www. 66laws. com/fagui/1981. html.

［28］ 人力资源社会保障部. 关于印发技工教育"十三五"规划的通知［EB/OL］.（2016 - 12 - 09）［2024 - 02 - 13］. https：//www. mohrss. gov. cn/SYrlzyhshbzb/rencairenshi/zcwj/jinengrencai/201612/t20161216_262120. html.

［29］ 人力资源社会保障部,财政部,国务院国资委,等. 关于印发《关于全面推行中国特色企业新型学徒制　加强技能人才培养的指导意见》的通知［EB/OL］.（2021 - 06 - 23）［2024 - 02 - 21］. https：//www. mof. gov. cn/zhengwuxinxi/caizhengxinwen/202106/t20210623_3722988. htm.

［30］ 人力资源社会保障部. 关于印发"技能中国行动"实施方案的通知［EB/OL］.（2021 - 07 - 06）［2024 - 02 - 21］. https：//www. gov. cn/zhengce/zhengceku/2021-07-06/content_5622619. htm.

［31］ 人力资源社会保障部. 关于印发技工教育"十四五"规划的通知［EB/OL］.（2021 - 11 - 11）［2024 - 02 - 21］. https：//www. gov. cn/zhengce/zhengceku/2021-11/11/content_5650239. htm。

［32］ 中共中央. 关于全面深化改革若干重大问题的决定［EB/OL］.（2013 - 11 - 15）［2024 - 01 - 22］. https：//www. gov. cn/jrzg/2013-11/15/content_2528179. htm.

［33］ 中共中央办公厅,国务院办公厅. 关于深化教育体制机制改革的意见［EB/OL］.（2017 - 09 - 24）［2024 - 01 - 22］. https：//www. gov. cn/xinwen/2017-09/24/content_5227267. htm.

[34] 中共中央. 中华人民共和国国民经济和社会发展第十四个五年规划和 2035 年远景目标纲要［EB/OL］.（2021 - 03 - 13）［2024 - 02 - 01］. https://www. gov. cn/xinwen/2021-03/13/content_5592681. htm.

[35] 中共中央办公厅,国务院办公厅. 关于推动现代职业教育高质量发展的意见［EB/OL］.（2021 - 10 - 12）［2024 - 02 - 21］. https://www. gov. cn/zhengce/2021-10/12/content_5642120. htm.

[36] 中共中央办公厅,国务院办公厅. 关于深化现代职业教育体系建设改革的意见［EB/OL］.（2022 - 12 - 21）［2024 - 02 - 21］. https://www. gov. cn/zhengce/2022-12/21/content_5732986. htm.

后 记

《对接科技发展和劳动力市场需求：英国职业技术教育变革研究》一书系国家社会科学基金"十三五"规划 2019 年度教育学一般课题"对接科技发展和市场需求的英国职业教育变革研究"[BOA190039]的终结性成果，有幸入选温州大学"学术精品文库"。

尽管近年来国内学者对 20 世纪 80 年代以来英国职业技术教育变革的研究成果不少，但尚未有站在职业技术教育对接科技发展和劳动力市场需求的视角，来系统研究英国职业技术教育供给侧与产业界需求侧连接制度与机制的形成与变革历程。因此，在本书构思与写作过程中，尽力凸显产业界需求侧的需求传递到教育供给侧的各个层面的连接制度和机制。全书探讨了英国国家资格制度、职业技术教育治理机制、职业（技术）资格开发机制、职业技术教育组织运行机制、职业技术教育供需匹配机制、职教高校考试招生制度、普职融通的课程结构以及现代学徒制的形成与变革，并分析了"双对接"制度机制形成与变革过程中形成的经验和影响因素。最后，借鉴英国经验，讨论了我国产教融合政策的发展，面临的挑战以及破解的对策建议，旨在为我国当前深化产教融合的改革实践提供有益借鉴。

本书是多位学者合作研究的成果，由温州大学倪小敏教授主持负责，合肥师范学院朱镜人教授、浙江东方职业技术学院叶加德副教授、温州大学研究生范璐璐、倪晓红、张艳、邱雅萍同学以及浙江大学张凯程同学参与了本课题研究。各部分撰写的具体分工是：第一、第三、第四、第五章由倪小敏和倪晓红负责；第二、第八章由倪小敏和张艳负责；第六、十章由倪小敏、倪晓红和范璐璐负责；第七、十一章由倪小敏和范璐璐负责；第九章由倪小敏、朱镜人、邱雅萍负责；附录："升学"转型背景下温州市中职教育面临的问题与对策研究由倪小敏、叶加德和张凯程负责；"前言""后记"由倪小敏负责。单中惠先生通读了本书书稿，并提出了宝贵的修改意见。

限于著者的水平，虽竭尽全力，但仍恐力有未逮。书中如有不妥之处，敬请各位学者和读者不吝批评指正。

倪小敏

2024.11.16 终稿